中国人民银行上海总部
重点研究课题汇编

主编 张 新

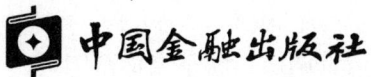
中国金融出版社

责任编辑：石　坚
责任校对：孙　蕊
责任印制：陈晓川

图书在版编目（CIP）数据

中国人民银行上海总部重点研究课题汇编（Zhongguo Renmin Yinhang Shanghai Zongbu Zhongdian Yanjiu Keti Huibian）/张新主编. —北京：中国金融出版社，2016.10
ISBN 978-7-5049-8743-3

Ⅰ. ①中…　Ⅱ. ①张…　Ⅲ. ①金融—研究报告—中国—2015　Ⅳ. ①F832

中国版本图书馆 CIP 数据核字（2016）第 247515 号

出版
发行　中国金融出版社

社址　北京市丰台区益泽路2号
市场开发部　（010）63266347，63805472，63439533（传真）
网上书店　http://www.chinafph.com
　　　　　（010）63286832，63365686（传真）
读者服务部　（010）66070833，62568380
邮编　100071
经销　新华书店
印刷　北京市松源印刷有限公司
尺寸　169毫米×239毫米
印张　23.25
字数　441千
版次　2016年10月第1版
印次　2016年10月第1次印刷
定价　48.00元
ISBN 978-7-5049-8743-3/F.8303
如出现印装错误本社负责调换　联系电话（010）63263947

前　　言

　　2015年是"十二五"规划的全面收官之年，中国经济稳中有进，供给侧结构性改革取得积极进展，增长新动能加快成长。上海经济转型升级取得显著进展，发展质量和效益不断提高。但与此同时，国内外经济金融形势依然复杂严峻。全球经济仍处于深度调整期，经济增长总体乏力，全球化出现倒退迹象，贸易保护主义抬头，地缘政治冲突风险因素累积。从国内看，经济运行对房地产和基建投资的依赖仍然较大，民间投资活力不足，部分领域瓶颈仍未打破，去产能、去杠杆、去库存压力较大，经济金融仍处于风险多发期。

　　面对错综复杂的形势，人民银行上海总部在总行和总部党委的正确领导下，认真贯彻落实李克强总理视察指示精神，按照总行部署，立足上海，服务全国，勇当金融改革创新破冰船的前哨，深入推进上海自贸区金融改革和上海国际金融中心建设，全国性管理职能进一步充实，属地性职能进一步强化，各项工作都取得了新成绩。

　　在新的形势下，做好人民银行上海总部的各项工作必须增强预见性、前瞻性和针对性，这就要求人民银行的全体干部职工必须转变作风，深入基层，加强对经济金融运行中各种新情况、新问题的分析研究，及时提出解决方案。近年来，人民银行上海总部认真贯彻总行党委提出的"研究立行"要求，在科学履职，认真做好各项日常工作的同时，统筹整合研究部门和业务部门的研究资源，大力开展调查研究，每年都形成上百篇各类研究分析报告报送总行，许多报告角度新颖、观察敏锐，富有创新性，为总行乃至中央的科学决策提供了重要依据。尤其是上海总部成立后建立了年度重点课题研究制度，总部和各部门领导亲自参加课题组指导研究，各课题组坚持理论与实践相结合，坚持理论创新，研究质量不断提高。

　　本书精选2015年度人民银行上海总部年度重点课题研究报告18篇，主题涉及4大类，其中关于货币政策与金融服务研究的报告5篇，关于金融市场研究的报告5篇，关于金融创新与金融稳定研究的报告3篇，关于金融开放研究的报告5篇。

　　这些报告体现了上海总部研究工作的三个鲜明特点。一是始终坚持自己的特色。上海是我国的国际金融中心，已经形成了较为完善的多层次金融市场体系。上海总部充分利用这个优势，牢牢咬定金融市场改革和建设这个重点领域不放松,坚持长期跟踪,深入调研,研究成果不断涌现,本书中有 5 篇报告是关于金融市场的。二是注意抓住重点、热点和难点问题。近年来,互联网金融快速发展,同时也带来了许多风险和挑战,引起了中央的高度重视,并于 2016 年开始进行综合整治。在本书中就有 2 篇报告是关于网络借贷的。此外,书中关于"一带一路"、"人民币加入 SDR"等问题的研究,也都是近年来社会各界关注的焦点。三是注重成果的实用性。人民银行研究工作与高校和研究部门研究工作最大的差异是研究成果更具可操作性。本书中的一些研究成果已经或即将在上海落到实处。例如,《中国(上海)自由贸易试验区电子商业汇票业务研究》中所提出的一些政策建议已经变成了工作方案,自贸区电子汇票试点工作正在顺利推进中。

近年来,人民银行上海总部根据总行要求,着力提高货币信贷政策执行的透明度,通过多种方式引导社会预期。希望本书的出版不仅是学术成果展示的平台,也可以让社会各界对人民银行政策决策背后的深层次思考有一些了解,进而理解和支持人民银行的货币政策等各项工作。同时也希望本书的出版能够鼓舞人民银行上海总部广大员工的研究热情,推动研究工作再上新台阶。

当然,本书还有许多值得商榷之处,我们期待得到社会各界的反馈和批评,这对我们的研究工作是至关重要的。

目 录

货币政策与金融服务研究

公共物品理论和布坎南模型在我国征信体系构建和路径选择中的运用
——基于沪浙闽三地央行征信管理审计调查结论
.... 内审部 (3)

中央银行向境外央行类机构提供银行与托管服务相关问题研究
.... 公开市场操作部 (31)

金融业综合统计的国际经验比较与借鉴
.... 调查统计研究部 (52)

货币政策分析中 DSGE 模型的应用及最新进展
.... 调查统计研究部 (79)

金融消费纠纷调解的实践及其法律效力的增强
.... 金融消费权益保护部 (102)

金融市场研究

上海 Case–Shiller 二手房价格指数的编制与应用研究
.... 调查统计研究部 (121)

高杠杆率与融资模式改革
.... 调查统计研究部 (137)

主承销商行为对债券市场支持创新驱动的作用研究
.... 金融市场管理部 (159)

中国（上海）自由贸易试验区电子商业汇票业务研究
.... 金融服务一部 (171)

境外理财市场的发展、监管及对我国的启示
.... 调查统计研究部 (197)

金融创新与金融稳定研究

网络借贷的法律治理与监管完善
.... 综合管理部（223）

从网络借贷发展看互联网金融创新中的风险防范
.... 调查统计研究部（242）

涉税洗钱犯罪类型分析与反洗钱对策
.... 反洗钱监测分析中心（258）

金融开放研究

人民币汇率形成机制市场化评估及建议
.... 外汇管理部（275）

人民币加入 SDR 背景下的中国资本账户开放评估
——事实度量与中日比较
.... 国际部（294）

开放环境下跨境资金流动宏观审慎管理政策框架研究
——基于上海自贸区的实践思考
.... 跨境人民币业务部（314）

"一带一路"战略下的人民币汇率政策
.... 调查统计研究部（335）

跨境电子商务外汇支付问题研究
.... 外汇管理部（351）

货币政策与金融服务研究

公共物品理论和布坎南模型在我国征信体系构建和路径选择中的运用

——基于沪浙闽三地央行征信管理审计调查结论

中国人民银行上海总部内审部课题组

课题组组长：俞义平

课题组成员：成娜（执笔） 陈刚 陈珍瑜 张美兰

摘 要

2013年3月15日，《征信业管理条例》（以下简称《条例》）正式实施。从1988年我国第一家现代征信机构成立到《条例》的颁布实施，发展了25年的我国现代征信业终于步入了有法可依的轨道。《条例》一方面规范了征信机构的准入机制，并明确了由央行行使准入监管职责；另一方面，阐明了由国家设立金融信用信息基础数据库，由专业运行机构负责运维。这从法律层面明确了我国的征信体系，即以发展公共征信机构（中国人民银行征信中心）为主导，带动社会征信机构和市场规范运作，央行对征信业进行监督管理，政府推进社会信用体系建设。2003年，国务院赋予央行"管理信贷征信业"职责，从而我国征信业走上了"重公共征信、轻社会征信"的政府主导发展之路。由征信中心运维的金融信用信息基础数据库不断扩充参加机构的数量和信息量，数据质量不断提高，数据库不断升级。然而征信中心成立后，我国社会征信机构不断萎缩，服务于小额贷款公司等巨大征信市场的需求得不到满足，小微企业依然融资难、融资贵。这与我国推动普惠金融，服务"大众创业，万众创新"，支持实体经济和"三农"发展的国家战略是相违背的。

2014年9~11月，为深入了解《条例》实施一年半来我国征信的管理情况，我们对上海、浙江和福建三地的部分人民银行分支机构征信管理部门开展了征信管理专项审计调查。调查将《条例》实施前后三年半的数据作为支撑，从经济性、效率性和效果性三个角度分析了征信系统运维和央行监管等官方征信管理方面的现状，并重点关注了《条例》的实施、征信监管职责、征信机构行政许可和备案、两类机构接入、机构信用代码推广、社会信用体系建设等业务。调查发现"《条例》的出台可能加剧公共征信机构'挤出'社会征信机构"等我国政府主导的征信业发展中存在的种种问题，这些问题或多或少印证了上述我国政府主导的征信业的弊端。

本文在上述审计调查结论的基础上，从公共物品属性和供给理论出发，论证征信产品多元供给模式的可能性，引入布坎南俱乐部模型，充分借鉴发达国家不同类型征信体系的成功经验，运用模型对典型国家的征信业发展路径予以验证和展望，目的是引出模型在我国征信业发展路径中的运用。最后，从模型运用中获得启发，对我国应该建立怎样的征信体系，以及如何实现该体系的发展路径，从公共征信机构、社会征信机构、中央银行、政府这四个主体提出前瞻性和建设性的政策建议，实现解决我国征信体系定位问题的研究目的。

本文的创新点和实用价值体现在：一是模型运用新颖，经验借鉴严谨。本文属于实务性课题，运用公共物品的经典经济学理论，使本文结论有着较厚实的理论支柱；创新性地由公共物品理论引入并运用布坎南动态平衡模型，对各国经验进行论证和规律性研究，使本文借鉴国外成功经验更为科学严谨。二是着眼点新，落脚点实。本文从实施不久的我国征信业第一部法规《征信业管理条例》入手，深入调查，研究源于审计调查实务，以解决我国征信体系定位问题为落脚点，有着较为坚实的实践基础和一定的指导实践的意义。

一、文献综述

（一）国外文献综述。在公共和私营征信研究方面，世界银行（2003）调查报告显示，全球46%的公共征信机构是用来辅助银行业监管的，仅有34%的机构设立初衷是用来改善贷款人可得数据的。Jappelli 和 Pagano（2002）研究表明，在发展中国家建立公共征信机构的行为本身是对民间征信业缺乏的替代。一方面是政府对疲弱的贷款市场中贷款人权利的一种保护性措施，另一方面，公共征信机构的活动能有效地挤出民间征信机构。Margaret Miller（2004）在《征信体系与国际经济》中认为，公共机构和私营机构之间可以相互补充而不是代替关系。还有一些研究主要将着眼点放在国家征信模式的选择原因上，如 Jappelli 和 Pagano（2002）运用46个国家征信系统的调查结果论证了在拥有法国民法传统的国家，倾向于由政府当局强制建立公共征信系统；在债权人权益保护程度不高且尊重法律的程度较低的国家，也容易出现公共征信系统。Demirguc - Kunt 和 Levine（1999）运用20世纪90年代150个国家的截面数据分析和阐述了世界各国金融体系的不同状况，并得出结论：实行公共征信系统的欧洲大陆国家金融体系都属于银行主导型，这些国家银行业集中程度高。

（二）我国官方文献综述。人民银行编写的《中国征信业发展报告（2003~2013）》指出，至2013年我国已经建立了包括政府背景的信用信息服务机构、社会征信机构和信用评级机构三大类征信机构，多元化的征信市场格局已经初步形成，但与发达国家成熟的征信市场相比，我国征信市场的供需都还存在不足，未来还要在培育品牌征信机构、提升征信业服务质量和物品创新能力等方面进一步完善我国征信市场体系。《国务院社会信用体系建设规划纲要（2014~2020）》指出，社会信用体系建设的主要原则是政府推动、社会共建，充分发挥政府的组织、引导、推动和示范作用；注重发挥市场机制作用，协调并优化资源配置，鼓励和调动社会力量，广泛参与，共同推进，形成社会信用体系建设合力。人民银行副行长潘功胜在2014年全国社会信用体系建设工作会议上指出，让市场化的征信机构起主导作用，充分发挥市场在推进社会信用体系建设中的作用，是符合十八届三中全会精神的宏观制度安排。

（三）我国学术界文献综述。周悦丽（2008）结合我国信用体系建设的现状和发展情形，参考国际经验，认为我国信息体系建设应该选择以市场化运作为主，同时辅以政府推动的模式，分析了此种路径下政府的职能和角色。武彦坤、代晓雪（2013）认为解决中小企业融资困境必须建立健全中小企业征信制度，并借鉴美国经验，提出构筑和完善我国中小企业征信服务体系、发展中小企业征信服务机构等建议。吕进中（2015）从完善征信信息共享和优化信贷资源配置效率方面，研究了加强公共征信系统和社会征信机构合作的必要性，认为发展和依靠市场化的征信机构，才能满足社会对征信物品多层次、多元化需求，才是征信市场长远和可持续发展之计。黄娜（2015）阐述了当前国内互联网金融征信系统建设缺位的现象，提出在人民银行征信系统的平台上建立互联网金融征信体系建设，并在该平台上建立互联网金融子系统，允许互联网金融接入央行征信平台。

（四）我国实务界文献综述。王铁鹏、陈志国（2001）从北京和上海构建个人征信体系的实践出发，认为在法律框架、运作模式和经营机制不成熟的条件下，要以企业化的运作模式设立征信机构，但是其健康发展离不开政府、市场和法规的共同推动，尤其是业务发展前期更加需要政府加大协调和推动力度。朱宏杰、徐敏（2005）从研究市场导向与企业业绩的关系出发，证明企业业绩受市场导向水平的显著影响，由此认为应该把企业的信用管理能力作为市场导向的决定因素之一，以及要充分重视市场信用度这一共变量对市场导向和企业业绩之间关系的影响作用。祁勇祥、华蓉晖（2014）认为由于以央行为主导的征信体系覆盖范围极其有限，导致作为普惠金融信用"基础桩"的征信体系相对薄弱，已经成为制约国内普惠金融发展的瓶颈。当务之急是要构建有效的社会征信体系作为央行征信体系的补充，培育和发展民间征信机构，更加有效地满足企业和个人多层次的市场需求，但是政府在信用信息共享方面仍要有所作为。

可见，目前国内外有关征信业运行模式的研究，其结论对市场和政府力量在征信业发展主导上褒贬不一，研究方法上主要集中在对不同国家的截面数据进行归类分析，或者对各国成功经验进行对比总结，很少运用经济学理论或模型对征信体系选择和征信业发展路径进行科学论证。本文希望能跳出个体国家单独案例的分析比较，而是运用较为成熟的经济学理论和模型对其进行规律性研究。但是，没有实践的理论研究就如"无源之水，无本之木"，是没有指导实践的意义。所以，本文引入理论和模型的前提是建立在对我国征信业发展现状的充分调查研究的基础之上的。

二、我国征信业发展回顾及《征信业管理条例》的实施

（一）我国征信业发展回顾

我国现代征信业起步于20世纪80年代，早期的行业形态为以人民银行为核心，在全国各省设立资信评估公司为基础，单位和社会组织的评级机构为辅助，形成了我国早期不完整的征信体系。2003年9月，国务院明确赋予人民银行"管理信贷征信业，推动社会信用体系"的职责，人民银行设立了征信管理局，从此我国征信业发展正式走上了政府主导的模式。2004年，人民银行建成全国集中统一的个人信用信息基础数据库。2005年，银行信贷登记咨询系统升级为全国集中统一的企业信用信息基础数据库。2008年，国务院将人民银行征信管理职责调整为"管理征信业"。直到2013年《条例》出台，我国政府主导的征信体系已初步建立，形成了以公共征信发展为主线，社会征信为补充，征信市场格局初步形成，征信机构不断发展，征信产品不断丰富的征信体系。

（二）《条例》的实施

2013年3月15日起正式实施的《条例》具有划时代的意义，标志着我国征信业步入了有法可依的轨道，征信法规制度建设进入一个新纪元。2014年，我们耗时3个多月对上海总部辖区《条例》的落实情况，从内部控制、监督管理、征信系统和社会信用体系建设四方面，对上海、浙江及福建3地共7家人民银行分支机构[1]内设征信管理部门[2]进行了审计调查，获得了我国征信业发展现状的第一手资料。审计调查以《条例》颁布为窗口期，纵向比较了条例实施前后上述四方面的情况，同时横向对比了上海、浙江和福建《条例》的落实情况。调查发现，《条

---

[1] 分别是上海、宁波、嘉兴、绍兴、厦门、泉州、三明，其中既有经济较发达、民间借贷比较活跃的地区，也有经济欠发达、民营经济较落后的地区。但从全国来看，这些地区总体信用经济均较为领先。

[2] 人民银行分支机构内设的征信管理部门，主要承担对管辖地区征信业的监管职能；同时也是征信中心的分支机构，主要承担与金融信用信息基础库相关的接入、异议处理、系统数据质量核查等职责；属于"两块牌子、一套人马"，难免有定位不清，既是"运动员"又是"裁判员"的问题。

例》实施后，我国征信体系越发清晰，征信业发展迅速，征信服务和监管更加有法可依，但也存在需要关注的问题，这些问题成为本文研究的出发点和落脚点。

1. 积极变化

（1）《条例》为我国征信体系确立了政府主导有限监管下的市场化发展方向。《条例》一方面从宏观上呈现了我国政府主导的征信体系，另一方面从微观上确立了市场运行的规则。其正式实施既可以充分保障依靠市场机制对主体及其行为的激励约束，又可以通过必要的机构准入和业务规则进行监管，预防和纠正市场化机制的不足，有利于解决征信业的"负外部性"问题，在政府主导和市场机制的共同作用下，实现我国征信业健康、快速发展。

（2）《条例》为人民银行基层行依法行政、依法履职提供了坚实的法律后盾。本次审计调查以央行视角开展，调查中发现，《条例》实施后，一是进一步提升人民银行基层行征信服务效率和规模经济。企业和个人等信用主体更加重视、关心和珍惜自身信用情况，对央行征信服务的需求日益增长，进一步促进了人民银行基层行提高征信服务效率，公共服务成本实现规模经济。参与审计调查的7家分支机构提供的征信报告查询服务时间普遍缩短，效率均有所提高（见表1）。征信窗口服务成本和业务量逐年上升，业务量上升幅度超过成本总额上升，单位业务量成本逐年递减，2011～2014年①分别为21.67元/笔、18.81元/笔、15.82元/笔和15.14元/笔。二是进一步加大执法检查力度。《条例》明确了央行对征信的监督管理职责，人民银行基层行能够根据《条例》加大执法检查和监督的力度，规范了征信业务市场，维护征信市场健康有序运行，7家分支机构于2011年、2012年、2013年分别开展57次、59次、73次执法检查。三是进一步推进中小企业和农村信用建设。《条例》实施后，人民银行基层行在推进中小企业和农村信用建设中不断取得进展，越来越多的中小企业和农户因此获得贷款，征信服务的社会认同感越来越高。截至2014年6月底，除厦门外②，6家单位建立信用档案的中小企业20.57万户中，有7.72万户获得了银行贷款，占比37.54%；建立信用档案数的中小企业数及其中获得贷款的中小企业数均逐年增加，而且后者占比也逐年增加（见图2）。截至2014年6月底，除厦门外③，6家单位建立信用档案的370.54万农户中，有172.60万户获得了银行贷款，占比46.58%，近年来平均每户农户获得贷款余额近6万元，农村信用建设取得了显著的经济成效（见图3）。

---

① 审计调查搜集的数据是2011年1月1日至2014年6月30日，为了便于年度比较，我们将2014年半年数据乘以2作为全年数据，表1和图1的数据也用该方法进行处理。
② 人民银行厦门市中心支行无法统计获得银行贷款的中小企业数，故剔除厦门的数据。
③ 人民银行厦门市中心支行无法统计获得银行贷款的农户数，故剔除厦门的数据。

表1　　　　　　上海总部辖区征信报告日查询量和查询时间

		2011年	2012年	2013年	2014年
征信报告日查询量（笔/天）	上海	537.18	670.36	1244.70	1116.87
	浙江	172.36	329.08	503.54	590.23
	福建	105.57	259.32	675.96	804.77
每笔征信报告查询时间（分钟/笔）	上海	2.68	4.30	2.60	2.90
	浙江	25.48	19.58	13.37	11.41
	福建	36.83	16.80	9.96	6.46

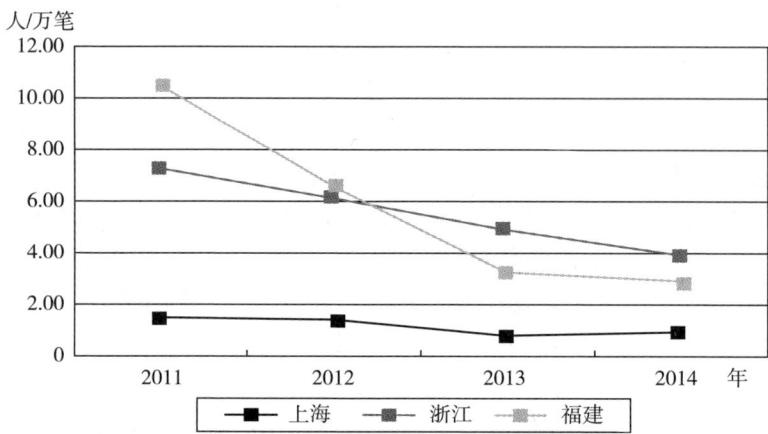

图1　征信窗口人员配备与业务量比趋势图

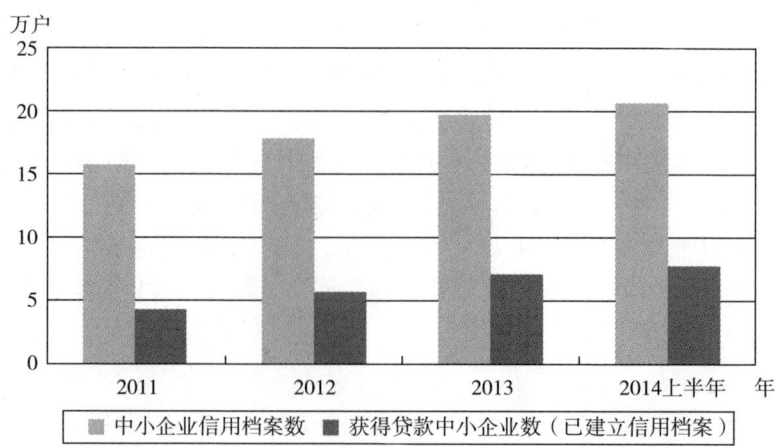

图2　建立信用档案的中小企业数和其中获得贷款的中小企业数

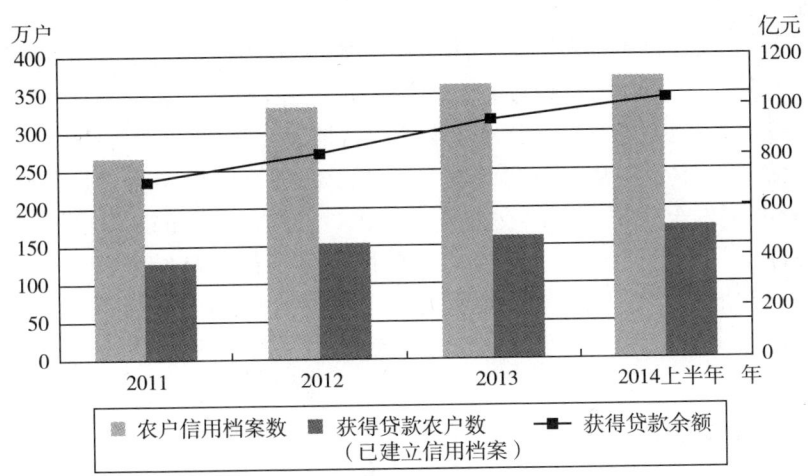

图 3　建立信用档案的农户数和其中获得贷款的农户数及贷款余额

2. 需关注的问题

（1）征信机构许可和备案进展较慢，影响社会征信业务发展。一方面人民银行审核或备案工作进展较慢。2014 年我们在开展审计调查时，上海地区只受理了 2 家个人征信机构许可和 9 家企业征信机构备案工作，其中 1 家个人征信机构和 3 家企业征信机构由于同时是信用评级机构而遭遇申报退回的窘境；上海诚信网①公布的在上海市信用服务行业协会备案的征信机构有 81 家，说明绝大多数征信机构未取得牌照或备案。截至目前，《条例》实施至今已有两年半的时间，人民银行才完成对 8 家个人征信机构的验收工作，尚未发出正式牌照。可见，人民银行出于谨慎和风险控制的缘故，该项工作开展缓慢。另一方面机构申报期限法定约束力不强。《条例》虽然规定，征信机构许可和备案过渡期分别为 6 个月和 3 个月，但审计调查发现，上海地区成功备案的 5 家企业征信机构均在 14 个月或 15 个月才到人民银行上海总部办理备案，远超过《条例》规定的期限。由于《条例》只规定《条例》实施之后设立的企业征信机构未按时备案的法律责任，未明确之前已经营的企业征信机构的相关责任，该过渡期的规定显然没有约束力。上述两方面原因导致《条例》实施之前成立的大多数征信机构，由于在申报中未获得牌照或备案，其相关业务开展的合法性受到质疑，影响业务开展，而且也会挫伤新征信机构设立的积极性。

（2）互联网金融征信管理存在监管空白。审计调查发现，2013 年 6 月，上海资信有限公司开发的"网络金融征信系统（NFCS）"正式上线运营，用于 P2P

---

① 上海诚信网，www.shcredit.gov.cn。

借贷行业信息共享。该公司通过对 P2P 平台客户的个人信用信息进行采集、整理、保存、加工,并提供给信息使用者。按照《条例》对征信业务的定义,该公司经营的是互联网金融领域的个人征信业务①,但至审计调查日尚未取得个人征信营业牌照,人民银行也无法对其业务进行监管。2015 年 7 月 18 日,人民银行会同工信部、公安部等十部委下发了《关于促进互联网金融健康发展的指导意见》,对互联网金融征信予以支持和鼓励,"允许有条件的从业机构依法申请征信业务许可"。可见,官方是希望将互联网金融征信管理纳入监管范围的,事实上,有望首批获得个人征信机构牌照的 8 家机构中有 3 家是互联网金融征信机构,但面对巨大的互联网金融征信市场来讲,纳入监管的这 3 家就显得微不足道了。

(3) 两类机构接入征信系统进程总体缓慢,接入率普遍偏低。2013 年总行下发有关通知,开始推动具备接入条件且有接入意愿的两类机构②接入征信系统。审计调查发现(见表 2):浙江有 3 家分支机构 2014 年均未增加小额贷款公司接入征信系统,其中 2 家接入率小于 10%,融资性担保公司接入率一直为 0;截至 2014 年 6 月底,上海地区 101 家小额贷款公司中的 56 家、71 家融资性担保公司中的 18 家,获批接入征信系统;截至 2015 年 6 月底,上海地区的数据更新为 120 家小贷公司中的 31 家、52 家融资性担保公司中的 15 家,接入征信系统。可见,不仅接入率不高,获批的两类机构中有不少公司申请退出接入,接入积极性减退,影响接入进度。究其原因,一方面是两类机构自身认为接入成本过高,并担心客户流失,此外,有些地区两类机构可通过代理查询等方式"曲线"使用征信系统信息;另一方面是目前两类机构面临多头监管,人民银行征信管理局与征信中心在征信系统接入管理权限上几经易手,以及人民银行对两类机构接入条件要求较严等原因,造成很多有接入意愿的两类机构望而却步。

表 2　　上海总部、浙江三家参与行两类机构接入征信系统比率　　单位:%

		上海	宁波	嘉兴	绍兴
小额贷款公司接入率	截至 2013 年底	3.96	19.05	3.23	6.45
	截至 2014 年 6 月底	18.81	19.05	3.23	6.45
融资性担保公司接入率	截至 2013 年底	2.82	0.00	0.00	0.00
	截至 2014 年 6 月底	2.82	0.00	0.00	0.00

注:福建三家参与行均无两类机构接入征信系统,未在表中反映。

---

① 我们从 2015 年 9 月开展的相关后续审计调查中了解到,上海资信有限公司于 2015 年 1 月作为企业征信机构向人民银行上海总部征信管理处提交了备案申请,并获得通过。

② 两类机构是小额贷款公司和融资性担保公司。

(4) 授信机构查询信用报告的收费机制加重中小授信机构负担。对接入征信系统授信机构的收费标准为：基准服务费×收费调整系数。其中，企业信用报告基准服务费为每份 120 元，个人信用报告基准服务费为每份 8 元；而收费调整系数由"贡献量系数×查询量系数"构成。按照该收费机制，收费最高的为中小授信机构，收费最低的为大型授信机构，且前者比后者的征信报告查询费有的竟高出 40 倍，中小授信机构费用负担较重，不利于支持中小金融发展。

(5)《条例》的出台可能加剧公共征信机构"挤出"社会征信机构。我国征信业十年的发展历程将征信中心和征信系统作为主线，社会征信机构由于公共征信机构和系统的发展受到不同程度的挤压。截至 2012 年底，我国各类征信机构有 150 多家，征信业总产值仅 20 亿元，不及美国一家征信机构的产值。《条例》的出台，一方面对征信机构有明确的定义和准入、备案条件，并将征信中心定位为公共征信机构，强制要求从事信贷业务的机构向其提供信贷信息；另一方面未明确信用评级相关规定，审计调查发现，人民银行对兼营评级业务征信机构许可证的颁发是暂缓的，这意味着《条例》出台前那些通过对普惠金融客户信息予以分析评级而盈利的社会征信机构，将不能合法从事上述征信业务，信用评级也无从说起。虽然《条例》的初衷是希望我国征信业能在政府主导下有序地市场化，但实际情况是定位于面向普惠金融的社会征信机构将很可能被公共征信机构"挤出"，导致普惠金融及其服务对象小微企业对民间征信市场的需求得不到满足，小微企业融资难、融资贵的问题依然得不到解决。

三、公共物品理论和布坎南俱乐部模型的引入

（一）公共物品相关概念及征信物品的属性分析

公共物品的经济学定义为：每一个人对这种物品的消费并不减少任何他人也对这种物品的消费。由此引出公共物品的两大基本特征，即"消费非竞争性"和"收益非排他性"。同时具备消费非竞争性和受益非排他性的物品，被归为纯粹的公共物品。纯粹的公共物品和私人物品是社会物品中的两极，现实生活中更多物品介于公共物品和私人物品之间，被称为准公共物品。为更准确地把握不同类别准公共物品的特征，可从竞争性和排他性这两个维度对准公共物品进行划分（见图 4）。

《条例》对"征信业务"的定义，是指"对企业、事业单位等组织的信用信息和个人的信用信息进行采集、整理、保存、加工，并向信息使用者提供的活动"。由此看出，征信物品是通过收集、整理、保存、加工企业或个人的信用信

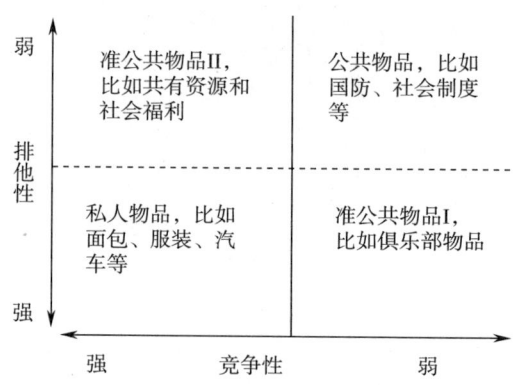

图 4 公共物品、私人物品和准公共物品的划分

息而形成的各类信用信息物品或服务。从公共物品特征出发，征信物品具有消费非竞争性，即对于任意给定的征信物品供给水平，向某一信息使用者提供征信物品并不会影响别人同时使用。但是，征信物品具有明显的收益排他性。由于信息保存方式的便利性，征信物品供给者很容易对征信物品设置产权，可以通过向信息使用者提供物品而收取一定的费用，从而获取收益。由于征信物品具有消费非竞争性和收益排他性两个特征，它与俱乐部物品相类似，应划归到准公共物品Ⅰ的范畴。

（二）征信物品供给模式选择——布坎南俱乐部模型

1. 征信物品的供给模式

上文已阐明俱乐部物品具有可排他性，通过排他制度设置或排他技术，实施"选择性进入"，解决公共物品私人提供的效率问题，从而吸引私人供给。同时，由于俱乐部物品不具备竞争性或竞争性较弱，社会对俱乐部物品的需求量可能非常大，如果该物品又具有显著的外部性，由政府提供可以最大限度地满足公众需求，实现公共利益和社会福利最大化。因此，俱乐部物品的供给是多元的。既可以由私人供给，也可以由政府供给，还可以由政府和私人联合供给。一般而言，私人供给方式最大的优势在于高效率，而政府供给可以解决市场机制对社会公平的损害。不同的供给模式各有优劣，它们之间并非是相互替代的关系，而是分工、互补的关系。

由此可见，征信物品的供给主体是多元的，但不同主体的供给方式、供给数量要如何配置，才能兼顾征信市场的效率和公平，值得研究。为此，我们尝试引入"布坎南俱乐部模型"，分析不同供给模式下，如何实现征信物品的最优供给量和征信俱乐部的最佳规模，使政府和市场等不同供给主体实现较好的分工协作、协调配合，并最大限度地满足市场对征信物品日益多元化和个性化的需求。

2. 布坎南俱乐部模型

现代俱乐部经济理论奠基人布坎南描绘了俱乐部性质以及一个独立俱乐部中会员关系的最优条件。布坎南模型的最大优点在于，他提出了"拥挤点"的概念，即对于一个俱乐部来说，其成员并不是越多越好，俱乐部物品在一定规模下是共享的，但超出规模后，会存在拥挤效应，这个临界点就是"拥挤点"。从前述征信物品属性来看，布坎南俱乐部模型更适合分析征信物品的最优供给量和征信俱乐部的最佳规模，从而协调政府与市场在征信物品供给中的关系，为本文解决问题提供思路。

在该模型中，布坎南假设：一是成员在不同俱乐部之间流动不受政治或经济的限制；二是俱乐部成员自愿加入，通过分摊同样的成本享受同样的收益；三是一家俱乐部排除非成员不需要成本。在此基础上，布坎南模型要解决的是俱乐部最佳成员数量和俱乐部物品最佳供给量，分三步：一是俱乐部规模既定时最佳成员数的确定（见图5）。当增加最后一个成员的边际分摊成本（MC）等于边际拥挤成本（MB）时，达到最佳的俱乐部物品规模N_E（拥挤点）。二是俱乐部成员数既定时，俱乐部物品最佳供应量的确定（见图6）。与确定"拥挤点"一样，当边际成本（MC）= 边际收益（MB），俱乐部物品数量为最优量Q_E。三是俱乐部最佳成员数和物品最佳供给量的确定（见图7）。现实中"俱乐部规模或成员数不变"是不存在的，俱乐部总是处于"动态平衡"的状态。根据上述分析，在任何俱乐部规模下，都能找到最佳成员数N_E，将这些拥挤点连接起来，就可得到N_E^*最优线，同理，可以得到Q_E^*最优线，最后收敛于交点（Q^*，N^*）。

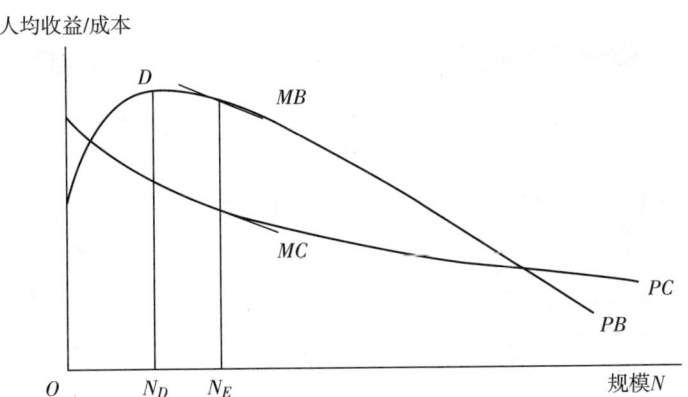

图5 俱乐部最优成员规模的确定

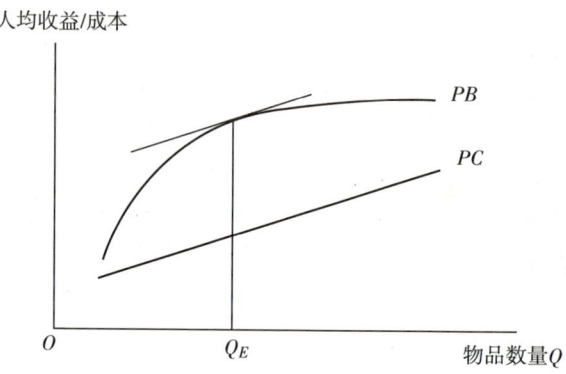

图 6 俱乐部物品最佳供应量的确定

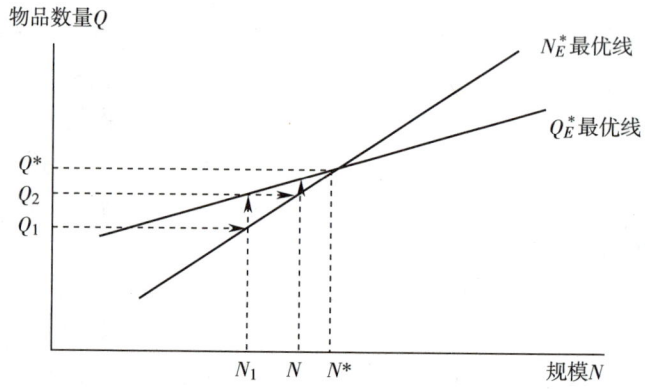

图 7 俱乐部最佳成员数和物品最佳供给量的确定

四、布坎南俱乐部模型在征信体系和发展路径中的运用

（一）三类典型征信体系和发展路径

现实中，作为具有鲜明俱乐部物品特征的征信物品，国际上供给方式或征信体系大致分为三类：第一类是市场主导模式，代表国家是美国、英国、加拿大和北欧诸国；第二类是政府主导模式，代表国家是法国、德国和比利时；第三类是会员制模式，代表国家是日本。

1. 市场主导模式及发展路径

该模式主要特点是典型的商业化发展。作为独立第三方的征信公司在不断适应市场需求中逐渐形成和发展壮大，最终在激烈的竞争中形成具有自然垄断特征并享有国际声誉的大型征信机构；而政府在社会信用体系中的作用主要体现在立法支持和监督运转两方面,不进行任何投资,也不对征信业实施任何行政许可。美国是市场化发展征信模式的典型代表,本节以美国为例,介绍其征信业的发展历程和现状,并运用布坎南模型演绎市场主导模式的发展路径。

美国信用活动发源较早,征信活动随之起步也较早,从事征信活动的公司主要分为企业征信公司和个人征信公司。企业征信公司面对资本市场和商业市场,前者主要对政府部门、金融机构、上市公司的信用进行评级,后者主要对中小型企业进行信用调查评级。1933 年成立的邓白氏集团是 R. G. Dun. & Co.（1841 年成立）和 J. M. Bradstreet & Co.（1849 年成立）合并而成。截至 2012 年底,该公司全球信用数据已覆盖 200 多个国家的 2.2 亿家公司。个人征信公司在百年发展中经过洗牌（特别是 20 世纪 70 年代开始的兼并风潮）,由原先全美两千多家公司缩减为三家大型征信局（Equifax、Experian 和 Trans Union）和三百多家小型征信局并存的局面,这三大征信局每家拥有 2.5 亿美国居民的信用记录,基本覆盖美国全部成年人口;而小型征信局主要从事地方个人征信业务,与三大征信局有隶属或合同关系。

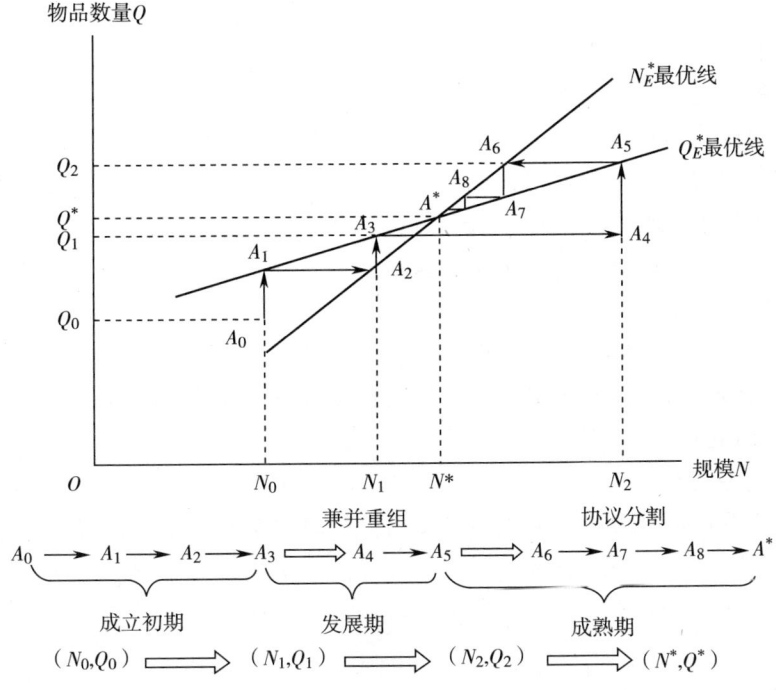

图 8　市场主导模式的美国征信业发展路径

纵观美国百年征信发展史,无论是企业征信还是个人征信机构,都是由完竞争发展至自然垄断的过程，这符合征信物品是俱乐部物品的发展规律①（见图8）。一是探索期。征信机构与当地百货商店合作，跟踪消费者信用度以便商家决定是否给消费者授信，此时提供信用数据的只有当地的几家商店，数据也只是消费者在这几家商店的信用消费记录，所以初始点 $A_0(N_0, Q_0)$，N_0 和 Q_0 都很小；随着信用消费逐步增加，为满足商家对征信数据精细化的需求，在服务对象（N_0）不变的情况下，该征信机构会扩大征信物品的品种和数量（$Q_0 \to Q_1$），A_0 到达 Q_E^* 最优线上的 $A_1(N_0, Q_1)$；扩大市场规模，增加征信物品多样性后，该征信机构逐步壮大，模型上体现：$A_1 \to A_2 \to A_3$，N 和 Q 都有增加，但仍局限在地方和相关行业领域的征信。二是发展期。该征信机构上市发行股票，运用电子数据系统，通过资本运作并购多家征信机构，机构规模得到成倍增加，在提供的数据暂时不变的情况下，由 $A_3(N_1, Q_1)$ 迅速增加到了 $A_4(N_2, Q_1)$；显然，A_4 点不在最优线上，在该点对应的规模下，需要 Q_2 的征信物品，才能降低拥挤成本。所以在全面扩大市场的同时，该征信机构会通过整合各类信用数据，运用电子信息技术，根据客户需求增加征信物品提供（$Q_1 \to Q_2$），$A_4(N_2, Q_1)$ 将达到 Q_E^* 最优线上的 $A_5(N_2, Q_2)$。该阶段这家征信机构也由地方性的、提供信用消费等相关数据的中小征信机构发展成为全国性的、提供各类信用数据的大型征信机构。三是成熟期。该征信机构已在激烈的市场竞争中取得了阶段性成功，形成自然垄断格局，但由于反垄断法等法规限制，而且该征信机构由于规模太大，大大增加了管理成本，原先的规模经济变成不经济，该征信机构的理性选择一定是缩小规模（$A_5 \to A_6$）；随之相应减少征信物品数量（$A_6 \to A_7$），根据动态平衡模型，最终该征信机构的规模和物品数量将收敛于 $A^*(N^*, Q^*)$，达到长期稳定的状态。

结论1：美国作为市场主导模式最成功的案例，其百年的发展路径基本符合布坎南俱乐部模型的动态平衡路径，该模型还验证了美国目前的征信业模式基本处于相当成熟稳定的状态。

2. 政府主导模式及发展路径

该模式主要是政府或中央银行、银行监管者为主导，由其出资建设，并承担主要的监管职能。信用信息服务机构往往是监管机构的一个部门，该部门通过建立公共征信机构，强制要求企业和个人向其提供信用信息，并通过立法保证这些

---

① 该发展规律是征信供给市场主导模式主要发展路径的缩影，不能涵盖所有征信机构的发展路径，除了邓白氏集团和三大征信局外，还有成百上千的小型地方性征信机构，它们的市场空间在于：为大公司提供信息，或者直接提供一对一的客户信息，或随市场需求，如为人寿保险公司提供参保人健康状况，为房屋出租者评估租户信用状况等。所以它们的发展路径直接从 $A_0 \to A^*$ 的稳定状态，或者一直处于激烈的市场竞争的不稳定状态。

数据的真实性。欧洲是政府主导的征信体系主要发源地，随着私营企业征信机构的兴起，欧洲国家出现两种发展路径：一种是以法国为代表，仍然没有社会征信机构，保持纯政府主导模式；另一种是以德国为代表，社会征信机构开始发展，公私并存，但仍由政府主导，目前德国模式已成为欧洲征信业发展的趋势。以法、德两国为例，运用布坎南模型分析两种政府主导征信发展的路径。

（1）法国模式。1946年法兰西银行（法国央行）成立了信用服务调查中心，该中心建立了信贷登记系统，该系统分别发展成为企业信贷登记系统（FI-BEN）和个人信贷登记系统（FICP）。所有金融机构等信贷机构必须每月向FI-BEN报告关于分期付款、贷款、租赁、信贷额度和透支的逾期记录情况，该系统对各信贷机构信贷资产质量和信用风险进行监控。FICP是依据1989年12月31日颁布的《防止以及解决个人贷款问题的法案》而建立，主要负责对个人贷款逾期进行记录，该法案于2003年8月1日修正并实施，FICP记录包括个人破产情况、基于法院清算命令而偿还贷款的情况。法国十分注重对个人数据的保护，相继出台各种法案应对信息化给个人造成的伤害，但有学者批评法国的隐私保护规定十分严格，没有留出私人征信机构发展的空间。

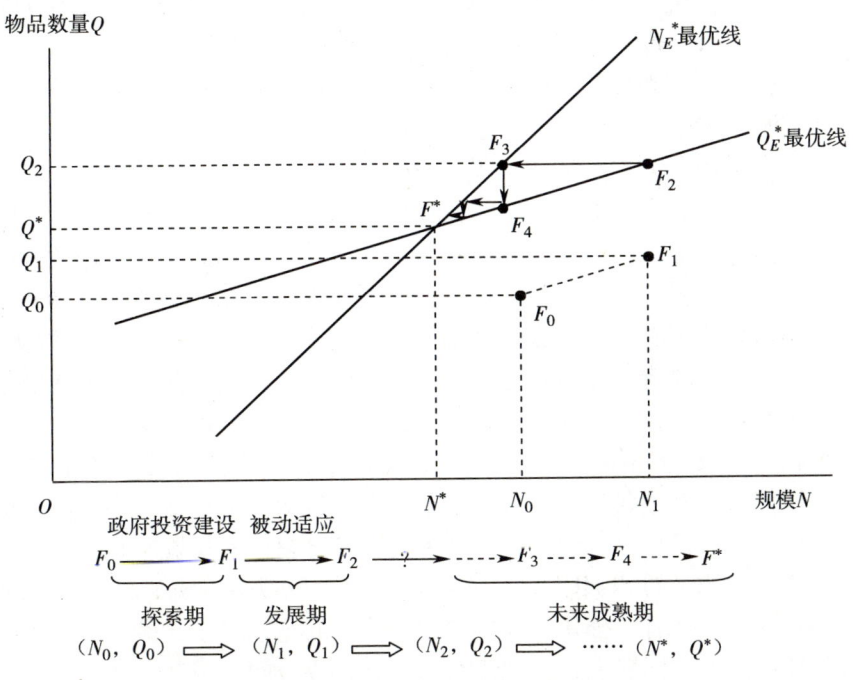

图9　政府主导模式的法国征信业发展路径

政府主导的法国征信业发展的历史并不长（见图9）。一是探索期。为防范金融信贷领域的违约风险，法兰西银行运用行政力量，设计并建设了信贷登记系统，强制要求所有信贷机构加入系统。与市场主导模式不同的是，其发展路径没有从小到大的过程，而是该系统一经问世就覆盖全国，即初始点 $F_0(N_0, Q_0)$，$N_0 > N^*$；但是，信贷登记系统由政府或央行设计，非基于市场需求，所以该系统建设目的和征信物品品种都比较单一，$Q_0 < Q^*$。20世纪80年代后，面向个人的信用活动逐步增多，信贷登记系统势必要进行扩充和完善，逐步扩充到涵盖企业和个人的信贷信息，N_0 增加到 N_1，Q_0 增加到 Q_1，$F_0 \to F_1$。二是发展期。经过探索期的投资建设，法兰西银行已经拥有覆盖全国企业和个人的中央信贷登记系统。但是随着金融市场的发展，对金融风险的监管要求越来越高，作为金融监管手段之一的征信体系被动要求增加征信物品品种，所以在系统规模（N_1）不变的情况下，Q_1 增加到 Q_2，$F_1 \to F_2$，到达 Q_E^* 最优线，实现规模不变前提下的中短期平衡，这是法国征信业发展的现状。三是未来成熟期。目前法国由于立法严格，个人征信业务没有私人经营的空间。但法国公共征信系统设定了最低贷款规模要求，或多或少为企业征信业务的私人经营预留了空间；而且法国是目前为数不多的没有社会征信机构的欧洲国家，来自欧盟其他社会征信机构的竞争势必给法国公共征信机构构成压力。所以，本文认为，长远来看，目前在 Q_E^* 最优线上的 F_2 点是不稳定的；随着立法的准入，面向小额贷款的社会征信机构会开拓细分特定市场，原来公共征信系统下的部分金融机构会转向私营机构，面对精细化市场需求的征信物品的开发将由社会征信机构完成，最终会沿着图9标识的路径到达长期平衡点 F^*，即 $F_2(N_1, Q_2) \to \cdots \to F^*(N^*, Q^*)$。

（2）德国模式。与法国类似，由政府出资建立全国数据库，形成以中央信贷登记系统为主体的社会信用管理模式。不同的是，德国商业化运作的社会征信机构的市场和数量很庞大，这些机构主要为商业银行、保险公司、贸易和邮购公司等主要的信息使用者服务，服务范围和信息来源渠道较公共征信机构更广泛。综合来看，德国的政府主导模式是公私并存的格局。一是公共征信机构征集的信息主要供央行和商业银行内部使用，为央行金融监管和货币政策决策以及商业银行防范贷款风险服务，德国公共征信机构要求银行上报的最低贷款金额设定较高，公共征信数据库主要收录了大额贷款信息，这给社会征信机构留出了市场空间。二是社会征信机构分为两类，一类由主要信息提供者投资，其客户也是这些信息提供者，如德国的 SCHUFA 公司 85.3% 的股份被金融机构持有，其余股份被贸易和邮购公司持有，公司主要客户也是公司的这些股东；另一类由主要信息提供者与征信机构共同建立，类似于行业协会，成员间实现信息共享。

德国是欧洲成立公共征信机构最早的国家，其发展路径见图10。一是成立初期。由于德法两国征信业发展的起点差不多，这里不再赘述 $G_0(N_0, Q_0) \to G_1(N_1, Q_1)$ 的过程。二是发展期。与法国不同的是，德国模式更强调"博采

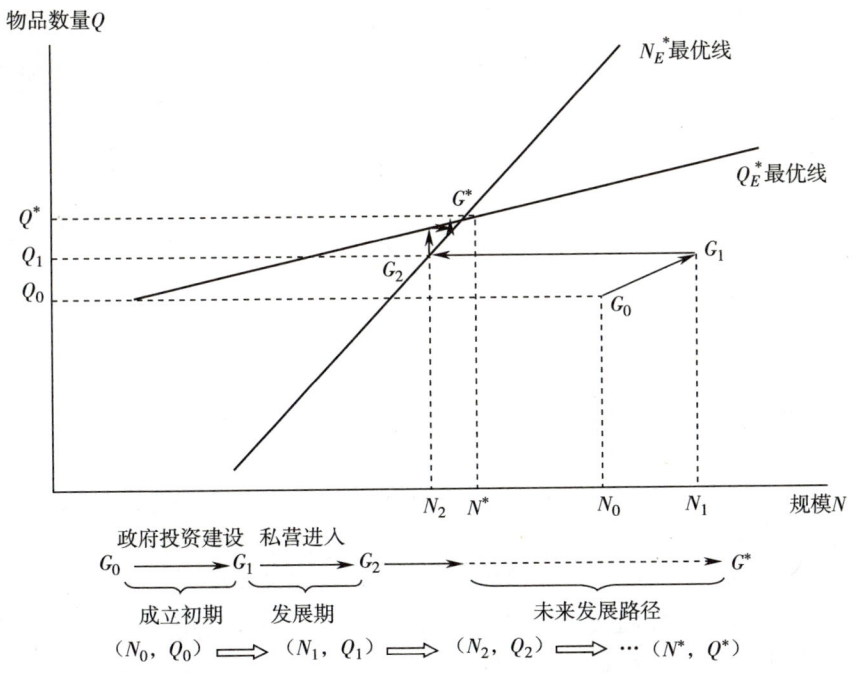

图10　政府主导模式的德国征信业发展路径一

众长"和"术业有专攻"。德国央行建设的信贷登记系统的数据采集和服务对象相对单一，主要面对银行系统；社会征信机构的业务范围则涵盖了企业与个人的资信调查、信用评级、信用保险、商账追收、资产保理等方方面面。这与德国中小企业的迅速发展不无关系，需要更加灵活的小额融资方式，社会征信机构可以敏锐地捕捉针对中小企业的信贷信息，为小额信贷服务。所以该阶段政府主导建设的公共征信系统由于社会征信机构的兴起，其规模有较大幅度的减少。在征信物品数量（Q_1）不变的假设下，即 $G_1(N_1, Q_1)$ 点直至 N_E^* 最优线上的 $G_2(N_2, Q_1)$ 点才能达到中短期内相对稳定的状态。三是未来发展路径。长期来看，公共征信机构生产的征信物品数量也会根据实体经济环境变化和监管需求不断调整，往往是增加品种和数量，公共征信机构的参与成员规模也会相应调整，最终沿着图10标识的路径收敛于 $G^*(N^*, Q^*)$ 点。如果在探索期，德国公共征信体系生产的征信物品数量恰好与动态平衡下的数量相同，即 $Q_1 = Q^*$，此时 G_2 点就是两条最优线的交点 G^*（见图11），换言之，目前德国公私并存的政府主导模式比较适应高度发达的德国信用经济，很有可能在发展期就一步到位，实现动态平衡。

结论2：欧洲是政府主导模式的主要发源地和发展较成熟的地区，其中法国和德国分别代表政府主导的两种发展路径。法国模式坚持公共征信业的发展之

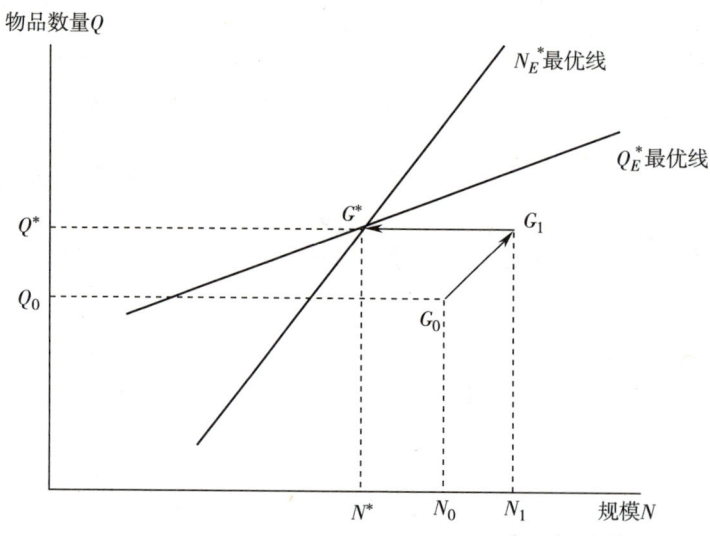

图11　政府主导模式的德国征信业发展路径二

路,强调个人信息和隐私保护;但在信用经济不断发展、征信市场需求不断涌现以及欧洲其他国家社会征信业竞争的大环境下,法国未来可能面临不得不打开社会征信大门的选择,这也是布坎南俱乐部模型的预测结论。德国模式走的是公私并存、多元发展的政府主导发展路径,强调术业有专攻和博采众长,按照布坎南俱乐部模型,现阶段德国模式可能已经实现了长期均衡的状态。

(二) 会员制模式及发展路径

该模式本身十分契合俱乐部模型,符合布坎南模型的三个假设条件,其运行规则也与俱乐部基本一致。参加征信协会的会员必须以提供消费信贷、贷款信息或其他个人、企业的信用信息为条件入会,入会的会员享受协会其他会员提供的信息。协会里掌握大量企业或个人信用信息的会员越多,该协会的边际收益越高,但如果因此拥有较少信息的会员越来越多,也会增加协会的边际成本。所以,如何平衡边际收益和边际成本,是协会吸纳多少会员以及提供多少信息服务的关键。日本个人征信供给模式是典型的会员制模式,由于行业协会在日本经济中具有较大影响力,所以以行业协会为支撑的征信体系必然以会员制模式存在。日本企业征信业的发展路径和美国的市场模式类似。起初数量多,竞争激烈,市场化日趋成熟后,20世纪60年代起自然垄断日益明显,现在帝国数据银行和东京商工两家机构占据了市场60%~70%的份额,并基本保持稳定。日本企业征信的发展路径可参照上述美国模式,本节仅以日本个人征信业为例,运用布坎南模型分析会员制模式的发展路径。

与企业征信不同，日本个人信用征信体系起步较晚，始于20世纪60年代，目前日本信用体系内的行业协会主要有三类：一是金融机构体系类，由全国银行协会联合设置"全国银行个人信用情报中心（KSC）"，会员涵盖全国的银行以及其他金融机构、银行体系的信用卡公司、与银行有关的担保公司等2000多家公司；二是消费金融体系类，由全国信用信息中心联合会设置"株式会社日本信息中心（JIC）"，会员是专门从事贷款的经营者组成的全国33所信息中心；三是商业销售体系类，由商业销售类企业包括信用卡公司、行业信用公司整合设置"株式会社信用信息中心（CIC）"，目前是日本个人征信产业中业务量最大的，前身是以汽车系统和流通系统的信用卡公司为中心的"信用信息交换所"和以家电系统的信用公司为中心建设的"日本信用信息中心"。上述行业协会在收集和提供信息服务时并非免费，但是收费的目的是维持中心运行和发展，而非盈利，这完全符合俱乐部物品排他性的特征。与政府主导模式类似的是，日本法律规定保护个人隐私和信用信息的公正性；不同的是，没有强制提供信用信息的规定。政府或央行除了法律规范征信主体和相关征信活动外，只在信息中心成立初期予以扶持，之后则难觅政府踪迹，所以日本的会员制模式充分体现了会员的自发行为。

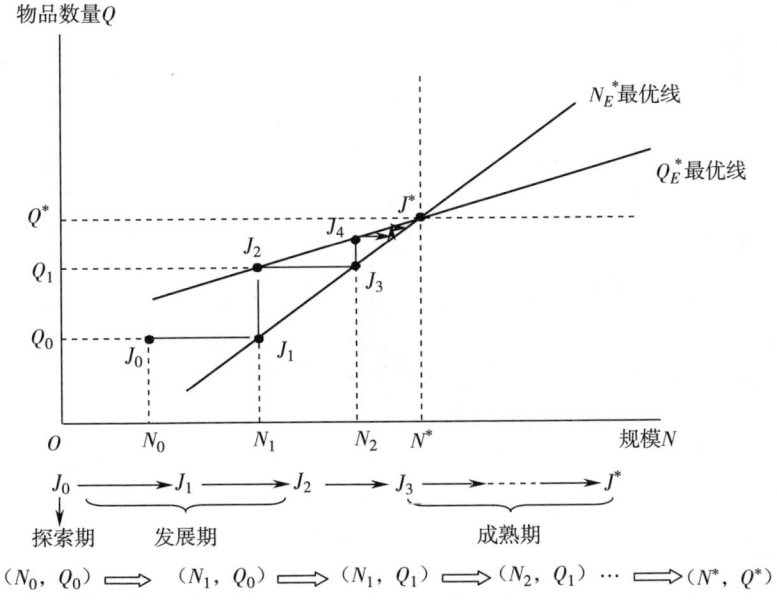

图12 会员制模式的日本征信业发展路径

日本个人征信业发展历史不足半个世纪，但经历了由信用信息分散在各地区到全国联网长期积累不断完善的过程（见图12）。一是探索期。信用信息分散在各个地区或城市，日本政府对由银行投资成立的地区性信用信息中心给予一定扶持，特别在资金和协助银行进行资信调查方面，初始点 $J_0(N_0, Q_0)$，信息中心规模（N_0）和提供的产品数量（Q_0）都很小。二是发展期。在银行业协会等行业协会组织的带动下，各地区的信息中心相继得到整合，经历了会员规模逐步扩大和信用数据不断积累的过程，$J_0 \rightarrow J_1 \rightarrow J_2 \rightarrow J_3$，体现了这一交替增加的过程。三是成熟期。经过了十多年的整合，原来分散的个人信用信息最终实现了全国联网，并建立了与其他协会的信用数据中心的违约信息的交换制度，会员规模（N）和征信物品数量（Q）均较发展期有所增加，直至收敛于动态平衡的 J^*（N^*, Q^*）点，达到长期稳定的状态，实现了日本国内个人征信业务领域相对稳定的"三足鼎立"的会员制模式。

结论3：日本会员制模式符合俱乐部模型中的标准范式，其发展也符合布坎南模型的动态平衡路径，模型也验证了日本目前个人征信业比较成熟、稳定。

（三）三种模式的总结

综合国外成熟征信供给的三种模式，我们将布坎南动态平衡模型汇总起来看（见图13），发现该模型以动态平衡点为轴心，可分为四个象限，三种模式呈现不同路径的发展。同时，我们将上述模式归纳如下（见表3），并得出结论4。

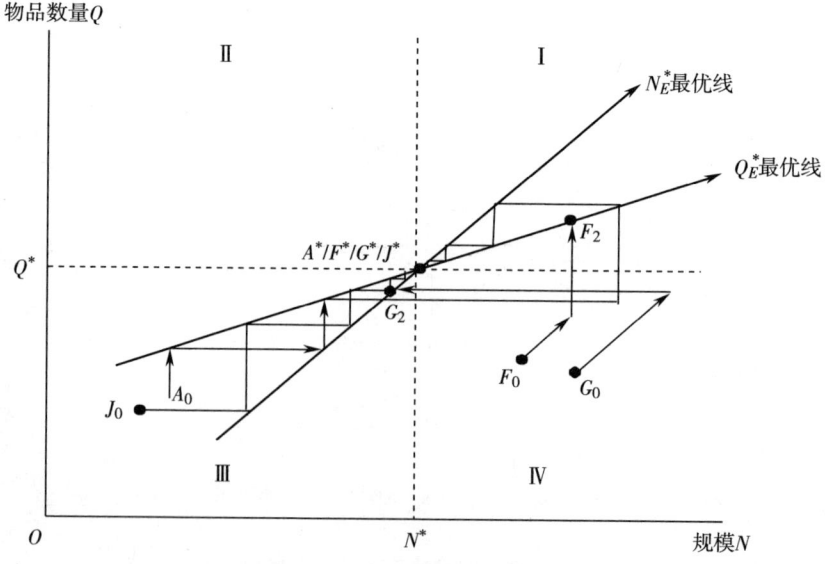

注：A、F、G、J 分别代表美、法、德、日四国。

图13 三种模式的布坎南动态平衡四象限模型

表 3　　　　　　　　　三类典型的征信物品供给模式比较

征信物品供给模式	代表国家	特征	政府作用	原因	发展路径	布坎南动态平衡模型	模型前景预测
市场主导	美国	市场化运作，自然垄断，大小并存、各有市场	立法支持、监督运转	信用活动起步较早，市场化程度较高	完全竞争→自然垄断	起点在第Ⅲ象限，经过第Ⅲ、Ⅳ、Ⅰ象限，收敛于动态平衡点 A^*（见图8）	美国征信业已基本处于稳定成熟的状态
政府主导	法国	数据采集强制要求，强调个人信息保护，没有社会征信机构	投资建设、运行管理、立法保护	信用活动起步较晚，十分重视个人隐私保护	政府投资建设→根据监管要求被动扩充数据库	起点在第Ⅳ象限，经过第Ⅳ、Ⅰ象限，目前在第Ⅰ象限（见图9）	迫于欧盟他国竞争，未来会面临打开社会征信大门的压力
政府主导	德国	数据采集强制要求，公私并存、各有市场	投资建设、立法保护、监督运转	重视个人隐私保护，中小企业发展迅速	政府投资建设→私营进入细分市场，公私并存	起点在第Ⅳ象限，经过第Ⅳ、Ⅲ象限，目前在第Ⅲ象限（见图10）或直接从第Ⅲ象限收敛于动态平衡点 G^*（见图11）	持续调整公私市场比例，直到长期稳定的状态
会员制	日本	行业协会主导，自发性，KSC、JIC、CIC 三足鼎立、信息互换	初期扶持、立法保护	行业协会影响力较大，自发意识较强	地区性分散建设→地区合并、数据交换→全国联网	起点在第Ⅲ象限，在该象限收敛于动态平衡点 J^*（见图12）	日本个人征信业已基本处于比较稳定成熟的状态

结论4：征信物品供给模式的选择和该国家信用经济发展水平高度相关，信用经济发达则偏向选择市场主导模式；按照布坎南动态平衡模型，模式的选择只对起点和路径起作用，和长期稳定状态没有关系；无论选择哪种模式，长期来看，其发展路径均收敛于动态平衡点。

（四）模型在我国征信体系构建和路径选择中的运用

我国现代征信业起步较晚，2003年之前，我国征信业都是政府和市场化发展并存的局面；2003年9月，国务院明确赋予人民银行"管理信贷征信业"的职责，人民银行设立了征信管理局，我国征信业发展正式走上政府主导模式。我们参照布坎南模型，将我国征信业政府主导模式的发展路径演绎出来（见图14）。为更好地给出政策建议，这里详细说明我国政府主导的征信业发展路径的不同阶段。

1. 探索期（1988～2003年）。该阶段是以1988年我国第一家现代征信机构——上海远东资信评级有限公司的成立为起点，市场和政府各自探索建设，征信模式不够清晰，直到2003年国务院明确了信贷征信业的央行主管职责。这段时期，市场化的征信机构主要以评级、信用调查等信用增值类服务为主要经营业务，经营范围局限在某行业（如债券发行）、某地区（如上海、北京、广东）。另外，政府着重建设的银行信贷登记咨询系统是信用信息的基础数据库，提供的是基础征信物品，且数据收集的范围由地区逐步实现全国联网。图14呈现了探索期的发展路径（$C_0 \rightarrow C_1 \rightarrow C_2$），该阶段参与数据库的银行规模和信贷信息量都处于较低水平。

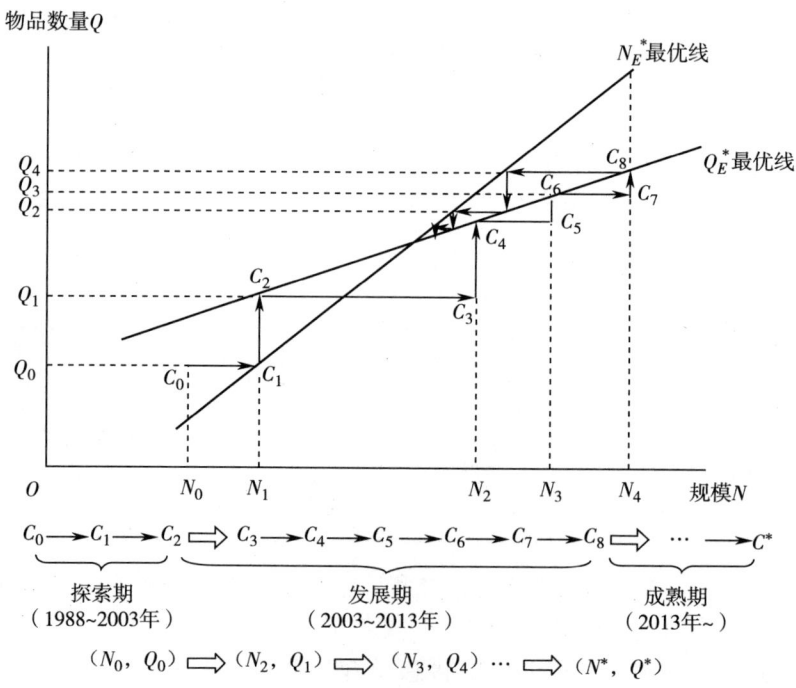

图14　我国政府主导的征信业发展路径

2. 发展期（2003～2013年）。该阶段的标志事件是国务院明确了人民银行的监管职能，其实质是宣告了由政府正式主导我国征信业的发展。此时，人民银行又组织商业银行建成了全国集中统一的个人信用信息基础数据库，银行信贷登记咨询系统升级为企业信用信息基础数据库，两个数据库共同构成金融信用信息基础数据库。2006 年，征信中心成立，成为上述数据库的运营维护机构。截至 2012 年底，金融信用信息基础数据库为 1859.6 万户企业和 8.2 亿自然人建立了信用档案，收录信息规模分居全球企业和个人征信系统前列。如图 14 所示，政府主导的征信系统成员规模和征信物品都在不断增加（$C_3 \rightarrow C_4 \rightarrow \cdots \rightarrow C_8$），沿着 Q_E^* 最优线不断攀爬，不断实现短期均衡，但离动态平衡点 C^* 越来越远，这与上述成熟征信业模式的收敛路径不一致。

3. 成熟期（2013 年～）。2013 年 3 月《条例》正式实施，这无疑在我国征信业发展历程中具有里程碑的意义。《条例》既是我国政府主导的征信业十年发展征程的阶段性总结规范，又是我国未来征信发展的前景展望。人民银行编写的《中国征信业发展报告（2003～2013）》中"中国征信业展望"部分写道："未来五年，要以贯彻落实《征信业管理条例》为核心，以促进征信业健康快速发展、保护信息主体合法权益为重点，推动征信服务水平的整体提升，由此促进社会信用体系建设不断深入推进。"可见，《条例》的颁布和实施标志着我国征信业发展正走向法制不断健全、信用信息基础数据库不断完善、征信市场不断规范逐渐成熟的轨道。所以，2013 年《条例》的实施是征信业步入成熟期起点的标志事件；但是，由于目前《条例》实施时间不长，在实施中存在诸多问题，尤其是审计调查中关注的"《条例》的出台可能加剧公共征信机构'挤出'社会征信机构"等问题，让我们对未来我国征信业发展之路或多或少存在担忧。

为实现我国征信业发展的长期稳定成熟的状态，纠正上述发展期的路径偏离，我们应遵循布坎南动态平衡模型。一方面，由征信中心运维的金融信用信息基础数据库不应无限扩大参与成员。因为俱乐部是有拥挤点的，突破拥挤点后，规模经济就变成了不经济。另一方面，征信中心作为公共征信机构，负责基础数据库的运维，不应该要求其像市场化的征信机构，不断开发创新征信增值产品。未来我们可以向德国模式学习。一方面，政府或政府背景的公共征信机构负责基础数据库的建设和运维，为我国基础信贷服务；另一方面，政府应培育和规范市场化的社会征信机构，为普惠金融和实体经济服务。

五、公共物品理论和布坎南模型对我国征信体系构建和路径选择的启示

我国征信业正站在步入成熟期的门槛上，经济学经典理论和模型为探索我国征信体系的构建提供了独到的视角，指明了清晰的路径。

（一）我国征信供给模式的总体思路

基于上述国外经验借鉴和模型分析，我国征信供给模式的总体思路是：政府主导，央行监管；以公共征信机构为基础，大力发展社会征信机构；加强征信物

品创新，提高征信服务质量，不断满足社会多层次和多元化的征信服务需求。征信体系建设作为一项涉及全社会和各经济主体的系统性工程，很大程度上需要政府推动和协调。政府要通过法律支持、政策扶植等手段，协调多方主体的利益关系，为行业发展创造一个高效透明、公平竞争的环境。被赋予征信业监管职责的央行，通过依法履行监督管理职责，监督征信管理法律法规的贯彻执行，保护信息主体权益、规范征信机构行为，促进征信业健康有序发展。同时，要巩固公共征信机构，鼓励民间资本进入征信行业，培育发展品牌征信机构，做大做强征信龙头企业，形成合理的市场结构。加强产品服务创新，提高服务质量和效率，拓展征信服务的领域和范围，逐步实现产品、业务的多元化。

（二）我国征信业发展的总体路径

受公共物品理论和布坎南俱乐部模型的启发，为实现征信供给模式的总体思路，我国征信业发展的总体路径是：一是巩固公共征信机构在征信体系中的基础性地位；二是积极培育多层次和多样化的社会征信机构作为市场主体；三是促进不同征信供给主体的合作。从长远和可持续发展角度看，我国要建设一个发达的征信市场，最终要使市场在征信服务资源配置中起决定性作用，让市场化的征信机构起主导作用。要培育、发展品牌征信机构，做大、做强有实力的征信机构。鼓励征信机构重组，通过并购实现对资源要素的重新配置，并形成更具效率性和竞争性的征信物品供给和服务体系。这也符合布坎南俱乐部模型征信体系最优平衡点的发展路径。

（三）我国征信业各主体的发展路径

1. 公共征信机构应找准定位，致力于征信基础数据建设。为实现我国征信业长期稳定的状态，征信中心在未来发展中，要遵循布坎南动态平衡理论，把握成员规模和征信物品数量这两个变量，有所为、有所不为，充分履行社会信用体系中的基础作用。一方面把握征信系统规模的"拥挤点"。2013年，征信中心推行的小微金融机构接入征信系统，但在实际推行中两类机构的接入意愿并不高，这也印证了征信系统是有"拥挤点"的。征信中心可以通过系统压力测试等手段，了解征信系统的"拥挤点"，当征信系统数据规模超出最优规模时，可以考虑通过增加收费、设置起点金额或其他技术条件等排他方式，实现分流成员和市场细分。另一方面调整工作重心。按照布坎南俱乐部理论，公共征信机构不应将工作重心放在大力创新征信物品上，这是由公共征信机构的属性所决定的。公共征信机构应该定位于国家征信基础设施建设，致力于提高信用信息数据库的数据质量和效率，而把创新开发增值性产品的市场空间留给社会征信机构。

2. 社会征信机构应加强大数据应用，注重信息安全保护。中国人民银行副行长潘功胜在《建设发达的中国征信业市场》一文中指出,"中国征信体系的建设从长远和可持续发展的角度,需要建立一个发达的征信市场,让市场化的征信机构起主导作用"。潘副行长对市场化征信机构主导作用的定位为社会征信机构描绘了美好的蓝图,社会征信机构具有广阔的前景和巨大的潜力。社会征信机构如何发展,一方面需要政府推动、扶持引导,另一方面需要社会征信机构充分借力大数据的东风,为普惠金融和小微企业服务。人民银行近期会同十部委下发的《关于促进互联网金融健康发展的指导意见》,对互联网公司进入征信市场持开放态度。从本质上说,"芝麻信用"等产品是大数据下的网络征信,因此,社会征信机构要借助大数据金融理论与实践的新思路,引进大数据和云计算处理技术,立足于电商或支付客户信息的大数据细分市场,致力于个人消费借贷和小微企业小额借贷征信市场,提供信用动态评分、预防信贷欺诈等更多灵活适应细分市场的新型征信物品的服务模式,发挥金融生态环节社会征信机构信用信息的中介作用,切实支持普惠金融和实体经济。同时,社会征信机构要严格遵守《条例》等法规对信息主体特别是个人信息保护的条款,加强行业自律,高度重视隐私和信息安全保护,建立个人不良信息告知制度,尤其要加强数据安全制度和技术防范,防止用户信息泄露。

3. 央行应厘清监管职责,强化有限监管。由于我国征信业处于成熟阶段的发展初期,需要主管部门的有效监管,才能更好地发挥市场机制作用,促进征信业快速发展。央行应在坚持有所为、有所不为的原则下,实施有效、有限、有为监管。一是重视营造法律和监管框架下公平竞争的大环境,对征信体系中各参与方不应有所偏废,制定统一的征信行业标准,打通征信政策和技术壁垒,为各种类型的征信机构提供公平、公开、公正的信用信息服务的市场准入机会。二是简政放权,在法律法规和监管框架下适度简化准入环节,加快符合法规要求的征信机构的牌照发放或备案,重视征信业务监测和征信业态调查研究,通过检查规范征信机构的业务行为,确保信用信息采集、提供、披露和使用等行为合法合规。三是建议将征信中心分中心的职责从人民银行分支机构中剥离,改变当前人民银行分支机构身兼"裁判员"与"运动员"双重角色的现状,确保分支机构切实履行《条例》赋予的征信监督管理职责。

4. 政府部门应致力于社会信用体系的全面推动。虽然《条例》赋予央行为征信业的主管部门,但央行的监管定位令央行更倾向于发展以银行为中心的征信业,从而导致信用数据的碎片化,不能覆盖小微企业的经济数据。《条例》中明确了地方政府和相关部门推进本地社会信用体系建设的职责,可见我国政府主导的征信业发展模式中的"政府"不仅指央行,也指各级政府及部门。因此,要重视依靠地方政府和相关部门的行政力量,协力推进社会信用体系建设。一是充分利用各地区、各行业已建立起的数据库,逐步整合、有序开放、循序渐进地交换各地区、各行业信用数据,加快搭建全国统一的公共基础信用数据征集平台。二是加大信用服务行业扶持政策研究,设立专项发展引导资金,通过财税金融政策支持信用服务机构发展壮大,满足全社会多层次、多样性、专业化的信用服务需求。三是采取约谈、警告、处罚、取消准入以及强化司法保障等多种手段,切实保障社会诚信体系有序运行;同时发挥行业协会自律作用,引导其有效行使信用培训、信用宣传、行业自律、权益维护、课题研究等功能作用,确保征信行业规范发展。四是注重发挥先进社会信用文化引领作用,通过在国民教育领域大力推行诚信教育,借鉴西方的诚信观念不断完善制度约束、强化惩罚机制,让诚实守信深入人心,打造符合我国国情的现代信用文化。

六、结语

本课题从去年开展的审计调查项目出发,旨在运用经济学经典理论和模型探讨我国征信体系和征信业发展路径选择方面的问题,从微观出发研究宏观问题,以小见大,但难免在模型运用和结论推导上存在一些不足与局限。

(一)模型运用严谨性问题。本文最大的创新之一是运用布坎南的俱乐部模型探讨征信物品供给的实务问题,这在征信体系建设和模式选择方面的国内外文献中鲜有研究①。但是,模型运用是把"双刃剑",创新背后可能会存在研究的局限性。比如,布坎南模型三个假设条件②中第二条"俱乐部成员通过分摊同样的成本享受同样的收益",在实际运用中很难实现,很多征信机构或平台是根据参与成员的数据贡献量收取不同的费用。再如,本文在运用布坎南模型演绎美、法、德、日四国征信业发展历程时,布坎南动态模型的 N_E^* 最优线和 Q_E^* 最优线的斜率并没有根据不同国家的不同情况而变化,且演绎的发展路径是笔者仅仅根据相关文献介绍加以绘制,并非有实证数据支撑。这些都是笔者后续研究需要突破的问题。

(二)模型适用性问题。布坎南俱乐部模型是公共选择理论奠基人布坎南(James M. Buchanan)于1965年撰写的《俱乐部经济理论》中提出并详细论证的。笔者在参阅原文发现,布坎南模型是对新古典经济学中纯公共物品理论(Pure Theory of Public Goods)的修正和发展,全文也仅仅是理论推导。半个世纪以来,对该模型的运用也主要集中在组织管理领域,布坎南本人也未对该理论进行实证检验,所以该模型本身的适用性有待推敲。本文运用该模型对征信业较为

---

① 笔者在中国知网(也称中国期刊网,网址 www.cnki.net)查阅征信相关文献,未查到运用布坎南模型研究征信体系建设等相关研究的期刊或论文,但并不排除存在相似研究的可能性,所以这里用"鲜有"表述,为了课题的严谨性,特此说明。

② 详见布坎南模型介绍部分。

发达的国家进行了论证，部分验证了该模型在这些国家征信行业的适用性，从而运用到我国征信业发展路径展望上，难免遇到模型在我国的适用性问题。在接下来的研究中，笔者将进一步研究欠发达国家征信行业运用布坎南理论及模型的适用性问题。

（三）审计调查和理论研究联系性问题。如前文所述，课题出发点是审计调查，审计调查的重点是《征信业管理条例》的落实情况，审计调查结论也紧紧围绕《条例》所涉及的征信业发展和征信监管事项。而本课题更强调理论研究和征信体系构建的宏观视角，与上述审计调查内容和结论存在较大的距离，所以难免会引起理论研究缺乏调查支撑的质疑。笔者认为，课题虽以实务调查为出发点，但不一定要局限在调查结论基础上提出小修小补的操作性建议，应该探索实务问题背后体系构建和发展路径的"大格局"的问题，为当局提供政策性的意见建议。

参考文献

[1] 哈尔·R. 范里安：《微观经济学：现代观点》，第8版，上海，格致出版社，2011。

[2] 安建：《征信业管理条例释义》，北京，中国民主法制出版社，2013。

[3] 中国人民银行《中国征信业发展报告》编写组：《中国征信业发展报告（2003～2013）》，2013。

[4] 国务院：《国务院社会信用体系建设规划纲要（2014～2020）》，2014-06-14。

[5] 潘功胜：《建设发达的中国征信业市场》，载《征信》，2014（11）。

[6] 周悦丽：《我国政府在社会信用体系建设中的功能与定位分析》，载《国家行政学院学报》，2008（4）。

[7] 武彦坤、代晓雪：《解决中小企业融资困境的关键：健全中小企业征信体系》，载《征信》，2013（5）。

[8] 吕进中：《征信信息共享与信贷资源配置效率》，载《上海金融》，2015（1）。

[9] 黄娜：《浅谈我国互联网金融征信体系建设》，载《时代金融》，2015（2）。

[10] 王铁鹏、陈志国：《如何构建中国个人信用征信体系》，载《现代商业银行》，2001（10）。

[11] 朱宏杰、徐敏：《企业信用管理和市场信用体系对企业业绩的影响：基于市场导向框架的思考》，载《国际商务研究》，2005（2）。

[12] 祁勇祥、华蓉晖：《中国需要怎样的征信体系》，载《上海金融》，

2014（11）。

　　［13］朱晓磊、姚佳：《国外征信机构运作模式的比较及借鉴》，载《理论月刊》，2008（12）。

　　［14］中国人民银行研究局：《互联网金融对征信服务的需求研究》，载《金融研究报告》，2014（12）。

　　［15］James M. Buchanan，"An Economic Theory of Clubs"，Economica，New Series，1965，2.

中央银行向境外央行类机构提供银行与托管服务相关问题研究

中国人民银行上海总部公开市场操作部课题组

课题组组长：朱　沛
课题组成员：潘　钧　　杨明奇　　徐越雄　　王惟德　　陈　娜
　　　　　　徐　阳　　夏晔莹　　许　萍　　李　琪　　李　思

摘　要

随着经济全球化和货币国际化的发展，各国均面临着对官方持有的国际储备头寸进行管理的需要，各国官方储备管理者直接进入其他国家金融市场进行投资可能面临不熟悉市场环境、准入障碍及管理成本相对较高等多方面的问题，在这种情况下，越来越多国家的中央银行（或者其他官方服务提供者）开始在该国金融市场向各国官方储备管理者提供银行与托管业务（Banking and Custodies Service，BCS）。从纽约联储与欧央行针对12家全球官方服务提供者圆桌会议（以下简称"OSSPs圆桌会议"）[①] 参加者的问卷调查情况看，目前多数国家中央银行为境外官方储备管理者提供以下几类核心服务：（1）东道国主权级固定收益证券等资产的托管服务；（2）基于东道国本币支付系统的资金账户开立与资金支付服务；（3）东道国本币存款（包括隔夜存款）服务；（4）投资操作服务；（5）外汇买卖服务等。同时，部分中央银行还向境外官方储备管理者提供黄金托管、证券借贷、流动性便利（如日间或隔夜融资等）、现钞装运等其他服务。

---

① 参与该圆桌会议的12家官方服务提供者（OSSPs，主要是中央银行，也包括BIS、ECB等国际组织，详细名单见后文）基本上代表了全球最主要的银行与托管服务OSSPs。人民银行于2014年被邀请参与这一圆桌会议，并分别于2014年和2015年参与了其在德国法兰克福和韩国首尔召开的年度会议，但目前仍未参与其开展的年度问卷调查，因而其问卷调查统计结果中不包括人民银行为境外央行类机构提供的代理业务相关数据。

人民银行从 2011 年 3 月开始向境外央行类机构①提供债券投资代理等官方服务，具体包括人民币资金账户管理服务、债券投资中交易与结算代理服务、市场信息服务等。同时，作为境外央行类机构投资银行间债券市场的配套措施，人民银行自 2011 年 3 月起向有投资需求的境外央行类机构提供换汇服务，同时也代境外央行类机构在境内外汇市场进行外汇远期、外汇互换等衍生品交易。② 2015 年 7 月 14 日人民银行发布了《中国人民银行关于境外央行、国际金融组织、主权财富基金运用人民币投资银行间市场有关事宜的通知》（银发〔2015〕220 号）（以下简称 220 号文）后，很多境外央行类机构都表达了进一步追加投资规模和参与新投资品种的强烈意愿。2015 年 12 月 1 日，IMF 正式宣布人民币将于 2016 年 10 月 1 日加入 SDR（特别提款权），预计未来各国官方储备管理者对持有人民币资产和投资境内金融市场的意愿将大幅增加。与此同时，人民银行 220 号文已经明确自 2015 年开始，允许境外央行类机构可以选择直接或由其他市场化商业机构代理的方式进入我国银行间市场进行投资。在此背景下，人民银行正面临是否应进一步及如何更有效地向境外央行类机构开展银行与托管业务等问题。

本课题主要基于 2014 年和 2015 年 OSSPs 圆桌会议的成果，并通过对主要发达国家提供银行与托管业务的做法进行分析，研究这些国家在提供银行与托管业务方面的可借鉴经验。同时，结合过去几年人民银行代理境外央行类机构投资债券市场的经验，重点对我国中央银行进一步面向境外央行类机构开展银行与托管业务的必要性以及如何更有效开展此业务等问题进行了分析，以进一步推动人民银行各类银行与托管业务的发展，促进人民币的国际化。

一、全球中央银行的银行与托管业务现状

（一）全球央行的银行与托管业务总体现状

根据对参与在韩国首尔召开的 2015 年 OSSPs 圆桌会议的 12 个国家中央银行

---

① 本课题中的境外央行类机构是指《中国人民银行关于境外央行、国际金融组织、主权财富基金运用人民币投资银行间市场有关事宜的通知》（银发〔2015〕220 号）中所指的境外央行、国际金融组织和主权财富基金等相关境外机构投资者。如非特别说明，本课题中的境外央行类机构与境外官方储备管理者的含义基本相同。

② 目前中国人民银行主要向境外央行提供的银行间债券市场各类债券的投资代理和外汇市场投资代理等服务，即投资操作性服务，但实际上人民银行作为大额支付系统的管理者，还通过其下属的清算中心向境外央行类机构提供了账户的开立与管理、支付清算等服务，同时，人民银行下属中国外汇交易中心向境外央行类机构提供了各类金融市场基础设施与信息等服务，另外，中央结算公司与上海清算所等托管机构向境外央行提供的托管服务、证券及衍生品交易的清算和结算服务等，也属于由我国官方提供的 BCS 服务，这些服务与中国人民银行都密切相关。

（包括澳大利亚央行、纽约联储、欧洲央行、德国央行、加拿大央行、英格兰银行、法国央行、日本央行、韩国央行、荷兰央行、巴西央行等）调查问卷的统计结果。① 到 2015 年 6 月末，参与本次调查问卷的中央银行和国际组织全部托管证券资产总量约为 4.4 万亿美元，与前一年基本持平，其中约 3.4 万亿美元证券资产托管在纽约联储（占所有中央银行和国际组织全部托管证券资产总量的 77%）；境外央行在这些国家托管的证券资产中，由该国央行托管的部分占比均值为 60%，即私人部门托管的境外央行类资产占 40%，其中纽约联储的这一比重为 75%；存款规模约为 6300 亿美元，较前一年增加 2.5%，主要包括隔夜和定期存款；根据 2014 年问卷结果，截至 2014 年 6 月末，参与调查问卷的中央银行共有 993 家客户（平均为 124 家，最多一家为 247 家，最少一家为 61 家），共有 405 名专职人员为此项工作提供服务（平均每家 45 人，最多一家为 116 人，最少一家为 5 人）。

根据问卷结果分析，2014~2015 年全球官方储备管理者对中央银行提供的银行与托管业务需求总体发展趋势表现出以下两个特征：一是托管资产增速放缓，受 2014 年下半年以来全球外汇储备总量下降影响，2015 年托管在提供银行与托管业务的央行的证券资产较 2014 年仅约增加了 2%（约 600 亿美元），该增速低于 2005~2011 年的平均增速。二是存款总量增长快于托管证券资产，主要受存放在纽约联储的存款增长所影响，存放在提供银行与托管业务的央行的存款规模在 2015 年同比上升了 8%，扭转了前一年因欧元区负利率导致存款总量下降的趋势。

但同时值得注意的是，近年来对中央银行银行与托管业务的需求也出现一些结构性变化：一是自 2008 年国际金融危机以来，中央银行可接受的证券资产范围更加广泛，虽然投资的对象仍以美国国债与政府机构债为主，但股票等其他资产的占比有所增加；二是中央银行托管资产中，美元资产的占比下降，其他货币资产（尤其是人民币资产）占比有所上升；三是中央银行持有的新兴国家债券资产稳定增长，这与近年来新兴市场国家信用等级提升、市场流动性改善以及回报率高等因素相关；四是在中央银行持有的全部新兴市场托管资产中，排名前三位的分别为中国、韩国和墨西哥货币资产，尤其是随着人民币在全球贸易结算中使用的增长，人民币资产增长迅速；五是由于成本预算、合规风险等原因，向境外官方提供银行与托管业务的商业银行数量相对缩减。

---

① 从这 12 家国家央行和国际组织所托管的官方储备管理者持有的证券与存款等资产总规模（合计大约为 5 万亿美元）来看，约占 IMF 统计的全球官方储备资产的二分之一不到，考虑到相当部分的官方储备并没有通过中央银行和国际组织进行投资的情况，可以认为，OSSPs 圆桌会议的问卷调查结果基本覆盖了全球主要的 OSSP，也基本可以反映全球中央银行银行与托管业务发展的特点与趋势。

（二）部分国家央行提供的银行和托管服务情况介绍

1. 纽约联储。纽约联储代表美国联邦储备体系向约 250 家境外央行、外国政府和国际组织提供代理买卖资产和资产保管方面的银行服务，主要包括支付服务、托管服务、投资服务，以及不定期提供的培训和技术支持服务，为这些机构开展各项官方业务提供便利，并借此在国际金融体系中发挥着举足轻重的作用。

具体来看：一是支付服务。纽约联储接收境外央行客户的 SWIFT 指令并通过联邦资金大额转账系统（Fedwire Funds Service）为其提供现金收付服务，也可代理客户在美国外汇市场上进行非美元货币的买卖。二是托管服务。纽约联储通过联邦债券结算系统（Fedwire Securities Service）为持有托管债券和美国证券存托与清算公司（DTCC）托管债券的境外央行等客户提供托管服务和清算结算服务，并为部分有需求的央行提供黄金存储和保管服务。三是现金管理服务。纽约联储对非存款机构的存款是不付息的，但向境外央行类机构提供现金管理服务并收取一定费用。每个工作日末，境外央行在纽约联储资金账户上的资金被转出用于购买隔夜回购产品中，第二天卖出产品自动转回到资金账户中，获得隔夜资金收益。隔夜资金管理包括两类产品，分别是回购池（Repo Pool）和隔夜融资便利（Overnight Placement Facility）。其中，回购池是一种隔夜逆回购便利，一般在 14：30~16：00 操作，有金额限制，交易对手为纽约联储；隔夜融资便利一般在 16：30~17：00 进行，是回购池不能满足需要时提供的拆借产品，交易对手方为合格的商业银行。由于回购池基本可以满足所有账户现金管理需要，因此隔夜融资便利较少使用。此外，纽约联储还向出现日间和隔夜透支的境外央行类机构提供一系列融资安排。

2. 加拿大央行。加拿大央行向持有加元账户的境外央行和国际金融组织提供银行和托管服务，主要包括资金账户服务、债券托管服务和黄金托管服务三类，其中，使用资金账户服务的境外央行类机构大约 70 家，使用债券托管服务的境外央行类机构大约 30 家。

具体来看：一是资金账户服务。加拿大央行代理客户通过大额转账系统（LVTS）执行加拿大元支付指令，对应账户为隔夜存款账户，不提供定期存款服务。此外，加拿大央行不允许该账户出现透支也不提供日内贷款便利，客户需保证账户中资金足以满足交易需要。二是债券托管服务。加拿大央行向客户提供与加拿大证券清算与结算系统（CDSX）连接的债券账户，在 CDSX 内完成客户的买卖债券交易指令，该账户中客户只能持有加拿大元债券。为满足客户不断增长的需求，加拿大央行正在考虑扩大服务范围，减少对客户交易量的限制。三是黄金托管服务。加拿大央行以替客户保管黄金为主，该部分黄金很少参与交易。

3. 德国央行。德国央行为持有欧元资产的境外央行类机构提供以下几种银行和托管服务：资金账户管理和支付服务、自动隔夜存款服务、定期存款服务、保管和托管服务、外汇交易等。

具体来看：一是资金账户管理和支付服务。境外央行类机构开立在德国央行的欧元现金账户可以参与欧洲跨境支付系统（TARGET2），该现金账户也是享受德国央行其他服务的基础，无最低余额限制，不付息。二是自动隔夜存款服务。德国央行不对境外央行开立在德国央行内的欧元资金账户付息，但提供了隔夜存款工具供其选择。境外央行账户资金分为一级投资（Tier 1 Investment）和二级投资（Tier 2 Investment）两部分。一定限额内的资金为一级投资，该部分资金的利率取 EONIA－10 个基点和存款便利中孰高的一个；账户中超过一级投资限额的为二级投资，每天 16：30 左右德国央行代客户将其投资出去，境外央行可以设定这部分投资的最大额度以降低对手方信用风险。客户也可以向德国央行指定其一级投资的投资安排。德国央行在该服务中收费 5 个基点，若投资收入低于 5 个基点则可以考虑将资金放在账户上不使用该服务。三是定期存款服务。对于希望进行无风险定期存款投资的境外央行，德国央行向其提供相应的投资机会并收费 5 个基点，投资产品为市场机构的定期存款产品。四是保管和托管服务。德国央行向境外央行提供两类资产的托管服务并收取一定费用。一类是符合欧央行"合格资产数据库"（Eligible Assets Database）的欧元债券，这些债券属于央行公开市场操作的合格抵押品；另一类是托管在法兰克福明讯银行或其他中央证券托管机构的欧盟企业股票。其中，第一类债券采用 DVP 模式进行交易。此外，德国央行还代境外央行类机构进行债券借贷交易。五是外汇交易服务。德国央行代理境外央行进行欧元和 16 种指定货币之间的即期买卖交易。

（三）对部分境外中央银行银行与托管业务及全球官方储备增长预期情况的问卷调查情况

2015 年底，我们对已经与人民银行签约的部分境外央行类机构开展了一次专题调查问卷，以了解其对未来全球储备和人民币储备增长趋势的预期、各国金融市场对境外央行类机构的开放程度以及提供银行和托管服务的情况，共有十多家境外央行类机构参与填写了问卷并及时反馈给我们。① 根据对调查问卷回复结果进行整理（关于部分境外央行所在国家境内金融市场的开放程度以及提供银

---

① 一部分境外央行由于没有对境外官方储备管理者提供相关银行与托管服务，因而没有回复我们的问卷；另一部分境外央行由于时间原因未及时回复我们的问卷，考虑到课题结题等原因，对部分回复时间过晚的中央银行的问卷结果没有反映在本课题中。

行和托管服务的情况部分的回复内容和反馈信息整理见表1,关于境外央行类机构对未来全球储备和人民币储备增长趋势的预期部分见表2),得到以下几点主要结论:

1. 多数国家对境外央行类机构在本国的投资范围和参与的交易品种并无限制,但提供银行和托管服务的央行产品覆盖面有限。对于境外央行类机构在本国的投资范围,各国基本没有特别的限制,境外央行类机构可以在其货币市场上进行拆借和回购、投资债券市场上各种产品以及运用利率和汇率衍生工具对冲风险。但大部分央行只提供部分产品的代理服务。比如,鲜有央行向境外央行类机构提供债券借贷和银行间拆借的代理服务,新加坡金融管理局明确只提供国债产品的代理服务。

2. 各国央行提供的银行和托管服务在服务对象、服务种类等方面差异较大。一是服务对象方面,澳大利亚央行和瑞士央行面向所有的境外央行类机构提供银行与托管服务;新加坡金融管理局采用审批制,只有通过审批的境外央行才可以享受其提供的银行和托管服务;法国央行则由其风险管理部门对境外央行类机构进行评估,仅对通过评估的机构提供服务。二是服务品种方面,各国除均提供支付服务外,其他服务品种的提供情况差异较大。瑞士央行在最基本的支付服务之外只提供信息服务;新加坡金融管理局提供支付服务和国债托管服务;澳大利亚央行在支付和托管服务之外还提供现金管理服务;法国央行提供的服务更为全面,涵盖了支付、托管、现金管理、交易代理、信息服务等各个方面。收费情况方面,澳大利亚央行采用成本加成法,但整体上收费低于商业银行同类业务收费;法国央行则相反,收费高于商业银行类机构。三是组织架构方面,新加坡金融管理局、澳大利亚和法国等大部分国家央行中提供银行和托管服务的部门均为与货币政策制定机构平级的部门。

3. 对未来全球官方储备增长的预期相对保守,但对人民币储备资产的增长预期则相对乐观。共有10家央行类机构(法国央行、瑞士央行、新加坡金融管理局、香港金融管理局、奥地利央行、阿塞拜疆国家石油基金、俄罗斯央行、以色列央行、世界银行、国际清算银行)对问卷中未来全球储备和人民币储备增长趋势部分的问题进行回复。从调查问卷结果来看:一是大多数境外央行认为未来五年全球储备的增长相对不会太快,大概会保持每年平均0~2%的速度增长;二是大多数境外央行预计5年后全球人民币储备资产将占到全球官方储备资产的3%~5%,同时大多数境外央行预计5年后,其在人民币在岸金融市场的投资相对于目前规模将增长超过50%,其持有的人民币储备资产规模将在现有规模上增加超过50%。

表 1　部分境外央行类机构交易品种的开放程度以及提供银行和托管服务的情况

货币当局	境外央行所在国家境内金融市场的开放程度					货币当局提供银行与托管业务		
	货币市场	债券市场	对冲工具	是否提供以及产品类型	面向机构	服务品种	收费情况	组织架构
新加坡金融管理局	回购、拆借	国债、央票、企业债、同业存单、债券借贷	利率互换、远期利率协议；外汇远期、外汇期权、交叉货币互换	是；国债	通过金融管理局批准的境外央行及国际组织	支付服务；托管服务（国债托管、交易结算和托收投资收益）	未明确	与货币政策制定部门平级，向不同负责人汇报
澳大利亚央行	回购、拆借	国债、市政债、同业存单、ABS、MBS、债券借贷	利率互换、远期利率协议、债券期权；外汇远期、外汇期权、交叉货币互换	是；除拆借、债券借贷外均可提供	全部境外官方储备者	支付服务；托管服务（债券托管、交易结算、托收投资收益和每日提供对账单）；现金管理（付息的活期存款，定期存款，日间和隔夜透支服务需另行申请）	成本加成法（低于商业银行收费）	与货币政策制定部门平级，向不同负责人汇报
瑞士央行	回购、拆借	国债、央票、企业债、市政债、同业存单、ABS、MBS、债券借贷	利率互换、远期利率协议、债券期权；外汇远期、外汇期权、交叉货币互换	是；未明确	全部境外官方储备者	支付服务；信息服务	未明确	未明确

续表

货币当局	境外央行类机构交易品种				货币当局银行与托管业务			
	货币市场	债券市场	对冲工具	是否提供以及产品类型	面向机构	服务品种	收费情况	组织架构
法国央行	回购、拆借	国债、央票、企业政债、同业存单、ABS、MBS、债券借贷	利率互换、远期利率协议、债券远期、债券期权、外汇远期、外汇期权、外汇互换、交叉货币互换	是；未明确	部分境外官方储备部门（由风控部门评估选定）	支付服务；托管服务（债券托管、交易结算、托收投资收益、债券估值和每日提供对账单）；现金管理[付息的活期存款、流动账户定期存款、流动账户（Sweep Account）]；交易代理；信息服务（国内经济数据、金融市场数据及研究报告）；其他：黄金托管服务、外汇服务、举办研讨会	交易代理服务收费高于商业银行	与货币政策制定部门相同平级，向负责人汇报
以色列央行	回购、拆借	国债、央票、企业债	利率互换、远期利率协议、外汇远期、外汇期权、外汇互换、交叉货币互换	是；未明确	仅对少数央行类机构提供该服务	现金管理[流动账户（Sweep Account）]	未明确	未明确
俄罗斯央行	回购、拆借	国债、央票、企业政债、同业存单、ABS、MBS、债券借贷	利率互换、远期利率协议、债券远期、外汇远期、外汇期权、外汇互换、交叉货币互换	否				
阿塞拜疆央行		国债、央票	外汇互换	否				

表 2　　　　　　境外央行对未来全球储备和人民币储备增长趋势的预期

贵行预期未来五年全球储备规模的年均增速将为	>5%	2%~5%	0~2%	<0	
		1	7	1	
贵行预期五年后全球人民币储备占全球储备的比重将达到	>10%	5%~10%	3%~5%	<3%	
		1	6	3	
贵行五年后持有人民币储备规模将较目前增长	>100%	50%~100%	25%~50%	10%~25%	<10%
	4	2	1	2	1
贵行五年后在人民币在岸市场投资规模较目前增长	>100%	50%~100%	25%~50%	10%~25%	<10%
	3	3	2	1	2

注：澳大利亚在问卷反馈中没有填写相关预期，但注明目前人民币资产已经占其官方储备资产总量的5%，且随着中国银行间市场的进一步开放，未来将考虑是否增加人民币资产投资。法国央行认为由于该趋势与全球增长、商品价格和外汇价格密切相关，很难作出判断，故未填写该问题。香港金融管理局选择了25%~50%，并注明该增速为预期的年均增速，经计算，我们将其归入 >100% 选项。法国央行选择25%~100%，为统计方便，我们将其归入 25%~50% 选项。

（四）人民银行向境外央行类机构提供的代理服务发展情况

1. 本币市场。自 2011 年 3 月起，根据总行授权，人民银行上海总部开始向境外央行、国际金融组织和主权财富基金提供中国（内地）境内银行间债券市场投资代理服务，主要包括代理境外央行投资托管在中央债券登记结算公司的债券、提供信息服务和向其账户资金支付超额准备金利息等。在过去五年中，人民银行代理业务平稳发展，截至 2015 年 6 月底，人民银行上海总部公开市场操作部累计代理 30 多家境外央行类机构，债券交易总额达 6000 多亿元人民币。

2015 年 7 月，为配合人民币加入 SDR 相关工作，人民银行发布了 220 号文，取消了境外央行类机构的投资银行间市场的限额，并允许其在人民银行之外可以选择商业银行作为结算代理人，可以投资上海清算所托管的债券，可以开展债券回购、债券借贷、债券远期交易，以及使用利率和汇率对冲工具对冲风险等。目前上海总部正有序推进相关业务操作流程及新版协议的修订，争取更好地满足境外央行类机构的投资需求。

2. 外汇市场。自 2011 年 3 月起，作为境外央行类机构投资中国银行间债券市场的配套措施，人民银行总行向有投资需求的境外央行类机构提供换汇服务，同时也代其在境内外汇市场进行外汇远期、外汇互换等衍生品交易。同样为配合人民币加入 SDR 相关工作，2015 年 9 月，人民银行发布《中国人民银行公告（2015 年）第 31 号》，明确境外央行类机构可以选择人民银行代理、通过中国银行间外汇市场会员代理和直接成为中国银行间外汇市场境外会员三种方式参与中国银行间外汇市场交易，开展包括即期、远期、掉期和期权在内的各品种外汇交易，交易方式包括询价方式和撮合方式，无额度限制。

二、人民银行进一步向境外央行类机构提供银行与托管业务的必要性分析

从国际经验来看，无论是国际储备货币发行国家的央行，还是致力于推动本国货币国际化国家的央行，都向境外银行类机构提供各类银行与托管业务。通过对这些国家央行提供的银行与托管业务和人民银行开展的代理业务等相关经验的总结和梳理，我们认为随着人民币国际化程度的提高和人民币日益成为国际储备货币，无论从满足境外央行类机构需求，还是从推动我国金融事业发展的角度出发，人民银行进一步推动发展面向境外央行类机构的银行与托管业务都十分必要。

（一）境外央行类机构储备管理方面的特殊需求需要人民银行提供银行与托管业务

境外央行类机构进入他国金融市场管理对应货币的储备资产过程中，受管理或投资目标等所限，其对银行与托管业务等的总体要求并不复杂，多为基础性要求。相应地，东道国中央银行和综合实力较强的市场机构都能够较好地满足。但通常境外央行类机构对储备管理以及投资等方面的安全性、保密性有着高于一般商业机构的要求，同时也需要与东道国中央银行建立更广泛深入的合作，以满足其储备管理以及其他中央银行业务的需要。从这些角度出发，选择东道国中央银行提供的银行与托管业务，能够更好地满足境外央行类机构的要求。

1. 境外央行类机构储备管理有较高的安全性要求。IMF 发布的《外汇储备管理指南》将外汇储备管理的目标表述为"（1）能够满足指定一系列目标的、可及时获取的外汇储备的充足性；（2）确保流动性、市场风险和信用风险得到审慎的控制；（3）在流动性和安全性的前提下，通过中长期投资获取合理的收益"。可见，央行等机构的储备管理要将安全性和防范各类风险放在首要位置。其中，银行与托管业务提供者的主体风险无疑至关重要。而且，在通常情况下，境外央行对东道国金融市场、金融机构、金融基础设施等金融体系各方面的了解都十分有限。而获得东道国中央银行提供的银行与托管业务无疑能将境外央行的相关投资管理风险降到最低。人民银行开展代理境外央行类机构投资业务过程中与境外央行类机构的沟通信息显示，其进入一国金融市场过程中，对银行与托管

业务提供者都有着很高的要求，通常只考虑东道国中央银行，或与其有着长期深入合作关系且在东道国金融市场有较高影响力的市场机构。而考虑到选择市场机构可能产生的利益冲突问题，境外央行类机构通常都是首选在服务提供过程中没有利益要求的东道国中央银行。2014 年 OSSPs 圆桌会议问卷调查结果显示，所有接受调查的央行都认为安全性是其选择央行银行与托管业务的重要原因。因此，从这个角度，人民银行应当进一步提供银行与托管业务，以满足境外央行类机构投资管理的安全性需要，同时这也有助于提升人民银行的国际声誉，推动人民币国际化进程。

2. 境外央行类机构希望加强与人民银行的合作。近年来，人民币日益成为广泛接受的国际储备货币，境外央行类机构持续增持人民币资产。截至 2015 年 5 月末，人民银行与 32 个国家和地区的中央银行或货币当局签署了双边本币互换协议，协议总规模约 3.1 万亿元人民币。随着人民币加入 SDR，未来人民银行的本币货币操作对别国金融稳定进而在维护国际金融稳定中的作用将更加明显，或者说系统重要性更强。尤其是 2008 年国际金融危机以来，全球央行间协作明显增强，包括发表联合声明、开展货币互换、同步出台政策等，合作深度和广度都达到了新的水平。因此，未来持有人民币资产的境外央行类机构希望与人民银行建立更广泛深入的合作关系以获取更多信息和支持的需求也会进一步增加。而中央银行提供银行与托管业务，一方面有助于央行间互相了解金融基础设施，另一方面在提供服务过程中会有更多不同层次的直接沟通与合作。2014 年 OSSPs 圆桌会议问卷调查结果就显示，各主要央行都认为提供银行与托管业务，能够增进央行间的互惠性，是其合作的坚实基础和高效渠道。这也是各国际储备货币发行国央行都提供银行与托管业务的重要原因。例如，在 OSSPs 圆桌会议问卷调查相关问题的评论中，加拿大央行就认为，加拿大元成为国际储备货币后，一些国家央行需要以加拿大元计价的证券资产来支持本国货币操作，为此主动寻求加拿大央行提供的银行服务；日本央行也认为，央行提供银行与托管业务可以为央行间开展货币互换、跨境抵押品协议等方面的合作提供必要的基础条件。因此，从这个角度，人民银行应该提供银行与托管业务，既是为了更好地满足境外央行的需求，也有助于人民银行与境外央行类机构在其他领域开展广泛深入合作奠定基础。

3. 境外央行类机构进入一国金融市场进行储备管理及投资等业务过程中，对保密性、豁免权等方面也有较高的要求。一是保密性方面。在 OSSPs 圆桌会议讨论中，多数央行都认为中央银行在海外市场的具体持仓和投资操作相关的信息都可能对会对本国金融市场、东道国金融市场乃至国际金融市场产生一定的影响。因此，保密性对其储备管理及投资也是至关重要的。例如，人民银行开展代理境外央行类机构投资业务过程中，多数央行也明确表示希望在代理交易过程中采用匿名。选择东道国中央银行提供的投资执行、代理交易等银行与托管业务，其操作的保密性能够得到更好的保障，还可以有效避免让少数市场机构因向境外央行提供相关服务而获取额外的信息。二是豁免权方面。许多国家通过立法给予外国中央银行财产以司法强制措施豁免地位，我国也在 2005 年通过了《中华人民共和国外国中央银行财产司法强制措施豁免法》。很多中央银行对豁免权问题都十分重视，例如，在 2014 年 OSSPs 圆桌会议讨论中，有央行认为其储备管理中，确保享有豁免权是与安全性和保密性同等重要的考虑因素。在人民银行开展代理境外央行类机构投资过程中，也有央行希望在代理协议中写明确保享有主权豁免相关条款。显然，由央行提供银行与托管业务，其资金、证券等资产更加独立，在落实豁免权方面更有保障。

因此，随着人民币国际地位的提高和境外央行类机构对人民币储备管理需求的增加，人民银行应顺势而为，满足境外央行类机构对人民银行提供银行与托管业务方面日益迫切的需求。

（二）向境外央行类机构提供银行与托管业务是促进人民币国际化的内在需要

国内银行间市场对外开放和人民币成为境外央行类机构普遍接受国际储备货币是人民币国际化的核心内容，而人民银行向境外央行类机构提供银行与托管业务是二者成功实现的必要条件。

1. 为推动国内银行间市场对外开放奠定坚实基础。2015 年以来，我国人民币国际化进程明显加快。但实际操作过程中，作为人民币国际化核心内容之一的国内银行间市场向境外各类机构开放方面还面临很多障碍，包括资金和证券账户系统、交易适用标准协议、结算代理制度、相关中介机构的国际认证等各方面在面对境外机构进入时都存在很多有待改进的问题。在这种情况下，将人民银行向境外央行类机构提供银行与托管业务视为这一领域改革开放的试点，是一项高效的制度安排。因为在此过程中，是由银行间市场直接监管机构的人民银行与风险偏好最低、信用等级最高的境外央行类机构，直接沟通协商解决上述基础性和细节性问题，再由其他境内外市场机构直接效仿推广。这一路径显然比由境内外市场机构沟通、遇到问题再向人民银行汇报解决更为高效；而且更有助于人民银行深入了解相关领域改革开放的重点难点，进而更有效地积累经验和控制风险，为国内银行间市场对外开放进而人民币国际化奠定坚实的基础。

2. 为人民币成为国际储备货币提供必要前提。根据人民银行发布的《人民币国际化报告》（2015），截至 2015 年 4 月末，境外中央银行或货币当局在境内外持有债券、股票和存款等人民币资产余额约 6667 亿元。随着 2015 年 11 月 IMF 同意人民币加入 SDR，人民币在成为国际储备货币的道路上更进一步，也意味着未来境外央行类机构将更多地持有人民币储备资产。而如前所述，境外央行类机构在储备管理及投资方面有着诸多特殊要求，这些特殊要求很多只有通过人民银行提供银行与托管业务才能满足。因此人民银行提供银行与托管业务对于境外央行类机构接受人民币作为国际储备货币至关重要。而根据2014年OSSPs圆桌会议问卷调查，包括美联储、欧洲央行、日本央行、英格兰央行、瑞士央行、加拿大央行、澳大利亚储备银行在内的主要国际储备货币发行国央行，都将向境外央行提供银行与托管业务作为自身核心业务之一；而且绝大部分参与问卷调查的央行都认为作为国际储备货币发行国央行应当提供银行与托管业务。

（三）向境外央行类机构提供银行与托管业务有助于提升开放环境下货币调控等的有效性

随着人民币国际化程度的提高，境外央行类机构和国际金融市场波动对我国货币调控以及维护金融稳定等的影响日益显著。通过向境外央行类机构提供银行与托管业务，人民银行可以更有效地获取市场情报，提升国际影响力，完善金融基础设施，完善开放环境下货币调控和金融稳定政策框架。

1. 有助于更高效地获取市场情报[①]。随着我国利率市场化的基本完成，货币调控方式将加速向价格型调控转变。相应地，金融市场的信息对于制定和实施货币政策以及维护金融市场稳定的作用将更为重要。发达国家中央银行都十分重视市场情报。例如，英格兰银行2015年专门对其市场情报的目标、获取方法、覆盖范围、人员组织、有效使用等进行全面审查，提出要进一步完善2004年建立的获取市场情报计划（Market Intelligence Programme），以形成覆盖全行的市场情报框架体系，为英格兰银行货币政策和金融稳定政策决策和操作服务。在2014年OSSPs圆桌会议讨论中，多家央行认为中央银行向境外央行提供银行与托管业务有助于央行获取市场情报。从人民银行目前已开展的代理境外央行投资业务看，通过提供相关服务，无论是对境外央行类机构的管理理念、行为特征、操作细节、头寸变化等外部信息，还是对银行间市场的基础设施、市场结构、交易产品、市场主体行为偏好等国内市场信息都有了更为全面深入的了解。未来在此基础上，通过进一步开展银行与托管业务，及时掌握境外央行类机构和国内金融市场的第一手信息，可以为人民银行在开放环境下灵活有效地实施以价格调控为主的间接调控以及维护金融稳定提供重要的决策依据。

2. 有助于提升人民银行的国际影响力。通过向境外央行类机构提供银行与托管业务，人民银行作为国际储备货币发行行的能力将得到境外央行类机构更广

---

① 根据英格兰银行 *A Review of Market Intelligence at the Bank of England*（2015），市场情报（Market Intelligence）是从金融机构获取的、有助于中央银行理解金融市场运行的第一手信息。

泛的认可；同时以此为平台和渠道，与境外央行合作的深度和广度也大大增加，国际地位进一步提升。借助更强的国际影响力，人民银行可以在金融领域国际规则的制定中争取到更多的利益，在应对危机中与其他央行开展更顺畅的沟通和政策协同，转移国内货币调控中可能出现的压力，这些都有助于缓解开放环境下货币调控以及维护金融稳定的压力，并提升相关政策的有效性。而且，向境外央行类机构提供银行与托管业务，可使境外央行更放心便捷地持有人民币资产，提高人民币储备的吸引力，增加外汇市场人民币需求，进而维护人民币币值的稳定，为人民银行开展货币调控和维护金融稳定营造宽松的外部环境。

3. 有助于提升人民银行金融服务能力。发达国家央行都有着相对成熟完善的系统将商业银行、本国政府部门、境外央行等各类机构纳入服务范围，并提供有区别的服务，这既因为提供银行与托管业务本身就是中央银行的核心职能，也因为相对完善的银行与托管业务系统有助于提高货币调控效率。例如，我国 2014 年上线的中央银行会计核算数据集中系统（ACS）对于单一账户不能设置限额、不能开立子账户，这直接影响到余额现金管理业务的开展。而在央行统筹下，允许本国政府组织、境外央行等相关主体按照既定的规则对账户余额进行现金管理，有助于提高央行流动性管理的效率。因此，很多发达国家央行都向本国政府有关部门和境外央行开展这项业务。可以说，向境外央行类机构提供银行与托管业务，为人民银行更便捷地学习发达国家央行先进经验、提升总体金融服务能力和效率提供了难得的机遇和平台，也有助于进一步提高央行货币调控效率。

三、人民银行进一步推动银行与托管业务发展中值得注意的问题

如前所述，由中央银行向境外央行等提供官方银行与托管等服务是普遍做法，相关服务也是中央银行的重要核心业务之一，人民银行向境外央行类机构提供的代理等银行与托管业务长期来看具有必要性，应将其视为一项具有巨大发展潜力的重要业务予以充分重视。随着人民币国际化加快和人民币资产在各国储备资产中地位的提升，人民银行也应不断提升相关服务，并确保这一服务能与人民币的国际地位相称。

同时，随着人民银行向境外央行类机构提供银行与托管业务的快速发展以及境外央行类机构持有人民币资产规模的持续增加，尤其是人民银行 2015 年 220 号文明确对境外央行类机构几乎完全开放境内银行间市场和 IMF 决定将人民币正式纳入 SDR 篮子后，向境外央行提供的银行与托管业务可能会迎来一段相对快速发展的时期，一方面这项业务本身会面临一些新的问题和风险，另一方面这项业务的快速发展也可能对人民银行自身和整个金融市场的稳定与发展等会产生一定的影响。对于这些出现的新情况和可能存在的新问题，我们应深入研究和积极应对。

(一) 未来需要关注和正确处理人民银行与商业银行等市场机构在提供银行与托管业务中的竞争问题

从国际经验来看，许多国家对于向境外央行等官方储备管理者提供银行与托管业务的主体没有明确的限制，既允许本国的中央银行提供，也允许市场商业性机构（如大型商业银行等）提供，在这种情况下，存在一个如何权衡中央银行与市场化商业机构之间的竞争关系的问题。

1. 多数央行认为中央银行向境外央行类机构提供银行与托管业务与商业银行不直接构成竞争。如前所述，在向境外央行类机构提供银行与托管业务方面，央行有着天然的优势，能更好地满足其特殊的需求。但理论上，央行能提供的银行与托管业务，商业银行等市场机构也能提供；而且市场机构也愿意向各类境外机构提供相关服务以获取直接和间接的收益。对此，在2014年OSSPs圆桌会议讨论中，大部分中央银行认为，其向境外央行类机构提供银行与托管业务不会限制市场机构相关业务的发展。因为，一方面，其提供银行与托管业务是出于满足某些境外央行类机构特殊的需要，这些境外央行只愿意接受东道国央行提供的服务；另一方面，其主要提供保守产品（Conservative Products），而市场机构提供的是优化产品（Enhancement Products），二者范围有明显差异。也有部分央行认为，中央银行与市场机构提供的相关服务或多或少还是有交集的，而中央银行有天然的主体优势，一般不是以盈利为目标，从而在收费方面低于市场机构，因此一定程度上还是对市场机构的相关业务发展有抑制作用的。

2. 人民银行在向境外央行提供银行与托管业务过程中同样面临与商业银行的竞争关系处理等问题。根据人民银行2015年发布的220号文，我国自2015年7月开始改变原来仅允许人民银行向境外央行类机构提供代理等服务的做法，开始允许境外央行类机构自由选择代理机构，既可以只选择由人民银行或市场商业机构提供代理，也可以同时由人民银行和商业机构提供代理服务。到2015年底，部分境外央行已经与境内商业银行签署代理服务协议，如挪威中央银行与农业银行签署了代理协议，阿布扎比投资局与汇丰银行签署了代理协议，孟加拉国央行与渣打银行签署了代理协议，另外还有部分境外央行同时选择了人民银行与商业银行提供代理服务。因此，随着未来我国越来越多的商业银行开始逐步介入境外央行类机构的银行与托管业务中，人民银行需要充分借鉴国际经验，合理把握与商业银行的竞争关系，并采取适当措施维护市场平等秩序与效率。

3. 通过采取相关措施可以将中央银行对商业银行的抑制效应降到最低。在2014年OSSPs圆桌会议讨论中，认为中央银行向境外央行提供银行与托管业务可能对市场机构有抑制效应的央行认为，在对境外央行选择服务提供者不作限制的基础上，通过采取以下措施可以将中央银行对商业银行的抑制效应降到最低。

一是中央银行限定业务范围以及相关业务的规模。如上所述，在向境外央行提供银行与托管业务过程中，中央银行主要提供保守产品，例如批发性的支付服务，债券、黄金等标准化产品的托管，基本的现金余额管理，即期交易和投资执行等；而对于那些市场机构能够提供的更为高级和复杂的业务，央行不予提供，例如投资咨询，零售性质的支付服务，信贷类产品的托管服务，结构复杂的交易等。除了限定业务范围外，很多中央银行还对提供的产品或服务设定一定的规模上限。例如，对境外央行在央行的现金账户余额设置上限。

二是收取必要的费用。根据OSSPs圆桌会议问卷调查，绝大多数中央银行向提供的相关服务收费，其定价方法也与商业银行类似，即根据产品类型和产品成本情况进行差异化定价。例如，对于现金账户，绝大多数中央银行支付的利率低于基准利率；对于交易账户，大多数中央银行基于交易收取可变费用以覆盖交易成本，仅有少数中央银行收取单一费率以覆盖固定成本。托管账户的情况类似，多数中央银行对托管服务收取单一费率或者基于交易量的费率，或者两种方法相结合。多数中央银行仅收取覆盖成本的费用，但也有部分中央银行除覆盖成本外还会获取一定利润。在银行与托管业务定价的管理流程上，大多数中央银行会根据商业环境变化而灵活调整其收费，但部分中央银行以定期方式（如每年）来调整其收费。

（二）需要关注银行与托管业务快速发展可能带来的风险及管理问题

1. 在向境外央行类机构提供银行与托管业务过程中，中央银行也会面临各类风险。在2014年OSSPs圆桌会议讨论中，各国央行认为，中央银行在向境外央行类机构提供银行与托管服务过程中，至少会面临以下三类风险：一是主体相关风险，即境外央行类机构在投资过程中发生违约，相关指令违反国际或国内法律等，从而对本国中央银行带来负面影响；二是操作相关风险，即由于人员、系统等原因导致境外央行类机构的交易、结算等指令无法完成，并导致投资损失和影响本国中央银行信誉等的风险；三是其他衍生风险，即向境外央行类机构提供银行与托管业务可能影响本国央行履行货币政策和金融稳定等相关职能的风险。

2. 人民银行在管理银行与托管业务中的风险方面还面临诸多挑战。人民银行面向境外央行类机构的银行与托管业务总体尚处于起步阶段。人民银行在向境外央行类机构提供投资执行服务（主要是代理境外央行投资银行间债券市场）过程中，遇到了前所未有的挑战，包括硬件方面，清算、结算、交易、会计、托管、信息等各方面基础设施都需要适应；软件方面，人员配备有限，没有可以直接借鉴的制度规章流程和操作经验，几乎每项工作都需要跨部门、跨机构的沟通协作。为了在充分满足境外央行类机构相关要求的同时，控制好风险，人民银行做了大量的工作。一是积极完善硬件基础设施。人民银行通过协调各相关司局以及中国外汇交易中心、中央债券登记结算公司和上海清算所,基本消除了原有金融基础设施中与开展银行与托管业务不适应的方面。尤其是在2012年开发了SWIFT的应用系统,实现了与代理业务管理系统COMSTAR业务报文的直通式处理;2015年实现了债券交易中券款对付(DVP)结算。二是初步建立较完善的内部管理制度和操作流程。严格按照《代理境外央行业务内部操作流程》和《代理境外央行债券投资业务管理制度》开展业务,债券交易前、中、后台各岗位分工明确,各司其职,交易流程清晰、有序,确保代理业务的顺利开展。风控中台已在新的工作要求下有效运行,截至目前没有发现异常情况。

不过,人民银行220号文的发布对人民银行开展银行与托管业务的要求大大提高,尤其是除了要代理现券交易,还要提供交易、清算等环节更加复杂的衍生品业务,相应的业务规模也将进一步扩大,并且新业务还可能衍生出境外央行类机构新的服务需求。在进一步向境外央行类机构提供银行与托管业务过程中,人民银行面临的上述风险控制方面的压力也大大增加。例如,主体风险方面,境外央行类机构参与衍生品交易所带来的违约风险大大增加;操作风险方面,新业务的开展涉及的系统、流程都更加复杂,如衍生品交易涉及的保证金管理需要盯市,其间隐含的风险也大大增加;其他衍生风险方面,随着境外央行类机构在人民银行资金账户规模的增加,央行流动性管理将面临新的自发性扰动因素。

3. 发达国家央行在管理相关风险方面的先进经验。一是通过加强合规、"了解客户计划"等管控主体相关风险。各国央行都十分重视向境外央行类机构提供银行与托管业务中可能出现的主体风险。根据2015年OSSPs圆桌会议的问卷调查,大部分中央银行都建立了正式的合规流程(Formal Compliance Programme),对业务部门进行合规审核。由业务部门和风控部门按照最佳实践(Best Practice)原则,采用基于风险的方法(Risk-based Approach)开展了解你的客户(Know Your Customer)工作。采用基于风险的方法对可疑交易筛选,制订较完善的业务应急计划。

二是通过较为完善的应急与业务恢复计划管控操作相关风险。从OSSPs圆桌会议的问卷调查结果来看,目前大多数中央银行都建立了集中(Centralized)或非集中(Decentralized)的业务应急计划(BCP),绝大多数中央银行安排有专门人员负责应急计划。在应对计算机攻击和内部系统瘫痪方面,各央行提出减少这些风险的方法包括:分开设置备用的办公场所,远程接入安排,经过定期测试和分析的详细持续计划,独立的计算机安保单元,备用网络,电子、网络和电信等渠道的充分供应,管理组织方面的优化(新的首席信息官),职员轮岗培训,外部过滤器等。针对SWIFT系统出现问题方面,所有的参与者均提到他们准备了使用手工传真的应急计划,大部分参加机构同时使用其他备用联系方式,如仅可读的电子邮件、加密电子邮件、物理方式传送指令（如专人或邮递传送）、安全网址接入、非加密电子邮件等。同时，在应对 SWIFT 不能使用的紧急问题时，大多数参与者均接受以传真方式和一种或多种其他方式来进行沟通。

三是通过加强境外央行类机构在中央银行账户的管理来减小其对流动性管理的影响。不可预测的自发性因素直接影响中央银行流动性管理和实现短期利率目标的实现。因此，各国央行均通过不同的方式对于境外央行类机构存款资金账户的规模和波动进行有效管理。例如，韩国央行对境外央行的现金账户余额实现严格的上限管理，欧洲央行等对资金账户按照用途支付不同的利率以引导境外央行保持资金账户余额的相对稳定。此外，很多央行在开展公开市场操作时直接将对境外央行资金余额的测算值纳入流动性预测框架。

（三）需要关注银行与托管业务发展可能对我国银行间债券市场产生的影响

1. 从国际经验看，境外投资者日益增持国际储备货币所在国债券，并对其债券市场流动性、国债等利率债收益率产生一定影响。近年来，境外投资者（包括官方储备和市场主体）对国际储备货币发行国家政府债券的投资规模持续增加。Arslanalp 和 Tsuda（2012）对 24 个主要发达国家的研究表明，2004～2011 年，境外投资者对传统国际储备货币国家政府债券的持有占比由 14% 上升至 21%，对非传统国际储备货币国家政府债券的持有占比由 20% 上升至 31%。对于包括境外央行等官方机构在内的境外投资者对本国债券市场的影响，发达国家央行一直较为关注。美国和加拿大两国的相关研究表明，境外央行等投资者对国内债券市场的影响主要表现在以下方面：

一是对国债收益率的影响。加拿大方面，其央行相关研究（2014）认为，近年来境外官方储备持续流入其债券市场直接增加了国债一级市场需求，压低了国债发行利率，降低了政府融资成本。美国方面，Bernanke、Reinhart and Sack（2004）的研究认为，日本政府为干预外汇而持续购买美国国债小幅压低了美国 10 年期国债收益率。不过，Beltran 等（2013）的研究认为境外投资者进入美国债券市场带来的这种压低收益率的效应大部分会被抵消，因为收益率的降低会引发国内投资者抛售国债进而使收益率有所回升。Sierra（2010）的研究认为境外官方机构和境外市场机构对本国债券市场的影响是不同的。其中，境外官方机构净买入美国国债会产生长期的负供给效应，即通过降低风险溢价来推高债券价格和压低收益率；而境外市场机构的净买入会一定程度提高美国债券市场的风险溢价。

二是对债券市场流动性的影响。加拿大方面，其央行的相关研究（2014）认为，境外央行类机构进入国内债券市场对债券二级市场流动性的影响相对复杂。一方面直接为其债券市场注入了大量流动性,证券借贷等交易活跃度明显增加;另一方面境外官方储备投资一般以买入持有为主,当相当规模的国债被其持有,可能会减少市场优质抵押品的供给,进而影响货币市场流动性,同时,可能导致国债二级市场交易量的下降,并因推升流动性溢价而引发总体收益率的上升。同时,美国和加拿大的相关研究都认为,相对于市场机构,官方机构投资者一般对较小外部冲击的反应不敏感,因而带来的市场波动和再融资风险较小。不过,危机期间,境外官方机构的反应与市场机构类似,并由于其规模较大,将对国内市场产生较大的流动性冲击。进一步分析美国和加拿大两个债券市场发现,美国国债市场发达,市场深度和广度较高;加拿大国债市场则相反。而我国债券市场总体更接近加拿大。例如,2014年末,加拿大政府债券存量为6490亿美元,我国国债托管量为8.55万亿元,二者总体规模基本在同一数量级。因此,加拿大央行其相关分析结论对我国更有借鉴意义。

2. 随着人民银行进一步发展银行与托管业务,未来我国银行间债券市场受境外投资者的影响将日益增加。目前我国债券市场深度仍然低于成熟市场。根据中金公司的研究,以年度换手率计算,2014年美国债券市场在4.8倍左右,而我国仅为1.13倍。一般而言,国债在各国债券市场中都是最重要的一类债券,交易也最为活跃。但是由于我国国债市场配置型投资者占比较高,使真实交易需求不高。美国国债2014年的换手率为10.19倍,我国仅为0.73倍。从短期看,考虑到境外投资者在银行间市场的头寸整体仍然不大,债券市场应该可以满足境外投资者的流动性需求。2014年末,境外机构持有利率债规模[①]占比仅为2.83%,2015年11月末,数值略有上升至2.92%。相应地,境外投资者对银行间债券市场收益率和流动性的影响总体有限。从中长期看,人民银行提供银行与托管业务能够更好地满足境外央行类机构的人民币储备管理和投资需求,人民币日益成为国际储备货币。根据加拿大央行相关数据,2004~2011年,伴随着加拿大元国际地位的上升,境外投资者持有加拿大政府债券的占比由20%升至30%。因此,未来境外央行类机构在我国金融市场尤其是银行间债券市场的投资规模会持续增长,其影响也会逐步增强。

正如加拿大央行在相关研究中所强调的,境外央行类机构增加持有其国债只是影响债券市场运作的诸多因素之一,而且其与其他因素相交织,因此很难精确地评估其对债券收益率、市场流动性等的影响;但中央银行应该密切关注境外央行类机构持有本国国债的潜在影响,尤其是随着境外央行类机构的持续增持,这

[①] 数据来源为中债信息网(www.chinabond.com.cn)的托管量数据。其中,利率债包括国债、央票和政策性银行债;考虑到境外机构主要持有利率债以及没有其利率债托管量数据,境外机构利率债托管量以其总体债券托管量代替。

些影响会日益显著。因此,我国应高度重视境外央行类机构进入银行间市场对我国债券市场以及整个金融市场的影响,在进一步加强银行间债券市场规范化管理、深化改革创新基础上,一方面继续扩大开放,顺应并促进人民币国际化进程,另一方面,提高市场深度与广度,更好地应对开放环境下各种新的挑战。

参考文献

[1] 陈健恒、唐薇,中金公司固定收益研究组:《人民币国际化系列专题一:银行间债券市场对外开放回顾和展望》,固定收益研究报告。

[2] 戴序:《中国外汇储备资本化研究》,北京,中国金融出版社,2013。

[3] 宿玉海、孙晓芹:《中国外汇储备结构多目标管理的实证研究》,载《国际金融研究》,2014 (3)。

[4] 吴念鲁:《中国外汇储备研究——考量与决策》,北京,中国金融出版社,2014。

[5] 中国人民银行:《人民币国际化报告 (2015)》,2015。

[6] 中国人民银行上海总部《中国金融市场发展报告》编写组:《2014 年中国金融市场发展报告》,2015。

[7] 祝国平、刘力臻、张伟伟:《货币国际化进程中的最优国际储备规模》,载《国际金融研究》,2014 (3)。

[8] 美联储网站,www.federalreserve.gov。

[9] 纽约联储网站,www.newyorkfed.org。

[10] 欧洲央行网站,www.ecb.europa.eu。

[11] 日本央行网站,www.boj.or.jp。

[12] 澳大利亚央行网站,www.rba.gov.au。

[13] 加拿大央行网站,www.bankofcanada.ca。

[14] 德国央行网站,www.bundesbank.de。

[15] Bernanke, B. S., V. R. Reinhart and B. P. Sack. 2004. "Monetary Policy Alternatives at the Zero Bound: An Empirical Assessment." Brookings Papers on Economic Activity 35 (2).

[16] Bank of England. A Review of Market Intelligence at the Bank of England. 2015 - 02 - 26.

[17] Bruno Feunou, Jean - Sébastien Fontaine, James Kyeong and Jesus Sierra Jimenez. Foreign Flows and Their Effects on Government of Canada Yields. Bank of Canada Staff Analytical Note 2015 - 1. 2015 - 11.

[18] Beltran, D. O., M. Kretchmer, J. Marquez and C. P. Thomas. 2013. "Foreign Holdings of U. S. Treasuries and U. S. Treasury Yields." Journal of Interna-

tional Money and Finance 32.

［19］IMF, Internationalization of Emerging Market Currencies: A Balance between Risks and Rewards. IMF Staff Discussion Note. 2011 – 10 – 19.

［20］Lukasz Pomorski, Francisco Rivadeneyra and Eric Wolfe, Funds Management and Banking Department. The Canadian Dollar as a Reserve Currency. Bank of Canada Review. Spring 2014.

［21］Proceedings of a joint conference organised by the BIS and the Bank of Korea in Seoul on 19 – 20 March 2009. Currency internationalisation: lessons from the global financial crisis and prospects for the future in Asia and the Pacific. BIS Papers. 2011 – 12.

［22］Sierra, J. 2010. "International Capital Flows and Bond Risk Premia." Bank of Canada Working Paper No. 2010 – 14.

［23］Samar Maziad, Pascal Farahmand, Shengzu Wang, Stephanie Segal, and Faisal Ahmed, directed by Udaibir Das and Isabelle Mateos y Lago.

［24］Thérèse L. Couture and Christian Bélisle, Funds Management and Banking Department. The "Bank" at the Bank of Canada. Bank of Canada Review. Spring 2015.

金融业综合统计的国际经验比较与借鉴

中国人民银行上海总部调查统计研究部课题组

课题组组长：王海生

课题组成员：包 钧 张 昀 司 巍 邵 珺 李腾飞

摘 要

2008年国际金融危机让发达国家对其金融监管体系和金融统计制度作出了深入的反思，在金融监管协调和信息共享等方面开展了重新评估和调整，以修缮其金融数据缺失问题，进而完善其货币和金融统计体系。与此同时，为了更好地适应当前金融市场与新型金融机构、金融业务的快速发展，以 IMF、BIS 为代表的国际金融机构也对货币金融统计的国际标准进行了新一轮的制定和调整。在国内，继2011年推出社会融资规模统计后，人民银行进一步加大了金融业综合统计的相关标准制定以及地区试点工作，力争早日建成"统一、全面、共享"的金融业综合统计体系，为宏观审慎管理与货币政策制定提供更加全面稳健的数据信息基础。

在此背景下，本文主要对发达国家在危机后的金融监管调整与协调、金融信息共享、金融账户建设等方面进行比较研究，分析在不同金融发展状况下，各国如何通过金融监管体系的调整以及部门间的协调共享来改善金融数据缺失问题，并分别探讨了各国金融统计账户的建设经验。此外，本报告还介绍了货币金融统计方面的国际标准体系概况，对相关标准的最新制定和修订进行了梳理归纳，并分析了这些最新修订可能带来的主要影响。

在以上比较分析的基础上，结合我国目前的金融业综合统计的试点现状，本文分别从国别经验和国际标准修订和制定两个方面提出了相关的政策意见。

一、金融业综合统计的背景与现状

作为金融领域最重要的基础设施之一，金融业综合统计体系的建设自从金融危机后就成为人民银行的一项重点工作，2012年全国金融工作会议首次提出要加快建立"统一、全面、共享"的金融业综合统计体系，人民银行也于同期开展金融业综合统计在不同地区的试点工作。时至今日，通过金融标准化相关制度的逐步推进,以及各试点地区在工作中积累的核心指标体系修订、部门协调与信息共享等方面的经验,金融业综合统计工作正处于不断改进并完善的过程中,试点范围也将进一步扩大,更多省市将陆续启动试点工作。

(一)国际和国内背景

2008 年,次贷危机由金融市场蔓延至整个美国经济进而导致全球范围内的经济衰退,各国政府与国际组织除忙于制订和推行各类经济刺激方案之外,对危机的经验总结也是重要一环。国际货币基金组织在危机专题报告《应对信息缺口》中就指出"全球金融危机暴露出在进行金融机构和金融系统稳定性评估过程中存在着巨大的信息缺口"。这不仅影响到投资者在进行资产组合时所作出的判断,同时也使宏观政策制定者在对经济形势运行的把握上出现偏差。

在此背景下,各发达国家央行对金融数据缺失问题进行了深入反思,美国、英国等西方国家对各自金融监管体系实施了新一轮改革,在金融监管协调和信息共享方面开展重新评估和调整,进而改进和完善其货币与金融统计体系。

与此同时,IMF、BIS 等主要国际组织也对货币与金融统计等相关国际标准作出了进一步的修订,使修订后的统计方法、范围和统计内容更加适应金融机构、金融市场以及金融业态的发展趋势,从而为货币政策制定与宏观审慎管理提供更有效的信息基础和决策依据。

在国内,随着近些年金融广度和深度的不断放大,我国现行的金融统计体系的局限性也在逐渐凸显。一方面,当前的金融监管体系给跨市场、跨部门、跨境上的金融统计带来一定约束,部门间协调成本和信息共享成本影响了货币政策制定与宏观审慎管理的效率;另一方面,与新型金融机构、金融产品和金融统计工具不断涌现相比,我国金融统计制度的更新和修订未能及时跟进,比如对其他金融性公司缺乏统一有效的统计,还停留在家数、交易总量等简单数据的汇总统计上,不能及时监测资金在机构间、市场间的流动情况,影响了货币政策对实体经济传导效率的评估,也就无法为国家宏观调控提供及时全面信息。

此外,在统计实践方面,我国的货币与金融统计离国际标准还存在着一定的差距,与 MFSM2000,MFSCG2008 相比,我国现行的货币统计范围还有待拓展,在金融市场统计方面也存在诸多突出问题,导致当前金融统计对内较难适应宏观经济管理和金融发展的需要,对外不能满足向国际组织编报金融概览和国际对比的需要。

国际和国内趋势表明,构建宏观审慎监测框架,弥补现行金融统计缺陷,建立覆盖范围更广、统计内容更全、信息共享更好的金融业综合体系已成为我国金融统计发展的必经之路。

（二）发展现状

在国际和国内背景下，为适应金融稳定和宏观调控的迫切需要，人民银行总行提出了金融业综合统计的概念，并于 2011 年起推出社会融资规模统计，社会融资规模基本涵盖了我国整个金融体系，从机构看，包括银行、证券、保险等金融机构；从市场看，包括信贷市场、债券市场、股票市场、保险市场以及中间业务市场等。社会融资规模统计推出后，在制定货币政策和宏观调控过程中发挥了重要作用，获得了国内和国际社会广泛关注和认可。为进一步推进金融业综合统计工作，2012 年第四次全国金融工作会议提出要建立"统一、全面、共享"的金融业综合统计体系，2013 年 8 月，国务院再次将"金融信息共享和推进金融业综合统计体系的协调"作为金融监管协调部际联席会议的主要职责之一。

在制度建设层面，自金融业综合统计概念提出伊始，人民银行已开展了一系列基础研究，相继发布了《金融机构编码规范》、《金融工具统计分类及编码标准》、《贷款统计分类及编码标准》、《存款统计分类及编码标准》等。在统计实践层面，人民银行首先提出构建金融业综合统计的六大原则——协调统一原则、一分到底原则、不重不漏原则、现实可行原则、适度前瞻原则、统一灵活原则，并在深圳、温州、安徽、江西、湖南、湖北等地分别开展金融业综合统计的试点。

从试点地区的开展情况来看，各地大多从部门沟通与监管协调入手，首先通过省级政府或金融办的统筹，与省统计局、行业监管部门等政府办事机构与责任机构协商会谈，在达成关于数据采集上报与信息共享的一致意见后，再由当地人民银行建立相关基础和专项统计制度，并主导数据采集、审核、汇总与评估等工作，实现试点地区金融机构全覆盖的综合统计任务。

以安徽省为例，截至 2014 年 11 月，全省按《金融机构编码规范》的机构类别已全部纳入统计范围，实现机构报数率 100% 的目标。在全省所有金融机构报表汇总的基础上，针对报表合并中部分指标的重复计算问题，人行合肥中支又根据交易对手关系进行轧差处理，编制全省分地区、分行业资产负债表，较全面地反映了全省金融业资产、负债和所有者权益情况，以及地方小微金融经营状况；汇总全省金融业损益表，全面核算全省及分地区金融业增加值对地区生产总值的贡献，并尝试了金融部门内和部门间资产负债表的轧差、并表，简要编制全省金融业概览。通过金融业综合统计工作的试点开展，安徽省已初步实现从以银行业为主的统计向金融业综合统计、从信贷收支统计向资产负债统计、从监管对象统计向金融功能统计的转变。

从目前试点的情况来看，各地在部门协调、数据采集、系统与平台建设、信息共享等各项工作上均积累了一定的经验，对今后金融业综合统计在全国范围的统一实施打下了坚实的基础。

二、货币与金融统计国际标准概况与最新修订

金融危机爆发之后，国际组织明显加快了相关金融统计标准制定的步伐。国际货币基金组织于 2008 年 7 月正式颁布了《货币与金融统计编制指南》（以下简称 MFSG），在操作上对 2000 年出台的《货币与金融统计手册》（以下简称 MFSM）进行补充。2009~2012 年，国际清算银行、欧洲央行、国际货币基金组织联合推出了宏观视角下金融市场领域的首部国际统计标准——《证券统计手册》（HSS），2009 年 9 月，国际清算银行又推出了《信贷风险转移统计》（CRTS）。与此同时，国民经济核算（以下简称 SNA）的最新修订中也对金融资产核算给予重点关注。

这些标准与指南不约而同地选择在金融危机这一敏感时期推出，有其特殊考虑。如果说 SNA（2008）和 MFSG 酝酿已久，可分别追溯到 1999 年和 2000 年，与金融危机的逻辑联系不甚紧密，那么 HSS、CRTS 等标准从启动、制订到颁布都在金融危机期间完成，其目的性就相当明确，正是为了弥补当前所存在的巨大统计信息缺口。

在统计实践方面，以 MFSM 和 MFSG 为核心的货币金融统计框架在危机后也暴露了一些不足，为此 IMF 于 2011 年正式启动了对货币与金融统计国际标准的最新修订。

（一）货币与金融统计国际标准体系概况

货币与金融统计系列国际标准出台的主要目的在于统一相应指标的定义、范围和分类，规范数据的来源，编制和公布，指导各国建立具有国际可比性的货币与金融统计及其数据质量保障体系，以提高各国官方统计数据的质量和透明度，为保持国际经济与金融的平稳发展提供可靠的数据。

货币与金融统计的国际标准涉及众多的手册与框架，根据标准的性质与功能大致可以分为三类（见表 1）：（1）数据生产国际标准，主要包括 MFS、MFSG、EDS、FSI 和 HSS；（2）数据公布国际标准，主要包括 SDDS 和 GDDS；（3）数据质量评估国际标准，包括 DQAF、DQAFMS 和 DQAFEDS 等。

表1　　　　　　　　　　货币与金融统计国际标准体系概况

中文名称	英文全称	英文简称	颁布机构	颁布时间	统计领域	统计环节
货币与金融统计手册	Monetary and Financial Statistics Manual	MFS	IMF	2000	货币与金融	数据生产
货币与金融统计编制指南	Monetary and Financial Statistics Compilation Guide	MFSG	IMF	2008	货币与金融	
外债统计：编制者和使用者指南	External Debt Statiatics: Guide for Compilers and Users	EDS	IMF BIS 等	2003 2013	外债	
金融稳健指标编制指南	Financial Soundness Indicators: Compilation Guide	FSI	IMF	2004 2006	广义金融稳健	
信贷风险转移统计	Credit Risk Transfer Statistics	CRTS	BIS	2009	金融衍生品	
证券统计手册	Handbook on Securities Statistics	HSS	IMF ECB BIS	2009 2010 2012 2015	有价证券	
数据公布特殊标准	Special Data Dissemination Standard	SDDS	IMF	1996 2007 2012	社会经济与金融	数据公布
数据公布通用标准	General Data Dissemination Standard	GDDS	IMF	1997 2007	社会经济与金融	
数据质量评估框架	Data Quality Assessment Framework (Generic Framework)	DQAF	IMF	2001 2003	社会经济与金融	数据质量评估
货币统计数据质量评估框架	Data Quality Assessment Framework for Monetary Statistics	DQAFMS	IMF	2001 2003	货币	
外债统计数据质量评估框架	Data Quality Asssement Framcwork for External Debt Statistics	DQAFEDS	IMF	2001 2003	外债	

其中，数据生产国际标准的性质和功能与 SNA、BPM、GFSM 等宏观性统计核算的国际标准类似，主要用于规范货币与金融领域全局或局部如何开展统计核算，生产符合国际规范的数据，区别主要在于 MFS、MFSG、EPS 和 FSI 核算的范围仅限于货币与金融领域。SDDS 和 GDDS 是 IMF 在 20 世纪 90 年代中后期推出的专门用于规范各国官方统计数据公布的新型国际标准。尽管其规范的范围并不限于货币金融领域，但其立足于完善金融监管来指导各国如何规范官方统计数据发布，而且是由 IMF 编制和颁布，因而也将其归于货币与金融统计国际标准

体系。数据质量评估国际标准是 IMF 于 2001 年开发的专门用于规范数据质量的新型国际标准,并指导各国如何开展数据质量评估,主要包括两类:一类是通用框架(DQAF);另一类是专用框架,主要包括七个专用框架,DQAFMS 和 DQAFEDS 只是其中的两种。通用框架适用于所有的专用框架,并为专用框架提供基础。

从数据生产角度而言,MFS 和 MFSG 仍然是目前货币与金融统计领域的核心框架,两者形成了一套系统的货币与金融领域的核算体系。MFS 是从 SNA 的金融核算出发,对其进行扩展和补充,确立货币统计和金融统计两个框架,其中,货币统计通过金融工具、持有者、发行方三个方面构造出不同层次的货币统计定义;与货币统计仅限于金融部门相对照,金融统计包括经济体各部门之间以及这些部门和世界其他地方之间的所有金融存量和流量。MFSG 主要在结合各国成功经验的基础上编制完成,是一个单独的操作版而非 MFS 的升级版。

从两者的关系上看:一方面,MFS 界定了货币与金融统计的核算对象、统计范围、金融资产分类、机构单位部门划分、金融流量存量核算方法和原则,建立了反映金融运行过程的总量指标体系和货币与金融统计基本框架,在概念分类、统计范围、核算准则、核算方法以及基本框架等方面为 MFSG 奠定了基础。另一方面,与 MFS 相比,MFSG 更具操作性,内容也更加详细、系统,对机构单位分类、部门划分、资产定制、记录时间、数据来源等都作了更详细的说明,为编制货币与金融统计数据提供了指导性框架,是对 MFS 在操作意义上的重要补充、细化和完善。

除两部核心框架之外,金融危机后颁布的一些统计国际标准主要聚焦于金融市场领域。在金融危机之前,由 MFS 和 MFSG 为核心的货币金融统计框架对金融市场的关注程度不高,一方面由于直接融资市场相对于以银行为主的间接融资市场还略显年轻,另一方面由于传统金融理论认为金融风险主要集中在以银行为主的间接融资市场上,再由此向外扩散,因此货币与金融统计必然以银行等存款类金融机构为主要导向。金融危机的爆发给传统理论带来了一定的冲击,金融市场成为各方关注的焦点,随着各类金融理论再次调整之际,货币与金融统计也适应了这一趋势,HSS 和 CRT 的颁布就是最重要的标志。由此我们可以得出货币与金融统计在数据生产层面的演进脉络,MFS 和 MFSG 是对 SNA 在金融领域的延伸,而 HSS 和 CRT 则是 MFS 和 MFSG 进一步在直接融资市场上的扩展。

(二)货币与金融统计标准的最新修订及影响

为了更好地适应宏观审慎分析和货币政策制订的需要,IMF 统计部门于 2011 年 11 月确定了一系列待修订议题,向各国实际部门及专家征求意见,正式启动对货币与金融统计标准的全面修订工作。IMF 此次修订将 MFS 与 MFSG 合并，形成《货币与金融统计手册和编制指南》（MFSMCG2015）。

1. 《货币与金融统计手册和编制指南》的最新修订内容

此次修订的议题涉及总体框架、机构单位和部门、金融资产分类、存流量和核算原则、货币信用和债务、货币统计的编制与发布、金融统计以及资产负债核算等众多方面。最初的说明文件共提出了 36 个问题，其中有关总体结构的议题 1 个、机构单位和部门议题 7 个、金融资产分类议题 6 个、存流量及核算原则议题 6 个、货币信贷与债务方面议题 12 个、货币统计编制与报送议题 2 个和金融统计议题 2 个。

从背景上看，此次修订的主旨或出发点主要有三个：一是 SNA2008、BPM6 等基础宏观经济统计框架经修订后正式推出；二是世界经济和金融形势的新发展呼唤货币与金融统计体系作出调整，更好地满足政策实践的需求；三是原体系暴露出一些不足或缺陷，有待进一步完善和优化。与此相对应，可以将此次修订的主要议题大体归为 I 类、II 类和 III 类修订。

（1）I 类修订

I 类修订为基于 SNA2008 和 BPM6 的变化所作的调整，主要包括以下七个方面：

第一，依据 SNA2008 引入经济所有权概念，MFSMCG2015 明确区分法律所有权和经济所有权，以经济所有权变更来确定交易登记时间。

第二，对机构单位分类作出调整，新增合作制与有限责任合伙制单位、特殊目的实体（SPE）子项，在 SNA2008 列举的控制性金融机构（Captive Financial Institutions）、公司虚拟附属机构和一般政府的特殊目的单位三类 SPE 外，MFSMCG2015 新增第四类，即多国政府特殊目的实体。

第三，对金融部门分类作出修订，如表 1 所示，与 SNA2008 保持一致，此次修订将金融公司部门划分为九类：中央银行、中央银行之外的存款吸收公司、货币市场基金（MMF）、非货币市场投资基金、保险公司和养老基金之外的其他金融中介、金融辅助机构、控制性金融机构和贷款机构、保险公司、养老基金。

第四，金融资产分类的修订，依据 SNA2008，金融资产一级分类由原来的七类变成八类，增加金融衍生产品和员工股票期权类别，分类目录更为详细，此外，与 BPM6 一致，MFSMCG2015 引入资产/负债按名义币种分类和资产/负债按到期日分类，但与 SNA2008 略微不同的是，MFSMCG2015 拟新建一个单独的资产分类，即货币市场基金（列入广义货币）。

第五，对资产物量其他变化（OCVA）的主要分类及其子项作出调整，MFSMCG2015 增加其中与货币统计有关的项目，与 SNA2008 框架下新的分类保持一致，强调存量数据和流量交易数据的重要性。

第六，应计利息的处理问题，新修订将存款、贷款和除股权外证券的应计利息纳入金融资产和负债，而不是看做其他应收/应付账款。

第七，依据 SNA2008 和 BPM6 的新变化，MFSMCG2015 对指数连接工具、特别提款权（SDR）分配、不良贷款、再保险、保险技术准备、未上市股份、主权财富基金（SWF）等项目的统计处理也作出了新的调整和说明。

此外，I 类修订还涉及其他一些较小的变化或调整。例如，SNA2008 确立了以权责发生制为基础的税收记录原则，据此，新修订建议将税收资产/负债由原来计入"杂项资产/负债"改为计入"政府部门的其他应收/应付项目"。

（2）II 类修订

II 类修订为顺应金融形势新发展所作的调整或变化。世界经济和金融发展涌现了一些新工具、新情况、新特点，要求货币与金融统计对其作出新的应对，此类修订主要涉及以下五类：

第一，货币的概念及相关修订。当前，信用卡、电子货币等新型支付手段的种类、特征持续发生深刻变化。原体系没有给出有关货币的明确定义，而是列出广义货币的备择清单，此次修订从功能及构成角度明确货币的定义，进一步完善货币分析工具，为编制者判断某一新型金融资产是否属于广义货币提供了充足、有效的分析工具，还新增了有关从资产角度定义的广义货币对手方的内容。

第二，资产证券化的处理。MFSMCG2015 根据 HSS 的规定，对不同形式资产证券化的处理给予详细说明。

第三，新型金融工具的处理。针对金融衍生产品的迅速发展，MFSMCG2015 更全面地阐述了其统计处理方法，如交易所交易基金（ETF）、银行间头寸、抵押担保债券（CMO）及类似工具、信用违约掉期（CDS）及其衍生产品、保险、标准化担保、担保债券和结构性产品等。

第四，非银行金融中介机构的统计问题。2008 年金融危机进一步凸显了非银行金融机构对一国或地区金融稳定的影响，由此，各国政府和国际组织对非银行金融机构的数据更为关注。现行体系的标准报告表式（SRF）[①] 未单独反映该数据，此次修订拟在 SRF 中将非银行金融中介机构（如保险公司、养老金、结构性金融工具、对冲基金等机构和工具）作为备忘项目，以便加强对其的监督和管理。

第五，基于对交叉数据信息的需求，MFSMCG2015 引入了资产负债核算矩阵（BSA matrix），加强存量分析。现行货币与金融统计体系对资产负债核算特别是跨部门资产负债核算说明较少，新修订在 SRF 的基础上，以各部门的资产负债表为起点建立资产负债核算矩阵，资产负债矩阵方法旨在分析某一部门的金

[①] Standardized Report Forms（SRF），IMF 于 2004 年实施的一套标准报告表式，要求成员国按照标准报告表式报送货币与金融统计数据。

融脆弱性及其在经济各部门间的传导机制，该矩阵可以反映任一部门按工具、币种和到期日分类的借方与贷方头寸，有助于弥补2008年国际金融危机中暴露的跨部门信息缺口问题。

（3）III类修订

III类修订为弥补原体系不足、缺陷而作出的调整或变化，此类议题主要有：

第一，累计折旧的处理问题，MFSM2000和MFSCG2008二者处理方法不一致，需要作出修订。

第二，原体系中有关各国与IMF的账户范围较窄，有待进一步扩展。

第三，MFSM2000对伊斯兰金融机构的特点、基本工具类型及货币统计一般处理原则介绍较为简略，新修订将扩展伊斯兰银行业的范围，以更好地反映伊斯兰金融活动和金融工具的新发展。

第四，对于金融资产/负债的估值，MFSM2000和MFSCG2008建议的一般原则是市场价格与公允价值，但各国实践当中往往还会用到其他一些方法，如名义价值、摊余成本、票面价值、账面价值和历史成本，MFSMCG2015将对此作出修订和说明。

第五，MFSCG2008建议持有到期债务证券按市场价格或公允价值核算，在实践上存在困难，而《国际财务报告准则（IFRS）》推荐的方法是摊余成本法，MFSMCG2015将对此作出调整。

2. 主要影响

此次IMF对货币与金融统计标准的修订是对MFS2000和MFSG2008的系统性补充与完善。新修订反映了当前国际经济金融形势的深刻变化，为货币金融统计与核算处理提供了更为全面的指导框架，有助于各国加强统计能力建设，提高金融统计的数据质量、透明度、标准化和国际可比性。总体来看，本次新修订的影响主要体现在以下五方面：

第一，扩展了指导范围。适应世界经济与金融市场的新发展，增加各种市场交叉、业务交叉、国别交叉的新型金融机构和金融工具，明确其金融统计性质界定和统计处理等问题，进一步丰富和完善金融部门和工具分类，由原来主要关注银行业存款性金融机构业务扩展到保险、证券、MMF、SPE、SWF等非银行金融机构及其创新工具。

第二，增加了新内容。新修订增加了新的内容以弥补金融统计的数据缺失问题，如为了解资产风险情况，提升货币金融统计与金融稳定和风险监管的关联性，扩展了对主要金融资产项目按照币种、到期日、利率分类的明细分类统计。新修订还特别关注资金流量统计，增加全社会资产负债核算，建立资产负债核算矩阵，用于分析部门金融脆弱性以及经济中各部门间的传导机制，并且扩展了新型金融工具的计值及统计处理、非交易因素引起的资产物量其他变化等内容。

第三，增强了实用性。为进一步提高货币政策的灵活度，新修订注重根据各国自身的经验，增强货币及金融概览分析的实用性，注重提供更多用于货币政策和金融稳定分析的总量指标。同时，为了便于政策分析、宏观审慎管理和数据使用，还增加经济时间序列的季节调整等内容，更加充分地监测系统性风险，由原来主要关注以货币为核心的存款性公司概览扩展到反映整个金融体系活动的金融概览，由原来侧重广义货币统计扩展到信用总量和流动性总量的统计。

第四，提高了透明度。新修订在标准报送表式中新增报表或备忘项目，反映非银行金融机构的统计数据信息，并加强互联网信息披露力度。

第五，加强了一致性。从源头上促进各类金融信息的协调，重视提高货币金融统计标准与宏观经济统计、金融监管统计、国际收支统计、金融市场统计间的一致性，以SNA2008为基础框架，并与最新的国际收支统计、政府财政统计、公共部门债务统计、外债统计手册、证券统计手册、金融稳健指标等标准相协调。

此外，从实际经济统计角度看，由于货币与金融统计为国民账户、资金流量核算和国际收支统计等提供基础数据，此次货币与金融统计国际标准的修订将对资本账户、金融账户、资产负债表、资金流量核算和国际收支核算等产生实质影响。同时，从宏观经济层面看，货币与金融统计概念、分类、统计方法的调整可能改变部分指标的统计口径和数值，对经济金融监测与政策制定具有重要影响。

三、金融业综合统计的国别经验研究与比较

（一）美国的金融业综合统计[①]经验

1. 金融危机前后美国金融监管体制的变化

金融危机前，美国金融业监管实行"伞形监管模式"（见图1）。1999年11月美国国会通过的《金融服务现代化法》结束了自1933年起开始的银行、证券、保险分业经营的局面。虽然分业经营的局面被打破，但对银行业的监管却依然延续过去的"伞形监管模式"。美国的银行业监管体制是典型的双重多头监管模式，联邦一级的监管者包括美联储（Fed）、货币监理署（OCC）、联邦存款保险公司（FDIC）、储蓄监管局（OTS）和全国信用社管理局（NCUA），地方一级的就是各州监管机构。一家银行可能面临多个机构的监管，但为避免重复监管，监管机构在职责划分上基本依据"谁发执照，谁承担主要监管责任；银行接受了哪些政府服务，就承担相应的被监管义务"的原则。

---

① 美国没有专门的金融业综合统计一词，本文根据目前国内对金融综合统计的定义，结合美联储的金融统计体系进行了有关归纳整理。英国等其他国家情况类似。

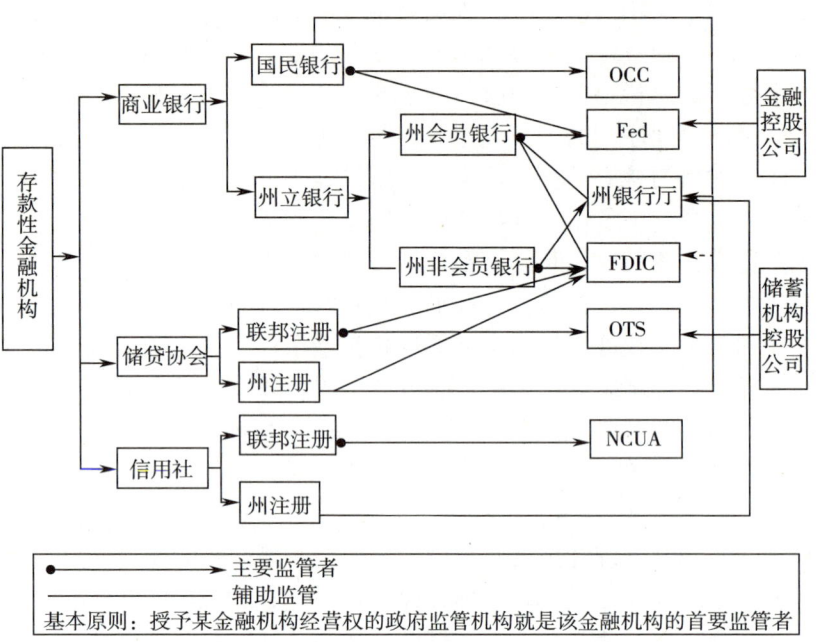

图1 金融危机前美国银行业监管体系

金融危机后，美国新监管框架仍实行多头监管，但美联储的地位大幅提高。第一，美联储的监管职能得到了极大的扩充，美联储不仅监管银行业金融机构，还直接监管金融控股公司、投资银行、保险公司以及对冲基金和私募基金等其他类型金融机构。第二，扩大FDIC对系统重要性金融机构的清算权，包括银行控股公司、金融控股公司或具有系统重要性的非银行金融机构等。第三，新成立的金融稳定监督委员会（FSOC）负责对系统性风险进行监管，其主要职责是解决金融监管机构之间协调与制衡问题、防范处置系统性风险、监督美联储的监管活动等。第四，撤销了储蓄监管局（OTS）并把相关监管权转移给其他监管者。第五，新设立消费者金融保护局（CFPB）负责整合现在分散在不同监管者手中的保护消费者的职责。

2. 美国金融业监管部门之间的协调和信息共享

早在1979年，美国就设立了联邦金融机构检查委员会（FFIEC），作为专门的金融监管协调机构，FFIEC旨在建立统一的监管原则、标准和报表格式，协调和统一各监管机构的检查活动，并在各监管机构之间共享监管信息资源。FFIEC制定统一的报表格式和标准，统一收集各家监管机构的监管对象数据；监管机构之间建立监管信息资源共享机制，共享所掌握的数据与信息，以避免重复收集数据；各监管机构除了共享数据、信息外，还共享检查、调查报告及其与金融机构的往来文件等（见图2）。

目前，美国各金融监管部门可使用的监管信息共享系统有两个：一个是银行机构全国桌面系统，它的特点是通过功能设置，解决各监管部门之间的信息共享问题，有效地增强了监管部门之间的信息交流与合作；另一个是全国检查数据库系统，货币监理署和30家左右的州银行监管厅通过与全国检查数据库系统联网，随时可以从系统中查询、调阅监管对象的信息。

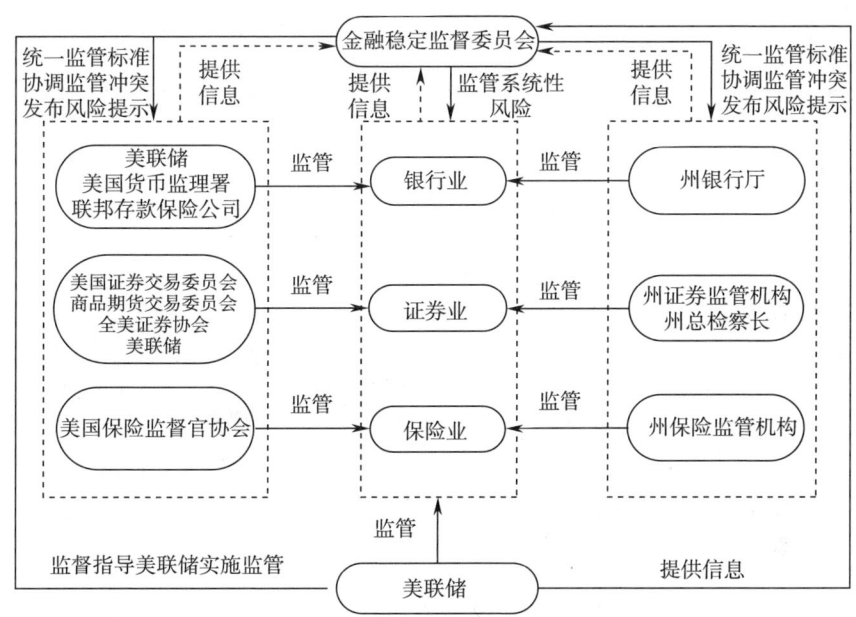

图2　美国现行金融监管体系和信息共享架构图

3. 美国的金融账户统计体系

（1）美国金融统计的整体框架

金融危机后，美国积极探索建立全面的分机构账户，加强跨部门、跨行业、跨市场的金融交易监测。从美国金融账户的统计实践来看，其以资金流量账户为载体，分部门和分工具分别统计的资金流量表内容更加全面，其统计数据能够更加全面地反映整个金融市场存量和流量的变化。

美国金融统计采用美联储牵头、多部门协作的工作机制。美国金融统计主要由美联储完成，其他的银行监管机构如货币监理署（OCC）、联邦存款保险公司（FDIC）、全国信用社管理局等，也会对其监管职责内的银行数据进行收集和编制，监管对象主要包括商业银行、信用社、储蓄机构、保险公司、基金、财务公司、政府支助企业、证券经纪商、融资公司等机构的资产负债情况。

美联储的金融账户体系包含八类报表系列。美联储的金融数据统计体系是按照国际货币基金组织（IMF）制定的《货币与金融统计手册》统计原则和框架下确定的统计体系。具体的统计编制和发布则通过美国金融账户反映，美国金融账户体系是用于核算美国整个经济社会中各部门资金来源和运用状况的综合财务账户，主要包括资金流量表、资产负债表以及宏观经济账户，通过金融账户搭建八类统计体系（见表2），分别为银行资产负债统计、银行架构统计、商业金融统计、汇率与国际数据统计、家庭财务统计、利率统计、货币存量和储备余额统计、其他。

表2　　　　　　　　　　　　　美联储数据统计体系

序号	类别	子类别
	金融账户	美国的金融账户情况——Z.1
1	银行资产负债情况	总储备存款机构和基础货币——H.3 农业金融数据手册——E.15 美国商业银行的资产和负债——H.8 在美外资银行的分支机构和代理机构的资产和负债情况 商业银行贷款和租赁的坏账和违约率情况 房屋抵押贷款信息披露法案数据（来自FFIEC） 投保商业银行资产负债及其国内外办事处数据
2	银行架构数据（银行的基本信息情况）	大型商业银行数据 少数控股银行数据 外资银行在美办事处的结构性和共享数据
3	商业金融（企业财务）	商业票据 公司中期票据 金融公司情况——G.20（金融公司的业务情况） 股票市场所选统计数据（价格和交易量、客户融资额、保证金） 州政府和地方政府新发行证券（股票、债券、凭单MEMO） 美国公司新发行证券
4	汇率与国际数据	外汇汇率（H.10/G.5） 国际汇总统计 证券资产和交易（股票、国债、公司债、外国证券） 美国各银行公布的统计数据 美国非银行企业公布的统计数据 外资银行在美办事处公布的结构性和共享数据
5	家庭财务情况	消费信贷——G.19（消费信贷的来源去向，具体） 金融公司——G.20（消费贷款及贷款利率、种类） 家庭债务服务和金融债务比 抵押贷款未偿债务余额

续表

序号	类别	子类别
6	利率	所选利率——H.15
7	货币存量和储备余额	存款机构的总储备和基础货币——H.3 储备余额的影响因素——H.4.1 货币存量——H.6
8	其他	K.8——美联储提供的假期数据2014~2018年（关于节假日数据发布问题） 所选利率——月度数据情况（G.13）未持续 统计数据出版体系的历史 对美联储公布的统计数据补充

(2) 美联储的资金流量账户统计方式

美联储通过金融账户 Z.1 系列报表对资金流量账户统计。Z.1 系列报表全称 "Financial Accounts of the United States"，包含 21 张概要表、33×2 张分部门表（每个部门分流量表和存量表）、32×2 张分金融工具表（每种金融工具分流量表和存量表）、6 张资产负债表、3 张补充表、9×2 张综合宏观经济账户表（分年度表和季度表）构成。

从分部门来看，主要包括住户和非营利部门、非金融企业、政府、国内金融部门及国外五大部门，其中，金融部门又细分为货币当局、存款性机构、保险机构、投资机构、证券机构及其他金融部门等 20 多个子部门；政府分为州和地方政府、联邦政府。

从金融工具来看，主要包括官方储备和特别提款权、存款（包括外国存款、定期和储蓄存款、支票存款）、贷款（包括按揭贷款、其他储蓄机构贷款、消费贷款、交易贷款、证券贷款）、银行间净交易、货币市场共同基金份额、联邦基金和证券回购协议、机构和 GSE 支持的证券、市政证券、公司和外国债券、养老金储备等 28 类金融工具。

Z.1 报表的编制方法包括复式记账法和资金流量矩阵法。第一步，美联储通过 Z.1 报表中的分部门表和分金融工具表对各部门和各金融工具进行复式账户统计，并以时间序列的形式存储这些复式账户数据。以 Z.1 报表的分部门报表 F.113 为例，这张报表的行表示各类金融资产和负债，列表示时间序列。这种展现方式的优点是简洁易读，能反映单一部门或单一金融工具的资金流量变化。第二步，按照资金流量矩阵编制方法①，对复式账户数据进行精加工处理，最终形

---

① 国内已有论文详细介绍，如罗煜、贝多广：《资金流量分析方法的最新进展》，载《经济学动态》，2015（2）。

成资金流量矩阵。以 Z.1 报表的"资金流量矩阵表"（Flow of Funds Matrix - Flows）为例。这张报表的行表示各种金融工具，列表示五大机构部门，每个机构部门下分别统计资金运用和资金来源。这种展现方式的优点是可以帮助监管部门研究不同金融工具、不同部门之间的资金流动情况。

（二）英国的金融业综合统计经验

1. 金融危机前后英国金融监管体制的变化

金融危机前英国实行"三方监管模式"。英格兰银行、金融服务局（FSA）和英国财政部共同负责金融监管，维系金融稳定。英格兰银行作为中央银行，除了执行货币政策外，第二大核心职能就是维系整个金融体系的稳定性。《2000 年金融服务和市场法案》规定了 FSA 的职权范围。根据该法案，FSA 享有对金融机构、金融市场、交易清算系统乃至上市证券等普遍的监管权。英国财政部则负责金融监管的总体机构设置及相关立法，以及和欧盟之间的谈判和协调。此外，财政部还须向英国议会解释金融体系发生重大问题的管理方法和解决措施等。

危机后英国实行以英格兰银行为中心的"准双峰监管模式"（见图 3）。英国监管改革的核心就是由英格兰银行来承担所有宏观和微观审慎监管职能，负责维护整个英国金融体系的稳定及大型银行集团的稳健经营。为了实现这一目的，FSA 被撤销，相关职能转移给新成立的三个机构——金融政策委员会（FPC）、审慎监管局（PRA）和金融行为管理局（FCA）。此外，作为中央银行，英格兰银行还将直接负责监管支付系统、清算系统等重要的市场基础设施。

2. 英国金融业监管部门之间的协调和信息共享

英格兰银行的金融账户编制由统计及监管数据司承担。统计及监管数据司，原为货币及金融统计司。2013 年，根据《金融服务法案（2012）》的规定，为体现该部门在金融监管数据统计方面的职能扩展，更名为统计及监管数据司（以下简称统计司）。该部门主要负责货币及金融信息的统计工作，同时帮助审慎监管局收集相关监管数据及通过交换适当信息与金融行为监管局加强协同合作。

为了在监管机构之间构建信息流动的必要机制与信息通道，除了《金融服务法案（2012）》明文规定外，英格兰银行（包括审慎监管局）与金融行为监管局还签署了法定的《谅解备忘录》，详细规定了日常合作内容，以及在更具战略性的长期理念上的协调。例如，在数据采集方面，为避免重复性工作，金融行为监管局负责通过其电子报送系统（GABRIEL）统一进行原始监管数据的采集及管理，并将属于审慎监管局监管范围内各家机构上报数据提供至统计司。在经过验证确认及整理汇编后，由统计司负责将汇总数据或根据需要将单家机构数据提

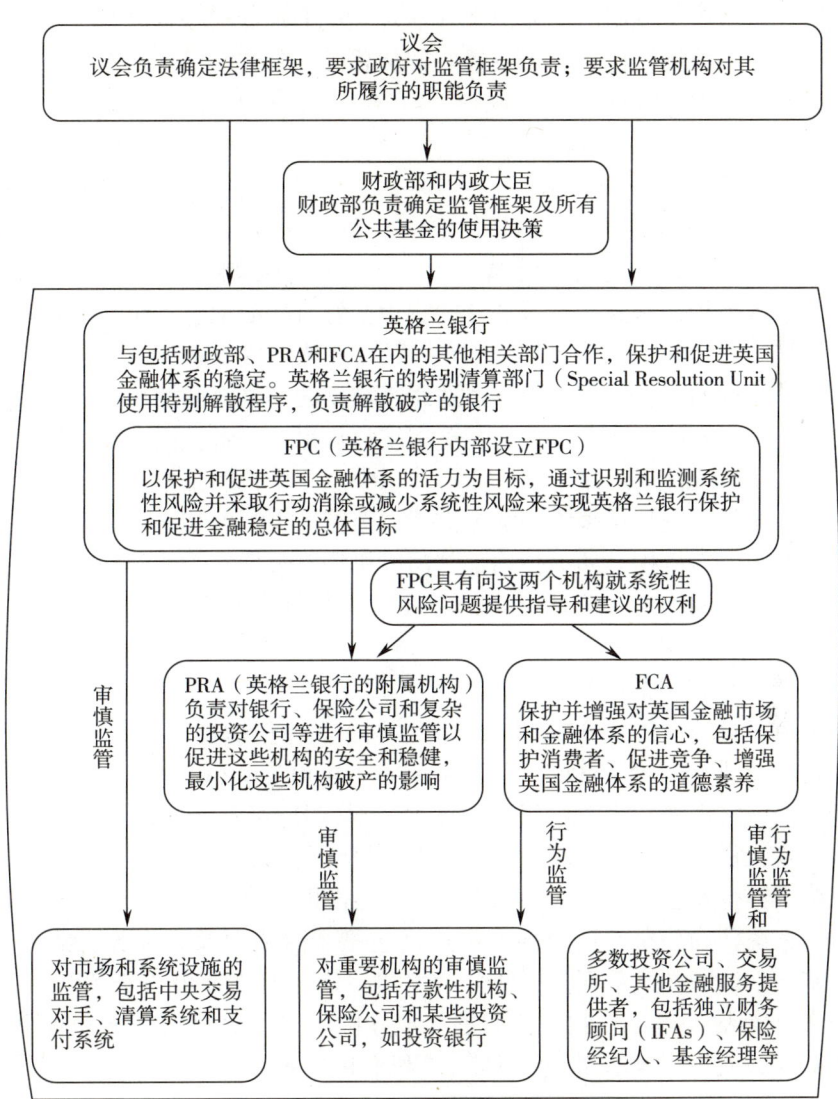

图 3　危机后英国金融业监管体系

供至审慎监管局。在数据共享方面，审慎监管局和金融行为监管局定期互相提供各自监管范围内的金融机构的各项信息。

除金融监管机构外，为加强与国家统计局的数据交流、共享，英格兰银行与英国统计局签订了《稳定协议》，明确双方需提供的数据、指标释义及具体时间安排，建立了一套完整、高效的数据共享流程。该协议每年进行审核，自签订之日起三年内有效，三年后需进行修订完善。根据协议规定，鉴于英格兰银行的统计数据标准与统计局发布的国民经济统计基本保持一致，央行负责向其提供货币与金融统计数据用于编制国民账户及其他宏观经济统计报表。同时，统计局也需向央行提供相关数据，包括货币及消费信贷总量、公共部门现金净需求、政府融资与公共债务、国际收支、国民账户、总产出、订单与存货、劳动力市场与价格等。

3. 英国金融账户统计体系

（1）英格兰银行金融统计的整体框架

英格兰银行对金融业的统计基于一个平台、一套制度、一个标准及一个机制。一个平台是指，对满足上报条件的货币金融机构的信息采集只通过电子报送平台（OSCA）完成。一套制度是指，发布的《统计实务准则》，既适用于央行内部对统计数据的综合管理，同样也适用于数据的提供者和使用者。一个标准是指，英格兰银行的统计数据标准，与英国统计局保持一致，因此最终汇总后的统计结果可直接被统计局运用于国民账户体系中。一个机制是指，根据制度规定和签署的合作文件，统计司采集的数据需报送至英国央行内相关职能部门，或提供至其他政府部门与机构，如央行内部部门或机构对数据使用有额外需求，须首先同统计司进行协调沟通，确认是否已存在所需数据，避免向上报机构进行二次采集。

（2）英格兰银行的统计报表体系

英格兰银行统计体系分成12个报表系列。具体包括货币与金融、资本发行、金融机构外部业务、外部权益（Consolidated Worldwide Claims）、信用社统计、抵押贷款人与管理者、货币信贷、房屋退股权（Housing Equity Withdrawal）、国际储备、狭义货币与储量余额、有效利率、报价利率。

英格兰银行通过货币与金融系列报表对金融账户进行统计。该系列报表主要在英国国家统计局公布的英国国家账户（包括金融账户及国际收支账户）统计数据的基础上编制。此系列报表共分七大类，分别为"货币与贷款"、"金融机构的资产负债表"、"存款和贷款的进一步分析"、"公共部门债务和货币市场操作"、"资本发行"、"金融衍生工具"、"利率和汇率"。

"货币与贷款"类报表主要统计英国货币指标 M_0、M_3、M_4 的运行情况及分部门的贷款情况，包括个人贷款、住房抵押贷款、消费信贷、非金融企业贷款等。

"金融机构的资产负债表"类报表主要统计英格兰银行、其他银行、购房互助协会、其他金融机构的资产负债情况。

"存款和贷款的进一步分析"类报表主要统计英国金融机构存款/贷款的产业分析、贷款核销数据、英国金融机构的外部业务（分国别、地区、部门）、英国银行机构境外分行/子公司/联营公司的直接对外投资、英国银行机构境外总部/母公司/联营公司中的直接内部投资、分国别的房地产金融数据。

"公共部门债务和货币市场操作"类报表主要统计分部门债务情况、英格兰银行持有的抵押品、英格兰银行在货币市场的操作、分部门和金融工具的国债、分部门持有政府证券情况、货币市场现金状况、债券回购和股票贷款、国际储备、英格兰银行外币负债及资产等。

"资本发行"类报表统计分部门/金融工具/行业的英国居民资本发行状况，及进一步细分的数据，具体包括发行股份、独立债券、债券计划、债券总额、商业票据，以及非居民的资本发行。

"金融衍生工具"类报表统计分产品/风险级别/交易对手的金融衍生工具规模。

"利率和汇率"类报表统计批发利率和贴现率、即期汇率、有效汇率、美元远期溢价/折价率、英镑兑美元远期汇率、黄金价格等。

(三) 日本的金融业综合统计经验

1. 日本现行的金融监管体制

日本传统的金融监管体制是以大藏省为主导的"护送船队方式"，即在大藏省的集中监管下，以效率最差的金融机构为标准，制定各种管制措施（市场准入管制、分业管制、利率管制、资金流动管制等），维持"银行不破产神话"。在20世纪90年代日本泡沫经济破灭后，大藏省暴露出多件和其相关的丑闻。为了解决权力过度集中的弊端，日本政府进行了一系列金融监管改革，包括成立了金融厅等新的监管机构。2008年国际金融危机爆发后，日本金融厅采取了一系列应急措施，但仍然坚持鼓励金融创新的原则，而没有像欧美等经济体采取过多的金融监管调整措施。

目前，日本的监督管理体系主要由三个方面构成（见图4）。其中，金融厅是日本金融监管的专职机构，全面独立负责金融监管业务；作为中央银行的日本银行在法律上并不负银行监管责任，主要负责制定和执行货币政策，并可对与其有业务关系的金融机构进行核查，以实现对系统风险的调控；财务省（地方财务局）以及劳动省、农林水产省等行政部门作为金融监管的协作机构，根据金融厅授权或相关法律规定对相关金融机构实施监管。

此外，日本存款保险公司根据2001年修订的《存款保险法》对金融机构也负有一定的监管职能，以保护存款人利益，保证支付清算系统顺利运行，从而维护金融体系的稳定，其监督检查内容主要涉及三方面内容：一是金融机构是否按要求缴纳保险费；二是金融机构是否及时、准确地向公司提供关于存款和存款人的数据信息；三是进入破产程序的金融机构应偿还支付的存款数量。

2. 日本金融业监管部门之间的协调和信息共享

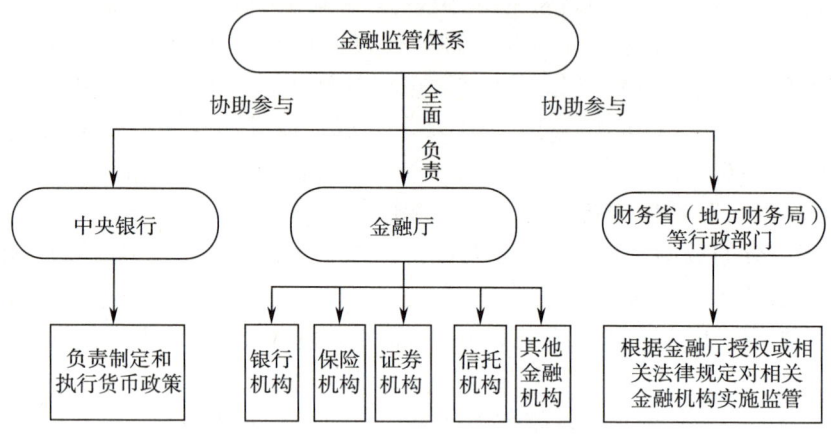

图 4 日本金融监管体系架构图

2006年日本将原有《证券交易法》在《金融商品销售法》的基础上进行较大规模的修订，制定了《金融商品交易法》，将监管商品对象从原来的"证券"扩展为"金融商品"，建立起了具有高度系统性的金融商品监管法制制度。日本金融厅自身的金融业综合监管地位，加之《金融商品交易法》的横断化规范，使得金融厅具有收集金融业综合监管信息数据的优势。日本金融厅下设总务企划局、检查局和监督局三个局，各局下设的总务课，专门负责检查、监督的协调、信息交流等工作。

日本银行为了切实把握金融动态，不仅利用外部机构的各类统计信息，还自行制作统计数据。日本银行制作的统计数据，大致可以分为金融统计（日本银行金融机构存款变动的主要原因及金融市场干预、流动资金核算、货币供应量统计等）以及除此之外的经济统计（全国企业短期经济观测调查、企业商品价格指数、企业服务价格指数、国际收支统计等）。

日本银行建立了金融机构数据库系统，其收集的数据范围比较广，基础性强，除用作监管外，日本银行的支付系统管理部门、研究统计部门也在使用。另外，由于金融厅未设立分支机构，财务省下属的地方财务局接受金融厅委托承担对地方中小金融机构的监管工作，金融厅在各地方财务局设置计算机终端，实现中央和地方金融监管部门的微机联网，使金融厅与各地财务局共享地方中小金融机构的数据。

3. 日本银行金融统计体系

（1）日本银行金融统计整体框架

日本的金融统计除外汇储备和国际收支统计由财务省参与外，其余的官方金融统计和发布均由日本银行进行。日本银行的金融统计主要包括以下分类：

①商业银行在日本银行存款增减主要原因和金融调节。这项统计的内容是各金融机构、银行协会、存款保险机构等在日本银行的存款余额。

②货币供应量。这里的货币供应量概念是指货币持有主体持有货币量的余额,不包括金融机构和中央政府持有的存款。

③贷款和资金吸收动向。贷款和资金吸收动向由贷款动向、CP 发行情况、特殊因素调整后的数据及资金吸收动向四部分构成。

④资金循环账户。资金循环统计是以企业、家庭和政府各经济主体为单位进行的统计,是指以金融商品为项目,一个国家发生的金融交易及其产生的金融资产和负债的记录。包括以下三个项目:金融交易表、金融资产负债余额表、调整表。

⑤决算动向。决算动向统计是指对主要决算系统的决算笔数、金额等基本数据的统计。

⑥货币供应。货币供应是指"日本银行供给的货币"。具体是指流通现金(纸币发行额 + 货币流通额)与日本银行活期存款的合计值。

⑦货币供应和日本银行的交易。主要为日本银行与金融机构之间进行的公开市场操作,与政府之间进行的存款和国债买卖等,以及与外国央行及存款保险机构间的交易行为。

⑧存贷款调查结果。调查内容为:法人、个人、金融机构等存款者存款余额,各存款种类余额,不同金额的存款余额,对不同行业的贷款情况等。最后三项为 BIS 国际资金交易统计日本部分、BIS 国际授信统计的日本部分以及衍生金融商品交易市场报告的日本部分。

(2) 日本的资金流量账户统计

日本央行自 1958 年开始进行资金流量核算,经过不断完善和发展,形成了较为成熟的核算制度和分析体系。日本资金流量账户统计(the Flow of Funds Accounts Statistics,FFA)是一种反映经济部门之间资金往来和各种经济主体之间资产负债变化情况的模型。它记录了一个单位(部门)的金融资产和负债情况,是目前日本金融统计的主要内容。

从统计框架来看,日本 FFA 采用矩阵账户的方法来记录核算期内国民经济各机构部门间,以及国内与国外间发生的各种金融交易。包括资产负债余额表、金融交易表和调整表三部分。具体来看,资产负债表是基于存量计算的,主要核算特定时点各经济主体因金融交易形成的资产负债余额,是日本资金流量核算的支柱和出发点。金融交易表是基于流量计算的,主要核算一定时期内各经济主体因金融交易形成的资产负债增减额,可以反映经济主体在一定期间内资金运用情况。调整表主要用于调节流量表和存量表之间的统计差异,同时,在采用公允价值记账的情况下,用于确认金融资产与负债的市场价格变动带来的损益。作为以上三个主表的补充，日本资金流量核算还编制了"资金流量账户详细数据"和"非金融部门融资渠道"等更为详尽的补充表。

从账户内容来看，资金流量账户主要由两方面组成：金融交易和经济主体。其中，金融交易位于矩阵的"行"，构成日本资金流量账户统计的"行"的金融工具（交易项目）包括"货币和存款"、"贷款"、"除股票之外的证券"、"股票和其他股权"以及"保险和养老准备"等，以及上述的细项；各经济主体位于矩阵的"列"，构成日本资金流量账户统计的"列"的经济实体分成六大部门，包括"金融机构"、"非金融企业"、"政府部门"、"住户部门"、"服务住户的私人非营利机构"以及"海外部门"，这六个部门又进一步细化分类为46个子部门。根据不同部门和不同资产的分类组成流量表，全部的数据序列高达6000个。日本资金流量账户统计矩阵反映每一个部门的金融交易，但是并不反映谁是融出方、谁是融入方及其融资工具。FFA通过补充报表——"资金流动账户细化数据"弥补了这一缺陷。

从编制方法来看，一是使用部门的财务报表来确定FFA中项目的数据的"垂直法"，二是将汇总数据分配到持有资产/负债的各部门来确定FFA项目数值的"水平法"。换句话说，前者估算部门数据，后者估算交易数据。"垂直方式"是以个体财务报表为基础计算数据，通常情况下比"水平方式"更加准确，因此通常都是采用垂直方式，只有在不能取得部门财务报表时才会采用"水平方式"。

（四）不同经济体的金融统计实践经验

对美国、英国、日本的金融统计实践进行比较整理来看（见表3），尽管各国金融监管机构的职责不尽相同，监管体制及监管模式也有所差别，但基本都建立了较完整的货币与金融统计体系，包括对各类金融性公司的统计、金融市场统计以及对外金融统计等内容。综观美、英、日的金融统计工作，可以发现以下几点共性经验：

一是根据本国经济发展特点的不同，建立特色报表和指标体系。如美联储针对金融市场十分发达的特点，建立了层次丰富的货币供应量统计，以便准确判断货币供应结构和总量，有利于货币政策实施微调的灵活性把握。此外，还建立了中小企业信贷申请与审批表、社区企业得到贷款统计。日本银行建立了向BIS上报的资金交易统计和衍生金融商品交易统计。以上均是根据本国经济发展特征和监管当局以及政策决策者所关心的问题进行定期的专项统计制度。

二是与宏观综合信息部门和各监管部门建立统计信息共享交流机制。各国金融监管机构的信息来源非常广泛，获取信息渠道丰富。数据库系统功能完善，并且很多信息是与其他政府部门和监管当局共享。特别对于中央银行来说,信息来源渠道的广泛便于央行对经济增长及通货膨胀趋势、国际国内金融市场状况等经济金融形势进行综合判断,而不仅以货币供应量的单纯变化作为决策依据。

三是均制定了较完善的金融统计相关法律法规,为金融业综合统计工作奠定法律基础。如从日本的情况看,金融业是混业经营并实行综合监管,《金融厅设置法》、《日本银行法》、《金融商品交易法》、《银行法》、《保险法》、《证券法》等法律制度为日本金融监管部门多角度、多维度采集金融统计数据提供了法律保障。

表3 不同经济体金融统计概况

	美国	英国	日本
主要的金融统计部门	主要由美联储完成,其他的银行监管机构如OCC、FDIC等,也会对其监管职责内的银行数据进行收集和编制。联邦金融机构监督委员会在数据协调方面发挥重要作用	主要由英格兰银行完成,审慎监管局和金融行为监管局也会提供各自监管范围内的金融机构的各项信息	日本的金融统计除外汇储备和国际收支统计由财务省参与外,其余的官方金融统计和发布均由日本银行进行
金融统计法律依据	《减少文书工作法》和《隐私权法》确定了统计制度的基本原则。《联邦储备法》、《1933年银行法》、《1978年国际银行法》、《社区再投资法》等赋予了美联储作为中央银行的统计职能	1998年《英格兰银行法》、《2009年银行法》、《2012年金融服务法案》等法案赋予了英格兰银行收集信息的权力。《2013年统计实践准则》出台,对英格兰银行金融统计法律法规进行了梳理	《日本银行法》、《金融厅设置法》、《金融商品交易法》及《存款保险法》等法律赋予了日本银行、金融厅、存款保险公司的金融数据统计职责
金融机构统计范围	主要包括商业银行、信用社、储蓄机构、保险公司、基金、财务公司、政府支助企业、证券经纪商、融资公司等	采集的数据主要分为货币与金融统计数据及监管数据。货币与金融统计数据均来源于货币金融机构(MFIs),而监管数据采集自存款性金融机构(银行、住房抵押贷款协会、信用社)、保险公司及大型投资公司	包括商业银行、信用金库等合作金融机构、证券和保险公司、投资信托代理和顾问公司以及住房融资公库和中小企业融资公库等政府性金融机构

续表

	美国	英国	日本
金融统计主要内容	通过金融账户搭建八类统计体系，分别为银行资产负债统计、银行架构统计、商业金融统计、汇率与国际数据统计、家庭财务统计、利率统计、货币存量和储备余额统计、其他	报表共分七大类，分别为"货币与贷款"、"金融机构的资产负债表"、"存款和贷款的进一步分析"、"公共部门债务和货币市场操作"、"资本发行"、"金融衍生工具"、"利率和汇率"	日本银行金融统计共11类，包括货币供应、准备金和公开市场、存贷款调查和资金吸收动向、资金循环、清算决算、BIS国际资金交易日本部分、衍生金融商品交易统计等
数据采集方式	各法定报送机构可通过传真、邮件和互联网等方式报送数据，其中最方便的方式为通过联储开发的"互联网电子报送系统（IESUB）"报送数据	英格兰银行统计数据大部分采集自电子报送系统（OSCA），单家机构的上报数据被作为统计原始数据存储于央行MIDAS数据库，且严格控制进入及使用	根据统计内容确定不同统计周期，分为预测、快报和实报等内容，报送方式多样
金融统计信息披露与共享	数据主要公布在美联储的网站上，便于市场参与者、中央银行、监管机构以及多边组织查找和获取所需数据，用于整个市场的研究，但出于保密原则，单家机构的数据则不会公布，仅公布汇总数据信息	所有对外发布的统计数据、指标释义及相关解读文件将第一时间公布于英格兰银行官网内的数据共享平台（IADB）上。该平台范围不仅涵盖了定期发布的货币及金融统计数据，同时还包括部分调查及其他数据内容	日本银行通过多种媒体发布数据（包含日本央行网站），2008年10月，日本银行开始在其网站上发布时间序列统计数据并增加"日本银行时间序列数据搜索"页面。数据使用者可以在选定数据并指定期限和频度后下载所需数据

四、国际经验对我国金融业综合统计的启示

无论是国际标准在近期的陆续颁布和修订，还是发达国家在金融危机前后对各自国家货币金融统计的调整，对于我国正在开展的金融业综合统计工作都有很强的借鉴和启示。从近期来看，我国应该在货币金融统计范围、金融部门和资产分类、非银行金融机构统计、金融流量存量统计等方面加以改进和优化，进一步推进金融统计标准和国际可比性，同时在统计数据公布和质量评估上完善与国际准则的接轨；从中长期来看，我国应该在加强金融统计立法和顶层设计、推进金

融监管协调和信息共享等方面积极作为,尽快完成建立统一、全面、共享的金融业综合统计体系,从而更有效地服务于宏观审慎管理和经济金融稳定。

(一)国际标准体系的启示

从数据生产层面而言,HSS 的出台以及 MFS 和 MFSG 的最新修订对我国金融统计体系提出了新的要求,也给正在试点的金融业综合统计工作带来一定的启示意义。

一是适时修订和更新我国的货币与金融统计体系。一方面要积极参与 IMF 等国际组织相关统计标准的修订工作,另一方面要加强研究与对比分析,评估现行金融统计体系与新标准 MFSMCG2015 以及 SNA2008、BPM6 之间的主要异同,适时更新、修订货币与金融统计体系,采纳新的概念、分类、统计口径及处理方法。

二是继续完善货币总量统计。今后要继续关注来自国内外金融市场的全面消息,分析各种新型金融机构、金融工具对货币政策传导和分析的影响,运用国际最新的统计标准和方法,积极探索和创新更为科学、适用的货币供应量统计口径,持续完善各项存款、基础货币、外汇占款、社会融资规模、全社会流动性总量等货币政策重要金融总量指标,增强各类指标间的协调性,进一步提高对货币政策监测分析和宏观调控决策支持的有效性。

三是加强非银行金融机构统计,试点建立金融概览编制。MFSMCG2015 的修订强调对金融部门整体的全面统计,重点关注非银行金融机构统计。在我国目前的金融分业监管格局下,非银行金融机构统计一直是重点和难点。应借助此次标准修订的机会,进一步加强监管部门间的协调与沟通,将非银行金融机构逐步纳入金融业综合统计范围,试点编制我国的金融概览。

四是加强对跨境、跨市场金融活动的统计分析监测。MFSMCG2015 的修订强调对系统性金融风险的监测和防范,提高与金融稳定和风险监管的关联性。随着我国金融市场以及金融创新的发展,要深入研究如何加强货币统计在监测跨境、跨市场、跨部门资金流动与风险传递方面的能力,加强对系统性重要金融机构的统计,提高系统性风险的监测分析能力,做好货币统计与金融稳定相关部门、职能和信息层面的协调。

五是完善利率统计制度。MFSMCG2015 的修订新增了资产按利率分类的统计内容,利率统计通过全面、透明的资金市场价格信息,一方面助推利率市场化进程,提高金融市场效率,另一方面也为货币政策价格型目标调控、系统性利率风险评估等宏观审慎决策提供可靠的信息支持。目前我国正在按照标准化原则,通过抽样调查统计方法落实存贷款利率统计,要进一步完善利率统计报表的编制以及相关数据公布和质量评估工作。

六是引入标准化证券业统计框架。HSS 的核心内容主要是为建立标准可比的证券业统计指标提供参考,基于我国金融业综合统计体系建设和进一步促进金融稳定的需求,需要借鉴 HSS 的内容,引入标准化的证券业统计框架,并且有针对性地对证券持有和交易情况进行统计分析。另外,应重新整合或设计证券统计数据报送平台,优化数据来源,保证数据有效性、真实性和及时性,从源头上提升统计数据质量,对数据的规范程度逐步予以调控。

七是加强对新型金融机构与工具统计处理的研究。近年来,我国金融市场涌现不少新型金融机构和工具并蓬勃发展,如 ETF、银行间头寸、SWF、影子银行、集合投资计划、银行理财产品、各类金融衍生品、标准化担保、SPV、证券化产品和结构性产品等,货币与金融统计应密切跟踪金融市场的新变化与新动向,适时将新出现的金融机构和工具纳入货币与金融统计的分析范围,更好地分析货币政策传导机制、途径和效果,防范和化解金融风险。

(二) 国别经验的启示

从主要发达国家的货币与金融统计实践来看,其在金融危机前后均经历了金融监管与相关统计标准的调整,对于我国金融业综合统计未来在全国范围的开展,具有重要启示意义和借鉴价值。

一是通过修订《中国人民银行法》来明晰中央银行实施金融统计的权力范围,为金融业综合统计奠定法律基础。目前《中国人民银行法》第四条虽然明确中国人民银行"负责金融业的统计、调查、分析和预测",但在第三十五条中却只规定了银行业金融机构报送统计信息的义务,使第四条的规定难以落到实处。因此,迫切需要在修法时明确"证券、保险以及小额贷款公司等非银行业金融机构应按照规定向人民银行报送统计数据",为人民银行直接向各类金融机构收集数据提供法律依据。同时,修法应通过明确中央银行统计检查权、完善金融统计处罚权等丰富央行在履行金融统计职能时的手段,从而保证统计数据的及时性、有效性和真实性。

二是通过顶层设计来加强监管部门协调与信息共享。从各国在危机后监管机制的变化来看,为配合中央银行对相关统计数据的收集,需要进一步加强金融业综合统计的"顶层设计"。根据我国目前金融业综合统计试点的经验来看,监管部门之间的协调与信息共享往往是工作中的重点和难点所在,如果缺乏类似美国和英国监管机制"自上而下"的顶层设计改革,对于推进为维护金融稳定目标而开展的各类金融数据交流与共享有着较高的成本和复杂的障碍。因此,需要更高层级的部门立足于整体战略层面,树立全局意识,明确相关政府部门与各监管机构的目标、职责及权力,构建统一的金融统计框架,以全面、准确、高效地监测和分析金融风险以及对整个金融体系的影响。

三是加强金融业综合统计的系统支撑。美联储、英格兰银行以及日本银行等中央银行均建有统一的数据电子报送系统、数据共享平台以及用于存储原始数据的大数据库,为其金融监管体系的改革发展提供了有力的支撑和保障。随着我国金融业综合统计工作的深入推进,统计范围不断拓宽,数据信息日益复杂,因此,急需构建一个涵盖面广、集中采集、处理与存储的金融业综合统计数据信息平台,确保统计数据的质量、统计工作的高效以及机构间信息交互和共享的顺畅。同时,应根据统计制度的调整或用户使用反馈意见,定期进行相应升级与维护,进一步完善金融统计系统功能,发挥其在金融统计甚至金融监管工作中的重要支撑作用。

四是加强对金融流量统计与资产负债分析。从统计实践来看,我国目前的金融统计数据多为存量分析,对流量数据的核算重视不够,而美日等发达国家均建立了较完善的资金流量统计框架。鉴于 MFSMCG2015 新修订推荐了资产负债核算矩阵方法,为了更全面地分析经济金融运行态势,有必要加强对金融流量的统计,引入资产负债流量分析。在流量统计编制上,可以参考 IMF 的编制建议,并借鉴美日等国的流量统计整体框架。在流量计算方面,由于交易性流量大、笔数多,直接统计比较困难,可考虑采用"倒轧法",先确定非交易流量,再依据两期资产负债表的存量差扣减非交易性流量来计算交易性流量。

参考文献

[1] 杜金富:《国际金融统计制度比较》,北京,中国金融出版社,2009。

[2] 聂富强、崔名铠:《金融市场视角下的货币与金融统计——由近期金融统计新国际标准相继出台引发的思考》,载《华北金融》,2010 (1)。

[3] 葛金梅:《国际货币基金组织与官方统计国际规范》,载《中国统计》,2012 (5)。

[4] 阮健弘、郭永强、高慧颖:《IMF 对〈货币与金融统计手册〉修订动向及对我国金融统计的对策思考》,2012。

[5] 许涤龙、欧阳胜银:《货币与金融统计国际准则体系的发展与启示》,载《财经理论与实践》,2012 (1)。

[6] 孔繁彬:《对中国金融统计制度的讨论》,载《中国统计》,2012 (2)。

[7] 陈梦根、张唯婧:《货币与金融统计国际标准的发展、修订及影响》,载《国际经济评论》,2015 (5)。

[8] IMF, Monetary and Financial Statistics Compilation Guide. USA, Washington DC. IMF, 2008.

[9] BIS, ECB and IMF, Handbook on Securities Statistics Part1: Debt Securities Issues, International Monetary Fund Publication Services, 2009.

［10］ BIS, ECB and IMF, Handbook on Securities Statistics Part2：Debt Securities Holdings, International Monetary Fund Publication Services, 2010.

［11］ BIS, ECB and IMF, Handbook on Securities Statistics Part3：Equity Securities, International Monetary Fund Publication Services, 2012.

货币政策分析中 DSGE 模型的应用及最新进展

中国人民银行上海总部调查统计研究部课题组

课题组组长：储幼阳

课题组成员：肖立伟　昝剑飞　邵　欢

摘　要

动态随机一般均衡（DSGE）模型在设定和估计方面取得了很大的进展，被越来越多的中央银行纳入宏观经济分析的工具箱。DSGE 模型提供了政策讨论和分析的一致性框架，可以识别经济波动来源、回答有关结构变化的问题、预测政策变化的效果、进行政策实验。DSGE 模型也可以建立经济结构特征和简约式参数之间的联系，这对于大型宏观经济模型并不总是可能的。此外，DSGE 模型可以和货币政策分析的其他常用工具结合使用，如纯粹的统计模型、大型的宏观经济模型，以及消费者、企业等主体的经济调查和政策制定者的判断。DSGE 模型已经成为分析货币政策及其对经济波动、通货膨胀和社会福利影响的一个重要工具。

本文通过分析宏观经济计量模型的演变和中央银行宏观金融 DSGE 模型的发展，阐述了当前 DSGE 模型在中央银行预测和政策分析模型中的地位。2008 年国际金融危机引发了学术界对宏观经济理论与政策的反思。从各国实践来看，由于没有一个类似于基本新凯恩斯框架的普遍认同的基准模型，只有相对较少的中央银行在其核心模型中包含了金融摩擦。大部分考虑金融因素的模型仍处于发展阶段，或者用于研究目的，而不是直接进行预测。

本文具体分析了美联储、欧洲中央银行、英格兰银行以及日本银行开发的 DSGE 模型结构和用途。从主要经济体中央银行建立的 DSGE 模型来看，DSGE 模型已成为货币政策分析的重要工具，各中央银行基于不同用途开发了多个 DSGE 模型，并根据实际需要在 DSGE 模型中包含了金融因素。中央银行开发的 DSGE 模型，有多个应用：一是开展经济预测；二是分析宏观经济波动，识别波动来源；三是探讨不同货币政策的影响，实施简单易行的政策实验；四是解释和发布模型的预测结果，加强沟通，引导市场预期。在纳入金融因素后，DSGE 模型还可以进行宏观金融分析和预测，便于宏观金融监管。进行宏观审慎分析，主要是分析宏观审慎工具和监管的变化对宏观经济的影响。进行压力测试分析，为辅助模型提供一些有价值的信息。

本文总结归纳了国际金融危机后 DSGE 模型的最新进展：一是经济主体有限理性和复杂的异质性；二是纳入金融结构和行为，如金融摩擦、金融中介、利率零下限等；三是包含新的冲击，如金融冲击、消息冲击、情绪或动物精神等。

最后，本文提出借鉴各经济体中央银行 DSGE 模型的构建经验，加强中央银行学术交流，建立适合我国经济特征和金融体系的 DSGE 预测和分析模型，为现有宏观经济预测模型提供重要的补充。一是探索有效反映金融与实体经济相互作用的基本的宏观金融 DSGE 模型。二是开发基于不同假设条件的一系列辅助模型，丰富模型应用。三是完善模型数据库建设。四是加强模型预测结果的发布和解释。

由于经济的复杂性，以及经济的重要组成部分密切相连，建立捕捉经济内部相互关系的框架是必要的。在经济预测、风险评估和政策模拟时，经济模型通常会提供有价值的指导，是一种高效、透明的工具。自 20 世纪 30 年代现代宏观经济学出现以来，各国中央银行相继开发多种宏观模型进行经济预测和政策分析。鉴于所有的模型都是实际经济行为的近似，在政策制定时，通常要综合考虑许多模型，并结合统计预测和政策制定者个人的经验。

进入 21 世纪，动态随机一般均衡（DSGE）模型在设定和估计方面取得很大的进展，被越来越多的央行纳入宏观经济分析的工具箱。DSGE 模型提供了政策讨论和分析的一致性框架，可以识别经济波动来源、回答有关结构变化的问题、预测政策变化的效果、进行政策试验。DSGE 模型也可以建立经济结构特征和简约式参数之间的联系，这对于大型宏观经济模型并不总是可能的。此外，DSGE 模型可以和货币政策分析的其他常用工具结合使用，如纯粹的统计模型（基于数据的历史规律，通常不与具体的经济理论联系），大型的宏观经济模型（包含经济的许多部门，通常不对经济部门之间的联系施加理论限制），以及消费者、企业等主体的经济调查和政策制定者的判断。DSGE 模型已经成为分析货币政策及其对于经济波动、通货膨胀和社会福利影响的一个重要工具。

一、宏观经济计量模型的演变

随着宏观经济理论和宏观经济事件的发展，特别是国内经济和国际环境的变化，宏观计量模型不断演变。从学术文献上看，致力于捕捉经济运行根本动力的小型模型①随时间发生变化。这些模型能够为宏观经济波动提供一个较好的解释，但对于详细的政策工作还是过于简单。实际应用形成了目前的四代宏观计量模型，而新的模型取代旧的模型通常是由于某个外部事件推动。

最早的宏观计量模型是 Tinbergen 建立的荷兰模型（Tinbergen，1936）和美国模型（Tinbergen，1939），主要源于评估缓解大萧条影响的政策和经济周期理论。根据 Fukacs 和 Pagan（2010）论述，宏观计量模型主要分为四代。

（一）20 世纪 50、60 年代的第一代模型

Klein 在 Tinbergen 工作的基础上纳入国民收入恒等式，构建凯恩斯主义的 IS – LM 框架，成为第一代模型的核心。模型注重需求分析，通过局部调整机制（PAM）引入动态性。代表模型有 20 世纪 50 年代的 Klein 模型、Klein – Goldberger 模型和 20 世纪 60 年代的 Brookings 模型、Wharton 模型。

（二）20 世纪 70、80 年代的第二代模型

受通胀和 20 世纪 70 年代石油价格冲击的影响，AD—AS 模型成为第二代模型的核心框架。第二代模型规模更大，增加了供给方面的模块，引入生产函数对总供给施加约束。消费决策和生产要素选择由经济主体的最优化条件得到。动态调整通过误差修正机制（ECM）引入。代表模型有 John Helliwell 建立的加拿大经济 RDX2 模型（Helliwell 等，1971），以及美联储、麻省理工学院和宾夕法尼亚大学联合开发的 FMP（也称为 MPS）模型（Ando 等，1972）。由于模型没有充分考虑经济主体的预期，随着外部条件（如政府政策）的改变，模型参数会发生变化，因此，很难评价经济政策的效果（Lucas，1976）。部分模型在金融市场决策中越来越多地包含理性预期，但这要求模型收敛到稳态，通常与第二代模型的结构性特征不相容。

（三）盛行于 20 世纪 90 年代的第三代模型

第三代模型致力于解决第二代模型中出现的相容性问题，采用两个步骤构建，第一步是建立稳态模型，这是第三代模型的核心。第二步是引入外生动态，并利用 ECM 机制保证变量收敛到稳态。稳态参数通过校准获得，动态参数通过数据拟合获得。第三代模型的框架和可计算的一般均衡（CGE）模型有很多共

---

① 比较有代表性的小型理论模型：1. Ramsey 模型—Ramsey（1928）；2. IS – LM, AD – AS 模型—Hicks（1938）；3. Solow – Swan 模型—Solow（1956），Swan（1956）；4. RBC/ DSGE 模型—King 等（1988）；5. 新凯恩斯模型—Clarida 等（1999）。

同点。模型在稳态附近对数线性化,稳态值确定涉及投入产出表等数据的大量计算。代表模型有美联储的 FRB/US 模型(Brayton 和 Tinsley,1996)、加拿大银行的 QPM 模型(Black 等,1994;Coletti 等,1996)、新西兰储备银行的 FPS 模型(Black 等,1997)。

1996 年,美联储建立 FRB/Global 模型进行国际经济分析。国外部门由 29 个国家组成,约 4000 个方程。美国模块有 80 个估计的行为方程和 300 个恒等式。FRB/US 模型是在美国模块外附加一个小型的国外部门,作为一个独立的模型运行,是美联储进行国内预测和宏观经济分析的主要工具。2014 年,为加强与公众的沟通,提高货币政策信息透明度,美联储对外公布了 FRB/US 模型(包含模型方程、系数、数据)和模拟程序,引起市场和学术界的广泛关注。与 DSGE 模型相比,FRB/US 模型的一个突出特点是可以在经济主体不同预期形成方式之间切换,同时包含国民收入和产品账户中所有主要的组成部分。FRB/US 模型基于信息的不同假设对公众预期进行刻画:在完全信息假设下,采用与模型相一致的预期;在不完全信息假设下,采用附加前瞻性政策变量的 VAR 预期(使用 VAR 模型描述公众预期,并纳入前瞻性政策变量即公众对联邦基金利率、通胀水平的长远预期)。此外,为应对利率零下限,中央银行通过对未来政策路径作出承诺刺激经济,FRB/US 模型引入通胀率门槛和失业率门槛,突破了传统的单一规则(如泰勒规则,一阶差分规则等)。

(四)2000 年之后出现的第四代模型

受卢卡斯批判的影响,宏观经济学家转向建立包含理性预期和跨时最优的 DSGE 模型。早期代表是 Kydland 和 Prescott(1982)提出的实际经济周期(RBC)模型。RBC 模型基于完全竞争假设,把实际冲击看做是经济波动的根源,并认为货币是中性的。新凯恩斯主义学派在 RBC 模型中引入垄断竞争和价格黏性,在定性分析上取得成功。到 20 世纪 90 年代后期,获得学术界普遍共识,形成新的"新古典综合",融合新凯恩斯主义和新古典主义的优点,成功搭建了微观经济学和宏观经济学沟通的桥梁。

绝大部分 DSGE 模型有一个基本的结构,包含新凯恩斯范式和实际经济周期方法的元素,以微观为基础,经济主体理性预期。家庭是差异化劳动的垄断供给者,企业是差异化商品的垄断供给者。家庭和企业面临许多名义摩擦(如黏性工资和价格)。货币政策通过一个利率反馈规则执行,即利率对通胀目标和经济活动(如产出缺口)的偏离作出反应。模型面临不同类型的冲击,如供给冲击、需求冲击、加成冲击、货币冲击等。

2000 年以后,DSGE 模型进一步发展,在定量拟合方面取得成功。实际应用中有两个代表性文献:一是 Christiano,Eichenbaum 和 Evans(CEE,2005)在新凯恩斯主义模型中引入大量名义和真实摩擦，能够解释主要的宏观经济时间序列特征；二是 Smets 和 Wouters（SW，2003）进一步引入大量外部冲击，采用贝叶斯方法估计，证明模型在预测方面不输于贝叶斯向量自回归模型（BVAR）。DSGE 模型由此进入政策应用阶段。代表模型有加拿大银行的 ToTEM、智利央行的 MAS、挪威银行的 NEMO、欧洲央行的 NAWM、瑞典央行的 Ramses、芬兰银行的 AINO、美联储的 EDO、英格兰银行的 COMPASS。IMF 也开发了全球经济模型 GEM（Laxton 和 Pesenti，2003）。

从宏观计量模型的演变看，模型设计主要包含八个特征（Hall 等，2013）：1. 保留恒等式，如国民收入恒等式，家庭和政府预算约束，供给等于需求等；2. 预期在宏观经济中的重要作用，对预期的认识不断深化，如适应性预期、理性预期等；3. 模型的动态性，既有内在动因（如资本存量的演化），又有外在动因（如基于数据的实证误差修正模型，或基于模型的经济主体习惯偏好、产能利用率等）；4. 存在长期均衡解；5. 经济主体决策最优化；6. 模型越来越多地融入经济主体异质性；7. 各种形式的冲击已成为理解模型含义的主要方法，如考虑模型中没有明确出现因素的影响，或者政策制定者考察不同冲击下模型的预测结果；8. 包含金融机构和金融资产，由于计算能力和使用方法的限制，这些特征并不总是体现在每一代模型中。

二、中央银行宏观金融 DSGE 模型的发展

DSGE 模型在理论和实证应用方面取得了进展，许多机构已经使用 DSGE 模型分析有关政策问题。瑞典央行是最早使用 DSGE 模型进行货币政策分析的央行。从各国实践看，2008 年国际金融危机后，中央银行并没有放弃第四代模型的结构，任何一个新的模型仍然是 DSGE 导向的。比如，英格兰银行的 COMPASS 模型，新西兰储备银行的 NZSIM 模型。

（一）2008 年前中央银行 DSGE 预测模型

2008 年国际金融危机前，大部分经济体央行进行预测和政策分析的主要模型（包括 DSGE 模型），对于金融体系和实体经济的相互联系均以非常简单的方式建模，很少涉及金融摩擦、信贷渠道以及有关的金融冲击。中央银行政策利率和汇率通常被认为是联系国内外宏观经济政策和经济活动极为重要的金融变量，隐含的假设是完全且完美的金融市场，不存在信息不对称和交易成本。少数中央银行（如美联储、英格兰银行、日本银行）关注到金融财富对家庭消费的影响，并在 DSGE 预测模型中包含房地产价格。

表 1　　　　　　　　　2008 年前中央银行的预测和政策分析模型

中央银行	模型	相关文献	金融摩擦和资产
美联储	EDO	Edge 等（2007）	住宅资本提供住房服务，没有金融摩擦
	SIGMA	Erceg 等（2006）	无
欧洲央行	AWM	Fagan 等（2005）	无
日本银行	JEM	Fujiwara 等（2004）	房地产财富效应和金融中介，没有金融摩擦
英格兰银行	BEQM	Harrison 等（2005）	房地产财富效应，没有金融摩擦
加拿大银行	ToTEM	Murchison 和 Rennison（2006）	无
瑞典央行	RAMSES	Adolfson 等（2007）	无
挪威银行	NEMO	Brubakk 等（2006）	无
智利央行	MAS	Medina 和 Soto（2007）	无
芬兰银行	AINO	Kilponen 等（2004）	无

金融摩擦没有融入主要的预测模型，并不意味着中央银行忽视金融发展或冲击是经济波动的一个来源。许多中央银行在金融危机前就开始发布金融稳定报告。对宏观金融相互作用和金融部门冲击的考察，更多的是间接使用其他辅助模型，便于对金融结构及其在货币政策传导机制中的作用进行更详细的阐述，而且还可以结合使用专家判断。例如，金融部门或金融市场的压力测试模型和其他局部均衡模型可以为主要的宏观经济预测模型提供有价值的信息。尽管如此，主要经济体发布的货币政策报告和金融稳定报告都没有表明宏观经济预测和金融稳定分析要进行紧密和系统的整合。在很大程度上，反映出中央银行和金融稳定当局等机构合作的障碍，以及由于考虑金融部门在货币政策传导机制中的作用而导致的模型复杂性。此外，从方法上看，金融稳定分析基于快照方法，目标是评估金融体系当前的风险，而宏观经济预测需要更加动态和前瞻性的方法。从数据上看，用于货币政策分析的宏观经济指标通常是季度数据，而与金融稳定有关的指标（尤其是许多金融和非金融实体资产负债表信息）大多是低频数据。

（二）2008 年后中央银行 DSGE 预测模型

2008 年国际金融危机引发学术界对宏观经济理论与政策的反思。对于金融中介和金融摩擦的理论进展，中央银行和金融稳定当局高度重视，并尝试纳入预测和政策分析框架。目前，美联储、欧洲央行建立的 DSGE 预测模型包含金融因素，英格兰银行在核心预测模型外的辅助模型中纳入金融摩擦。但大部分考虑金融因素的模型仍处于发展阶段，或者用于研究目的，而不是直接进行预测。

表2　　　　　　　　2008年以来中央银行DSGE预测模型

中央银行	模型	相关文献	金融摩擦和资产
美联储	EDO	Chung等（2010）	住宅资本提供住房服务，外生风险溢价和金融冲击。没有内生的金融摩擦
欧洲央行	NAWM	Christoffel等（2008）	无
欧洲央行	CMR	Christiano等（2010）	金融加速器和金融中介。流动性程度不同的金融资产
英格兰银行	COMPASS	Burgess等（2013）	无
日本银行	M-JEM	Fueki等（2010）	无
加拿大银行	ToTEM II	Dorich等（2013）	多种利率，金融财富在家庭消费中的作用
新西兰储备银行	NZSIM	Kamber等（2015）	完全竞争的金融中介

金融摩擦来源于贷款者和借款者之间的信息不对称或者合同执行的困难。在模型中引入金融摩擦，通常采用金融加速器机制（外部融资溢价与借款者资产净值负相关）或担保约束机制（借款数量受制于合格担保品，如家庭住房或企业物质资本），以此描述金融体系内在的顺周期特征。银行信贷的变化，通过资产价格、家庭和企业的资产负债表头寸与实体经济的相互作用，放大经济波动。

模型中明确包含银行部门，主要有以下考虑：一是引入银行资本渠道，考察银行资本在经济周期形成中的作用。假设银行信贷规模扩张增加资本需求，银行短期在权益市场筹集资本受限，资本成本很高，增加资本只能通过累积留存收益（减少股息或增加收入）。Gerali等（2010）、Meh和Moran（2008）、Angeloni和Faia（2009）分别从监管要求、代理问题以及缓和流动性风险方面说明银行持有昂贵资本的动机。大部分模型都集中于银行资本渠道，以研究《巴塞尔协议Ⅲ》监管要求变化对宏观经济的影响。二是考察存贷利差在货币政策传导机制和经济周期动态中的作用。模型中假设银行有特定技术，可以将存款和其他要素投入（如劳动）转化为贷款，或者假设有一个垄断竞争的银行部门。包含利率黏性有助于模型反映银行资产负债表的期限结构。三是考察银行间同业拆借和相关风险的传导效应。将银行区分为储蓄银行和贷款银行，研究两类银行在银行间市场的相互作用。

从建模方法的共性看，银行资产负债表保持高度程式化，资产方是贷款，负债方是银行存款和资本，表明银行投资组合的构成和风险通常假定是外生的，而不是银行最优化问题决定的。此外，大部分模型假定银行只能在国内金融市场筹资，不允许国际借贷。

总之，对于金融摩擦和银行部门的建模，并没有一个类似于基本新凯恩斯框架的普遍认同的基准模型。当前的建模方法还处在早期阶段,不能完全描述金融渠道及其风险特征。关于金融摩擦不同来源以及传导渠道的相对重要性也不确定。此外,大幅度增加了模型的复杂性。引入金融摩擦要求放弃代表性代理人假设,异质性会显著增加计算负担和政策分析中使用 DSGE 模型的成本。非线性和偶尔的紧约束进一步增加了模型设定和求解的复杂性,影响了模型在预测和政策分析中的实际使用。因此,只有相对较少的中央银行在其核心模型中包含金融摩擦。

三、主要经济体央行 DSGE 模型

(一) 美联储

美联储从 2006 年开始使用中等规模新凯恩斯 DSGE 模型 EDO 进行国内预测和政策分析。EDO 模型是大型计量模型(如 FRB/US 模型)和针对更具体问题的较小模型的补充。与其他 DSGE 模型(如 Smets 和 Wouters,2007)相比,EDO 模型对国内支出尤其是住房和耐用消费品作了更多的细分,并将生产部门划分为快速增长的行业和缓慢增长的行业两个类别。近年来,EDO 模型采用类似于 Gali 等(2011)的形式扩展到包含失业率。

模型由五类经济主体组成:家庭、最终商品生产商、中间商品生产商、资本所有者、中央银行。模型有两个最终品部门,以描绘美国关键的长期增长事实,并区分不同种类耐用品支出(如住房、耐用消费品、非住宅投资)的周期特性。中央银行根据泰勒类型的利率反馈规则设定货币政策。

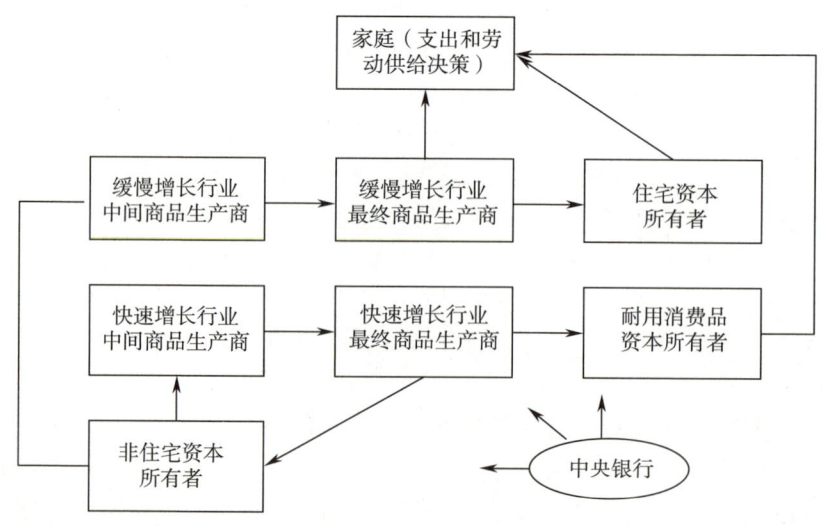

资料来源:Chung 等(2010)。

图 1　EDO 模型的主要结构

美联储也开发了一个多国开放经济 DSGE 模型 SIGMA，在很多宏观经济变量（如产出、价格、利率、实际汇率、贸易余额等）的短期响应方面与大型计量模型（如 FRB/Global）基本相同。SIGMA 模型由 7 个国家模块组成：美国、欧元区、日本、加拿大、墨西哥、亚洲发展中国家，以及世界其他地区。模型可以用来分析各种冲击的影响，如来自货币政策、政府支出增加、家庭消费需求上升、货币风险溢价下降、外国需求变化、长期生产率增长、劳动和资本税率减少等因素的冲击，或者评估财政冲击对贸易余额的定量影响。模型有两个特点：一是包含带学习的理性预期。假定代理人对冲击的持续性有不完全信息（信息摩擦），代理人利用卡尔曼滤波估计经济冲击，并作出预测。这个简单的学习机制通常意味着对潜在冲击的渐渐响应，这一点类似于适应性预期模型，但同时保留了模型一致预期假设。因而，模型动态关键在于政策的公信力和透明度。二是包含一些非李嘉图模型代理人。通过假定部分家庭只消费当前的税后可支配收入，李嘉图等价定律不成立。这两个特点有助于宏观经济变量的响应在定量上和 FRB/Global 模型更贴近。

（二）欧洲央行

欧洲央行经常使用两个 DSGE 模型：NAWM 模型（New Area – Wide Model），包含一个详细的国际模块，用于宏观经济预测和政策分析；CMR 模型（Christiano，Motto 和 Rostagno），对经济的货币和金融层面进行了详细的刻画，用于支持欧洲央行的货币分析和双支柱策略（经济分析和货币分析），开展货币和金融情景分析。

这两个模型具有相同的长期特征和内核。核心模块包含 CEE（2005）、SW（2003）的特征，如消费习惯、投资调整成本、不完全竞争、黏性价格和工资，以及大量的结构性冲击，被证明可以较好地拟合美国和欧元区的数据。

NAWM 模型在核心模块上增加了国外部门，描述开放经济的情况。NAWM 模型设计时遵循两个重要的原则：一是提供一套核心预测变量；二是允许对货币政策、财政政策和外部冲击等技术性假设进行调整，便于情景分析和政策模拟。因此，与一个典型的 DSGE 模型相比，NAWM 模型比较大。模型运用贝叶斯方法估计了 18 个主要的宏观经济变量。

CMR 模型在核心模块上增加了金融中介部门，包括描述金融摩擦的金融加速器（Bernanke 等，1999，BGG）和银行体系（Chari 等，1995）。模型中金融中介的主要特征是：1. 存在许多流动性和期限不同的资产，需要进行投资组合决策；2. 物质资本的投资有杠杆，需要外部融资，存在违约风险。同时由于信贷市场的信息不对称，贷款者根据借款者抵押资产的净值（主要受资产价格波动影响）情况收取一定的费用，因此，资产价格和实体经济活动存在直接的联

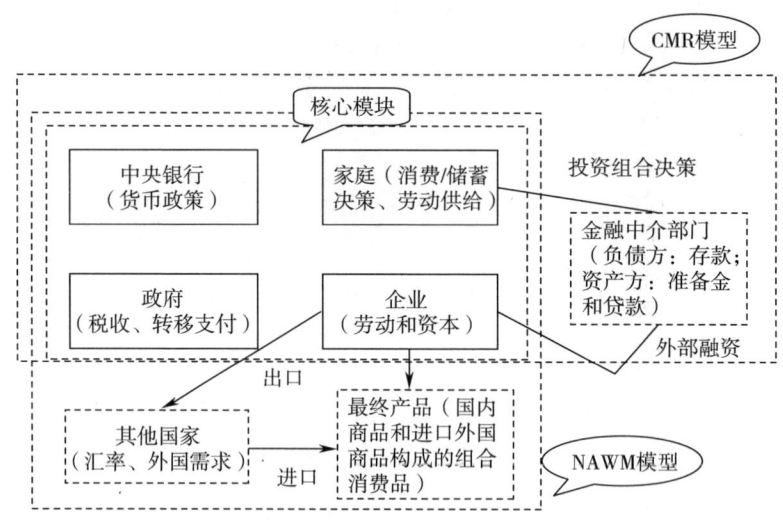

资料来源：根据 Smets 等（2010）整理。

图 2　NAWM 模型和 CMR 模型的主要结构

系；3. 厂商的营运资本需要在出售商品获得收益前融资；4. 储蓄者和贷款者通过金融中介部门产生联系；5. 金融合约以名义项表示，便于纳入费雪的债务—通货紧缩渠道。

此外，欧洲央行还开发了其他 DSGE 模型：1. 在 NAWM 模型的基础上假设存在多个国家，建立多国 NAWM 模型（Jacquinot 和 Straub，2008），研究欧洲经济受亚洲新兴经济体潜在产出增加的影响；2. 在 NAWM 模型的基础上增加金融中介部门（Lombardo 和 McAdam，2012），既有 CMR 模型中的金融加速器机制，又有 Iacoviello 和 Neri（2010）模型中对无耐心的消费者抵押限制；3. 在 NAWM 模型的基础上开发 EAGLE 模型（Gomes 等，2010），分析欧洲区域内宏观经济相互依存关系；4. 开发 NMCM 模型（Dieppe 等，2012），用于欧洲区域经济预测和政策分析，模型假设经济个体有限理性，采用有限信息的 GMM 估计参数。

（三）英格兰银行

自 2011 年末以来，英格兰银行一直使用新的预测平台支持货币政策委员会季度通胀报告的预测。该平台可以用来估计经济潜在冲击的定量效应，分析货币政策不同路径对经济的影响，是解释经济金融事件的一个有用框架。该平台由四部分组成：核心模型 COMPASS；一套辅助预测模型，用来弥补 COMPASS 的不足，并对预测结果进行对比；宏观经济建模和预测工具箱 MAPS；用户界面 EASE。

COMPASS 是一个开放经济新凯恩斯 DSGE 模型，是英格兰银行开展预测的主要框架，可以分析和解释预测（预测分析），评估不同假设对预测的敏感性（情景模拟），与其他中央银行和国际机构使用的模型有很多共同点。相对于英格兰银行 2003 年开发的季度模型 BEQM，COMPASS 既小又简单，易于估计和使用，并能及时更新预测。COMPASS 假设经济个体理性预期，不包含银行部门，仅对 15 个重要的变量进行预测，如 GDP、通胀、利率、贸易、工资和消费等。

COMPASS 由五类经济主体组成：家庭、企业、政府、中央银行和世界其他地方。中央银行根据泰勒规则设定短期名义利率。

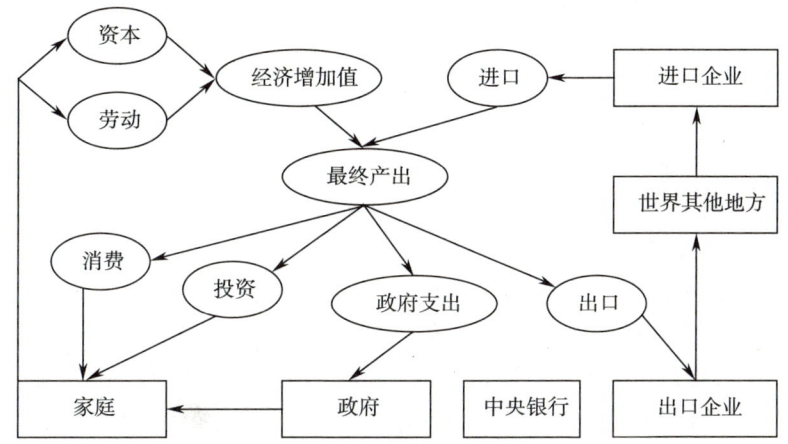

资料来源：Burgess 等（2013）。

图 3　COMPASS 模型的主要结构

英格兰银行一直使用多个模型进行预测，有助于减少过度依赖任何单一模型的危险，为货币政策委员会讨论预测结果提供了多种视角。像所有模型一样，COMPASS 是误设的（如经济主体行为假设不正确或者遗漏重要的冲击和传导渠道）。因此，需要一套辅助模型来克服 COMPASS 的主要错误设定。辅助模型包含超过 50 个单独的模型，覆盖了大量不同的框架和分析经济的不同方法，可以和 COMPASS 的预测结果交叉验证，扩展核心模型预测以覆盖更多的变量，对 COMPASS 预测中关键的判断提出质疑。按照目的不同分为以下三类。

第一类，辅助模型主要详细解释 COMPASS 忽略的经济冲击和传导渠道。例如，COMPASS 没有明确考虑能源，而能源价格的变化对英国的通胀和货币政策有重要的影响。COMPASS 中仅有一个单独的短期利率，不适合分析包括资产价格购买等非常规货币政策效应。财政政策建模的方法很简单，假定政府支出不增加家庭效用，扭曲性税收作用较小。COMPASS 没有明确包含金融摩擦，也没有说明金融部门在经济不同部门间融通资金的作用。理解金融部门对实体经济的影响是学术研究的一个活跃领域，也是辅助模型构建中重要的优先事项。辅助模型对 COMPASS 纳入金融部门渠道进行了各种扩展，如在 COMPASS 中引入信贷利差。也可直接通过包含银行部门的 DSGE 模型（Gertler 和 Karadi，2011）或 SVAR 对信贷利差建模。

第二类，辅助模型主要对 COMPASS 中没有包含的变量进行预测，扩展预测范围。有两个模型：一是转换后模型（PTM），属于后顾性递归模型，附加在 COMPASS 上，是非线性的，便于根据实际公布的数据设定方程，包含 150 个变量，分为劳动市场、GDP 组成部分、家庭收入和财政调节路径四类，可以预测失业率、库存和住房投资等。二是资产负债表模型（BSM），在 PTM 模型的基础上扩展，并增加了 140 个变量，分为五类：家庭和企业的有效利率、家庭和企业借款的组成部分、总货币余额和部门货币余额、每个部门资产负债健康状况度量、财务和收入报表中其他重要的变量。BSM 为货币政策委员会的预测提供了重要的交叉验证手段。

第三类，辅助模型主要对 COMPASS 中的变量进行不同情境的预测。这一类别中有一组统计预测模型，大约 15 个，范围很广，涉及消费、投资、工资、通胀、贸易等，从简单的单变量时间序列方程到贝叶斯 VAR 和因子模型，在对比分析 COMPASS 的预测结果方面扮演重要角色。

从英格兰银行的实践看，预测过程通常要使用一个较小的核心模型 COMPASS 和一套丰富的辅助模型（至少 40 个模型）。这是一个有效的方法，避免增加核心模型的规模和复杂程度，使核心模型更易于理解、求解和模拟。这要求仔细考察核心模型和辅助模型的设计以确保两者之间必要的联系。此外，由于模型参数估计、模型的实际预测表现以及中央银行对经济运行机制的理解加深等因素，模型在不断演变。值得注意的是，英格兰银行一直强调，货币政策委员会和中央银行专家判断的使用是预测过程的中心，模型只是发挥支持作用，而不是扮演主要角色。

除美联储、欧洲央行、英格兰银行外，日本银行也开发了多个 DSGE 模型，用于各种分析目的（如估计潜在增长率和产出缺口等）。当前的 DSGE 模型有大型校准模型 JEM（Fujiwara 等，2004），中型估计模型 M‐JEM（Fueki 等，2010；Sugo 和 Ueda，2008；Ichiue，Kurozumi 和 Sunakawa，2008）。此外，日本银行还开发了介于传统大型宏观经济模型和 DSGE 模型之间的混合模型 Q‐JEM（Fukunaga 等，2011），类似于美联储的 FRB/US 模型，主要用于中短期预测、宏观经济风险评估和各种情景分析。Q‐JEM 模型大约有 200 个方程，其中约 70 个是估计的。模型输出结果向日本银行政策委员会成员报告，某些分析在经济活动和价格展望报告中公布。

（四）小结

从主要经济体央行建立的 DSGE 模型看，总结以下几点：

1. DSGE 模型成为货币政策分析的重要工具。由于新凯恩斯 DSGE 模型能够对货币政策传导机制中一些关键要素进行易于理解的基本阐述，模型的分析方法已为大家接受，同时可以估计比较大的 DSGE 模型的参数，许多中央银行和国际机构使用新凯恩斯 DSGE 模型支持预测和政策制定。欧洲央行和英格兰银行开发的 DSGE 模型是经济预测和货币政策分析的核心工具，而美联储的 EDO 和 SIGMA 模型分别是 FRB/US 和 FRB/Global 模型的重要补充。

2. 基于不同用途开发相应的 DSGE 模型。政策制定者使用模型可以阐明特定宏观经济变量行为决定的经济机制，评估特定冲击或事件的定量效应，识别解释当前经济状态的冲击类型，量化政策响应在经济基本结构不同假设下的敏感性，探讨特定冲击或事件的政策含义。单一经济模型显然难以回答所有问题。欧洲央行和日本银行针对不同问题建立了多个 DSGE 模型，而英格兰银行在核心模型外建立了一套辅助模型。

3. 根据实际需要在 DSGE 模型中包含金融因素。国际金融危机后金融因素在经济周期波动中的作用获得高度关注。各经济体央行在 DSGE 模型中纳入金融因素成为一个重要方向，但并没有一个统一的框架。美联储的 EDO 模型考虑了住宅资本提供住房服务、外生风险溢价和金融冲击，但没有内生的金融摩擦。欧洲央行的 CMR 模型增加了金融中介部门，包括描述金融摩擦的金融加速器机制和银行体系。英格兰银行在核心模型中没有考虑金融因素，但在辅助模型中对纳入金融部门渠道进行了各种扩展。

四、中央银行 DSGE 模型的应用

中央银行开发的 DSGE 模型，有多个应用，体现在以下几点：

一是开展经济预测。中央银行在作出货币政策决策时，对经济活动的预测是很重要的。DSGE 模型可以成为宏观经济的一个预测平台，在预测能力上不亚于其他类型的预测方法。Del Negro 和 Schorfheide（2012）研究表明，当预测产出和通胀时，DSGE 模型在短期（1 个季度）和纯粹的统计方法不相上下，但在一年的期限，DSGE 模型表现得更好。此外，DSGE 模型由于可以预测利率行为，也适用于基准政策。通过在利率预测路径上设置标准误差带，货币政策制定者能发现特定基准路径发生的可能性。瑞典央行为此开发了相应的 DSGE 模型。

二是分析宏观经济波动，识别波动来源。DSGE 模型能更准确地刻画经济的波动特征和传导机制。外生冲击在经济波动分析中居于核心地位。由于对需求冲击的最佳策略和对供给冲击的最佳策略经常有很大的不同，识别经济事件中最重

要的冲击对货币政策制定者尤其重要。此外，还可以测量不可观察的经济金融变量，如产出缺口、均衡汇率等。

三是探讨不同货币政策的影响。由于模型中所有部门相互联系，同时假设估计的深层次参数是不随政策变化而改变的，政策制定者可以实施简单易行的政策实验。此外，如果经济的扰动比估计的稍大或者比通常的更长久，模型的预测将随之变化，政策制定者据此可以判断与特定经济事件有关的风险。

四是解释和发布模型的预测结果，加强沟通。由于货币政策是具有前瞻性的，主要通过预期起作用，因而沟通成为中央银行引导公众和市场预期的重要途径。公开沟通和透明，以及一个围绕预测的清晰、结构合理的模型有助于经济主体理解中央银行的行为，并对新的信息作出有利于中央银行实现政策目标的反应。这会增强货币政策传导机制预期渠道的有效性。

在2008年国际金融危机后，在DSGE模型中引入金融摩擦获得越来越多的认可。相应地，DSGE模型的应用范围不断扩大。

一是宏观金融分析和预测。DSGE模型中包含金融摩擦，不是要预测金融危机，而是要丰富模型的传导机制，分析金融冲击的影响。模型除了通过担保约束或金融加速器机制纳入信贷摩擦，以及增加住房资产外，还可以足够丰富以对重要的金融变量（如存贷利差、房地产价格、银行贷款）提供预测一致的路径，便于宏观金融监管。此外，模型能为中央银行提供金融发展与经济基本面是否一致的证据，或者表明存在泡沫或其他值得仔细分析的证据。

二是宏观审慎分析。主要是分析宏观审慎工具和监管的变化对宏观经济的影响，并为《巴塞尔协议Ⅲ》改革的关键元素进入模型分析框架提供基础。如考察银行资本和流动性要求变化的影响，以及杠杆率和净稳定资金比率规定的影响。模型中明确包含银行部门，金融资产和负债具有不同的流动性或期限，并引入银行间市场和监管限制以及银行在观察到这些限制时的行为。此外，在主要的宏观金融预测模型中纳入宏观审慎工具（如逆周期资本要求），评估货币政策的制定和实施如何变化以应对宏观审慎工具使用后产生的副作用。

三是压力测试分析。在DSGE模型中纳入银行间市场以及模型一致确定的资产价格尤其重要，可以为辅助模型（对金融体系进行细分，并可以考虑危机）提供一些有价值的信息。

DSGE模型的多个应用，必然要求模型具有多方面特征，同时也要包含不同来源的金融摩擦。显然，寻求一个单一的囊括所有用途的DSGE模型，既不可能，也没有必要。中央银行和金融稳定当局需要开发几个不同版本的模型，其中有一些基本的金融特征和摩擦是共同的。

五、国际金融危机后 DSGE 模型的最新进展

在 2008 年国际金融危机后，DSGE 模型因未能预测金融危机而饱受诟病①。在 DSGE 模型中增加新的因素并进行修改，是很有必要的。

（一）经济主体有限理性和复杂的异质性

在 DSGE 模型中，微观主体主要是代表性企业和消费者，对经济主体的异质性考虑，局限在容易转换成单个代表性主体。研究对象的理性人假设也造成了模型微观基础的不足。多主体仿真模型（ABMs）提供了一种易于处理异质性主体的方法。ABMs 可以有很多主体，每个主体有不同的行为规则，有的根据拇指规则行事，有的采用与模型相一致的预期，生存法则依赖于收益率。尽管这是宏观经济分析框架中引入行为经济学的一种方法，但还没有被大规模采用，主要是因为 DSGE 模型中融入行为经济学，经常是通过改变效用函数和利润函数，进而进行最优化分析。DSGE 模型在这方面有相当大的灵活性。

（二）金融因素

当前的 DSGE 模型最主要的弱点可能是缺乏一个合适的方法给金融市场建模，无法解释经济周期的重要规律，对中央银行关注的重要政策问题无法进行分析，如金融脆弱性、非流动性或金融体系的顺周期性②。金融市场建模不足也限制了对金融稳定压力测试的使用③。DSGE 模型中纳入金融结构和行为获得越来越多中央银行的认可。

1. 金融摩擦

刻画金融部门影响实体经济的传导机制，主要有两种方法。一是 BGG（1999）的金融加速器框架。假定存款者和贷款者之间信息不对称，信贷市场存在摩擦，外部融资成本高于内部融资。外部融资溢价影响资本的全部成本，进而影响企业的投资决策。二是 Kiyotaki 和 Moore（1997）的担保约束框架。通常是通过房地产市场和房地产价格引入担保效应，并且通过存款者和贷款者不同的贴现率引入异质性④。每个部门根据担保资产的价格获得一定数量的贷款。因此，资产价格会影响担保约束。

---

① 事实上，没有任何一个计量经济模型预测到 2008 年国际金融危机。
② 金融体系的顺周期性可以由借贷双方之间的信息不对称解释，主要集中在金融加速器文献。然而，金融市场对风险的变化以及代理人行为的不适当反应可能是顺周期性的另一个重要来源（Borio，2006；Borio 和 Lowe，2002；Borio 等，2001）。
③ Jokivuolle 等（2007）尝试将 DSGE 模型和银行压力测试整合在一起。
④ 这方面的经典文献有：Iacoviello（2005），Iacoviello 和 Neri（2010）。

表 3　　　　　　　　　　　金融摩擦建模方法

	金融加速器 （financial accelerator）框架	担保约束 （collateral constrainsts）框架	昂贵银行业 （costly banking）框架
金融摩擦的来源和性质	事后信息不对称——外部融资溢价易受代理人净值影响	贷款受代理人抵押品价值约束	非凸生产技术——金融中介成本随金融服务数量增加
借贷动机	代理人异质性——家庭是净储蓄者，企业家是净借款者	代理人异质性以不同的贴现因子表示	需要提前为生产融资，或者假设贷款用于投资的比例不变
关键变量	外部融资溢价	信贷限额和利差	利差
传导机制	代理人净值的波动影响外部融资成本	资产价格波动影响抵押品价值，因而影响信贷约束的松紧程度	利差反映了贷款的数量
金融摩擦的含义	放大资产价格冲击。相对温和放大非金融冲击。放大的强度对模型的假设十分敏感	放大资产价格冲击。相对温和放大非金融冲击。放大的强度对模型的假设十分敏感	利差的顺周期性抑制冲击的传导，除非结合黏性利率或其他引入金融摩擦的方法
金融中介	没有明确包含金融中介	没有明确包含金融中介	明确纳入银行部门

资料来源：Roger 和 Vlcek（2012）。

金融危机后，越来越多的文献高度关注金融因素，并从不同角度刻画。一是强调信贷供给渠道的重要性，信贷资金供求状况会影响存贷利差。二是对企业违约概率和金融机构的损失明确建模，体现一个更完整的金融中介过程，并建立宏观金融模型框架和更详细的金融压力测试框架两者之间重要的联系。三是考虑到家庭和企业既借款又存款，模型中纳入流动性风险管理。四是考虑公共部门的资产负债表。欧债危机表明，对财政可持续性的怀疑会通过主权风险溢价和政府证券的担保价值对金融部门产生不利的影响。五是金融资金流量数据在中央银行监测中很重要，可以在模型中考虑。同时，DSGE 模型应该与观察到的数据特征相拟合，以对有关金融事件进行解释。

2. 金融中介

当前的 DSGE 模型大部分都是使用一个代表性垄断竞争的银行代表金融部门，考察其与家庭和企业部门之间的作用。然而，金融部门是由许多不同种类的机构组成的，如银行、影子银行和其他非银行金融机构，对其进行明确的区分是很有必要的。此外，也需进一步理解金融机构之间的相互关联及其对系统性风险的放大和传播机制。因此，要从建模和实证的视角对金融机构进行详细设定。

一是包含银行间市场。金融危机表明，银行间市场或批发市场作为银行的一个资金来源，在放大危机的严重程度和范围方面发挥了关键作用。在 DSGE 模型中纳入银行间市场，有助于评估《巴塞尔协议Ⅲ》改革（如流动性要求和净稳定资金比率）对减少金融体系流动性脆弱性的影响，也为金融稳定分析和压力测试中使用更为详细的金融部门模型提供极为有用的补充。

金融资产定价在模型动态中至关重要。房地产价格和企业净值的价值评估分别在担保约束框架和金融加速器框架中发挥关键作用，影响货币政策信贷传导渠道的强度。在银行间市场，流动性资产的定价发挥类似的作用，为流动性螺旋（Liquidity Spirals）放大流动性冲击的不利影响提供依据，很大程度上决定了这一金融传导渠道的重要性。

二是引入存贷款期限错配。商业银行的第一个核心功能是期限转换，将短期负债（存款）转换为长期资产（贷款）。在 DSGE 模型中引入存贷款期限错配（银行资金来源短期化、资金运用长期化），对于正确说明流动性风险问题、流动性要求的全面影响以及稳定资金要求的含义是必不可少的。此外，在许多模型中，存贷利差是顺周期的，期限错配会影响存贷利差的周期行为，使其变成逆周期，与实证证据一致。

三是金融机构行为内生。当前的模型对金融机构决策制定和最优化过程非常简化，许多选择变量被外生化。例如，如果银行的资本充足率偏离规定的水平，当前的模型中调整资本充足率的方法通常不是内生决定的。对于金融机构可获得的金融资产和负债，增加更多种类的风险和期限特征，会使金融机构行为内生复杂化。最好的方法可能是执行一个最低的最优化标准，并把其他行为反应作为替代情景。

3. 利率零下限

自日本 20 世纪 90 年代经历利率零下限后，利率零下限对宏观经济的影响以及货币政策如何应对，引起各方的关注。除日本外，利率零下限还没有进入主要的中央银行预测模型。在日本银行的 Q – JEM 模型中，利率零下限通过一个修订的泰勒规则（非线性规则）执行。

$$i_t = \max\{\theta i_{t-1} + (1-\theta)[\bar{I}_t + 0.5y_t + 1.5(\pi_t - \bar{\pi}_t)], 0\}$$

其中，i_t 表示政策利率，$\bar{I}_t$ 是其均衡值。Chung 等（2012）使用三个结构模型（FRB/US，EDO，以及 Smets 和 Wouters，2007）和三个统计模型调查了美国经济利率零下限的可能性与严重程度。研究发现，基于大缓和时期的数据，对结构模型施加非线性的利率零下限约束不会产生重大问题。由于利率零下限在过去几年一直是货币政策的一个重要约束，考虑样本数据、时变参数、测量误差和参数不确定性，能够提高利率触及零下限的估计概率。利率触及零下限可能是一个非常少见的事件，但也可能是冲击来自于分布的尾部，因此，如何衡量这些事件需要特别注意。

除以上三个方面外,当前大部分模型是封闭经济模型或仅考虑国内货币借款。因此,纳入开放经济和金融开放是很重要的。具体可以考虑国外货币的借贷以及相应的货币风险和突然中断的风险。

(三) 新的冲击

第四代模型有标准的冲击设定,分为技术、偏好、风险、加成和政策等类别。每一类别可能有一个以上的冲击,如加成类别有工资加成冲击和价格加成冲击,技术类别有国内技术冲击、国外技术冲击,同时每个部门(如房地产部门和金融部门)可能有不同的技术冲击。金融危机后,模型中增加了另一类别——金融冲击,包括净值、信贷供给、贷款价值比(LTV)。前面两个来源于金融加速器视角,后面一个涉及贷款担保,来源于担保约束视角。第四代模型通常包含许多冲击,如 NAWM 模型有 18 个冲击,EDO 模型有 11 个冲击,COMPASS 模型有 18 个冲击。

此外,学术文献[①]中提出的消息冲击(News Shock)在政策模型中还没有出现。在前向预期下,有关未来经济状况的信号或者消息冲击会影响当前的经济行为,造成经济波动。另一种类型的冲击是情绪或动物精神,它会影响预期,进而影响商业和金融周期。

六、我国 DSGE 模型的应用及相关建议

目前,我国在 DSGE 模型的应用研究方面已取得进展。大部分文献主要是借鉴国外研究成果,侧重于模型设定方面的创新,集中于研究封闭经济条件下中国经济的波动、货币政策传导机制、数量型和价格型工具的比较等。金融危机后,在模型中考虑金融摩擦,加入金融加速器机制,研究各种不同的问题。

在政策应用方面,中国人民银行工作论文(刘斌,2007)提出的 DSGE 模型,能较好地反映我国宏观经济特点,为中央银行货币政策操作提供了定量的、科学的决策依据。模型基于 CMR(2002)的建模框架,并根据中国实际加以扩展和修改:将 CMR 模型由封闭经济推广到开放经济,考虑国外净资产规模变化与国内经济的相互影响;对 CMR 模型中的金融部门进行简化和修改,基于我国盯住货币供应量中介目标的特点,货币政策规则采用推广的泰勒规则(增加对广义货币增长率的反应)。

借鉴各经济体央行 DSGE 模型的构建经验,建立适合我国经济特征和金融体系的 DSGE 预测和分析模型是很有必要的。一方面可以为现有宏观经济预测模型

---

① 如 Christiano 等(1999),Beaudry 和 Portier(2006),Fujiwara 等(2011)。

提供重要的补充,另一方面,在条件成熟时可以成为核心预测模型。

一是探索最能有效反映金融与实体经济相互作用的基本的宏观金融 DSGE 模型。在政策制定和沟通的环境中,对预测背后的直觉或故事有很好的理解,对于制定和解释政策权衡与选择是必不可少的。因而,有必要保持包含金融摩擦和冲击的核心预测模型简约,并集中于最重要的传导机制。某些元素,如金融摩擦影响家庭和企业的贷款,可能成为标准设定。此外,我国银行主导的金融体系结构是一个重要特征,纳入银行部门是必要的。

二是开发基于不同假设条件的一系列辅助模型,丰富模型应用。如在模型中考虑不同的金融摩擦和传导机制,增加多种类型的冲击,考察样本期中国经济波动的阶段性变化,区分国有经济和民营经济等。放松核心模型中的经典假设,如财政政策放弃李嘉图等价定律,个体理性预期变为有限理性,引入学习机制和不完全信息替代完全信息等。此外,模型中可能包含一些考虑《巴塞尔协议Ⅲ》改革主要规定的特征,便于政策制定者理解宏观审慎政策工具的宏观经济效应及其对货币政策制定的影响。

三是完善模型数据库建设。DSGE 模型采用校准和贝叶斯方法等估计参数,需要一系列的数据支持,如 GDP、消费、投资、政府支出、进出口、通胀、工资、总工作小时数、利率、汇率等。我国没有劳动时间投入方面的数据,现有研究主要是用就业人数(劳动参与率)替代,两者之间还是有较大差别。此外,由于数据质量问题,数据转换、异常值剔除、合适的稳定期选择或结构突变的消除使模型拟合数据面临很大的挑战。

四是加强模型预测结果的发布和解释。DSGE 模型的复杂性不易被政策制定者接受,向政策制定者和公众沟通模型预测的结果存在障碍。因此,解释模型的特征和含义就显得尤为重要。如在货币政策报告或金融稳定报告中对模型的预测进行专题阐述,提高信息透明度,引导公众预期。

DSGE 模型仍面临不少困难。如因模型误设的程度,估计可能是有偏差的,参数并不总是容易识别。此外,中央银行需要投入额外的资源开发模型。考虑到与数据有关的潜在问题、迅速的结构变化和经常的政策转变,DSGE 模型在中国等新兴市场经济体的运用所遇到的困难更显著。可以肯定的是,有更多的工作需要做。中央银行如何利用 DSGE 模型进行政策分析和预测仍然是一个开放的问题。

参考文献

[1] 刘斌:《我国 DSGE 模型的开发及在货币政策分析中的应用》,中国人民银行工作论文,2007。

[2] Adolfson, M., S. Laséen, J. Lindé and M. Villani: "Ramses – a New

General Equilibrium Model for Monetary Policy Analysis", Sveriges Riksbank Economic Review, 2007 (2), 5 – 39.

[3] Ando, A., F. Modigiliani and R. Rasche: "Equations and Definitions of Variables for the FRB – MIT – Penn Model", in B. G. Hickman (ed.), Econometric Models of Cyclical Behavior, NBER, Columbia University Press, New York, 1972.

[4] Angeloni, I. and E. Faia: "A Tale of Two Policies: Prudential Regulation and Monetary Policy with Fragile Banks", Kiel Institute for the World Economy Working Papers 1569, 2009.

[5] Bernanke, B., M. Gertler and S. Gilchrist: "The Financial Accelerator in a Quantitative Business Cycle Framework", in J. B. Taylor and M. Woodford (eds.), Handbook of Macroeconomics, 1999, Vol. 1, 1341 – 1393.

[6] Black, R., V. Cassino, A. Drew, E. Hansen, B. Hunt, D. Rose and A. Scott: "The Forecasting and Policy System: the Core Model", Reserve Bank of New Zealand Technical Report 43, 1997.

[7] Black, R., D. Laxton, D. Rose and R. Tetlow: "The Bank of Canada's New Quarterly Projection Model, Part 1. The Steady State Model: SSQPM", Bank of Canada Technical Report 72, 1994.

[8] Brayton, F. and P. Tinsley: "A Guide to FRB/US: A Macroeconomic Model of the United States", Finance and Economics Discussion Series 1996 – 42, Federal Reserve Board, Washington, DC, 1996.

[9] Brubakk, L., T. A. Husebø, J. Maih, K. Olsen and M. Østnor: "Finding NEMO: Documentation of the Norwegian Economy Model", Norges Bank Staff Memo, 2006.

[10] Burgess, S., E. Fernandez – Corugedo, C. Groth, R. Harrison, F. Monti, K. Theodoridis and M. Waldron: "The Bank of England's Forecasting Platform: COMPASS, MAPS, EASE and the Suite of Models", Bank of England Working Paper 471, 2013.

[11] Chari, V., L. Christiano and M. Eichenbaum: "Inside Money, Outside Money and Short Term Interest Rates", NBER Working Papers 5269, 1995.

[12] Christiano, L. J., M. Eichenbaum and C. L. Evans: "Nominal Rigidities and the Dynamic Effects of a Shock to Monetary Policy", Journal of Political Economy, 2005, 113 (1), 1 – 45.

[13] Christiano, L. J., R. Motto and M. Rostagno: "Financial Factors in Economic Fluctuations", European Central Bank Working Paper 1192, 2010.

[14] Christoffel, K., G. Coenen and A. Warne: "The New Area – wide Model

of the Euro Area – a Micro–founded Open–economy Model for Forecasting and Policy Analysis", European Central Bank Working Paper Series 944, 2008.

[15] Chung, H., M. T. Kiley, and J. – P. Laforte: "Documentation of the Estimated, Dynamic, Optimization–based (EDO) Model of the U. S. Economy: 2010 Version", Federal Reserve Board Finance and Economics Discussion Series, 2010.

[16] Chung, H., J. – P. Laforte, D. Reifschneider, and J. C. Williams: "Have We Underestimated the Likelihood and Severity of Zero Lower Bound Events?", Journal of Money, Credit and Banking, 2012, 44, 47–82.

[17] Coletti, D., B. Hunt, D. Rose, and R. Tetlow: "The Bank of Canada's New Quarterly Projection Model, Part 3. The Dynamic Model: QPM", Bank of Canada Technical Report 75, 1996.

[18] Del Negro, M. and Schorfheide, F.: "DSGE Model Based Forecasting", Federal Reserve Bank of New York Staff Report 554, 2012.

[19] Dieppe, A., Pandiella, A. G., and Willman, A.: "The ECB's New Multi–country Model for the Euro Area: NMCM — Simulated with Rational Expectations", Economic Modelling, 2012, 29 (6), 2597–2614.

[20] Dorich, J., Johnston, M. K., Mendes, R. R., Murchison, S., and Zhang, Y.: "ToTEM II: An Updated Version of the Bank of Canada's Quarterly Projection Model", Bank of Canada Technical Report, 2013.

[21] Edge, R. M., Kiley, M. T., and Laforte, J. P.: "Documentation of the Research and Statistics Division's Estimated DSGE Model of the U. S. Economy", SSRN Electronic Journal, 2007.

[22] Erceg, C. J., L. Guerrieri, and C. Gust: "SIGMA: A New Open Economy Model for Policy Analysis", International Finance Discussion Papers 835, Board of Governors of the Federal Reserve System, 2006.

[23] Fagan, G., J. Henry, and R. Mestre: "An Area–Wide Model for the Euro Area", Economic Modeling, 2005, 22 (1): 39–59.

[24] Fueki, T., Fukunaga, I., Ichiue, H., and Shirota, T.: "Measuring Potential Growth with an Estimated DSGE Model of Japan's Economy", Bank of Japan Working Paper, 2010, 10–E–13.

[25] Fujiwara, I., N. Hara, Y. Hirose, and Y. Teranishi: "The Japanese Economic Model: JEM", Bank of Japan Working Paper Series, 2004, 23 (2), 61–142.

[26] Fukacs, M. and A. Pagan: "Structural Macro–economic Modeling in a Policy Environment", in D. Giles and A. Ullah, editors, Handbook of Empirical Eco-

nomics and Finance, Routledge, 2010.

[27] Fukunaga, I., N. Hara, S. Kojima, Y. Ueno, and S. Yoneyama: "The Quarterly Japanese Economic Model (Q – JEM): 2011 Version", Bank of Japan Working Paper Series, 2011, 11 – E – 11.

[28] Gali, J., Smets, F., and Wouters, R.: "Unemployment in an Estimated New Keynesian Model", NBER Macroeconomics Annual 2011, Volume 26. Social Science Electronic Publishing, 2011.

[29] Gerali, A., S. Neri, L. Sessa, and F. Signoretti: "Credit and Banking in a DSGE Model of the Euro Area", Bank of Italy, Economic Research Department, Temi di Discussione 740, 2010.

[30] Gertler, M. and P. Karadi: "A Model of Unconventional Monetary Policy", Journal of Monetary Economics, 2011, 58, 17 – 34.

[31] Gomes, S., Jacquinot, P., and Pisani, M.: "The EAGLE: a Model for Policy Analysis of Macroeconomic Interdependence in the Euro Area", Social Science Electronic Publishing, 2010, 29 (5), 1686 – 1714.

[32] Hall, T., Jacobs, J., and Pagan, A.: "Macro – Econometric System Modeling @ 75", Social Science Electronic Publishing, 2013.

[33] Harrison, R., K. Nikolov, M. Quinn, G. Ramsay, A. Scott, and R. Thomas: "The Bank of England Quarterly Model", Bank of England, 2005.

[34] Helliwell, J. F., G. R. Sparks, F. W. Gorbet, H. T. Shapiro, I. A. Stewart, and D. R. Stephenson: "The Structure of RDX2", Bank of Canada Technical Report No. 7, 1971.

[35] Iacoviello, M. and Neri, S.: "Housing Market Spillovers: Evidence from an Estimated DSGE Model", American Economic Journal Macroeconomics, 2010, volume 2 (2), 125 – 164 (40).

[36] Ichiue, H., Kurozumi, T., and Sunakawa, T.: "Inflation Dynamics and Labor Adjustments in Japan: A Bayesian DSGE Approach", Bank of Japan Working Paper, 2008, 08 – E – 9.

[37] Jacquinot, P. and Straub, R.: "Globalization and the Euro Area: Simulation Based Analysis Using the New Area Wide Model", Social Science Electronic Publishing, 2008, 66 (1), 33 – 51.

[38] Kamber, G., McDonald, C., Sander, N., and Theodoridis, K.: "A Structural Model for Policy Analysis and Forecasting: NZSIM", Reserve Bank of New Zealand Discussion Paper Series, 2015.

[39] Kilponen, J., A. Ripatti, and J. Vilmunen: "AINO: the Bank of

Finland's New Dynamic General Equilibrium Model of the Finnish Economy", Bulletin/ Bank of Finland, Helsinki, 2004, 71 - 79.

[40] Kiyotaki, N. and J. Moore: "Credit Cycles", Journal of Political Economy, 1997, 105 (2): 211 - 48.

[41] Kydland, F. and E. Prescott: "Time to Build and Aggregate Fluctuations", Econometrica, 1982.

[42] Laxton, D. and P. Pesenti: "Monetary Rules for Small, Open, Emerging Economies", Journal of Monetary Economics, 2003, 50, 1109 - 1146.

[43] Lombardo, G. and Mcadam, P. : "Financial Market Frictions in a Model of the Euro Area", Economic Modeling, 2012, 29 (6), 2460 - 2485.

[44] Lucas, R. E. : "Econometric Policy Evaluation: A Critique", Carnegie - Rochester Conference Series on Public Policy, 1976, Vol. 1, pp. 63 - 64.

[45] Medina, J. P. and C. Soto: "The Chilean Business Cycles through the Lens of a Stochastic General Equilibrium Model", Central Bank of Chile Working Papers 457, 2007.

[46] Meh, C. and K. Moran: "The Role of Bank Capital in the Propagation of Shocks", Bank of Canada Working Paper No. 36, 2008.

[47] Murchison, S. and A. Rennison: "ToTEM: The Bank of Canada's New Quarterly Projection Model", Bank of Canada Technical Reports 97, 2006.

[48] Roger, S. and Vlcek, J. : "Macrofinancial Modeling at Central Banks: Recent Developments and Future Directions", IMF Working Papers, 2012.

[49] Smets, F. and Wouters, R. : "An Estimated Dynamic Stochastic General Equilibrium Model of the Euro area", Journal of the European Economic Association, 2003, 1 (5): 1123 - 1175.

[50] Smets, F. and Wouters, R. : "Shocks and Frictions in US Business Cycles: a Bayesian DSGE Approach", American Economic Review, 2007, 97 (3): 586 - 606.

[51] Smets, F. , K. Christoffel, G. Coenen, R. Motto, and M. Rostagno: "DSGE Models and Their Use at the ECB", International Review of Economics, 2010, 1 (1): 51 - 65.

[52] Sugo, T. , and Ueda, K. : "Estimating a Dynamic Stochastic General Equilibrium Model for Japan", Journal of the Japanese and International Economies, 2008, 22 (4), 476 - 502.

[53] Tinbergen, J. , Statistical Testing of Business Cycle Theories: Business Cycles in the United States of America, 1939, 1919 - 1932, Volume II.

金融消费纠纷调解的实践及其法律效力的增强

中国人民银行上海总部金融消费权益保护部

课题组组长：焦瑾璞

课题组副组长：孙天琦

课题组成员：武 岳　舒 雄　徐雅萍　王 昀
　　　　　　杨 洋（执笔）　张 璇

摘 要

近年来，随着金融消费的持续增长与金融产品和服务的日趋复杂化，金融消费纠纷呈增加态势，金融消费者迫切需要成本更为低廉、方式更加快捷的救济途径。金融监管部门积极推动成立第三方调解组织，解决金融纠纷。经调解达成的协议，具有民事合同的性质，因缺乏强制执行力，故实际效果受到一定影响。根据法律、法规和司法解释的规定，可以对调解协议进行司法确认，赋予其强制执行力；并可借鉴劳动纠纷解决领域"仲裁置换"，对调解协议进行仲裁确认。我国现有法律对第三方调解组织在金融消费纠纷中法律效力的规定仍然较为原则性，其全面性、可操作性仍有待提高，基于此，我们提出了立法建议，以期更好地发挥第三方调解组织在金融消费纠纷解决中的作用。

一、金融消费纠纷调解的背景、内涵和必要性分析

（一）背景

近年来，随着金融消费的持续增长与金融产品和服务的日趋复杂化，金融消费纠纷呈增加态势，金融消费者迫切需要成本更为低廉、方式更加快捷的救济途径。特别是在 2008 年次贷危机后，国际上更加重视金融消费者权益保护，积极寻求高效率、低成本的金融消费纠纷多元化解决机制。世界银行发布的《金融消费者保护的良好经验》明确建议应当为消费者提供一个经济、有效、权威和专业合适并匹配充足资源的独立第三方纠纷解决机制。

发达经济体均建立了金融消费纠纷第三方调解组织，如英国金融督察服务公

司、加拿大银行服务与投资督察员、澳大利亚金融督察服务机构、香港金融纠纷调解中心、台湾"金融消费评议中心"等。实践表明，这些组织在解决金融消费纠纷中发挥了重要作用，体现了金融消费纠纷第三方解决机制的广阔发展空间，也成为保护金融消费者权益最有效的机制设计之一。

(二) 金融消费纠纷调解的内涵

1. 金融消费纠纷调解的概念

所谓金融消费纠纷调解指的就是双方或多方当事人在金融消费中的实体权利义务上出现争议，最终在调解组织的主持下自愿达成协议解决纠纷的方式。在金融消费领域中，金融消费纠纷调解可以较为有效地解决矛盾及纠纷，是一种专门性的解决纠纷程序。

《中国人民银行金融消费权益保护工作管理办法（试行）》第三章第十一条规定，中国人民银行各级分支机构应当受理、处理涉及下列金融消费争议的投诉：（一）中国人民银行法定职责范围内的金融消费者投诉；（二）涉及跨市场、跨行业类交叉性金融产品和服务的金融消费者投诉。前款规定以外的金融消费者投诉，中国人民银行各级分支机构可以建立工作协调机制，通过转送相关金融监管部门、金融机构等方式处理，并告知金融消费者转送理由。

因此，为了更有效地履行中国人民银行的法定职责，更好地解决金融消费纠纷，采取金融消费纠纷调解制度，在金融调解组织的主持下，自愿协商，采用疏导的方式，让各方在达成协议的基础上对纠纷进行解决。这样不仅能够有利于社会管理，促进金融消费者合法权益的维护，避免金融机构和金融消费者之间产生矛盾，而且也能够为金融市场的健康发展提供一定的保证。

2. 金融消费纠纷调解的特点

从我国现阶段的发展状况来看，金融消费纠纷调解的主要研究领域均具有纠纷多、争议难的特点，在这样的情况下，也更加显示出了金融消费纠纷调解的适用性。

首先，金融消费纠纷调解以自愿、保密为原则，在调解过程中充分尊重当事人的自主性和隐私。当事人之间达成调解意向后可自愿向调解机构申请调解，在调解过程中也可依据个案情况的变化随时决定终止调解，任何组织和个人不得强迫当事人接受调解或放弃调解；调解的全过程对外不公开，并且注重保护当事人的隐私，保证当事人之间的沟通对话的内容不外泄。

其次，金融消费纠纷调解为当事人提供一种灵活、高效、费用低廉的纠纷解决方式。一方面，调解可以节省当事人解决纠纷的成本，包括时间成本和金钱成本；另一方面，调解程序具有较大的灵活性，可以根据当事人的意愿灵活适用，在适合的时间、适合的地点选择适合的方式进行调解，保证调解能够顺畅进行。

最后，金融消费纠纷调解成功时会制作调解协议或调解书，调解协议或调解书上载明的内容是当事人之间利益关系的妥协，具有较强的可接受性：当事人在调解的过程中围绕争议的重点反复商谈，充分地陈述己方观点、听取对方意见，直到找出一种各方当事人均能接受的方案；为了尽早达成和实施调解协议或调解书，当事人在调解过程中都会自愿牺牲一部分利益、对对方当事人提出的利益需求作出一定程度上的妥协，这些牺牲和妥协的目的是为了尽早获得己方想要的效果，因此，调解协议和调解书具有较强的可接受性。

（三）必要性

当金融消费者与金融机构产生纠纷时，我国现行的纠纷解决机制较好地解决了涉及消费者切身利益的一些实际问题，但在实践中仍暴露出不少问题。一是金融机构内部纠纷处理机制中，金融机构作为交易主体之一，一旦自身利益与消费者权益产生冲突，其既充当运动员又充当裁判员的缺点使其很难做到公平公正解决纠纷。二是金融监管部门行政调解是以自愿为原则，采取说服和劝导手段促使交易双方达成和解，导致约束力有所欠缺。三是通过仲裁或诉讼方式解决金融纠纷的周期长、成本高，再加上作为个体的金融消费者举证能力有限，仲裁或诉讼失败的风险较高，消费者权益难以真正得到保护。四是媒体监督往往可能引起不必要的炒作，给交易双方均造成无法预料的负面影响。

随着金融消费越来越深地融入我国百姓的日常生活，与金融机构产生纠纷的可能性大大增加，鉴于我国现有金融消费纠纷解决机制存在的问题，我国应充分借鉴国际上的良好经验和先进做法，探索建立符合我国国情的金融消费纠纷第三方调解机制，发挥其独特优势，更加合理有效地解决金融消费纠纷，保护金融消费者合法权益。

二、我国在金融消费纠纷调解领域的探索与实践

目前我国现有解决金融消费纠纷的调解方式主要是以下几种：

（一）通过金融机构内部投诉平台的和解方式

从性质上看，金融产品不仅具有专业性，还具有高风险性。在金融消费领域当中，金融消费纠纷案件十分常见，因此相关机构都会设置免费投诉电话以及电子邮箱。当出现金融消费问题时，可以由金融机构的大堂经理以及负责人解决。但是当发生金融消费纠纷时，消费者首先想到的是解决纠纷需要多长时间，需要投入多少成本，很少想到与机构直接交涉。

当发生金融消费纠纷时，很多消费者都倾向于通过金融机构内部投诉平台来解决矛盾纠纷。从资金实力，风险识别以及专业能力上看，消费者处于弱势地

位,因此,金融机构作为交易主体在面对自己的利益与消费者的权益发生冲突的现状时,其内部机制难以实现公平公正,不能很好地保护金融消费者的合法权益。

(二) 消费者协会的调解

在我国,专门从事消费者权利保护的组织就是消费者协会。随着社会经济的发展,以及金融影响领域的不断扩大,金融消费逐渐普遍。对于消费者而言,当自身权益遭受侵害时,首先想到的是求助于消费者协会。金融行业协会实际上是金融行业内部的自律式管理部门,保护和增进共同利益。主要包括银行业协会、证券业协会、保险业协会、期货业协会等。

我国的《消费者权益保护法》并没有专门针对金融消费这一内容的保护办法,没有针对其特点进行权益保护的具体实施,那么在金融消费中消费者受到权益侵害时,就不能发挥其应有的效力;另外,严重缺乏专业性,金融产品和服务在专业知识上是相当复杂的,消费者协会在金融专业知识结构方面存在欠缺,无力承担起保护金融消费者的职能。可见,消费者协会在金融消费纠纷调解上能力是有限的。而前文提到的金融机构协会在自觉的基础上由内部成员组成的,属于金融行业的自律组织,虽然专业知识充足,但是并不属于专门的金融消费纠纷处理机构,而且从目前的事实状况来看,它们的功能并没有得到有效发挥。出现这样问题的最大原因在于本行业内会员组织的利益是金融行业协会追求的主要利益,会员是协会的主要资金来源构成,当出现金融矛盾纠纷时,行业协会出于对自身利益的考虑,会选择首先维护金融机构的利益。基于这样的原因使绝大多数协会不够充分关注消费者的利益,最终使得消费者不信任它们的权威性以及公平性。

(三) 专业性第三方调解组织的调解

人民银行从 2013 年开始,选择在部分省市探索建立金融消费纠纷第三方调解组织,黑龙江省金融消费权益保护协会、上海市金融消费纠纷调解中心、广东省金融消费权益保护联合会、陕西金融消费纠纷调解中心先后成立,专门承担金融消费纠纷非诉调解工作。

证监会积极推进健全资本市场多元化纠纷解决机制。在以行业调解为主,证券、基金、期货三家行业协会和各地方协会履行调解职责,各证券期货交易所也具有纠纷调解职能的基础上,2013 年深圳证券期货业纠纷调解中心成立,作为一种新的调解组织形式,也在履行证券期货市场纠纷调解职能;2014 年成立的中证中小投资者服务中心有限责任公司,同样承担着为中小投资者等市场主体提供证券期货纠纷调解服务职能。

保监会积极探索建立保险纠纷多元化解决机制。2005 年 4 月，保监会开始在部分省市开展保险合同纠纷快速处理机制试点工作。2007 年，保监会制定《关于推进保险合同纠纷快速处理机制试点工作的指导意见》。2012 年，保监会在全国范围内全面推进保险纠纷调处机制建设，并在保监局所在城市全部建立了保险纠纷调处机制。

（四）仲裁调解

仲裁调解，是指在处理民商事纠纷的过程中，仲裁员根据双方当事人的自愿，在查明事实、分清是非的基础上，对各方当事人积极疏导，促使其在自愿协商、互谅互让的基础上达成合意，以解决纠纷的一种诉外纠纷解决方式。从本质上讲，仲裁调解仍然是调解的一种，是调解在仲裁程序中的运用。

在仲裁中进行调解的做法肇始于中国国际经济贸易仲裁委员会在 20 世纪 50 年代的实践，经过近半个世纪的发展已经成为我国仲裁立法中比较稳定的制度。在此基础上，1995 年 10 月 1 日起施行的《仲裁法》第五十一条、第五十二条对其进行了明确的规定。其中第五十一条规定"仲裁庭在作出裁决前，可以先行调解。当事人自愿调解的，仲裁庭应当调解。调解达成协议的，仲裁庭应当制作调解书或者根据协议的结果制作裁决书。调解书与裁决书具有同等法律效力"。第五十二条则明确了调解书的效力，规定调解书经双方当事人签收后，即发生法律效力。在调解书签收前当事人反悔的，仲裁庭应当及时作出裁决。至此，《仲裁法》粗线条地勾勒出了我国仲裁调解的立法框架，使我国实践中产生的这一创造性做法在法律上得到确认。

其后富有实践经验的仲裁机构在仲裁规则中对其进行了细化。最为典型的，如中国国际经济贸易仲裁委员会在其 2000 年的第六套仲裁规则第四十五条至第五十条对仲裁调解进行了较为细致的规定。从实践来看，中国国际经济贸易仲裁委员会的仲裁案件中，几乎有 50% 的案件经过仲裁调解程序，调解的成功率为 40% ~ 50%。

对我国而言，仲裁调解不仅是一种仲裁活动，而且是一种解决争议案件的方式，即当事人达成和解协议或者调解协议，仲裁庭依据该协议作出调解书或者裁决书。其具有以下特征：其一，它是一种复合的争议解决方式。它以仲裁为依托，结合了仲裁与调解两种争议解决方式。其二，它是仲裁与调解糅合在一起而且相互兼容的方法。在仲裁调解中，调解程序虽有一定的独立性，但其却包含在仲裁程序中。其三，主持调解的调解员就是仲裁同一案件的仲裁庭的仲裁员。仲裁调解就是同一人在同一案件的过程中，担任仲裁员和调解员两种角色，履行仲裁和调解两种职能。其四，仲裁调解的案件范围是特定的。根据《仲裁法》规定，仲裁调解的范围是平等主体的公民、法人和其他组织之间发生的合同纠纷和其他财产权益纠纷，下列争议不属于仲裁调解范围：（1）婚姻、收养、监护、抚养、继承争议；（2）依法应当由行政机关处理的行政争议；（3）劳动争议和农业集体组织内部的农业承包合同争议。

(五) 诉前调解

诉前调解是指，在当事人将纠纷交付法院解决之前，由法院安排专门的调解员进行调解，若调解成功，当事人可以请求法院出具民事调解书；调解不成功，则由法院予以立案进入诉讼程序进行解决。诉前调解与人民调解不同，诉前调解法院已经介入，则不完全是民间性质；而与行政调解相比也不具有行政性；最后，与法院调解不同，法院调解是法院贯穿民事诉讼程序之调解，与诉前调解不是一个时间段，因而诉前调解也不能归为具有完全的司法性。

立案法官在对当事人的诉讼请求进行综合分析后，判断案件符合诉前调解条件的，积极引导当事人选择调解委员会进行诉前调解。诉前引导调解要以当事人自愿为前提，充分尊重当事人的程序选择权，依法进行。当事人同意选择诉前调解委员调解的，暂缓立案，将金融纠纷委托给调解委员会调解。若经行业调解未果，或虽未经上述非诉调处程序调解，但当事人执意进入诉讼的，法院可根据案件需要，有针对性地联合调解委员会再次进行调解。但是，这里必须要坚持的原则是，对于确属应由司法机关或行政机关受理并调解的纠纷案件，不得移送给调解委员会调解。而当事人不愿意诉前调解或调解不成功、坚持起诉的案件，法院应当优先进行立案审查。

在党的十六大提出构建社会主义和谐社会的形势，以及多元化纠纷解决机制纷纷发展的机遇下，我国各地人民法院加强了诉讼调解工作机制，除了北京市和上海市等大城市的比较成型的诉前调解做法，我国山东、浙江、河南等诸多省份也在积极探索尝试各自的诉前调解方式，在很多基层法院及其派出法庭也有大量运用，并取得了良好的效果。

以上海为例：上海市是诉前调解运用较早且较完善的地区。从 2003 年起，上海市长宁区人民法院就率先创建了"涉诉民事纠纷调解室"及"人民调解窗口"；上海市第二中级人民法院于 2003 年 6 月制定了《关于加强民事诉讼调解工作的若干意见（试行）》，开始在立案庭推行诉前调解制度，除了由立案法官进行诉前调解外，法院还尝试邀请人民陪审员参与调解工作；上海市浦东新区人民法院于 2006 年开始创新诉前调解机制，根据当事人自愿原则，对部分民商事纠纷和刑事自诉案件在立案审查阶段，引导当事人选择该院聘任的诉前调解员或者有关调解组织进行调解，将调解达成的协议经法官审查后直接出具民事调解书，调解不成的，启动诉讼程序。

三、金融消费纠纷调解的作用、效力和局限性

（一）金融消费纠纷调解的作用

1. 维护金融消费者以及金融机构的正当权益

金融消费纠纷第三方调解机制通过针对性的制度设计，在制度上保证了金融消费者权益遭到侵害后有专门的途径去解决。而且，适用调解机制解决金融消费纠纷更能获得当事人的认可，提高双方当事人的满意程度，一来现有法律不足，适用对法律依赖性高的诉讼机制和仲裁机制难以保护金融消费者，二来金融机构不希望扩大纠纷的社会关注度，减少或避免对其社会信誉和企业形象的消极影响，在这两方面因素的影响下，金融消费纠纷和金融机构就适用何种纠纷解决机制上可能都比较认可调解机制，因此适用调解机制更加有利于获得当事人的认可，有利于公众积极维护其金融消费合法权益。

2. 弥补诉讼解决机制的不足

部分金融纠纷争议案件因为司法政策的原因而不是基本法律的规定，没有机会进入到法院，或在进入法院的过程中被施加了某种限制。当这部分金融争议案件遭遇"拒绝司法"，以当事人自主意愿为基础的协商、调解、仲裁等非诉讼机制就可以分流这部分争议，法院的压力就会大大减轻。采取第三方调解机制，在一定程度上克服了司法诉讼的烦琐、低效和高成本。有利于缓解司法部门的压力，将金融专业性的纠纷分流出去，一定程度上能改善司法危机，防止司法腐败。

3. 维护金融系统稳定

第三方调解机制的出现使解决金融消费纠纷途径的获取更加便捷，另外，该制度从另一个层面也对金融机构产生一种无形压力，使其尽量避免与金融消费者产生纠纷，从而提供更优质的金融产品。给消费者以信心，给金融机构以威慑，有助于金融服务创新，解决和平衡创新快而法律制度变迁较慢的矛盾，为监管部门提供客观有效的信息，有助于及时发现业界的共性问题，增强消费者对金融体系的信任和信心。这对维护金融市场稳定，促进金融市场的健康蓬勃发展有很大作用。

（二）金融消费纠纷调解效力的国际经验比较及我国的实践

第三方调解机制是金融消费者保护体系构建的重要组成部分，对金融消费者权利的救济至关重要。英国创建了富有特色的金融申诉专员制度；澳大利亚成立了高效便捷的金融服务督察机构；日本创设了具有选择性的纠纷处理机制。不同国家的第三方纠纷调解机制纠纷处置的效力不尽相同。

1. 单方约束力

在英国，对于金融申诉专员制度（FOS）作出的裁决，金融机构没有否决权。但投诉人有权不接受该裁决，而一旦投诉人表示不接受裁决或者在规定时间（6个月）内对裁决不作任何表示，则该裁决对两方无效。但投诉人如果表示接受该裁决，就无权再寻求司法救济途径，必须受到裁决的约束。

在澳大利亚，对于金融服务督察局（FOS）作出的裁决，消费者如果不满意，则可寻求其他救济途径，裁决对双方均无约束力。但消费者表明其接受该裁决，则金融机构和消费者都须履行裁决内容。当然，金融机构对FOS的裁决没有否决权，除非消费者不接受该裁决，否则就受该裁决的约束。

在我国台湾，一方面，金融机构必须接受台湾"金融消费评议中心"（FOI）一定额度以下的评议结果。金融消费评议中心作出的评议结果在一定程度上约束金融服务业，但并不对消费者产生约束力，金融消费者若不接受评议结果，仍可直接向法院提起诉讼。

2. 对双方有约束力

在我国香港，金融纠纷调解中心（FDRC）按照"先调解，后仲裁"的程序处理金融消费纠纷个案，仲裁有准司法效力，对争议双方都有约束力。调解员对纠纷个案首先进行调解，时限为4小时。如果调解失败，当事人可以决定申请仲裁。仲裁一般采取书面方式进行。但如果仲裁者和当事人都同意，并且缴纳附加费用，可以采取听证会方式。仲裁裁决是最终的决定，对争议双方都有约束力。当事人不服的，只能就法律观点问题向法院提出上诉。

3. 对双方均无约束力

在加拿大，金融机构和消费者都可以拒绝接受银行服务与投资督察员（OBSI）的建议，选择到法院起诉。OBSI不能命令成员机构接受它的建议，但如果成员机构拒绝接受OBSI的评议建议，OBSI会将这种拒绝的机构名称和建议内容公诸于众。近年来，OBSI建议被拒绝的情况有所增加。但总体上而言，OBSI评判建议获得机构和客户的接受方面保持了非常好的纪录，超过99.8%的投诉得到了处理。为了强化权威、提高"建议"的接受率和有效性，OBSI也在研究如何建立一种机制，与监管部门的关系更近一些，逻辑是如果得到监管部门一定程度的背书，有效性会提高。

4. 我国金融消费纠纷调解的效力问题

2009年我国最高院通过了《关于建立健全诉讼与非诉讼相衔接的矛盾纠纷解决机制的若干意见》，其已经明确规定了经过行政机关、人民调解组织以及其他相关组织达成具有民事合同的性质的调解协议，当事人可在相关人员签字盖章后，申请有权的人民法院对其效力进行确认。我国已经将司法确认引入证券纠纷调解制度中，根据《人民调解法》的规定，一旦人民法院确认调解协议，该协议便具有了强制执行力,法律这样规定的主要目的在于充分保证了调解结果的执行力以及实效性。

(三) 金融消费纠纷调解制度的局限性

1. 形式上的局限性

此处形式上的局限性是指第三方调解机制在金融消费纠纷解决中,存在着阻碍达成最终调解协议的某些消极因素和现象。

(1) 当事人,尤其是消费者因认为己方权利受到侵害或维权过程较为曲折,而产生不理智的行为。如对银行等金融机构的不满,"先见性"地认为银行"店大欺客",拒绝与银行进行深入、平和地沟通,增加了调解难度。对调解过程本身抵触,认为第三方调解机制在很大程度上仍然代表银行的利益,在调解过程中会持有倾向于银行的立场,因此当事人会"显出破坏性的情绪和态度,甚至恶意"。

针对这方面的问题,一方面,调解员要提高自身素质,增强与当事人的沟通能力,释明相应的法律事实和规定,以便消费者能够正确认识各自权利、义务,消除心理隔阂。另一方面,应向消费者说明第三方调解机制的性质和法律地位。在我国,第三方调解机制下成立的调解组织,与一般意义上的行业协会不同,并不以保护银行利益为目标,而是着眼于公正、独立地解决纠纷。将相应情况向纠纷当事人说明后,可以较为有效地化解消费者的疑虑,增强调解工作的效果。

(2) 金融消费纠纷本身的复杂性、对抗性,甚至某些金融创新产品发生纠纷后缺少相应法律规定,导致处理过程难度较大,存在一定的局限性。伴随着金融创新的加速,各类金融衍生品在复杂计算和设计的基础上被推向市场,普通消费者凭借现有知识,很难充分认清其中的法律关系及法律风险,在纠纷发生后往往难以找到合适的途径维护自身权益。且金融市场的参与度越来越高,金融消费中的某一类产品或服务发生纠纷,往往是大面积、广泛存在的,若处理不好,极有可能演变为群体性投诉,甚至引发社会风险。

鉴于此,针对金融消费纠纷的特点,调解员应该根据定纷止争的实际需要,增强业务学习,随时关注金融创新的业态,实时追踪金融市场动向,从专业角度对新型产品和服务中的法律关系进行分析,总结归纳金融实务中的实践经验。在处理纠纷时能够明晰界定消费者和金融机构的权利义务界限,依据法律法规及行业惯例,引导纠纷实现合理的解决。在金融创新领域,制定法律法规往往落后于实践创新,当发生纠纷时,极有可能发生立法不完善、存在法律规定不全面,乃至立法空白的情形,若完全依据法律处理纠纷,会因缺乏明确依据而对当事人维护权利产生消极影响。在此类情形下,应该充分发挥第三方调解机制的灵活性,调解员可以根据金融实践中的通行做法,判断权利义务的内容和各自所需承担的责任，在合法合规与合情合理之间寻求平衡，增强调解协议的说服力。

（3）金融消费纠纷调解中的双方当事人法律地位存在实质上的不平等。虽然现代民法赋予民事关系双方当事人以平等的法律地位，但在金融消费纠纷中，金融消费者与金融机构之间因经济实力上的差别和信息掌握上的不对称而存在实质意义上的不平等。首先，消费者经济实力较之金融机构处于明显劣势，维权成本高，维权能力有限。在调解的权利主张和举证辩论环节中，大部分消费者在面对金融机构的专业人员时，其知识水平也处于不利地位；另外，普通消费者在阐述自身权利受损害的事实及要求金融机构承担责任时，因处于信息不对称的劣势一方，其论据的说服力、论证过程的逻辑性也可能缺少相应的说服力。以上诸多金融实践中存在的问题，都会表现为金融消费纠纷调解中的局限性，如果处理不好，极有可能损害处于弱势一方的消费者的合法权益。

平等原则是民商事法律的基本原则之一，进入20世纪以来，法律越来越强调实质性平等，即对弱势一方采取特殊或倾斜性保护。在金融消费纠纷调解中，调解员需要根据双方实际的法律地位，适度向处于弱势地位的消费者倾斜，给予其一定的保护。如在不影响调解组织和调解员的中立性、公正性的前提下，向消费者释明纠纷中涉及的法律法规，引导其合理地界定自身权利。在举证责任的分配、法律事实的说明等方面，金融机构应承担更多的责任。如遇特别复杂的案件，为查明事实、做好调解工作，"调解员也可主动进行必要的调查，并站在中立立场上帮助当事人分析调解方案的合理性与合法性等"。

2. 效力上的局限性

在很长一段时间里，我国立法并没有关于调解协议法律性质的规定。2002年，最高人民法院出台《关于审理涉及人民调解协议的民事案件的若干规定》，该规定第一条："经人民调解委员会调解达成的、有民事权利义务内容，并由双方当事人签字或者盖章的调解协议，具有民事合同的性质。当事人应当按照约定履行自己的义务，不得擅自变更或者解除调解协议。"随后最高人民法院出台的《关于建立健全诉讼与非诉讼相衔接的矛盾纠纷解决机制的若干意见》，其中第十条："人民法院鼓励和支持行业协会、社会组织、企事业单位等建立健全调解相关纠纷的职能和机制。经商事调解组织、行业调解组织或者其他具有调解职能的组织调解后达成的具有民事权利义务内容的调解协议，经双方当事人签字或者盖章后，具有民事合同性质。"其中，规定了经商事调解组织、行业调解组织或者其他具有调解职能的组织调解后达成调解协议具有民事合同的效力。该规定将调解协议具有民事合同效力的范围扩大到人民调解协议以外的调解协议。2010年颁布的《人民调解法》更是以法律的形式，更为明确地赋予了人民调解协议民事合同的效力。

依照法律规定，作为民事合同的调解协议具有合同拘束力。具体而言，可以分为形式拘束力和实质拘束力。形式拘束力是指合同一旦成立，当事人皆不得任意撤回或解除合同，更多地强调合同在形式上的不可轻易废止或变动性。针对当事人之间已经存在的金融消费争议，由调解员主持调解，当事人通过协商沟通从而达成协议，与普通的合同订立并无差异，在双方签字生效后，当事双方不得任意撤回先前的意思表示或以任意理由解除合同。而合同的实质拘束力，也被称为合同效力，即当事人所约定的内容，对双方当事人具有拘束力。对于缔结合同的双方当事人而言，合同的实质拘束力具有与实定法相当的法律规范效力，应得到双方的遵守。

从实践角度而言，仅赋予调解协议以民事合同的效力仍有许多不足之处。调解作为一种非诉纠纷解决机制，其宗旨就是解决纠纷，但是如果仅仅赋予调解协议民事合同的效力，一旦双方当事人在协议达成之后有一方反悔，拒绝履行调解协议，则调解协议就形同一纸空文，调解组织针对金融消费纠纷作出的努力就会付诸东流，造成了社会资源的极大浪费。在另一方当事人违约的情况下，遵守调解协议的一方当事人如欲需求权利救济，只能采取如下措施：一是针对调解协议提起诉讼。因为法律赋予调解协议民事合同的效力，一方违约的话，另一方是可以诉诸法院要求其履行调解协议，但诉讼过程漫长，且法院的判决结果未必与调解结果相同，致使双方的纠纷解决仍然处于不确定之中，不符合维权的经济性原则。二是调解协议作废，纠纷当事人就双方之间的原始纠纷提起诉讼，请求法院作出相应判决。这种做法的问题在于调解协议的作废，意味着调解过程对纠纷解决完全丧失意义，双方当事人及调解员的时间成本、维权成本被间接否定；且在很多情况下，因一方当事人反悔致使调解协议失去效力，会激发既有的纠纷和矛盾，导致司法过程中双方对立情绪强烈，不利于较为妥善地解决纠纷。换言之，无论是第一种情况还是第二种情况，都会造成司法资源的浪费，增加了当事人的诉累；而且也会使调解组织的价值萎缩。

面对这一问题，为增强调解协议的法律强制力和公信力，增进调解工作的实效，更好地解决纠纷，应进一步建立和完善诉讼与调解、仲裁与调解的对接机制，通过对调解协议进行仲裁或司法确认，赋予其强制执行力，促使双方当事人自觉履行相应义务。具体而言，建立诉讼与调解、仲裁与调解对接机制不仅有利于提高纠纷解决效率，节约司法、仲裁资源，更有利于保障当事人的利益，维护社会的稳定。

四、第三方调解协议在金融消费纠纷中效力的增强及实践探索

在我国，被法律认可的调解主要有：法院调解、仲裁调解、人民调解、行政调解和行业协会等社会组织调解，其中，人民调解被赋予的最高效力是"具有民事合同的效力"。民事合同效力是指双方应当按照合同的约定进行履行，一旦

当事人违反合同的约定，另一方可以向人民法院起诉，要求人民法院根据协议的约定作出生效裁判来赋予强制执行力。但在法院审理中，原有调解协议只能起到证据效力，且还会遇到利益相关方提出无效、可变更或可撤销的抗辩，不具有稳定性和拘束力。因此，如何提升调解协议的效力，避免当事人单方面毁约是调解制度发挥效力的关键。这也是在许多国家和地区中调解机制未能发挥出真正价值的问题所在。

我国台湾地区的财团法人金融消费评议中心的纠纷解决机制为调解与评议相结合，在实践中的大多数情况是评议中心对提交的纠纷制作评议书，该评议书经法院审核具有强制执行力。此外，在调解程序中达成一致的制作调处书，经法院核定的调处书同样具有强制执行力。

我国香港金融纠纷调解中心为独立的民间第三方调解机构，其所作出的和解协议不具有强制执行力，但是实践中提交至香港金融纠纷调解中心的案件，百分之八十以上是通过调解结案的，如此高的调解结案率源自香港金融纠纷调解中心的调解目的和调解宗旨。可以说，"双赢"是香港金融纠纷调解中心的调解目标和调解方向，通过调解能够明确双方当事人的需求和关注点，在互相理解和注重实效的基础上达成的和解协议对于双方当事人都有益处，自然可以达到调解结案的目的。

美国的金融业监管局调解成功后，双方当事人签订的和解协议具有强制执行力。该和解协议的强制执行力源自双方当事人在调解开始前签署的《提交调解协议》，《提交调解协议》中载明"经调解达成的和解协议具有强制执行力"的意思表示。此外，美国金融业监管局作为美国最大的证券业自律组织，享有对其下管理的证券机构监督、管理和处罚的权力。考虑到自律组织的职权，证券机构为了防止被金融业监管局处罚，一般愿意接受和解协议的内容，因此美国金融业监管局内设的调解机制对金融消费者权利的救济有极大保障。

（一）司法确认

1. 法律法规依据

司法确认模式，即民间调解协议的效力经法院依法审查、确认，而取得强制执行的约束力。其最早的规范性文件依据是最高人民法院《关于建立健全诉讼与非诉讼相衔接的矛盾纠纷解决机制的若干意见》（法发［2009］45号）的规定。根据其第二十条和第二十五条的规定，经行政机关、人民调解组织、商事调解组织、行业调解组织或者其他具有调解职能的组织调解达成的具有民事合同性质的协议，经调解组织和调解员签字盖章后，当事人可以申请有管辖权的人民法院确认其效力。当事人请求履行调解协议、请求变更、撤销调解协议或者请求确认调解协议无效的，可以向人民法院提起诉讼。人民法院依法审查后，决定是否确认调解协议的效力。确认调解协议效力的决定送达双方当事人后发生法律效力，一方当事人拒绝履行的，另一方当事人可以依法申请人民法院强制执行。此后的最高人民法院《关于人民调解协议司法确认程序的若干规定》（法释〔2011〕5号），对人民调解委员会主持下达成的调解协议司法确认程序作出具体规定。

2. 司法确认的操作

司法确认需要由调解协议双方当事人自愿共同申请。法院需遵循简易程序，对调解协议进行合法性审查。调解协议经司法确认，具有强制执行力。法院决定不予司法确认的，当事人仍可以就劳动争议向劳动争议仲裁委员会申请仲裁。

3. 司法确认的实践

中国保险监督管理委员会与最高人民法院于2013年1月联合发布了《关于在全国部分地区开展建立保险纠纷诉讼与调解对接机制试点工作的通知》，决定在全国部分地区开展建立保险纠纷诉讼与调解对接机制试点工作。该通知确立了保险纠纷调解协议效力的司法确认程序，提出保险纠纷当事人经调解组织、调解员主持调解达成的调解协议具有民事合同性质，当事人可申请有管辖权的人民法院确认其效力，经人民法院确认有效的调解协议具有强制执行力。

2015年6月18日，上海市高级人民法院和中国人民银行上海分行联合签署《关于建立金融消费纠纷诉调对接工作机制的会议纪要》（以下简称"会议纪要"），决定在上海市建立金融消费纠纷诉调对接机制。会议纪要主要涉及上海市金融消费纠纷调解中心作为行业调解组织依法对金融消费纠纷进行调解，调解协议可申请法院司法确认。经确认的调解协议，如一方拒绝履行或未完全履行的，另一方可依法向法院申请强制执行。与此同时，法院在受理涉及金融消费纠纷的案件前或受理案件后，经当事人同意，可以将争议案件委托、委派调解中心调解，也可邀请调解中心推荐的专家、专业人员共同参与调解，或者提供专家意见。法院鼓励、支持上海市金融消费纠纷调解中心参与法院设立的"诉调对接中心"工作。符合相应要求的，还可作为人民陪审员，参与相关案件审理。上海市高级人民法院和中国人民银行上海分行对上海市金融消费纠纷调解中心的调解工作进行指导和监督。

金融消费纠纷诉调对接机制的建立，是上海市高级人民法院和中国人民银行上海分行落实《中共中央关于全面推进依法治国若干重大问题的决定》中提出的"健全社会矛盾纠纷预防化解机制，完善调解、仲裁、行政裁决、行政复议、诉讼等有机衔接、相互协调的多元化纠纷解决机制"的具体举措，它丰富了上海国际金融中心的功能要素，有利于及时、有效化解金融消费纠纷，保护金融消费者合法权益，维护金融稳定，促进社会和谐，助推中国（上海）自由贸易区和上海国际金融中心建设。

（二）委托调解

引入委托调解制度。根据最高人民法院相关司法解释的指导，调解与诉讼两种纠纷解决机制有机地结合起来，调解机构可以与人民法院合作，确保调解协议的执行效力。实践中的另一种方法是将法院审判、调解工作与行业调解相结合，形成委托调解，由法院将诉讼案件委托调解机构进行调解，并由法院确认调解协议的效力。2013年1月，中国保险监督管理委员会与最高人民法院联合，在部分地区试点将保险纠纷与诉调对接相结合，采取立案前委派调解、立案后委托调解等方式处理保险纠纷。结合我国的司法现状，处理金融消费纠纷可以适用诉讼、仲裁、调解、和解中的一种或多种机制，将诉讼机制与调解机制相结合的委托调解制度更加适用于我国，一方面，委托调解可以减轻法院审判的负担，另一方面，委托调解能够增强调解的效力保障，因此应当在金融消费纠纷调解机制的构建中推行委托调解机制。

（三）仲裁置换

仲裁置换模式，即民间调解协议经劳动争议仲裁机构依法审查，置换为可依法申请强制执行的仲裁调解协议。其依据多见之于地方部门规章。最早者如，广东省劳动争议仲裁委员会《关于加快劳动争议仲裁案件处理的若干意见》（粤劳仲〔2005〕3号）第五条第2款规定："对各级劳动仲裁机构授权或指导设立的劳动争议调解组织主持双方当事人达成调解协议的案件，劳动争议调解组织或双方当事人可持已达成的调解协议，到有管辖权的劳动仲裁机构置换《劳动仲裁调解书》。《劳动仲裁调解书》一经送达，就立即发生法律效力。"目前，许多地方都有仲裁置换的实践，有些地方还制定了专门的实施细则，有的地方文件虽然将这种模式称之为"仲裁确认"，但从其中规定的程序看，与仲裁置换没有实质区别。

与司法确认操作模式相类似。仲裁置换由调解协议双方当事人自愿共同申请；仲裁置换遵循简易程序且对调解协议进行合法性审查；调解协议经仲裁置换的，具有强制执行力；决定不予确置换的，当事人仍可以就劳动争议向劳动争议仲裁委员会申请仲裁。

五、未来展望

从前文的论述可以看出，调解协议之民事合同效力，仍然不足以解决其履行问题，在实践中，也确实存在因调解协议效力不高，当事人拒绝履行的问题，损害了金融消费纠纷解决的效率，更损害了第三方调解机制的公信力。基于此，我国法律对人民调解协议的司法确认作出了明确规定；并以司法解释的方式，对其他调解组织调解协议的司法确认进行了初步规定。各地法院、调解组织等进行了各具特色的实践探索，取得了一定成效。而对调解协议进行仲裁置换，更多地集中于劳动争议仲裁领域，在金融消费纠纷领域的实践较为少见。

在我国立法中，关于调解协议申请司法确认的范围限定过窄。具体表现为，《人民调解法》以法律的形式规定了经人民调解委员会达成的调解协议申请司法确认，经其他调解组织达成的调解协议申请司法确认则通过司法解释的形式作出具体安排。在法律效力的位阶上，《人民调解法》明显高于司法解释。且在具体实践中，各地法院对其他调解组织达成的调解协议进行司法确认的方式、程序等并不完全相同，极有可能造成司法实践的不一致，影响司法确认的效果和公信力。且我国对调解协议仲裁置换的规定，仅仅局限于劳动争议的调解，对金融消费纠纷领域的仲裁置换则付诸阙如，限制了金融消费纠纷双方当事人的选择权。若将增强调解协议的法律强制力的途径限制在司法确认上的话，仍然会增加司法压力，间接性地造成司法资源的浪费。鉴于此，我们认为可以提出以下立法建议：

（一）制定专门的调解法

在人民调解法的基础上，结合我国现阶段在行政调解、商事调解组织调解、行业调解组织调解或者其他具有调解职能的组织的调解实践，制定专门的调解法。该法宜由全国人大或全国人大常委会制定，作为法律而发挥作用。其中，应对各类调解协议的法律性质作出统一规定。为增强各类调解协议的强制执行力，应对调解协议的司法确认和仲裁置换作出进一步规定，明确调解协议进行司法确认、仲裁置换的具体程序，司法机关、仲裁机构对仲裁协议进行审查的具体标准等。

为增强第三方调解组织的公信力，应规范调解组织登记设立的条件，明确监管指导部门，提升调解组织的工作水平。另外，在该法中应对调解员的任职资格作出明确规定。从实践中来看，调解员应符合具备相应的专业性技能水平、通过相应的资格考试、具备良好的职业道德等条件，因此有必要从实践经验和工作实际出发，对调解员的认知资格进行规定。

（二）制定相关行政法规或部门规章

国务院或金融监管部门应在专门的调解法的基础上，针对金融消费纠纷的特性，制定金融消费纠纷第三方调解机制的行政法规或部门规章。在该等法规或规章中，应进一步细化金融消费纠纷第三方调解组织的设立条件，如对调解组织的发起人性质、出资额、人员配备、治理结构等作出更符合金融消费纠纷处理要求的规定，在第三方调解组织成立中即体现其专业性。金融消费纠纷调解员的任职资格等也应在该行政法规或部门规章中作出规定，如规定调解员应具备一定年限的金融、法律从业经验，具备相应的理论功底和实践水平；从业期间无违法犯罪记录，具备良好的职业道德等。

（三）加强诉调、仲调对接的制度和人员建设

在司法确认、仲裁置换过程中，可以规定诉讼与调解对接、仲裁与调解对接中的人员对接。在相关法律法规、规章及司法解释中规定：一是涉案调解人员在法院进行司法确认过程中，根据法院需要可以到法院对案件调解过程中的相关事宜以及调解协议的合理性与合意性等向法官作出说明，以提高法院的司法确认效率；二是调解失败后法院进行诉讼审理过程中，可以要求相关调解人员到庭参与庭审和庭外说明情况等，当然调解人员发表的言辞观点只能涉及事实和诉讼中已开示证据，而不能违反直接审理原则，这一点具体应由法官掌握。

（四）注重金融消费者教育

作为一种替代性的纠纷解决机制，调解可以有效地对金融消费者权益进行救济。但是，要想提高金融消费者自我保护的能力，使其不受或少受信息不对称、地位不平等问题的困扰，仅仅通过事后救济是不够的，正因为如此，金融消费者教育问题越来越受到各国家、地区金融业的重视。

金融消费者教育一般从正反两方面展开。"正向教育"中，调解机构或其他金融消费者教育机构向金融消费者介绍金融市场和金融产品，着重介绍金融市场的运行机制和金融产品的类型特征、风险收益等内容，帮助金融消费者梳理金融行业内的相关制度规定。这种教育的好处是比较系统地培养金融消费者的投资观念和投资意识，同时提高金融消费者选择适合自己的金融产品和金融服务的能力，增加金融消费者受益的可能性。"反向教育"是指通过对于常见的、典型的金融消费纠纷的介绍，提高金融消费者的风险防范意识，在金融机构及从业人员作违反法律法规、行业规定、职业道德的行为时，金融消费者能够及时避免受到不法侵害和财产损失。通过正反双向教育，金融消费者不仅能够找到适合自己的金融产品和金融服务，也能鉴别违法违规行为，在提高金融消费者自我保护能力的同时，增加金融消费者的受益可能，增强金融消费者的市场信心，促进金融行业的健康发展。

综上所述，第三方调解组织在金融消费纠纷解决中具有非常重要的作用。在当前金融创新加速、金融消费纠纷增多的背景下，如何更好地发挥第三方调解组织的作用，增强调解协议的效力，成为摆在我们面前的重要工作之一。我国现有法律对相应问题作出了规定，但面对日新月异的实践，相关规定仍显不足，需要我们在实践中加强探索，并提出立法建议，以期更好地化解金融消费纠纷，增强

调解工作实效，维护金融稳定，促进社会和谐。

参考文献

[1] 戎冬梅：《金融纠纷调节机制研究》，山西财经大学硕士学位论文，2014。

[2] 王生长：《仲裁与调解相结合的理论与实务》，北京，法律出版社，2001。

[3] 岳力：《论仲裁中调解的功能》，载《北京仲裁》，第65辑。

[4] 唐厚志：《中国的调解》，载《中国对外贸易》，2001（6）。

[5] 陈力、黄艳玲：《构建多元化金融纠纷解决模式的思考与实践》，载《福建金融》，2010（10）。

[6] 李浩：《法院协助调解机制研究》，载《法律科学》，2009（4）。

[7] 范愉：《非诉讼程序（ADR）教程》，北京，中国人民大学出版社，2012。

[8] 彭姣：《论调解协议的效力》，载《海南大学学报（人文社会科学版）》，2015-05-03。

[9] 王伟：《金融纠纷调解机制的基本理念研究》，载《北京政法职业学院学报》，2012（4）。

[10] 周荃：《人民法院委托行业协会调解的实践及其规制：以金融纠纷调解为视角》，载《上海政法学院学报》，2012（1）。

[11] 陈康亮：《保监会：开展保险纠纷诉讼与调解对接机制试点工作》，http://finance.chinanews.com/fortune/2013/01-05/4460442.shtml。

金融市场研究

上海 Case–Shiller 二手房价格指数的编制与应用研究

中国人民银行上海总部调查统计研究部课题组

课题组组长：刘 斌

课题组成员：李冀申 张挽虹 邹丽华 王 晟

摘 要

由于房地产业在国民经济中的基础性、先导性地位，房地产价格的监测越来越受到重视。房价指数是对房地产价格走向、升降趋势做定量分析的指标，是以价格指数形式来反映一定区域内房地产市场发展变化轨迹和当前市场状况的指标体系和分析方法。房价指数是房地产市场研究的重要工具，是经济周期研究的重要依据。因此，科学合理地编制房价指数，不仅能够提高价格信息的准确性，指数的变动轨迹还能够清晰地反映市场发展的轨迹，是进行经济景气状况分析与预警研究的基础，对于行业研究和政策制定具有重要的理论意义和实务价值。

Baily、Muth 和 Nourse 在 1963 年提出了重复交易法房价指数。该方法用同一栋房地产在两个或多个时期的出售价格来计算价格指数，能有效地把相对价格结合起来。重复交易模型仅需要获取交易房地产的价格、销售时间和地址信息，需要的数据信息少于特征价格法。重复交易法通过地址信息使房地产完全匹配，基本克服了房地产质量差异这一难题。重复交易模型是房价指数构造领域的经典之作，相比其他方法，在二手房价格测算方面具有独特的优势。2006 年，美国标准普尔公司根据著名经济学家 Shiller 等人的研究结果，采用重复交易法开发并发布 Case–Shiller 房价指数。该指数是衡量美国普通住房价格变化的重要指数。

本文借鉴美国 Case–Shiller 房价指数的编制方法，构建上海 Case–Shiller 二手房价格指数。该房价指数所代表的重复交易法在我国，尤其是上海具有较强的借鉴意义，能够克服目前被广泛使用的"国家统计局 70 个大中城市房屋销售价格指数"所存在的问题，如"城市面积大，各地区楼盘之间差异非常大"、"城市发展扩张迅速，空间结构不断变迁"等。值得一提的是，考虑到上海市住房市场的特征，我们对重复交易法下的样本匹配规则进行修正，使样本数据在一个不是很长的时间跨度里，交易配对的成功率能够有较大提高，即类重复交易的配对规则,这是本文的一个重要创新。

从编制结果来看,相比 70 个大中城市中上海二手住宅价格指数,上海 Case – Shiller 二手房价格指数更为敏感,对房价未来走势具有指示作用,能够较早地感知二手房价格的变动趋势。同时,它可以大致反映消费者的购房预期,即存在"买涨不买跌"现象,成交面积低的时期往往伴随价格的回落,而成交面积高的时期往往伴随价格的高涨。在通过时差相关法分析了该房价指数与其他宏观经济变量之间的关系后发现,该房价指数与部分房地产市场运行指标和宏观经济指标间存在较高的相关关系,能够反映上海房地产市场发展景气度,为市场主体提供有效的价格参考和预警体系。下阶段,课题将加强对该房价指数对其他经济变量的影响大小、持续程度以及相互作用机制等方面继续深入研究,在此基础上不断修正模型,提高预测精确度。

由于房地产业在国民经济中的基础性、先导性地位,对房地产价格的监测越来越受到重视。房价指数是对房地产价格走向、升降趋势做定量分析的指标,是以价格指数形式反映一定区域内房地产市场发展变化轨迹和当前市场状况的指标体系和分析方法。它是房地产市场研究的重要工具,指数的变动轨迹不但能够清晰地反映市场发展的轨迹,是经济周期研究的重要依据,也是进行经济景气状况分析与预警研究的基础,对于行业研究和政策制定具有重要的理论意义和实务价值。本文借鉴美国 Case – Shiller 房价指数的编制方法,构建上海二手房价格指数,及时和准确地反映房价变动趋势,揭示指数变化对房地产市场走势的先行性特征,为市场主体提供有效的价格参考和预警体系。

一、关于房价指数编制研究的文献综述

(一) 国外房价指数的研究历程及编制实践

从 20 世纪 20 年代开始,国外房价指数的编制方法不断改进,先后经历了中位数法、简单加权平均法、样本匹配法和拉氏加权法等方法。随着统计理论与计算机技术的发展,建立在现代数理统计分析技术基础上的重复交易法和特征价格法逐渐成为房价指数编制的两大主流。其中,重复交易法根据同一房产的历次交易价格计算指数,能较好地控制房产品质因素的影响;特征价格法将影响房产价格的因素分解并求出各因素的隐含价格,通过从总价格变动中剔除特征变动的影响来反映由供求关系引起的价格变化。

国外学者围绕上述两类方法开展了诸多理论研究。在重复交易法的研究方面,1963 年 Bailey 和 Nourse 提出了重复交易法的基本思想,该思想在房地产研究中引起广泛重视是始于 Case 和 Shiller 的研究工作。Mark 和 Goldberg(1984),

Case 和 Shiller（1987），Abraham 和 Schauman（1990），Shiller（1991）针对重复交易法编制指数的统计性质做了大量研究，重点集中在数据有效性和指数稳定性上。Henry O. Pollakowski（1995）分析了构造房价指数的各类数据资源，从可获得性、可更新性、样本容量、样本代表性等几个方面进行了讨论，指出贷款交易数据对构造重复交易模型来说是比较有效的数据途径。Gatzlaff 和 Haurin（1994）发现对重复交易模型，使用调查样本数据替代全样本数据会产生系统性的偏差，且与经济环境变化高度相关。Katherine 和 Jeffrey（1997）分析了调查类数据对于构造房价指数的价值，指出调查与指数发布之间的过长时间差将降低指数的实效性等问题。Michelle 和 Anthony（2004）从重复交易法的构造机理出发，详尽分析了偏差控制与性能调优的方式。

在特征价格法的研究方面，1974 年，美国经济学家 Rosen 的开拓性论文首次建立了房地产市场的特征价格模型，此后学者们的研究内容围绕两方面展开：一是特征价格函数的具体形式，包括参数估计、非参数估计和准参数估计，Follain 和 Malpezzi（1980）倾向于选择半对数型的参数估计，Linneman（1980）引进的 Box – Cox 变换则将线性、半对数和对数形式纳入特征价格方程。随着市场交易数据的积累，更多学者倾向于基于大量数据的无参数估计，其优点在于估计值随着样本容量的增加逐渐向实际值收敛，代表性研究包括 Pace（1993）、Meese 和 Wallace（1991）等。在时间变量的引入方面，Knight 等（1995）、Munneke 和 Slade（2001）的研究表明，允许住宅的特征变量随时间变化而变化能产生更准确的指数。Wallace（1997）的研究引入了新的无参数估计方法，实证显示它可以更好地控制住宅品质特征改善带来的价格影响。二是住宅的具体特征选取。国外学者应用特征价格理论和计量经济学方法，将住宅特征的影响估计出来，研究涉及建筑特征、生态环境、公共设施、公园绿地、景观视线、轨道交通、城市道路、公共站点等，其中 Chan 等（1998）在加州橘郡，Benson（1998）在华盛顿，Lisa 和 Antti（2000）在芬兰赫尔辛基，Seow、Kim 和 Chai（2003）在新加坡住宅市场的实证研究较为突出。近年来，Butler、Chang 和 Cutts（2005），Eric、Peter、John 和 Christian（2006），Daniel 和 Paul（2006），Jordan（2007），Leventis（2007），Andre 和 George（2007）的研究集中在指数测算模型的参数估计、原始数据采集标准及模型匹配、指数偏差控制及性能调优等方面。

在指数编制的实践方面，发达国家和地区进行了大量的应用，其中颇具影响力的有：美国的 OFHEO 指数，始于 1996 年 3 月，使用重复交易法和来自 Fannie Mae 及 Freddie Mac 的工作数据库编制；英国的 Halifax 指数，始于 1989 年，使用特征价格法和英国房屋抵押贷款协会的数据库编制；法国的 INSEE 指数，始于 1980 年，使用特征价格法和全国房屋交易公证登记数据库编制。此外，德国、加拿大、澳大利亚、新加坡等国家以及我国香港、台湾地区也开始编制发布指数。

（二）我国房价指数的编制实践及存在的问题

随着我国房地产行业的高速发展，及时准确地了解市场已经成为政策管理层、开发企业及购房者的共同需求，越来越多的学者开始重新审视我国现有房价指数的编制方法。陈敬东等（2002）通过分析特征价格函数模型及运用前提，提出在我国房地产市场具体情况下建立特征价格函数的思路。钱瑛瑛等（2002）讨论了用重复交易法编制区域性存量房价格指数的理论和具体方法。李国柱和孙焕民（2003）采用加权平均法并吸纳特征价格理论的思想来设计我国城市房地产指数的编制方案。田冉等（2004）提出了一种房地产业地理信息分类编码方案，对房产行业地理信息标准的制定工作具有积极意义。温海珍和贾生华（2004）通过收集杭州市西湖区住宅交易资料，建立了住宅特征价格模型，用来解释和分析当地的住宅价格。杨楠（2006，2007）对国外房价指数构建的数据基础，以及样本不对称性对重复交易型指数测算的系统性偏差进行了研究。

国内房价指数编制方面，以20世纪80年代我国住房制度改革为契机，从1994年开始我国第一个房价指数——中房指数诞生，房价指数的编制与实践工作有了长足的进展，在不同程度上发挥了市场运行"指示器"的作用。其中，最具代表性的有"国家统计局70个大中城市房屋销售价格指数"、"中房指数"、"国房景气指数"等。

不同的指数具有不同的优缺点。总体上看，上述几类指数普遍存在数据质量控制难度大、样本代表性不足、分布不合理、难以适应楼市快速变化的挑战等问题，尤其是对于不同楼盘之间差异性较大的问题没有很好的解决办法，在样本处置中存在较大的主观性和随意性。以目前被广泛使用的"国家统计局70个大中城市房屋销售价格指数"为例，其二手住宅销售价格调查为非全面调查，采用重点调查与典型调查相结合的方法，按照房地产经纪机构上报、房地产管理部门提供与调查员实地采价相结合的方式收集基础数据。在选取住宅样本时要兼顾不同地理位置，综合考虑住宅类型、区域、地段、结构等统计口径的一致性，保证上月与本月价格同质可比。这一调查方法存在局限性：一是方法要求同区域同套型房屋仅抽取一套房屋，且限定在15日左右的成交数据，降低了样本的代表性。二是方法要求无同质房屋交易对比数据时，采用虚拟价格，人为因素对数据的影响不透明。三是部分基础数据来自房地产经纪机构，数据质量控制难度较大。另据部分房地产经纪机构反映，统计部门对经纪机构所上报数据的波动幅度有隐性限定，干扰了数据的真实性。

二、重复交易法房价指数基本原理及构造方法

（一）重复交易法房价指数的国际实践及其对上海的借鉴意义

不同房产质量情况不同，这给房地产价格指数的估计带来了困难。如果使用同一房产在不同时期的销售价格来构造房价指数，就可以在很大程度上减少这种困难。把重复交易的房产相对应的各次销售价格结合起来用于估计价格指数，这个过程可以转化成一个回归分析问题，并且可用标准回归分析的方法来估计此指数。

Baily、Muth 和 Nourse 在 1963 年提出了一种用给定房产重复交易价格的数据进行回归分析的方法，被称为 BMN 房价指数。该方法用同一栋房地产在两个或多个时期的出售价格来计算价格指数，能有效地把相对价格结合起来。重复交易模型仅需要获取交易房地产的价格、销售时间和地址信息，需要的数据信息少于特征价格法。重复交易法通过地址信息使房地产完全匹配，基本克服了房地产质量差异这一难题。因此，重复交易模型是房价指数构造领域的经典之作，相比其他方法，在二手房价格测算方面具有独特的优势。

2006 年，美国标准普尔公司根据著名经济学家 Shiller 等人的研究结果，采用重复交易法开发并发布 Case – Shiller 房价指数。该指数是衡量美国普通住房价格变化的重要指数。统计数据来自美国 20 个主要城市，按月进行统计并发布 20 个大城市价格指数及汇总指数。目前这一指数已经成为美国最权威的二手房指数。

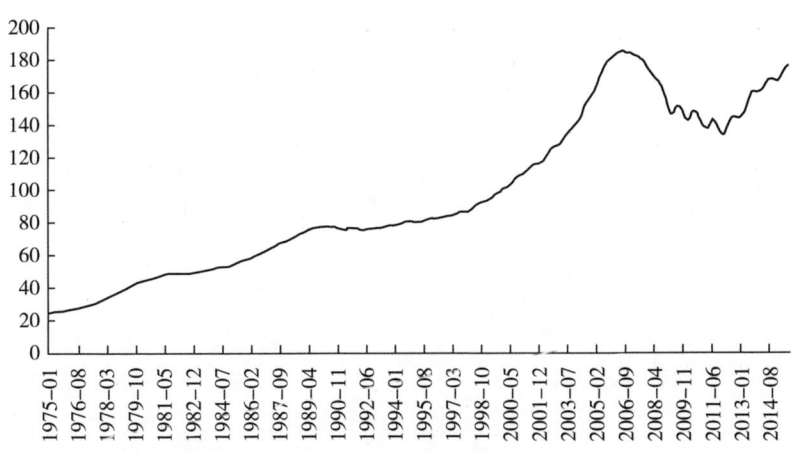

图 1　美国标准普尔 Case – Shiller 住房价格指数（2000 年 1 月 = 100）

Case – Shiller 房价指数所代表的重复交易法在我国，尤其是上海具有较强的

借鉴意义，能够克服目前被广泛使用的"国家统计局 70 个大中城市房屋销售价格指数"所存在的问题：一是上海城市面积大，各地区楼盘之间差异非常大，很难用主观判断或特征向量回归等处理方法将之转化为可比较的同质化样本，而重复交易法在一定程度上避免了样本的主观转换问题，可以提高指数的客观性。二是上海城市发展扩张迅速，空间结构不断变迁，例如，即使实际房价没有发生变化，由于郊区低价房屋交易占比提高，也会导致房价指数下降。重复交易法可以解决这些因样本偏离导致的统计误差问题，提高指数的质量。三是上海的房地产交易频繁，因此重复交易数量相对较多，据此编制指数的连续性和代表性较好。四是重复交易法理论上较为成熟，但在国内还没有公开运用，我们采取这一方法编制的指数可以和其他编制方法公布的价格指数形成对照，从不同角度更全面地反映房价变化情况。

（二）重复交易法模型及指数构造

BMN 房价指数的回归模型如下：

$$R_{itt'} = \frac{I_{t'}}{I_t} \times U_{itt'}$$

或者取其对数形式：

$$r_{itt'} = -i_t + i_{t'} + u_{itt'}$$

其中，$R_{itt'}$ 是满足 t' 时期发生最后一次交易和 t 时期发生第一次交易的第 i 对交易对最后一次交易价格和第一次交易价格之间的比例；I_t 和 $I_{t'}$ 是第 t 期和第 t' 期真实的价格指数，I_t 和 $I_{t'}$ 未知。$u_{itt'}$ 为模型残差。$t = 0, 1, \cdots, T-1$；$t' = 1, \cdots, T$。小写字母是相应大写字母的对数形式。

引入变量 x_t：

$$x_t = \begin{cases} 1, & \text{如果此时发生的是末次销售} \\ -1, & \text{如果此时发生的是初次销售} \\ 0, & \text{其他情况} \end{cases}$$

为使指数呈现标准化形式，令 $I_0 = 1$ 或 $i_0 = 0$。把上述条件代入对数形式公式，可得：

$$r_{itt'} = \sum_{j=1}^{T} i_j x_j + u_{itt'}$$

或者用矩阵形式表示：

$$r = x_i + u$$

在矩阵形式中，r 和 u 是 n 维列向量，$n = \sum_{t,t'} n_{tt'}$，其中，$n_{tt'}$ 是满足 t' 时期发生最后一次交易和 t 时期发生第一次交易的交易对的计数。i 是 T 维列向量，是要估计的价格指数的对数形式。x 是 $n \times T$ 维矩阵。如果交易对的首次交易不发生在基期，也就是 $t = 1, \cdots, T-1$，x 在相应行的第 t 列的取值就为 -1。同样，对于每一对交易，x 相应行的 t' 列为 $+1$。x 中其他的元素都为零。这样，x 和 i 矩阵可以写为：

$$x = \begin{pmatrix} 0 & -1 & 0 & \cdots & 1 \\ 0 & -1 & 1 & \cdots & 0 \\ \cdots & \cdots & \cdots & \cdots & \cdots \\ -1 & 0 & 1 & \cdots & 0 \end{pmatrix} \quad i = \begin{pmatrix} i_0 \\ i_1 \\ \vdots \\ i_T \end{pmatrix}$$

如果 u 满足以上假设，那么用最小二乘法估计出的值为：

$$\hat{i} = (x'x)^{-1}(x'r)$$

这是 i 的最小方差线性无偏估计。$T \times T$ 矩阵 $(x'x)$ 的对角线上的第 t 个元素是首次交易在 t 时期的交易对的数目和末次交易在 t 时期的交易对的数目的乘积。矩阵 $(x'x)$ 的第 t 行第 t' 列的元素是 $-n_{tt'}$。最后，$(x'r)$ 是一个 T 维列向量，所有末次交易在 t 时期的交易对的相对价格的总和与所有首次交易在 t 时期的交易对的相对价格的总和，两者之差即为此向量的第 t 个元素。

由于 i_t 是 I_t 的对数形式，即 $\hat{I}_t = exp(\hat{i}_t)$。定义新指数 $\overline{I}_t$：

$$\overline{I}_t = \frac{\hat{I}_t}{\hat{I}_0} \times \overline{I}_0$$

其中，基期 $\overline{I}_0 = 100$。其对数形式为：

$$\overline{I}_t = \exp(\hat{i}_t - \hat{i}_0 + \ln 100) = \frac{exp(\hat{i}_t)}{exp(\hat{i}_0)} \times 100$$

这里，$\overline{I}_t$ 就是利用重复交易法所构造的二手房价格指数。

（三）类重复交易的配对规则

经典的重复交易法模型，需要使用同一房产的多次交易价格进行回归。根据房产的历史交易数据可以发现，同一房产两次交易的间隔时间往往长达数年，甚至十几年。这意味着，要使样本数据中有足够的交易实现成功配对，那么样本的时间跨度必须足够长。但是，样本时间跨度过长，同一房产的折旧就愈加明显，其同质可比性必然下降，重复交易法的优势将受到挑战。因此，我们对重复交易法的配对规则进行了修正，使样本数据在一个不是很长的时间跨度里，交易配对的成功率能够有较大提高。这种配对规则成为类重复交易的配对规则。

事实上，类重复交易法就是一种扩展的样本匹配法，其匹配原则为"一定空间范围内不同样本之间的匹配"，其中，样本匹配的空间范围的选择十分关键。基于上海市住房市场特征，同一楼栋的住房样本具有局部高同质性，因此我们把空间范围选择为楼栋。在选定了楼栋为空间范围后，即可对同一楼栋的所有交易样本按照交易发生的时间构造有序交易对。例如，2012年3月，某小区2号302室发生交易；2013年5月，该小区2号501室发生交易。上述交易样本在经典的重复交易法下不能成功匹配，但在类重复交易法下，由于两次交易的空间范围是同一楼栋，所以可以成功匹配。

但需要说明的是，当我们把空间范围选择为楼栋时，该范围内的住房样本可能在面积、楼层、朝向等少量特征属性上存在差异，导致交易价格不可比。为解决同一楼栋的不同住房的价格不可比的问题，我们采用房产中介机构普遍使用的价格修正方法，对同一楼栋中因面积、楼层、朝向、景观、安静程度等因素对房价的影响作剔除，使修正后的房价具有可比性。

三、上海 Case–Shiller 二手房价格指数构建及评估

（一）上海 Case–Shiller 二手房价格指数

1. 数据描述及交易配对情况

本文以中原地产所提供的2012年2月至2014年12月上海市住房交易数据为样本。样本基本情况如下：楼盘233个，单元6237个，交易记录共13753条。根据类重复交易法的配对原则，配对成功的交易共计4287对，其中，内环以内、内中环间、中外环间和外环以外分别为801对、485对、901对和2100对。配对成功的交易量占样本总量的62.3%。

表1　　　　　　样本基本情况（2012年2月至2014年12月）

	楼盘数	单元数	交易次数
内环以内	75	773	2146
内中环间	39	811	1578
中外环间	48	1672	3084
外环以外	71	2981	6945
合计	233	6237	13753

由于住宅存在显著的特异性，单个样本住宅的成交价格波动明显。如果要剔除价格波动过大的交易对，会导致样本损失过多。例如，在成功配对的4346个交易对中，如果将交易价格月涨跌幅超过2%、1.5%和1%的交易剔除，则样本交易对将分别损失54.4%、64.7%和76.4%。因此，在实际操作中，采用全样本进行计算，保留数据原貌，仅通过大样本量来平滑价格波动。

表 2　　　　　不同价格波动下的有效交易对及其样本损失率

交易价格月涨幅	∞	2.0%	1.5%	1.0%
有效交易对	4346	1982	1534	1026
损失率	0	54.4%	64.7%	76.4%
其中：内环以内	746	331	269	183
内中环间	446	233	183	117
中外环间	834	426	325	219
外环以外	2038	992	757	507

2. 指数构建

我们对全市四个区域（内环以内、内中环间、中外环间和外环以外）分别运用重复交易法构建上海 Case – Shiller 二手房价格指数。结果显示，四个区域的二手房价格定基指数总体趋势一致，但涨幅有所差异。2012 年 2 月至 2014 年 12 月，内环以内、内中环间、中外环间和外环以外二手房价格分别上涨 29.2%、45.5%、36.1% 和 37.6%。

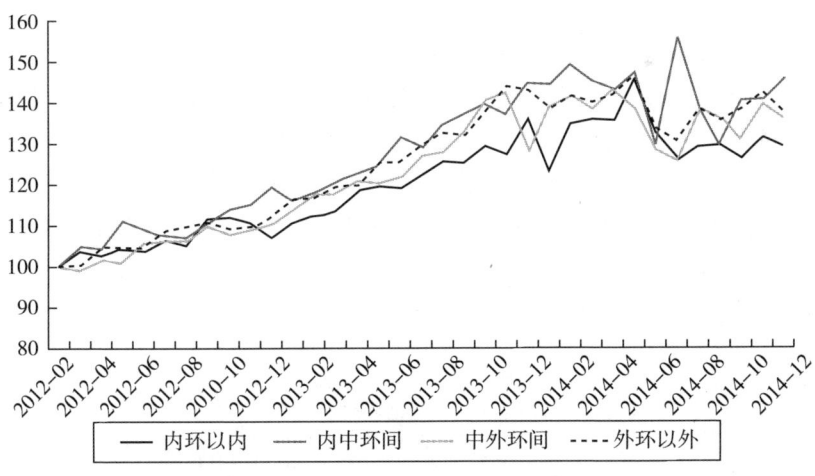

图 2　分区域上海 Case – Shiller 二手房价格定基指数（2012 年 2 月 = 100）

为了合成全市的价格指数，我们以 2013～2014 年各区域成交套数为权重，加权平均得到全市 Case – Shiller 二手房价格定基指数。结果显示，2012 年 2 月至 2014 年 12 月，全市二手房价格上涨 37.6%。根据指数变化特征，我们以 2012 年 10 月（局部底）、2013 年 11 月（局部顶）和 2014 年 6 月（局部底）三个时间点，将指数分为四个阶段：2012 年 2 月至 2012 年 10 月，二手房价格月均涨幅为 1.0%；2012 年 10 月至 2013 年 11 月，二手房价格月均涨幅为 2.1%；2013 年 11 月至 2014 年 6 月，二手房价格月均涨幅为 – 0.8%；2014 年 6 月至

2014年12月,二手房价格月均涨幅为0.7%。这四个阶段房价涨幅差异明显,正好与房地产市场小周期相对应。

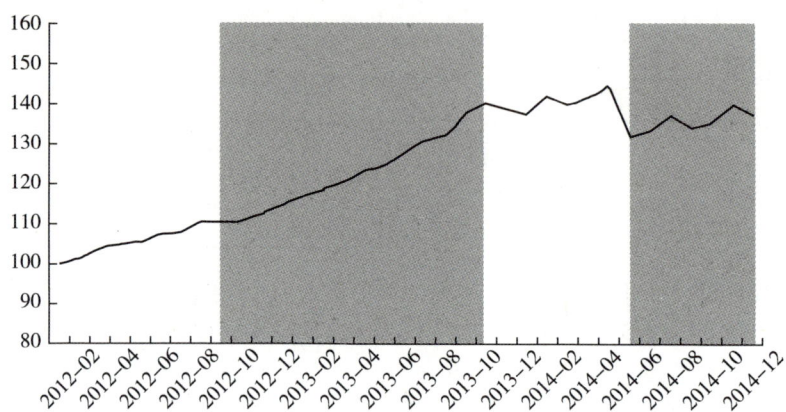

图3 上海 Case – Shiller 二手房价格定基指数(2012年2月=100)

(二)房价指数效果评估

1. 房价指数统计特征及敏感性分析

通过比较上海 Case – Shiller 二手房价格定基指数、上海二手房平均价格指数、中原二手交易价格指数和70个大中城市中上海二手住宅价格指数四个指数后发现,上海 Case – Shiller 二手房价格指数涨幅较大、波动性较强。其中,Case – Shiller 指数的波动率为14.2%,明显大于70个大中城市中上海二手住宅价格指数的波动率。

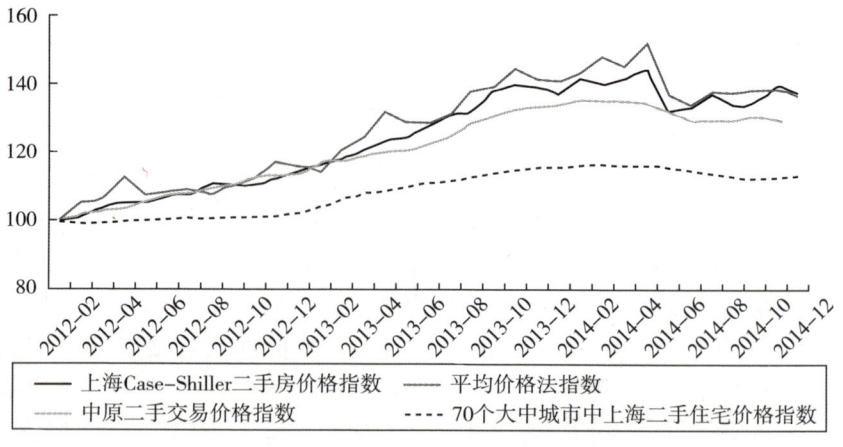

图4 不同二手房价格指数比较

表3　　　不同二手房价格指数比较（2012年2月至2014年12月）

2012年 2月=100	Case – Shiller 指数	平均 价格法 指数	中原二手房交易 价格指数	70个大中城市中 上海二手住宅 价格指数
涨幅	37.6%	36.8%	29.7%	13.6%
波动率	14.2	14.9	11.6	6.6

作为房价波动的重要指针，价格指数应当较为敏感，对房价未来走势具有指示作用。我们比较了上海Case – Shiller二手房价格定基指数（指数1）和70个大中城市中上海二手住宅价格定基指数（指数2）后发现，指数1相比指数2更敏感，能够较早地感知二手房价格的变动趋势。

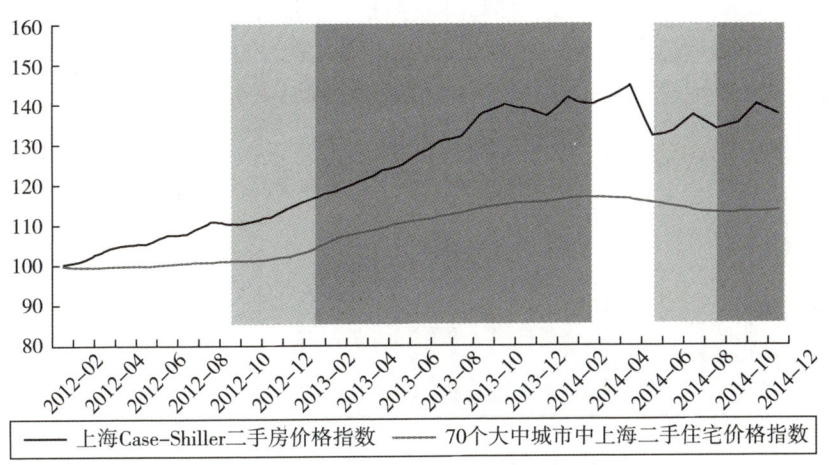

图5　二手房价格定基指数敏感性比较

具体来看，一是指数1在2012年10月出现局部底之后一改前期缓慢上涨的走势，涨幅明显加快。而指数2一直到2012年12月才表现出这一特征。指数1比指数2提前了2个月预示二手房价格涨幅开始加快。二是指数1在2013年11月出现局部顶之后改变前期走势，房价震荡下行。而指数2一直到2014年3月才出现高点后回落。指数1比指数2提前了4个月，预示二手房价格走势开始转向。三是指数1在2014年6月再次出现局部底之后呈现小幅上行走势。而指数2一直到2014年9月才出现止跌。指数1比指数2提前3个月预示二手房价格走势转向。

表 4   二手房价格走势变化的时间点比较

	根据指数变化判断二手房价格走势		指数 1 领先指数 2 的月份数
	指数 1 敏感时间点	指数 2 敏感时间点	
1	2012 年 10 月	2012 年 12 月	2
2	2013 年 11 月	2014 年 3 月	4
3	2014 年 6 月	2014 年 9 月	3

注：指数 1 是上海 Case – Shiller 二手房价格定基指数，指数 2 是 70 个大中城市中上海二手住宅价格定基指数。

2. 房价指数与购房者心理预期的关联性分析

一般来说，房价涨跌幅度会影响房屋买卖双方的心理预期，进而影响双方投资决策，最终在住房成交量上得以体现。通过对比上海市存量住宅成交面积和上海 Case – Shiller 二手房价格指数走势可以发现，上海 Case – Shiller 二手房价格指数可以大致反映消费者的购房预期，即存在"买涨不买跌"现象，成交面积低的时期往往伴随价格的回落，而成交面积高的时期往往伴随价格的高涨。因此，上海 Case – Shiller 二手房价格指数可以有效地反映购房者心理预期。

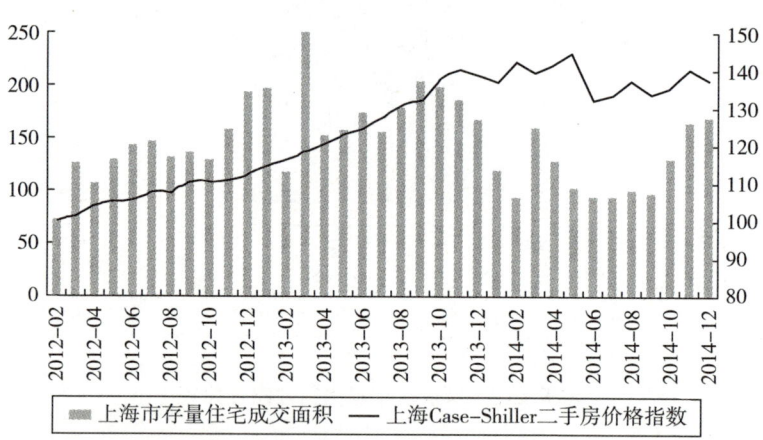

图 6　上海市存量住宅成交面积与 Case – Shiller 二手房价格指数对比

3. 指数变化对房价趋势预测能力的分析

一个合适的房价指数，其变化特征应当对二手房价格可能出现的拐点作出预示。我们认为，上海 Case – Shiller 二手房价格定基指数（以下简称指数）对房价未来走势的判断具有一定的敏感性。通过对比 2012 年以来指数和房地产市场运行情况后发现，指数能够较为有效地预测房价走势的转向。

具体来看，根据指数的走势特征，以 2012 年 10 月（局部底）、2013 年 11 月（局部顶）和 2014 年 7 月（局部底）三个时间点，将指数分为四个阶段。

2012年10月前后,指数月均涨幅差异明显(2012年1月至2012年10月指数月均涨幅为0.8%,2012年10月至2013年11月指数月均涨幅为2.0%),正好与2012年上海房地产市场先抑后扬的走势相呼应。2012年底,市场出现"暖冬"行情,房地产市场供给趋紧和信贷政策调整共同推动了量价齐升格局。一方面,随着需求回暖,住宅空置面积逐月递减,供给逐渐趋紧。2012年12月末,上海可售商品住宅的去化月数已由去年同期的9.2个月下降到5.8个月。随着市场供求关系的转变,二手房卖方跳价撤单的现象日益增多,开发商捂盘问题也开始出现。另一方面,部分银行房地产信贷政策出现调整。由于近年来在严格的房地产调控下,上海市房地产信贷质量仍总体保持较好水平,2012年12月末,商品房开发贷款和个人住房贷款不良率分别为0.28%和0.42%,明显低于一般贷款不良率水平。而且房地产作为抵押品的保值性和可处理性强,最终损失率较低。因此,一些银行的房地产信贷政策开始出现调整迹象,对房地产行业的信贷额度开始增加,审批标准有所放松,利率也出现下调。2012年上海房地产企业到位资金来源中国内贷款同比大幅增长31.7%,这与2011年同比下降9.6%形成鲜明对比。

2013年11月前后,指数由涨转跌(2012年10月至2013年11月指数月均涨幅为2.0%,2013年11月至2014年7月指数月均涨幅为-0.8%),这与2013年上海房地产市场总体快速增长、年末回落相一致。2013年,全市市场化新建商品住宅成交面积同比增长29.2%,二手住宅成交面积同比增长63.7%。商品住房成交价格总体涨势较快,分阶段看,4月房价开始加速上涨,5月至9月保持高速增长势头,10月开始涨势趋缓,11月本市住房交易均价达到历史高点。年末,在"沪七条"进一步严格限购限贷政策的作用下,住宅市场交易回落,价格继续上涨压力有所减缓。12月,全市市场化新建商品住宅和二手住宅成交面积分别同比下降38.5%和15.1%;市场化新建商品住房和二手存量住房成交均价环比分别下降1.9%和0.6%。与此同时,商业银行个人住房贷款继续支持"刚需",改善性及投资需求占比相对较小。2013年,全市商业银行共发放个人住房贷款15.58万笔,其中,首套房贷12.94万笔,占比83%。

2014年7月前后,指数由跌转涨(2013年11月至2014年7月指数月均涨幅为-0.8%,2014年7月至2014年10月指数月均涨幅为0.8%)。根据这一指数变化特征,以及近期房地产市场运行特点,二手房价格走势出现转向的可能性较大。同时,2014年10月,国家统计局公布的70个大中城市中上海二手住宅价格定基指数止跌,也在一定程度上印证了这一判断。

四、应用:房价指数与宏观经济变量间的关联性

以房地产价格为代表的资产价格是影响金融稳定和实体经济稳定的重要因

素。随着经济发展，房地产行业与其他关联行业之间的联系越来越密切。在产业特性上，房地产业的产业链非常长，波及面十分广阔，其原因是房地产业通过直接、间接等多种关联方式影响其相关产业。房地产业的基础性地位决定了它对其他产业产生供给推动和需求拉动作用的广泛性。因此，作为房地产业发展风向标的房价指数具有极为重要的研究价值，房价指数与其他房地产业经济变量之间存在密切联系。本节将利用经济景气指标体系中的相关系数识别法，分析房地产价格指数对房地产业走势的领先/滞后作用。

经济的景气状况，是通过一系列的经济指标来描述的，称为景气指标。景气指标是从众多经济指标中挑选出来，分为先行指标、同步指标和滞后指标三类。先行指标，是指领先于总体经济而预先变化的指标，这些指标的变化常常预示总体经济要变化的方向。同步指标，是指它的变化与总体经济的变化相一致。滞后指标，是指它的变化比总体经济的变化滞后一个时期的指标。先行指标的变化，可以用来预测同步指标将要发生的变化。滞后指标的变化，可以用来检验同步指标发生的变化，使总体经济发生的变化得到确认。

为了揭示上海 Case–Shiller 二手房价格定基指数与部分经济变量之间的这种先行/滞后关系，我们对以下指标组进行建模分析。由于之前构建的上海 Case–Shiller 二手房价格定基指数的时间跨度为 2012 年 2 月至 2014 年 12 月，故以此时间段作为下文分析中的时序长度，共 35 个观测值。本节对部分数据采取对数处理。

表5　房价指数与经济变量间的先行/滞后关系研究的指标组

序号	指标名称	代码
1	上海 Case–Shiller 二手房价格定基指数	HPI
2	上海市房地产开发投资（月度数）	REI_SH
3	上海市住宅销售面积（月度数）	XS_SH
4	上海市住宅竣工面积（月度数）	JG_SH
5	上海市居民消费价格同比（月度数）	CPI_SH
6	上海市个人住房贷款新增额（月度数）	HM_SH
7	上海市金融机构人民币贷款加权平均利率（月度数）	IR_SH

通过时差相关系数分析法，我们将房价指数的滞后或领先序列与上述经济变量作相关性分析，以此说明房价指数波动与经济变量波动之间的关系。表6展示了房价指数与其他经济变量间的时差相关系数最大值及其出现的滞后或领先期。

表6　房价指数与经济变量间的时差相关系数最大值及出现时期

指标名称	时差相关系数最大值	最大值出现的滞后期或领先期
上海市房地产开发投资	0.596	0
上海市住宅销售面积	0.270	+6
上海市住宅竣工面积	0.228	−7
上海市居民消费价格同比	0.473	−3
上海市个人住房贷款新增额	0.557	0
上海市金融机构人民币贷款加权平均利率	0.378	+6

房价指数与部分房地产市场运行指标、金融指标和物价之间存在较为明显的相关关系。其中，房价指数与房地产开发投资和个人住房贷款同步波动，其时差相关系数最大值分别为 0.596 和 0.557；房价指数领先居民消费价格波动，其时差相关系数最大值为 0.473，领先 3 期；房价指数滞后贷款利率波动，其时差相关系数最大值为 0.378，滞后 6 期。这说明房价指数是房地产市场运行的重要特征变量，也与金融运行存在密切联系，同时还影响居民消费行为。因此，房价波动将通过不同渠道和机制传导至房地产市场、金融市场以及物价水平。

此外，房价指数与住宅销售面积和竣工面积之间也存在一定的相关性。其中，房价指数滞后住宅销售面积波动，其时差相关系数最大值为 0.27，滞后 6 期；房价指数领先住宅竣工面积波动，其时差相关系数最大值为 0.228，领先 7 期。当然，由于销售面积和竣工面积还受到诸多其他因素干扰，因此与房价指数间的关联性不高。

通过上述分析不难看出：一是上海 Case – Shiller 二手房价格指数能够反映上海房地产市场发展景气度。该房价指数与部分房地产市场运行指标间存在较高的相关关系。当然，由于房地产行业建设周期长、干扰因素多，使得房价指标对行业发展的领先和促进作用只能缓慢释放，也易受到干扰和冲击。二是在分析房价指数对房地产市场影响时，必须与当前经济发展紧密联系。虽然房价指数能在一定程度上预示房地产市场的走向，但市场不会脱离当前经济运行，其发展必然以宏观经济为大背景。三是房价指数具有复杂性。由于房地产行业与制造业、建筑业、金融业等多行业密切联系，相互促进和影响的机制也会比较复杂，表现为房价指数与其他指标的时差相关性存在许多不规则的部分。

综上所述，本文通过重复交易法所构建的上海 Case – Shiller 二手房价格指数能够提供更为丰富的房地产价格信息，并提高价格信息的准确性。该房价指数所代表的重复交易法在我国，尤其是上海具有较强的借鉴意义，能够克服目前被广泛使用的"国家统计局 70 个大中城市房屋销售价格指数"所存在的问题，如

"城市面积大,各地区楼盘之间差异非常大"、"城市发展扩张迅速,空间结构不断变迁"等。值得一提的是,考虑到上海市住房市场的特征,我们对重复交易法下的样本匹配规则进行修正,使样本数据在一个不是很长的时间跨度里,交易配对的成功率能够有较大提高,即类重复交易的配对规则,这是本文的一个重要创新。

从编制结果来看,相比 70 个大中城市中上海二手住宅价格指数,上海 Case-Shiller 二手房价格指数更为敏感,对房价未来走势具有指示作用,能够较早地感知二手房价格的变动趋势。同时,它可以大致反映消费者的购房预期,即存在"买涨不买跌"现象,成交面积低的时期往往伴随价格的回落,而成交面积高的时期往往伴随价格的高涨。在通过时差相关法分析了该房价格指数与其他宏观经济变量之间的关系后发现,该房价指数与部分房地产市场运行指标和宏观经济指标间存在较高的相关关系,能够反映上海房地产市场发展景气度,为市场主体提供有效的价格参考和预警体系。下个阶段,课题将在该房价指数对其他经济变量的相互作用机制、影响大小以及持续程度等方面继续深入研究。

参考文献

[1] S&P/Case-Shiller Home Price Indices Methodology, 2014.

[2] 中国人民银行武汉分行课题组:《类重复交易法编制住房价格指数的方法研究——基于银行按揭数据的湖北实践》,载《金融发展评论》,2014(5)。

[3] 许永洪、曾五一:《中美住房价格指数编制的对比研究》,载《统计研究》,2012(12)。

[4] 郑思齐、孔鹏、郭晓旸:《类重复交易房价指数编制方法与应用》,载《统计研究》,2013(12)。

高杠杆率与融资模式改革

中国人民银行上海总部调查统计研究部课题组

课题组组长：黄 敏

课题组成员：叶 芳 容 玲 施 恬 雷宗怀 张若雪 赵京卓

摘 要

近年来，中国杠杆率尤其是政府部门和非金融企业债务对 GDP 比例急剧上升，引发了学界和市场对中国经济和金融稳定的担忧。本文通过梳理前人的研究，分政府部门、非金融企业部门、居民部门和金融部门对我国经济的资产负债扩张和杠杆率的变化进行分析，提出以融资模式改革降低杠杆率的观点。

文章指出，我国资产负债的扩张可以分为两个阶段：第一阶段是基于房产和土地抵押的资产负债扩张，通过资本形成促进经济增长；第二阶段全要素生产率（TFP）增长和潜在经济增长率同时出现下降，资产负债扩张对实体经济造成严重挤出。不论从分部门的杠杆率还是从全社会的总杠杆率来看，均呈现上升的态势。我国非金融企业部门杠杆率高已成为驱动全社会杠杆率上升的主要动力。

当前高杠杆率下，各部门潜在的风险不同：在政府债务方面，一是扩张速度较快，存在局部风险；二是地方政府短期债务较多，存在一定的流动性风险；三是融资平台表外融资风险；四是还款严重依赖土地出让收入。在非金融企业债务方面，一是经济增速持续下行、企业生产经营困难、资金周转不畅、被迫增加负债及被动加杠杆；二是国际资本流动可能带来的风险冲击。在居民债务方面，一是经济增速下行影响居民就业和收入；二是房地产市场蕴含风险。金融企业部门的风险隐患则主要来自实体经济。

为降低杠杆率，促进我国经济平稳健康发展，文章提出以下政策建议：一是投资仍然是中国未来经济增长的重要动力。二是要纠正投资结构性过度和融资的非市场化。三是以融资模式改革降低总体杠杆率。短期来看，要做实现金流，包括以长期地方政府债券置换短期债务存量；以市场化方式运营基础设施建设，盘活现金流；缓慢挤出房地产泡沫；破除国有企业垄断，加速制造业升级；调整央行资产负债，以央行外汇储备置换地方政府债券；执行稳健货币政策，保持适度宽松的货币环境等方面。

长期来看，彻底改革融资模式，鼓励企业通过股市等进行直接融资。

杠杆率是指经济主体（企业或家庭）通过负债实现以较小的资本金控制较大的资产规模的比例，负债与股权之比、资产与股东权益之比、资产与负债之比以及上述指标的倒数，都可用于衡量杠杆率。在宏观上，由于经常缺少某一部门（居民部门、非金融企业部门、金融部门、政府部门等）完整的资产负债表，通常用负债与国民收入的比例来衡量。中国改革开放三十年来，经济增长始终伴随资产负债的同时扩张，但杠杆率问题真正被社会重视则源于近年私人和公共部门资产负债率上升对金融市场可能造成的系统性风险，以及对经济增长的影响。

一、文献综述

简言之，杠杆率测度的是经济主体的债务水平。关于债务与经济增长、金融稳定的关系的讨论由来已久，总的来看，主要沿着以下逻辑主线展开：

第一，负债与经济增长的关系研究。以凯恩斯、萨缪尔森等为代表的经济学家认为，公共债务有利于经济增长，短期内产出由需求决定，公共债务对可支配收入、总需求及产出有刺激作用。这一理论成为19世纪以来，各国实施扩张性政策最为重要的理论基石。曼昆（1998）认为，尽管政府负债有利于经济增长，但也会对私人投资存在"挤出效应"。伯南克（1998）则认为，在"金融加速器"作用下，企业通过抵押品进行债务融资，有利于减少外部融资成本，并通过抵押物资产价格的波动，对经济周期产生放大效应，且其对经济下行的影响更大。也有很多学者就债务对经济增长的作用进行了实证研究。

第二，过度举债也会引发经济金融风险。欧文·费雪于1933年提出了著名的"债务—通缩"理论，即经济主体过度负债，会加剧通货通缩，甚至引发严重的经济萧条，这一理论较好地解释了1929年以来的经济大萧条。但是，什么是合理负债，什么情况会触发债务—通缩效应的出现？该理论没有能作出很好的解释。明斯基对"债务—通缩"的触发机制进行了深入分析，提出了著名的"金融不稳定"学说，认为利率上升较快和资产价格大幅下降会造成金融系统的不稳定。同时，由于金融是一国杠杆化水平最高、杠杆化风险最为集中的经济部门，其去杠杆化进程过于激烈容易引起经济金融动荡。辜朝明（2007）提出"资产负债表衰退"概念，认为资产泡沫破灭后，企业长期陷入清偿债务的去杠杆过程，带来需求的极度萎缩和经济衰退。克鲁格曼（2009）则提出了"去杠杆化悖论"，认为金融危机期间金融机构试图去杠杆而卖出资产时，反而造成杠杆的上升，损害了金融机构整体提供流动性的能力。

第三，杠杆率的度量及适度债务水平的确定。由于各国金融体系差异较大，对什么是适度债务水平在理论和实践中还存在很多争议，但是也达成了一些共识。例如，《马斯特里赫特条约》规定公共债务不超过国民生产总值的60%的参考值。Reinhart 和 Rogoff（2010）提出了"90、60"公共债务阈值标准，认为当公共债务与外债规模占 GDP 的比重分别高于 90% 和 60% 时，将导致经济增长率下降，甚至引发衰退。野村证券研究报告（2013）提出了"5—30"规则，即在五年时间内，如果一国信贷规模与该国 GDP 之比增长幅度超过 30 个百分点，那么该国将可能发生金融危机。

第四，金融危机后各国将研究放在杠杆率转换过程的非对称性，在"顺周期性"效应上提出了相应的监管改进办法。此次危机后，金融稳定委员会等国际组织开始重新意识到金融体系存在强烈的顺周期效应，且其对宏观经济稳定性的冲击具有强烈的非对称效应，即其在经济下行期对经济金融体系的负面冲击会比其对经济上行期的推动作用更加明显。与此同时，巴塞尔协议本身存在一些缺陷，可能会加大金融体系的顺周期效应。针对这些问题，金融危机后巴塞尔协议提出了动态资本充足率要求、前瞻性动态拨备、增加杠杆率等监管指标以克服金融体系这种过度的顺周期性效应。尤其值得一提的是，国际组织还将 M_2/GDP 与其长期趋势值的偏离作为衡量系统性风险的前瞻性指标。

总的来说，大多数理论和实证研究认为，杠杆率的变化通常与经济周期、货币信贷环境紧密相连。如果杠杆使用过度，可能导致经济过热、泡沫积聚、债务风险加大等问题。

二、我国资产负债扩张与杠杆率的变化

宏观上，由于经常缺少某一部门（居民部门、非金融企业部门、金融部门、政府部门等）完整的资产负债表，通常用负债与国民收入的比例来衡量。李扬等（2012）、黄志龙（2013）、中国人民银行杠杆率研究课题组（2014）都是沿着这个思路，编制居民、政府、金融机构以及非金融企业等部门的资产负债表，再以总负债/GDP 衡量中国的杠杆率。

（一）我国的资产负债扩张

中国经济近三十年的高速增长得益于金融体系不断将国民储蓄向社会投资的转化过程。在全社会投资需求得到满足的同时，中国经济自身也积累了巨大规模的资产负债（见图 1）。

金融体系的产生和发展从本质上讲是要解决生产和消费在时间和空间上的协调问题，金融模式选择也取决于经济发展的阶段性特征。新中国成立后，为加快资本积累、实现工业化的国家战略，我们形成了"发展和建设型金融"模式，即人为压低劳动、土地等要素价格，扭曲金融价格，强制推高国民储蓄并完全转化为建设投资。改革开放以来，中国金融体系不断完善，产品和部分要素价格放开，但金融发展的目的仍然是通过扭曲金融价格满足资金需求方利益，牺牲资金

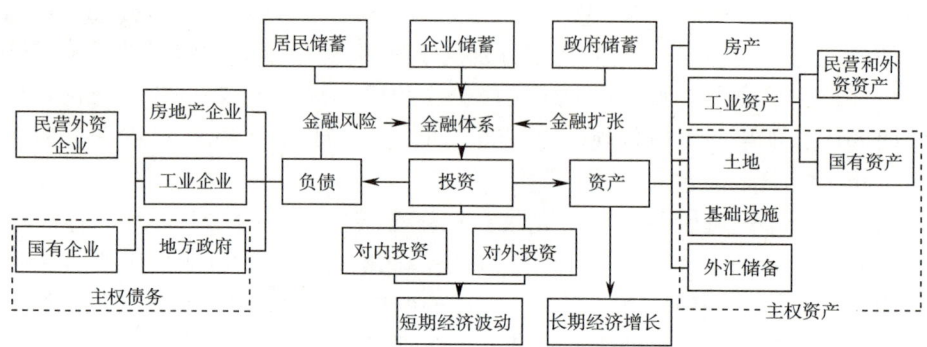

图 1 资产负债扩张示意图

提供者的利益,"发展和建设型金融"模式继续起作用,中国经济投资率均同储蓄率保持高度一致(见图 2)。而国内投资未消化的国民储蓄以贸易顺差形式转化为对外投资,但缺乏高收益的外部投资机会。中国金融体系参与对外投资主要有三种形态:一是通过国家主权基金投资海外市场,较难获得国外的优质资产;二是通过大型国有企业进行海外投资,主要集中在回报率极低的传统能源和矿产领域;三是作为中国持有外国资产主要方式的货币当局的外汇储备积累[①],基本以持有美国等主要发达国家的国债等低收益资产为主。

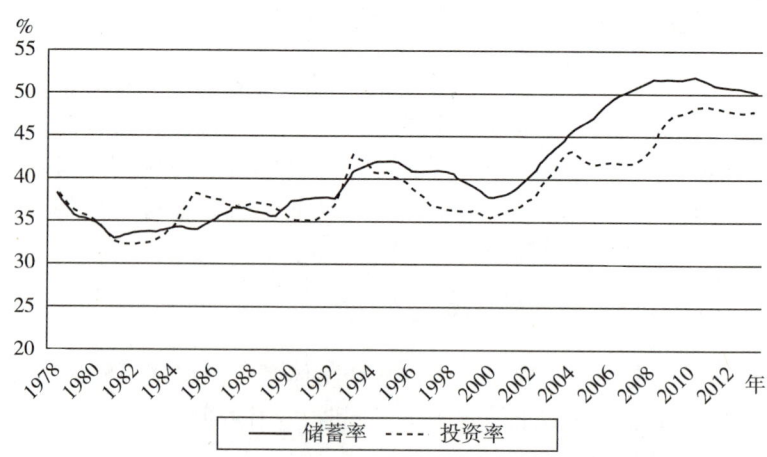

资料来源:《中国统计年鉴(2014)》。

图 2 国民储蓄率和投资率(1978~2012 年)

---

① 截至 2014 年底,中国外汇储备规模达到 38430.18 亿美元,相当于当年国民收入的 0.383 倍。

中国经济由于庞大的国民储蓄、人为压低的金融价格和非完全市场化的投资决策共同形成投资驱动型发展模式（Lee等，2012），社会投资积累造成资产负债迅速扩张（见图3）。

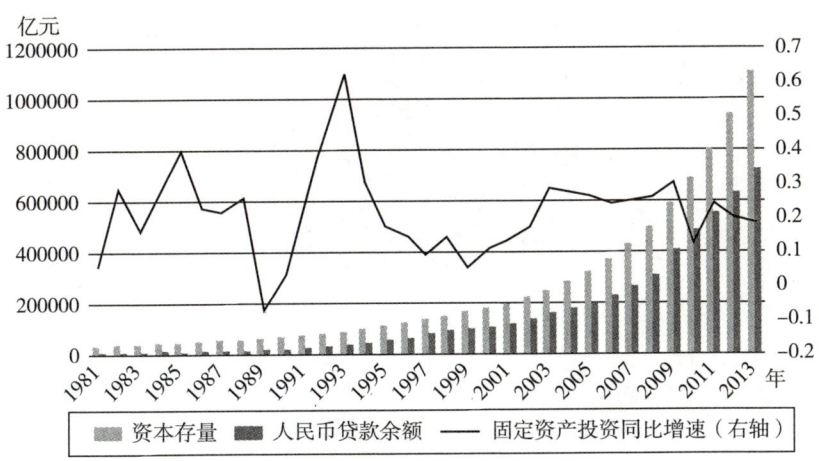

资料来源：中国人民银行，国家统计局，张军和施少华（2003）①。

图3　固定资产投资与资产负债的同时增长（1981~2013年）

1. 我国资产负债的结构性特征

宏观经济资产分为非金融资产和金融资产，目前中国经济的非金融资产主要是土地和房产、基础设施和企业固定资产（见图4）。由房地产企业、地方政府和工业企业承担的房地产开发、基础设施建设和工业固定资产投资是社会投资的主导力量。封闭经济的金融资产和金融负债相等，而开放经济的二者差额是本国净国际投资头寸。中国持有国外资产以利息较低、期限较短的储备资产为主，对外负债则集中在利息较高、期限较长的外商直接投资（FDI），形成国际投资头寸的"借长贷短"（见图5），外汇储备和国有企业资产、土地和基础设施一起成为中国主权资产的主要构成。

去除净国际投资头寸后的金融资产即为宏观经济的金融负债。目前融资体系仍然是以银行体系主导的间接融资模式，存款和贷款是金融资产和负债的主要形式②。中国信用环境和法治环境的缺失抑制直接融资发展，进而导致股权和债权

---

① 1978~1998年资本存量来自张军和施少华（2000），1999年以后资本存量通过社会固定资产投资推算，均为1990年不变价度量。参见张军、施少华：《中国经济全要素生产率变动：1952~1998》，载《世界经济文汇》，2003（2）。

② 根据李扬和张晓晶（2013）估算，存款和贷款占2011年宏观金融负债的63.2%，而同期股票和债券只占14.4%。参见李扬、张晓晶：《中国国家资产负债表（2013）：理论、方法与风险评估》，北京，中国社会科学出版社，2013。

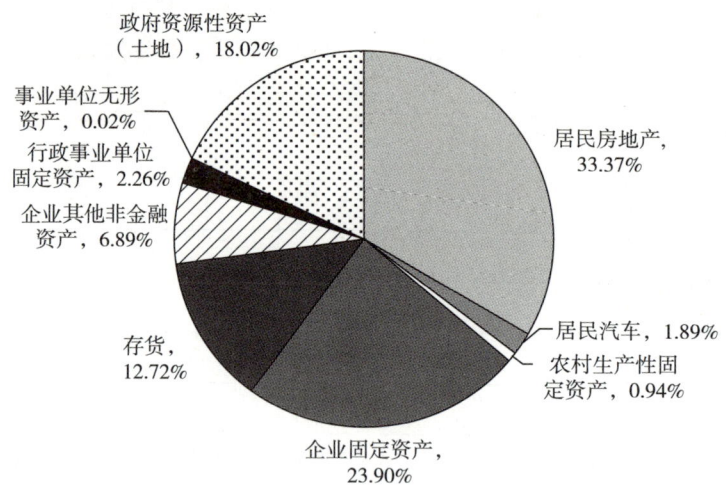

资料来源:李扬等(2013)。

图4 中国宏观经济非金融资产构成

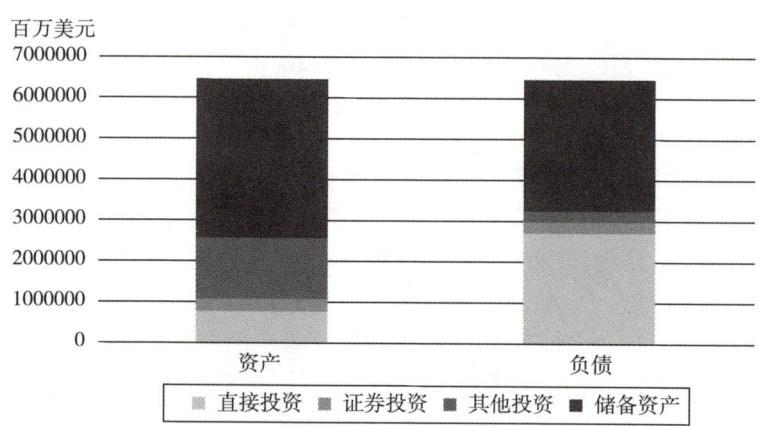

资料来源:国家外汇管理局,CEIC数据库。

图5 2014年中国国际投资头寸的资产与负债

融资在融资体系中占比较低(Porta等,1998)。分产业看,金融机构短期贷款余额主要集中在工业和服务业,但是与资本形成密切相关的中长期贷款则主要流向工业、基础设施建设和房地产三大领域。影子银行体系的资金配置结构同中长期贷款类似,2014年末对基础设施建设、房地产和工商企业的资金信托占比达到55.3%[1]。

---

[1] 资料来源:中国信托业协会。

包括房地产企业和工业企业的非金融企业和地方政府是宏观金融负债的主体，而家庭部门的负债水平则相对较低。金融机构境内人民币信贷收支的住户贷款只占30%，有70%是非金融企业及其他部门贷款①。国有企业债务和地方政府债务是中国主权债务的主要部分，工业企业债务主要由国有企业承担，据统计，银行正规贷款有80%以上都流向国有部门，这一信贷偏向明显体现为分所有制工业企业杠杆率的差异②。

2. 我国资产负债表扩张阶段的划分

中国资产负债迅速扩张的起点是1998年前后中国市场化改革的继续推进，转折点则是2008年国际金融危机后中国经济结构扭曲的加剧，我们将中国资产负债扩张划分为前后两个阶段。

第一阶段以1998年城市房地产改革为始点，城市住房和土地价格开始上升，基于房产和土地抵押的资产负债扩张是这一阶段全社会固定资产投资加速发展的核心动力，进而通过资本形成促进经济增长。

在融资需求受限情况下，资产价格的提升，甚至是一定程度的资产泡沫可以降低企业融资约束（Farhi和Tirole，2011）。在中国这样一个微观经济主体的融资需求经常性受到限制的经济中，房地产市场发展下的土地和房产价值上升为信贷扩张创造丰富的抵押物资源，使投资主体突破融资和贷款配额成为可能，是支撑中国近十几年来投资拉动型增长模式的关键③。

由于中国金融体系的法律制度和诚信观念不到位，抵押担保及其价值上升成为缓解金融市场信息不对称的关键手段。家庭部门、企业部门和房地产开发商均将房产抵押作为获得融资的有效途径，土地资源则作为地方政府实施基础建设的主要抵押物和还款来源。与此同时，房产和土地价值上涨提高企业流动性，使其以较低成本迅速变现用于投资。1999~2007年全社会固定资产投资的企业自有资金投资比例显著攀升，而银行贷款比例反而有所下降（见表1）。

表1　　　　全社会固定资产投资中资金来源占比情况　　　　单位:%

年份	国家预算内资金	国内贷款	利用外资	自筹资金	其他资金
1999	6.22	19.24	6.74	49.20	18.59
2007	3.88	15.28	3.40	60.59	16.84
2009	5.07	15.71	1.85	61.35	16.03
2013	4.54	12.09	0.88	68.00	14.50

资料来源：国家统计局。

① 资料来源：中国人民银行。
② 2013年末工业企业杠杆率为57.8%，而国有及国有控股工业企业杠杆率为61.91%。（资料来源：国家统计局）
③ 中国目前银行贷款抵押品中有近40%是房产，另有10%是土地。（资料来源：金融时报，http://www.ftchinese.com/story/001056231）

同时，这一阶段市场化改革极大促进生产率提高，进而缓解和弥补金融资源的非效率配置。在固定资产投资的三大领域，"分税制"改革促进地方政府招商引资下的基础设施建设，"住房分配货币化"改革带来房地产市场的巨大繁荣和住房条件的普遍改善，国有企业股份制改革和"抓大放小"战略在国有企业效率提升同时提供民营经济发展空间，而加入WTO全面提升中国制造业的全球竞争力。尽管这一阶段"发展和建设金融"模式对金融资源的非效率配置依然存在，但是资金需求方生产率增长弥补金融错配损失。非常有意思的现象是，全社会固定资产投资加速并未导致企业杠杆率上升，甚至国有企业杠杆率也出现下降趋势。固定资产投资加速伴随企业融资规模扩大和债务积累，但这一阶段投资效率提高和投资决策优化带来资产较负债的更快增长，导致企业在经济增长中的持续去杠杆（见图6）。市场化改革的继续深化提升企业经营绩效，金融风险大为减小。

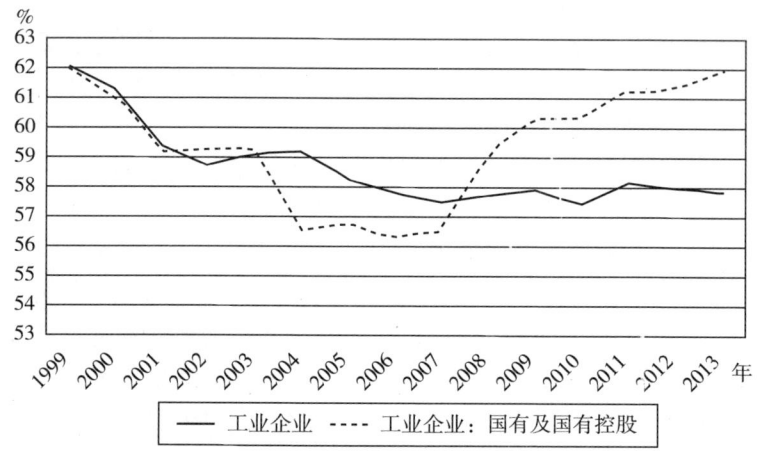

资料来源：国家统计局。

图6 工业企业和房地产企业的资产负债率变动（1999～2013年）

第二阶段是2008年国际金融危机以后，中国资产负债继续扩张，但是全要素生产率（TFP）增长和潜在经济增长率同时出现下降，这一阶段宏观资产负债扩张对实体经济造成严重挤出。

2008年国际金融危机后，经济增长驱动力由市场化改革的继续推进转变为经济刺激下的政府干预，成为中国资产负债扩张的转折点。大规模财政刺激和宽松货币环境造成大量金融资源流向基础设施建设、国有企业和房地产行业，但固定资产投资的加速缺乏进一步提高劳动生产率的改革措施。这一阶段工业企业总体资产负债率保持平稳，但国有及国有控股企业和房地产企业的资产负债率不断攀升。固定资产投资加速和企业负债杠杆率上升并未引发高速通货膨胀，说明从根本上讲中国经济仍然是资源未充分利用的剩余经济形态。

这一阶段融资体系出现传统信贷向"影子银行"模式的结构转变,其中,委托贷款和信托贷款的社会融资总额占比上升近三倍(见表2)。2009年以后,中国银行体系监管加强抑制传统信贷扩张,"影子银行"模式通过自身产品创新不断适应传统资金需求方的融资需求,继续为传统增长动力输送金融资源。基础设施建设、房地产开发和工业固定资产投资是"影子银行"体系的主要资金需求方,资金供给方是对风险定价认识不清的居民储蓄和缺乏投资机会的企业储蓄,因此存在投资流向长期低收益和融资来源短期高成本的资金错配。由于缺乏类似银行体系在准备金、存贷比等方面的监管措施,"影子银行"体系在这一阶段资产负债扩张中存在更严重的违约风险和流动性风险。

表2　　　　社会融资总额构成的年度变化(2006~2014年)　　　单位:%

年份	本外币贷款	委托贷款	信托贷款	企业债券	企业股票	其他融资
2006	85.25	4.19	0.77	2.15	3.52	4.12
2007	81.84	4.48	1.16	2.50	4.22	5.79
2008	81.79	4.90	1.81	3.78	4.20	3.51
2009	80.25	4.93	2.20	5.22	3.69	3.71
2010	75.67	5.60	2.32	5.85	3.80	6.75
2011	74.30	5.75	2.23	6.75	3.79	7.17
2012	72.06	5.65	3.28	8.18	3.46	7.36
2013	69.81	6.72	4.50	8.65	3.14	7.19
2014	69.10	7.59	4.35	9.51	3.09	6.34

资料来源:中国人民银行。

资产负债扩张导致企业"对冲性融资"向"投机性融资"和"庞氏融资"转化。[①] 当运营现金流无法覆盖债务支出时,企业通过继续举债以偿还旧债。不断累积的债务存量进一步增加偿债风险,导致金融体系融资减少和企业投资下降。这一阶段房地产开发融资以"投机性融资"为主,房地产开发商依靠房地产价格增长支付利息和本金支出。地方政府主导的基础设施建设则主要是"庞氏融资",基础设施建设存在长期低回报与短期高成本融资之间的结构和期限错配,进而导致地方政府只能依靠债务积累完成后续投资。

---

① 明斯基(Minsky, 1986)认为,企业牟利动机驱动下的金融体系"投机性融资"和"庞氏融资"比例增加是金融风险上升和经济波动的主要因素。参见 Minsky, H., *Stabilizing an Unstable Economy*, New Haven and London: Yale University Press, 1986.

(二) 杠杆率的变化

对我国经济杠杆率的研究，本文沿用李扬等（2013）、徐诺金等（2014）的分析框架，将全社会的总杠杆率分解为政府、非金融企业、居民和金融机构四个部门的子杠杆率，进行纵向分析和国际比较。

1. 纵向分析

政府部门债务主要指中央政府的内债和外债，尚未考虑地方政府债务。按照社科院的统计口径，2002~2014年，我国政府部门的杠杆率从38%上升至57.8%，猛增52%，接近60%的国际警戒线水平。图7显示了我国2002~2014年政府部门债务占GDP比重的变化。

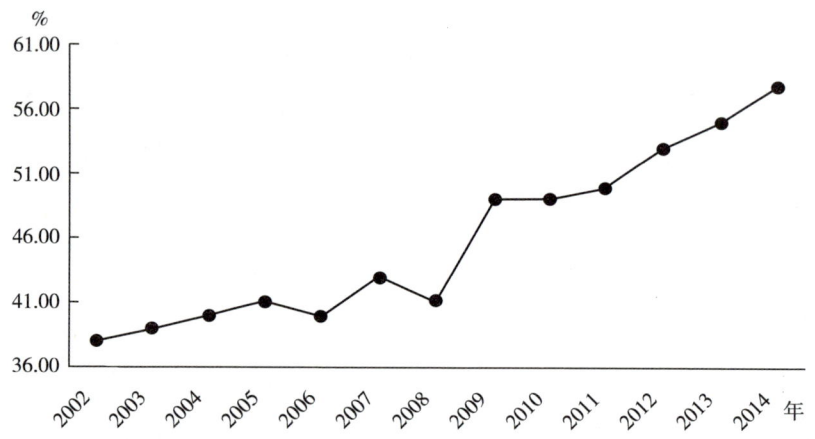

资料来源：Wind。

图7 政府部门债务占GDP比重（2002~2014年）

事实上，在一些发达经济体，中央政府并不会为地方层次的债务负责，若地方政府债务过大，其可直接申请破产，但是我国的情况完全不同。因此，在债务风险方面，除地方政府融资平台等或有负债外，社会保险欠账、国有企业历史遗留问题等也可能转化为政府债务。特别是，为应对国际金融危机，我国实施了积极的财政政策和适度宽松的货币政策后，各级政府纷纷开始基础设施建设项目，地方政府融资平台大量涌现，举债融资规模迅速膨胀。全国人民代表大会常务委员会预算工作委员会关于规范地方政府债务管理工作情况的调研报告显示，2014年末，我国地方政府债务余额15.4万亿元，比2013年6月底净增4.5万亿元，增幅达41%左右。其中，从区域分布看，东、中、西部地区分别为6.7万亿元、3.9万亿元和4.8万亿元，占比分别为44%、25%和31%；从举债主体看，主要是融资平台、政府部门和机构、事业单位及国有企业，分别占39%、24%、

22%和15%；从借款来源看，主要是银行贷款、BT等应付款、地方政府债券、企业债券、信托、中期票据和短期融资券等。尽管许多地方政府强调政府债务风险总体可控，但其对风险的意识仍有待提升。另外，考虑到中西部地区要加快发展，未来对债务需求仍然很大。

非金融企业的债务来源途径主要有传统的银行信贷、金融市场上的债务发行工具、类影子银行的信用融资（主要包括委托贷款、信托贷款以及未贴现的银行承兑汇票等）。按照社科院的统计口径，2014年，我国非金融企业部门的杠杆率高达123%，远高于国际平均水平，较2005年提高了28个百分点。特别是国际金融危机之后，由于政府"四万亿"强刺激政策的乘数效应及我国金融资本市场发展的缺陷，我国非金融企业尤其是国有企业部门债务迅速积累，成为推动我国总体杠杆率上升的主要驱动力。图8显示了我国2002~2014年非金融企业部门债务占GDP比重的变化情况。

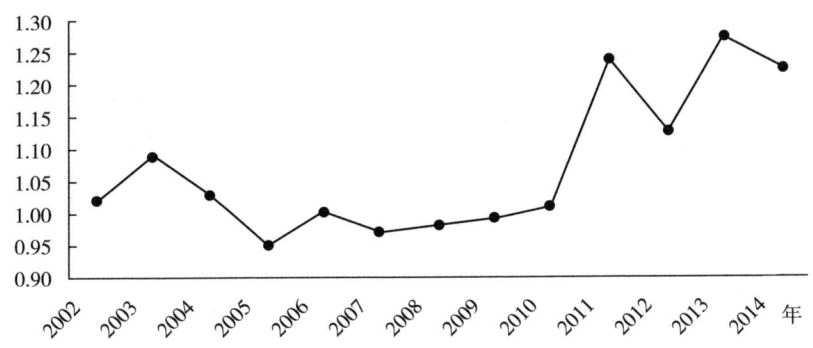

资料来源：Wind。

图8　非金融企业部门债务占GDP比重（2002~2014年）

根据已有的研究，在不考虑前期非金融企业部门杠杆率水平、财政货币政策的情况下，影响非金融企业杠杆率高低的因素主要还包括：企业盈利能力及财务成本等。

一般来说，非金融企业盈利能力越强，其杠杆率越低。其中，资产收益率是衡量企业盈利能力的重要指标。对于整个非金融企业部门，其资产收益率应该是各家非金融企业资产收益率的加权平均值。鉴于数据的可得性及简化运算的考虑，我们选用的是国家统计局网站上公布的规模以上工业企业的利润水平与总资产的比，作为非金融企业盈利能力的代表。图9显示了我国规模以上工业企业2002~2014年的盈利能力变化。

从图9可以看出，2007年及以前规模以上工业企业的盈利能力保持在较快的增长水平上，受国际金融危机影响，2008年和2009年企业盈利水平有所下

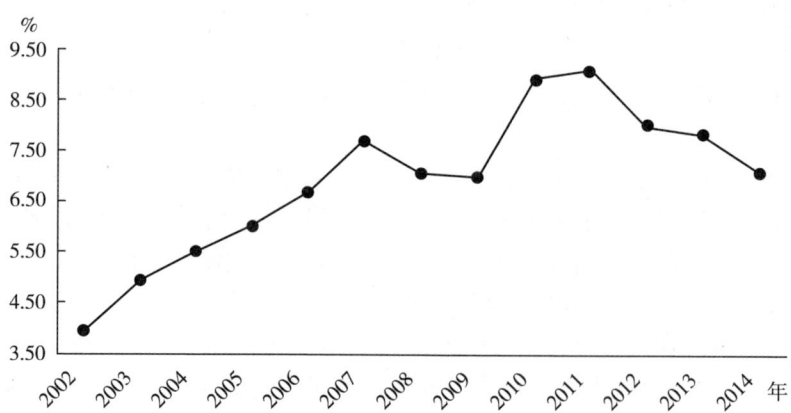

资料来源：根据国家统计局网站数据整理。

图9 规模以上工业企业盈利能力变化（2002~2014年）

滑。在国内扩张性财政政策和货币政策的双重刺激下，规模以上工业企业盈利能力迅速上升，在2011年达到顶峰。此后，规模以上工业企业的盈利能力步入下行通道。综合这一趋势，以及未来一段时间内国内经济仍面临"去库存、去产能、去杠杆"的"三去"压力，预计企业部门盈利能力可能还会延续其震荡下行的态势。

财务负担也是影响非金融企业杠杆率水平的重要因素。财务负担越重，杠杆率水平有可能居高不下。在这里，我们选用规模以上工业企业的财务成本，作为非金融企业部门的财务负担的代表。图10显示了我国规模以上工业企业2002~2014年的财务负担的变化。

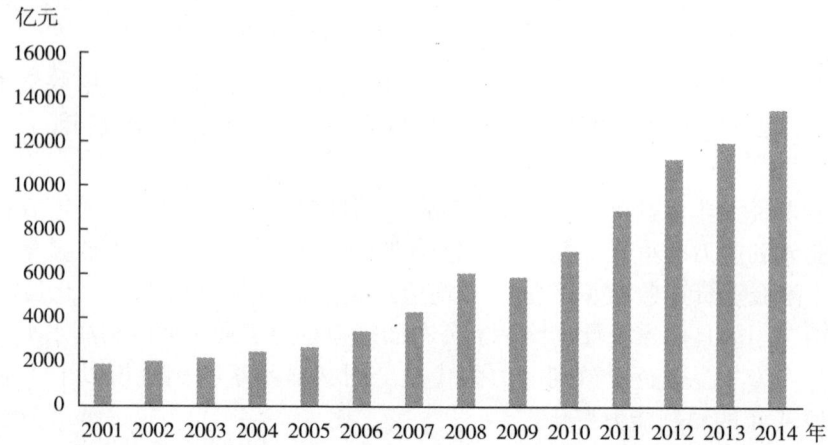

资料来源：根据国家统计局网站数据整理。

图10 规模以上工业企业财务负担变化（2002~2014年）

从图 10 可以看出，中国非金融企业的财务负担相当重。2007 年及以前规模以上工业企业财务负担增长（斜率）相对还比较为平稳；进入 2008 年以后，规模以上工业企业财务负担呈快速增长趋势。可以说，中国的非金融企业一方面盈利水平低，另一方面财务负担重，在杠杆率本身就已经很高的情况下，非金融企业要发展不得不依赖外部融资，从而导致杠杆率的进一步提升。

居民部门的全部债务都是贷款，没有债券。图 11 显示了 2001～2014 年我国居民部门债务占 GDP 比重的变化。从图 11 可以看出，我国居民部门债务占 GDP 的比重也呈现自 2008 年攀升的特点，从 2008 年的 18% 上升到 2014 年末的 36.4%。

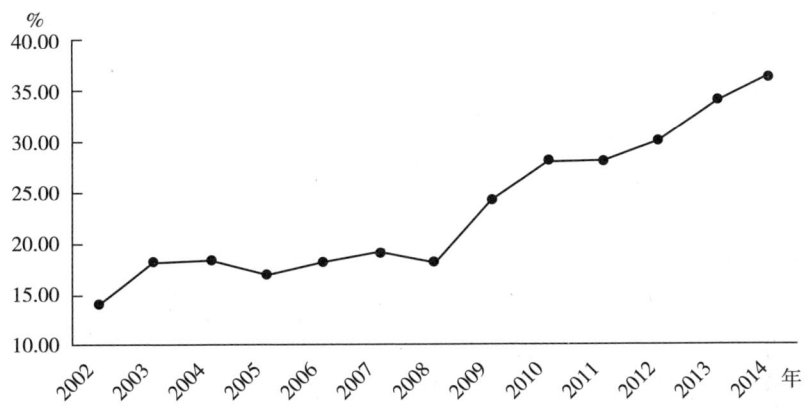

资料来源：Wind。

图 11　我国居民部门债务占 GDP 比重变化（2002～2014 年）

金融机构的债务不考虑通货和存款，剩下的主要是金融债，又分政策性金融债和其他金融债两部分。据此，2014 年末金融企业部门的杠杆率由 2002 年的 8% 上升到 18.4%，主要是这一时期我国经济的增长很大一部分伴随银行信贷的大规模扩张，导致银行资本充足率下降。为补充资本金，银行发行了大量的次级债。图 12 显示了 2001～2014 年我国居民部门债务占 GDP 比重的变化。

加总四个部门的杠杆率可以得到我国经济的总杠杆率。图 13 显示了 2002 年至今我国总债务占 GDP 的比重。尽管总债务占比基本保持上升态势，但 2008 年国际金融危机爆发之后，全社会杠杆率迅速提高，从 2008 年的 170% 迅速上升至 2014 年的 235.7%。

2. 横向比较

从总量上看，目前我国经济的总杠杆率（235.7%）低于美国、英国、日本平均 350% 的杠杆率；从结构上看，我国经济杠杆率的主导部门及其借款用途与其他经济体有所不同。

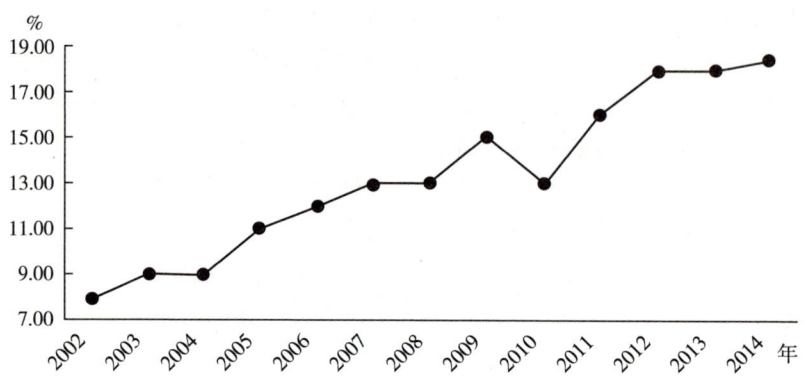

资料来源：Wind。

图12　金融机构部门债务占GDP比重变化（2002～2014年）

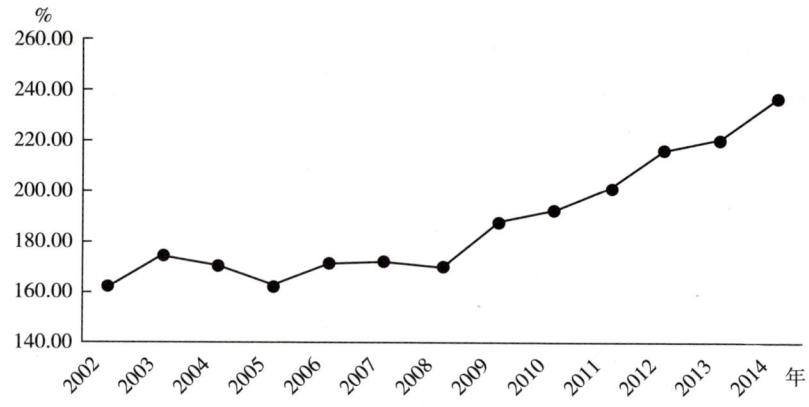

资料来源：Wind。

图13　我国经济的总债务占GDP比重变化（2002～2014年）

与全球其他经济体的政府部门债务相比，我国政府部门的债务主要用于建设性或投资性支出，形成了实际资产。而在美国等一些公共财政国家，债务资金中社会保障、教育、卫生、国防及一般公务支出较高，经济建设支出特别是直接经济支出较少，财政支出很少能转化为政府的资产。正因为如此，即使我国政府的债务未来有可能出现一定程度的还本付息困难，但仍可将政府资产通过证券化或者直接出售等方式用于债务清偿，这也是一些公共财政国家所不具备的优势。但是，近年来我国地方政府债务规模急剧上升及其背后举债机制等问题也成为我国经济发展过程中不可忽视的风险。

与全球其他经济体的非金融企业杠杆率水平相比，我国非金融企业部门杠杆率高，但这需要辩证看待。一是与美国等发达国家的杠杆率加载在金融部门相比，将杠杆率加载在实体经济部门相对更健康；二是长期以来我国经济处于快速发展的追赶阶段，工业企业的发展需要在前期投入大量资金，但由于没有足够的资本积累时间，企业高负债、高杠杆在所难免；三是我国的国有企业不仅有盈利目标，同时也承担着一些国计民生工程，因此企业杠杆率偏高在某种程度上是源自政府债务的转移；四是我国股权融资市场较发达国家相差太远，企业融资渠道单一，杠杆率容易上升。我国作为一个发展中国家，仍然具有较大的发展空间，只要我国经济持续发展，企业的高杠杆率问题就不难解决。

同世界其他国家相比，我国居民和家庭部门杠杆率虽然上升很快，但依然偏低。我国家庭部门负债主要为银行贷款和民间借贷，其中购房贷款占一半以上。这表明，房地产需求带动了家庭部门负债的扩张。美国联邦储备银行数据库显示，2012年美国居民家庭部门的杠杆率是84.3%，英国是204.3%，德国是58.7%，澳大利亚是93.2%，而我国则是31.1%，远低于这些发达国家的水平。而美国居民债务远高于其他三部门的债务占比，其负债式消费或寅吃卯粮的特点明显。

与欧美金融机构相比，我国商业银行、证券公司和保险公司的表外资产规模相对较小，没有大量投资CDO等高风险资产的情况，杠杆率指标基本反映了金融机构的真实风险水平。因此，目前我国金融体系的杠杆率还不算高，整体处于相对安全的状况。

三、高杠杆率下的潜在风险

（一）政府部门的潜在风险

从国际经验看，尚无由大规模负债投资基础设施建设而引发政府主权债务危机的先例。尽管我国政府债务总体可控，中央政府杠杆率一直保持偏低的水平，但地方政府杠杆率近年来上升较快，聚集了较大风险（魏加宁、宁静、朱太辉，2012）。

一是扩张速度较快，存在局部风险。2014年地方政府债务余额15.4万亿元，比2013年6月底净增4.5万亿元，增幅达到41%左右。2014年末地方政府债务余额是2014年地方一般公共预算收入的1.2倍，约为2014年地方一般公共预算支出、政府性基金预算支出和国有资本经营预算支出决算汇总数的86.3%。值得注意的是，在融资平台贷款受到限制后，地方政府创新了举债主体和举债方式，形成了大量虽无偿还责任，但仍需承担一定担保责任或救助责任的或有债务。另外，创新融资手段还推高了地方政府债务成本，如BT（建设—移交）、PE（私募股权融资）利率都在12%左右，远高于债券融资和银行信贷利率。

二是地方政府短期债务较多，存在一定的流动性风险。截至2014年末，地方政府债务中，2015年到期3.1万亿元，占20%；2016年到期2.8万亿元，占18%；2017年到期2.4万亿元，占16%；2018年及以后年度到期6.2万亿元，占40%；以前年度逾期债务0.9万亿元，占6%。从投向看，大部分债务资金投向基础性、公益性项目，投资期限较长，资金回收慢。地方政府债务与资金使用期限错配严重，政府的再融资压力大，流动性风险需要关注。

三是融资平台表外融资风险值得关注。目前中国银监会等部门严控融资平台贷款规模。一些融资平台，为应对再融资压力，通过委托贷款等方式筹集资金偿债。这使风险虽没有在当期暴露，但这些融资方式的成本更高，未来的债务风险隐患更大。

四是还款严重依赖土地出让收入。截至2012年底，11个省级、316个市级、13%个县级政府承诺的以土地出让收入偿还的债务余额为3.5万亿元，占省、市、县三级政府负有偿还责任债务余额9.4万亿元的37.2%。考虑到虽未明确承诺但也可能需要由土地出让收入偿还的其他债务，全部地方政府债务中以土地出让收入偿还的比例会更高。如果出现经济下行和房地产价格下降，地方政府的土地出让收入减少，其偿债能力将因此受到影响。

（二）非金融企业部门的潜在风险

我国非金融企业部门杠杆的风险隐患主要来自两方面。一是经济增速持续下行、企业生产经营困难、资金周转不畅、被迫增加负债及被动加杠杆。未来我国非金融企业不宜盲目采取去杠杆的措施，应该把着力点放在提高企业经营效率和维持经济稳定增长上。2003~2007年我国企业部门杠杆率的降低，说明保持经济较快增长，才是企业去杠杆的最好手段。二是国际资本流动可能带来的风险冲击。受美国QE退出影响，新兴市场国家将面临外部需求减少、资本流出、汇率贬值、资产价格缩水等问题，金融市场波动将会加大。我国外债较少，外汇储备很高，银行存款准备金率也处于高位，美国QE退出对我国的冲击将小于其他新兴市场国家，但风险也必须引起关注。一旦国际资本流向发生逆转，可能会导致流动性风险和资产价格缩水，提高企业的杠杆率，部分过度负债的企业可能会因此陷入困境甚至破产。

（三）家庭部门的潜在风险

家庭部门杠杆率的风险隐患主要来自两方面。一是经济增速下行影响居民就业和收入。二是房地产市场蕴含风险。近年来，我国房地产价格快速上涨，房地产已经成为城市居民家庭的重要资产，一旦房地产价格下跌，家庭部门杠杆率将大幅提高。

（四）金融企业部门的潜在风险

在当前的杠杆率水平下，金融企业部门的风险隐患主要来自实体经济。上文分析指出，经济增速下行导致信贷资产质量劣变，政府融资平台、房地产市场存在风险隐患，这些都会影响银行资产质量。金融部门杠杆率的另一个重要风险隐患来自影子银行。2008年国际金融危机表明，影子银行的风险具有复杂性、隐蔽性、脆弱性、突发性和传染性，容易诱发系统性风险。当前我国金融监管部门正在积极采取措施，努力控制和化解影子银行体系的风险。

四、改革融资模式，降低总杠杆率

目前以基础设施建设、房地产开发和工业固定资产投资为主的传统经济增长动力不可持续，未来中国经济的持续增长需要新一轮动力转换。要做到这一点，迫切需要改革融资模式，恢复中国经济资产负债的良性扩张，才能推动中国经济在未来的持续增长。

（一）投资仍然是中国未来经济增长的重要动力

中国总体投资水平远没有达到饱和状态，目前中国的资本产出比在世界主要经济体中位置适中，经济体量进一步扩大会带来资产负债更大的上升空间。过去三十年西方发达经济体的资本产出比一直稳定在3倍到4倍水平，但亚洲新兴国家，如日本、韩国在经济起飞阶段都经历资本产出比的持续上升过程（见表3）。从资本回报率来看，1998年以后的中国经济的资本回报率一直稳定在20%左右，普遍高于大多数发达经济体（孙文凯等，2010；Bai 等，2006；Blanchard，2006）。由于金融危机和资产负债挤出实体经济，2008年以后作为资本形成基础的投资回报率和资本形成效率均大幅下降[①]，但资本回报率在这一阶段下降源于经济结构扭曲而非资本形成的总量过度。

表3　　　　　　　　世界主要经济体的资本产出比变化

年份	中国	德国	法国	英国	日本	韩国	美国
1978	1.65	3.25	3.25	2.49	2.78	1.93	2.89
1990	1.94	3.22	3.13	2.40	2.97	2.03	2.74
1998	2.52	3.17	2.89	2.19	3.88	2.76	2.65
2007	3.45	3.65	4.02	2.41	4.68	3.96	3.15
2011	4.37	3.71	4.35	3.24	4.85	4.32	3.13

资料来源：根据PWT 8.0和笔者计算。

---

① 中国投资回报率从2000~2008年稳定在8%~10%，下降到2012年的2.7%（资料来源：2013年中国新供给经济学小组双周学术论坛，报告人：白重恩）。中国资本形成效率从2003年的90%左右下降到2010年的75%左右，参见孔睿、李稻葵、吴舒珏：《资本形成效率探究》，载《投资研究》，2013（4）。

中国经济需要维持强劲投资才能确保未来的持续增长。消费、投资和净出口作为拉动短期经济增长的三驾马车，消费增长受制于城乡二元结构、收入分配不均和人口结构现状，出口扩张则受限于发达国家的复苏步伐。在这种情况下，高效、优质的投资对中国经济增长和就业的确保就显得尤为重要。同时，中国需要继续加快投资步伐为未来老龄化社会作好准备。中国目前人口红利期所带来的生产性投资旺盛通过资产负债的持续扩张将为未来经济发展积累资本存量。但伴随2012年15~59岁劳动年龄人口规模出现首次下降，人口红利期将于2033年左右结束。虽然人口增长放缓会导致人均资本存量上升和劳动生产率增长，但是资本回报的下降会降低未来投资水平（Yashiro和Oishi，1996）。同时老龄化也会减少国民储蓄，进而导致融资成本的上升和资本形成放缓。中国经济需要在人口红利期进行大规模投资，实现在老龄化社会到了之前完成所需要的基础设施、生态环境以及城镇化建设。

（二）投资结构性过度与非市场化的融资模式

投资结构性过度是中国投资增长中的主要问题，投资效率在区域、产业和不同所有制之间存在显著差异（Dollar和Wei，2007）。一是中西部地区依靠中央政府大规模转移支付的非市场化投资缺乏效率。中西部地区的消费水平与投资关系十分紧密，但这种关系是短期而非持续作用，很难真正促进区域经济发展（Lee等，2013）。二是过度投资出现在房地产、基础设施建设和产能过剩的工业部门，而农业技术改造、高技术含量制造业和服务业领域投资相对较少。在重工业领域中国企业的投资回报率非常低，但是投资并没有因此减少（Dollar和Wei，2007）。三是国有企业比非国有企业具有更多的投资和更低的投资回报率。国有企业相对于民营企业的低效率造成投资回报的下降，进而导致投资在所有制上的结构性过度（见表4）。

表4　　　　　　　分所有制规模以上工业企业利润率变化　　　　　　单位:%

	2003	2007	2011	2013
规模以上工业企业	4.94	7.69	9.09	7.39
其中：国有及国有控股	4.06	6.82	5.84	4.43
私营企业	5.92	9.48	14.21	11.94
外商及港澳台地区投资商	7.07	7.81	9.57	7.87

资料来源：国家统计局。

非完全市场化的投融资体系是中国投资结构性过度的根本原因，政府干预严重阻碍市场对金融资源的有效配置。从投资主体看，房地产开发、基础设施建设和工业投资都缺乏市场化的投资选择。地方政府和国有企业缺乏"预算硬约束",资产泡沫驱动房地产投资。从地方政府的投资决策看,投资主体较少考虑投资项目未来现金流短缺所带来的风险,而是考虑通过投资如何促进地方当前GDP的增长。同时金融资源的价格缺乏市场化定价,投资行为无法通过金融价格进行调节。其结果是投资结构上的非均衡,金融资源配置到房地产、基础设施和重工业和国有企业等低效投资,持续扩张的资产负债挤出实体经济,经济增长缺乏持久动力。

(三) 以融资模式改革降低总杠杆率

1. 短期来看,要做实现金流

地方政府、房地产企业和国有企业现金流短缺可能导致债务违约和融资困境,造成宏观系统性风险。传统经济增长动力减弱源于经济结构扭曲,但并不意味中国经济不需要进一步的基础设施建设、房地产开发和工业及服务业规模的扩张。短期内融资模式改革的关键任务是做实现金流。

第一,以长期地方政府债券置换短期债务存量,防范地方债务违约风险。2015年有数万亿元的地方政府银行短期贷款和影子银行融资到期,债务违约风险严重。与此同时,巨额债务负担抑制基础设施建设,无法拉动投资需求。当前亟须通过允许地方政府发行长期基础设施债权以替换短期债务,从而解决地方政府融资的期限和收益错配问题,并为基础设施建设提供长期债券融资的良性机制。

第二,通过市场化运营基础设施建设,盘活现金流。中国经济城镇化步伐加快和老龄化社会临近都不断为基础设施建设创造新的需求。基础设施建设应当从地方政府主导转变为市场化运营模式,通过做实现金流促进可持续的基础设施建设。具体来说,首先,通过市场化投融资途径进行基础设施建设融资,通过吸引民营资本促进未来的基础设施建设。其次,未来现金流应当同当期沉淀成本剥离,通过公开招标将未来现金流作为私人经营标的,提升运营效率。最后,适当出售包括未来现金流良好的优质资产在内的国有资产,减轻当期债务负担。

第三,缓慢挤出房地产泡沫,提高居民住房质量。作为重要抵押品的房产和土地仍然是目前中国整个投融资体系运作的重要工具,房地产价格剧烈波动会造成宏观资产萎缩、杠杆率上升和经济失速。房地产市场应在预期管理基础上逐步控制房地产泡沫,而不是房地产价格短期内的迅速下跌。在房地产泡沫得到控制前提下,中国经济需要推进未来房地产在旧城改造、中心城区空间的二次开发以及住房质量标准提高之后更新投资。13亿人口的国家和处于城市化进展中的国家,房地产业的未来还是大有发展前景的,不可能只在短短十几年内完成中国居民住房需求的使命。

第四,破除国有企业垄断,加速制造业升级。中国制造业始终处于全球产业链低端位置，依靠廉价劳动力和资本投入进行低附加值生产。重化工领域的国有企业垄断造成产能过剩，挤压产业链中下游民营企业生存空间，抑制生产效率提升和技术进步。市场竞争的强化将通过生产要素资源向竞争性领域的配置提高制造业生产效率和经营绩效。企业利润导向下的投资决策将加快工业部门投资结构调整，进而促使产业升级和技术创新。

第五，调整央行资产负债，以央行外汇储备置换地方政府债券。通过汇率市场化、放松外汇管制等途径，鼓励居民和企业持有外汇和多样化对外投资，进而适度降低外汇储备，提升中国海外资产的质量和收益。与此同时，央行利用外汇储备减持的人民币资金购买地方债务存量，扩展基础货币投放途径提供市场流动性，并以基础设施建设长期收益实现央行地方债券资产的长期增值。

第六，执行稳健货币政策，保持适度宽松的货币环境。通过市场化改革转变微观经济主体行为，保持稳健货币政策为经济持续发展奠定基础，这是1998～2007年中国经济持续增长的重要经验之一。解决目前资产负债扩张下宏观系统性风险有赖于中国市场化改革的继续推进。过于紧缩的货币政策会导致宏观系统性风险加剧。由于实体经济无法承担高利率，金融资源反而会流向对利率不敏感的传统资金需求方，进一步恶化资产负债扩张对实体经济的挤出。

2. 长期来看，要彻底改革融资模式

融资模式改革必须兼顾金融资源价格市场化和经济主体投资决策理性。政府干预导致要素价格无法自由调节金融资源配置。金融资源的合理分配要求利率、汇率等金融价格决定的市场化改革，并辅之以严格透明的金融体系监管。但金融资源价格放开必须以经济主体的决策理性为前提。首先要硬化经济主体特别是国有经济主体的预算约束，让微观经济主体形成基于金融价格的融资决策，才能避免对金融价格不敏感的资金需求行为和非理性的资产负债积累。

金融资源的高效配置有赖于健康合理的金融结构。金融体系结构优化要求更为稳定、透明和灵活调整的制度环境，实现符合实体经济利益的金融创新。信息透明和风险分散的直接融资渠道是支持创新和产业升级的重要力量，但要求严格的产权保护和灵活的制度调整。

目前中国金融体系直接融资和间接融资比例严重失衡，金融创新集中在支持传统增长动力的"影子银行"。通过股市进行直接融资是中国金融体系发展的重要方向，但是目前中国股市走势并不能反映实体经济，忽视企业真实业绩。有效金融监管和资本市场开放基础上的金融创新是中国股市发现企业价值，引导资金进入实体经济的必由之路。同时互联网金融和中小银行发展也需要宽松的政策环境为中小企业提供丰富多样的金融产品。

参考文献

[1] 李扬、张晓晶、常欣、汤铎铎、李成:《中国主权资产负债表及其风险评估(上)》,载《经济研究》,2012(6)。

[2] 李扬、张晓晶、常欣、汤铎铎、李成:《中国主权资产负债表及其风险评估(下)》,载《经济研究》,2012(7)。

[3] 袁志刚、余静文:《中国人口结构变动趋势倒逼金融模式转型》,载《学术月刊》,2014(10)。

[4] 罗长远、陈琳:《FDI是否能够缓解中国企业的融资约束》,载《世界经济》,2011(4)。

[5] 黄志龙:《我国国民经济各部门杠杆率的差异及政策建议》,载《国际金融》,2013(1)。

[6] 李扬、张晓晶:《中国国家资产负债表(2013):理论、方法与风险评估》,北京,中国社会科学出版社,2013。

[7] 孙文凯、杨秀科、肖耿:《资本回报率对投资率的影响:中美日对比研究》,载《世界经济》,2010(6)。

[8] Reinhart, C., and K. Rogoff, Growth In A Time Of Debt, American Economic Review, 2010, 100 (2).

[9] Lee, I. H., M. Syed and X. Liu, "Is China Over – Investing and Does it Matter", IMF Working Paper Series, 2012, No. WP/12/277.

[10] Porta, R. et al., "Law and Finance", *The Journal of Political Economy*, Vol. 106 (6), 1998, pp. 1113 – 1155.

[11] Farhi, E. and J. Tirole, "Bubbly Liquidity", *The Review of Economic Studies*, Vol. 79 (2), 2012, pp. 678 – 706.

[12] Chakraborty, I., I. Goldstein, and A. MacKinlay, "Do Asset Price Bubbles have Negative Real Effects?" SSRN Working Paper Series, 2013, No. 2246214.

[13] Bai, C. E., C. T. Hsieh and Y. Qian, "The return to Capital in China", NBER Working Paper Series, 2006, No. W12755.

[14] Blanchard, O., "Discussion of 'The return to capital in China'", Brookings Panel on Economic Activity Discussion, 2006.

[15] Yashiro, N. and A. S. Oishi, "Population Aging and the Savings – Investment Balance in Japan", in: The Economic Effects of Aging in the United States and Japan, Hurd, M. D. and N. Yashiro (eds.), University of Chicago Press, 1996.

[16] Dollar, D., and S. J. Wei, "Das (wasted) Kapital: Firm Ownership and Investment Efficiency in China", IMF Working Papers Series, 2007, No. 07 – 9.

[17] Lee, I. H. , M. Syed and X. Liu, "China's Path to Consumer – Based Growth: Reorienting Investment and Enhancing Efficiency", IMF Working Papers Series, 2013, No. 13 – 83.

[18] Dollar, D. , and S. J. Wei, "Das (wasted) Kapital: Firm Ownership and Investment Efficiency in China", IMF Working Papers Series, 2007, Vol. 07 (9) .

主承销商行为对债券市场支持创新驱动的作用研究

中国人民银行上海总部金融市场管理部课题组

课题组组长：吴水平
课题组成员：陈晓虹　刘　彦　杨　婕

摘　要

中国经济进入新常态，这一状态的核心任务是经济发展的提质增效升级，创新驱动是实现这一核心任务的重点之一。主承销商在债券发行中担任着获取私人信息并转化公共信息的角色，其承销偏好等将可能对债券市场的支持导向有着直接作用。为此，研究债券市场不同类型主承销商承销行为的特点，并顺应其特点，引导其承销偏好到创新型企业上，有助于促进债券市场支持创新驱动的发展。本研究将此作为研究方向，具有较强的理论与现实意义。

本研究以企业融资优序理论和不同行为主体的信息优势作为理论基础，将主承销商分为政策性银行、国有商业银行、全国性股份制银行、城市商业银行和证券公司等几个类型，实证研究不同类型主承销商的债券行为特征对其支持创新驱动是否存在差异，如果有，将根据其差异状况来提出政策建议。所使用的实证检验模型为logistic多元无序选择模型，根据国务院2012年7月印发的《"十二五"国家战略性新兴产业发展规划》确定节能环保、新一代信息技术、生物、高端装备制造、新能源、新材料、新能源汽车等战略性新兴产业属于创新驱动型产业，依据文件印发的时间，选择了2013～2014年在国内债券市场公开发行的所有非金融企业公司信用类债券。

实证检验结果表明，不同类型的主承销商在其承销债券的过程中，对支持创新驱动是存在显著差异的，主要体现为与城商行和证券公司相比，政策性银行、国有商业银行和股份制商业银行的主承销行为更多地支持了创新驱动，表现为这三类承销商所主承销的债券中，支持创新驱动的比例更高，且这一差异在统计上显著；对模型的整体和对变量的检验均为显著。

针对检验结果，本研究进行了相关解释，一是政策性银行、国有商业银行及股份制商业银行具有更强的国家政策意识，也具有更强的资金实力落实国家政策要求；二是政策性银行、国有商业银行和股份制商业银行由于其广泛的分支机构和客户基础，使其在中小企业客户基础和识别软信息上较证券公司更具优势，中小企业更愿意选择商业银行担任其主承销商，并提出相应的政策建议：一是完善动态的主承销商遴选机制，要求主承销商应该具有数量大且符合产业与规模结构较为合理的企业客户基础。二是建立相应的市场化激励机制。从实证研究结果来看，政策性银行、国有商业银行和股份制商业银行的主承销行为在支持创新驱动方面有优势。这部分原因也可能是这部分机构具有更强的跟踪和执行国家政策的政策意愿，这种激励可能来自于多个方面，可能是升迁考核机制等政策性的激励等。对城商行和证券公司等承销机构而言，这方面的机制可能相对较弱，可考虑一些市场化的考核机制，运用一些市场化的激励相容方式，促进更多的承销主体更加响应长期政策要求。

本研究的主要创新点在于以下几个方面：一是用债券市场的相关研究对融资优序理论中的债务融资进行了补充；二是抓住主承销商这一核心要素，研究如何提升债券市场功能，有助于在实际工作中更有的放矢；三是创造性地以债券发行用途作为判断债券发行是否支持创新驱动的依据，为今后的类似研究提供了一种更有效的思路。

中国经济进入新常态，这一状态的核心任务是经济发展的提质增效升级，创新驱动是实现这一核心任务的重点之一。2014 年，企业债券融资占社会融资总量的比重达到 9.5%，仅次于各类贷款，且其直接融资属性更适合于支持经济创新发展，再结合主承销商在债券发行中担任着获取私人信息并转化公共信息的角色，其承销偏好等将可能对债券市场的支持导向有着直接作用。

一、引言

证券承销，是在证券一级市场中，证券发行人借助证券承销机构发行证券的行为，它是投资银行重要的业务领域之一。主承销商是指在负责指导与帮助发行人完成债券发行，并在债券存续期内牵头其他市场中介机构一起监督债券发行人履行与债务相关业务的投资银行。

中国经济进入新常态，这一状态的核心任务是经济发展的提质增效升级，创新驱动是实现这一核心任务的重点之一。2014 年，企业债券融资占社会融资总量的比重达到 9.5%，仅次于各类贷款，且其直接融资属性更适合于支持经济创新发展，再结合主承销商在债券发行中担任着获取私人信息并转化公共信息的角色，其承销偏好等将可能对债券市场的支持导向有着直接作用。为此，研究债券市场不同类型主承销商承销行为的特点，并顺应其特点，引导其承销偏好到创新型企业上，有助于促进债券市场支持创新驱动的发展。

二、主承销商行为促进科技创新的经济学分析

（一）融资优序理论为债券市场促进科技创新提供了理论支持

优序融资理论由 Myers 和 Majluf 提出，基于两个基本假设。第一，"公司内部人"管理者和"外部人"投资者之间存在严重的信息不对称。第二，管理者的融资决策行为是为原股东利益最大化服务的。通过这两个假设，Myers 和 Majluf 分析了公司股权融资决策过程，对比了股权融资和债券融资。在他们建立的模型中，一个公司永远都应该选择债券融资，因为债务融资的成本永远是小于股权融资的。他们假设公司在公司和市场都享有共同的信息（$t = -1$）时宣布发行债券来融资，而在公司已经获得了有关投资项目价值和公司价值的内部信息，但市场并未获得（$t = 0$）时实施股权融资，那么由于信息不对称，投资者就会意识到自己在市场也获得了公司内部信息时获得的公司价值增值率是负的，即买新股会使自己遭受损失，于是在这种情况下，投资者就不会购买公司的新股，公司也就被迫实施债券融资。若公司在 $t = -1$ 时宣布发行股权来融资，$t = 0$ 时继续实施股权融资而不转向成本更低的债券融资的话，基于上述逻辑，投资者同样不会去购买公司新股。因此，除非债券融资渠道受到硬约束，否则债券融资永远都是一个比股权融资更好的选择。

后续许多学者进一步探讨了 Myers 和 Majluf 的理论，涌现了非常多的理论成果。如 Narayanan（1988）认为，企业的融资渠道选择过程可以分为三个步骤。首先，企业应该通过设定合理的股利水平，保证一定留存收益 C 以供日常的投资需求。其次，当投资额度 D 超过内源资金后，公司应在保持合理的财务杠杆下（防止陷入财务困境，公司破产），实施债务融资，额度为（D – C）。当内源融资和债务融资都不能满足投资需求时，最后再考虑实施股权融资。

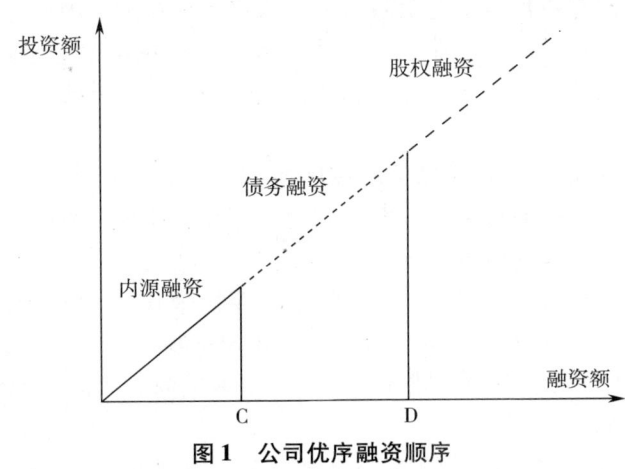

图 1　公司优序融资顺序

从目前我国的融资结构环境来看,债务融资主要由贷款和发行债券构成,由于本文的主要目的是研究债券市场对国家创新支持战略的支持,故在本研究中先关注债券融资。

(二) 主承销商承销信息优势显著影响了其承销行为偏好

通过将主承销商获取信息的便利情况进行分解,能够形成如下几个方面的主承销商选择发行人开展主承销活动的特征。

1. 大型主承销商更倾向选择于信用评级高、单只债券发行规模大的债券发行人。Allen N. Berger 和 Gregory F. Udell. A (2005) 等的研究表明,大型金融机构在为信息透明度高的企业提供服务方面更具有优势,小型金融机构则在为透明度较低的企业提供金融服务方面有优势。主要原因在于:大型金融机构由于层级多,主要采用程序化的流程处理数据,因此,其如果要对软信息进行处理的话,会在定量以及信息的交流和传送方面面临困难。而较小的金融机构的管理层级相对较少,具有更少的委托层级,在存在着委托代理问题的软信息上有优势。一般情况下,具有更高信用评级和更大规模的企业,会受到更高的社会关注度,能提供更多的硬信息,因此更多地受到大型金融机构的青睐。信用评级较低或无信用评级以及规模小的企业则提供更多的软信息,会更多地选择小型金融机构作为其主承销商。

2. 不同性质的主承销商倾向于选择与其有类似性质的发行企业。如国有背景的主承销商更倾向于选择具有国有背景的发行企业。根据政府干预论,受到政府影响更大的金融机构更愿意为国有性质的企业提供主承服务,而受政府影响小的金融机构则更少具有这种偏好。从信息不对称的角度来看,受政府影响更大的金融机构更熟悉各项政府补贴等的运作方式,因此更具有获得这方面软信息的优势。同时,由于国有机构常常是由政府部门来进行运作的,因此,也常接受明确的或暗示的指令向特定的某行业、部门或地区企业提供承销等金融服务。同样,具有其他性质背景的主承销商也更熟悉该性质部门的运作方式及其所传递出来的信息等。

3. 主承销商更倾向于为其总部所在区域的发行企业提供主承销服务。软信息的收集很大程度上是通过主承销商的项目经理与发债企业座谈和从企业与银行的多维联系中观察企业的经营情况。这些软信息包括通过之前与拟申请发行债券的企业的供应商、消费者或是相邻企业等的接触来作出的对企业未来的预期 (Petersen 和 Rajan, 1994; Van Cayseele, 2000; Berger 和 Udell, 2005; Degryse)。这些接触具有较强的地域性,因此,主承销商更倾向于承销其机构所在地企业所发行的债券。

4. 主承销商所承销的债券的发行期限受多种因素的共同影响,其结果需要结合具体情况才能得出结论。主承销商有承销短期债券的冲动。这主要由于债券发行期限越短,在债券存续期内发生的不确定性越小。而且对于短期债券,主承销商的监督跨越期较短,能够降低总的监督成本,由于债券存续期短,主承销商可以与企业多次交易,这使得银行能不断获取企业的信息,信息更加透明,降低了信息不对称的程度。但期限较短的债券也会增加发行成本,降低债券发行主体的发行意愿,同时,过短的债券发行期限还会给发行主体的财务带来较大压力,降低其抵御外部冲击的能力。因此,对具有更多硬信息的成熟大型企业而言,其承受外生不确定性冲击的能力更强,内生不确定性也较低,主承销商能够通过承销长期债券获取信息上的规模优势,节约交易成本,并在一定程度上垄断了客户资源和利润。

三、实证检验主承销商行为偏好是否影响债券市场支持科技创新

(一) 变量确定与数据处理

为实证检验主承销商行为偏好对债券市场支持创新驱动的作用,本部分以上一部分的特征分析为基础,确定了本研究的研究对象为不同类型主承销商对在支持创新企业融资方面的差异。影响研究对象的自变量因素有债券评级、企业性质、发行规模和发行期限等,其中,债券评级和企业性质是离散变量,发行规模和发行期限是连续变量。

在样本选择上,国务院2012年7月印发了《"十二五"国家战略性新兴产业发展规划》,为判定新兴产业提供了依据。本文依据此确定了节能环保、新一代信息技术、生物、高端装备制造、新能源、新材料、新能源汽车等战略性新兴产业属于创新驱动型产业,并依据文件印发的时间,选择了2013～2014年在债券市场公开发行的所有非金融企业公司信用类债券,包括短期融资券、超短期融资券、中期票据、企业债、公司债和定向工具。依据研究所要求的变量,本研究剔除所有某一个变量存在缺失的数据项,最后获得了2425个有效数据,数据来源于Wind。我们根据研究的要求和数据的特点及相关的管理制度,对数据进行了如下处理。

1. 如何区分债券发行是否支持了创新驱动

在本研究中,一个重要的难点是判断某只债券的发行是否支持了新兴产业,在尝试多种方法后,本研究根据债券发行主体发行债券时所申报的债券募集资金用途来进行区分,用途里面明确说了是支持上述七类产业发展的,就算做是支持了创新驱动,对于募集资金用途中有多项用途的,只要里面包含了支持战略性新兴产业发展的用途,就将其划为支持战略性新兴产业用途中;用途里没有明确说明是用于支持与七大战略性新兴产业相关的用途的,如只说明是归还银行贷款,

补充流动资金需求等的，都不算做是支持了战略性新兴产业；对于募集资金栏为空白的，则作为数据不完整项目进行剔除；对于建设新兴产业园区的债券项目、募集资金用途是采购相关新兴产业产品的，由于其直接作用也是支持新兴产业的发展，故也将其作为支持战略性新兴产业的用途；从整个数据情况来看，发行期限在一年期债券发行用途基本上都是标注为补充流动资金，无法直接从这里区分是否为战略性新兴产业，如果全将其作为非战略性新兴产业，则会忽略这类发行对创新驱动的支持，故将其从样本中进行剔除；拆迁配套的安置房或棚户区改造、建设高新技术开发区的路网用途的债券发行属于产业发展的辅助事项，未计算到支持创新驱动中。

2. 关于信用评级

从数据整理的情况来看，本研究所搜集的数据只包含了AAA、AA、A及对AA和A用"＋"、"－"符号进行的微调，本研究仅关注AAA、AA和A三个等级，将微调的并入其本等级中。

3. 虚拟变量的设定

对数据资料中的定性变量，我们用虚拟变量来进行替代。如果所募集资金是用做战略性新兴产业，则标记为1，代表本期债券发行支持了创新驱动的发展，如果不是，则标记为2，代表本期债券发行未支持创新驱动的发展。在信用评级中，我们用1~3分别代表从AAA到A的三个评级。在对债券发行的其他自变量描述中，债券发行人性质方面，1代表中央国有企业，2代表地方国有企业，3代表集体企业，4代表民营企业，5代表外资企业，6代表中外合资企业；在主承销商中，我们用1~5分别表示政策性银行、国有银行、股份制银行、城市商业银行和证券公司，对以承销团方式承销的债券，我们以其排名第一位的承销商作为主承销商。在发行地区的选择上，对数据进行的初步分析表明，发行人省份的差异对主承销商的选择影响则不显著，故我们在本研究中略去这一变量。

分析不同债券特征（发债企业性质、债券期限差异、债券发行规模差异、评级差异和发债用途差异）和不同类型主承销商之间的相关关系，不同债券特征是否在对主承销商选择的概率大小上存在显著的影响。

4. 对样本的描述性统计

	赋值	频数	占比
PanelA：主承销商（y）			
	1	162	6.70%
	2	1229	50.70%
	3	596	24.60%

续表

	赋值	频数	占比
	4	84	3.50%
	5	353	14.60%
Panel B：债券发行是否支持创新驱动（innovation）			
	1	162	6.70%
	2	2262	93.30%
Panel C：债信评级（rate）			
	1	4	0.20%
	2	1916	79.00%
	3	504	20.80%
Panel D：发债企业性质（enterprise）			
	1	276	11.40%
	2	1790	73.80%
	3	19	0.80%
	4	266	11.00%
	6	44	1.80%
	7	29	1.20%
Valid		2424	100.00%
Missing		0	
Total		2424	
Subpopulation		670（a）	

（二）实证模型的选择及实证检验

1. 模型选择

本研究的目的是分析样本数据中四个自变量的特征和选择因变量的概率之间的定量关系，属于多元选择问题。对于多元选择模型，可以根据因变量的性质分为有序和无序两种，在本研究中，作为因变量的主承销商的选择是两类以上的分类变量，且在选择上不存在递进的层次关系，符合多元无序选择的特征。根据以上性质，再结合本研究中样本数据量大，且各选择方案之间不相关，logistic 模型的似然函数能够快速可靠地收敛，计算比较简便，更适合应用于本研究。本文选择 logistic 多元无序选择模型，对我国债券市场主承销商承销行为偏好对创新驱动的支持进行实证检验。

2. 实证检验
(1) 模型的显著性检验

Model	−2 Log Likelihood	Chi − Square	df	Sig. (P值)
只有常数项的无效模型	4183.178			
Final	3251.632	931.546	40	0.000

模型和只有常数项的无效模型相比，残差项由 4183.178 降到 3251.632，在统计上呈现显著性，P 值小于 0.05，说明模型中被解释变量和解释变量的整体线性关系是成立的。

(2) 参数的显著性检验

	−2 Log Likelihood of Reduced Model	Chi − Square	df	Sig. (P值)
只有常数项的无效模型	3251.632 (a)	0.000	0	.
债券规模	3266.235	14.603	4	0.006
债券期限	3852.350	600.718	4	0.000
发债用途	3277.502	25.870	4	0.000
债券评级	3347.650	96.018	8	0.000
发债企业性质	3345.905	94.273	20	0.000

债券规模、债券期限、发债用途、债券评级和发债企业性质对主承销商的选择都是显著的，各自的 P 值均小于 0.05。

(3) 每个参数的作用分析

主承销商类型			B	Std. Error	Wald	df	Sig. (P值)
政策性银行（子模型1）		常数项	−2.304	0.744	9.598	1	0.002
		债券规模	0.001	0.005	0.097	1	0.755
		债券期限	0.294	0.062	22.628	1	0.000
		支持创新产业	0.041	0.435	0.009	1	0.924
		非支持创新产业	0*	.	.	0	.
		A	1.140	0.000		1	
		AA	0.144	0.242	0.355	1	0.551
		AAA	0*	.	.	0	.
		中央国企	−0.669	0.741	0.816	1	0.366
		地方国企	0.322	0.688	0.220	1	0.639

续表

主承销商类型		B	Std. Error	Wald	df	Sig.（P值）
	集体企业	-19.812	0.000	.	1	.
	民营企业	-0.599	0.755	0.630	1	0.427
	外资企业	-1.619	1.235	1.717	1	0.190
	中外合资企业	0*	.	.	0	.
证券公司（子模型2）	常数项	-4.440	0.589	56.832	1	0.000
	债券规模	-0.013	0.006	4.750	1	0.029
	债券期限	0.737	0.048	235.537	1	0.000
	支持创新产业	0.834	0.282	8.757	1	0.003
	非支持创新产业	0*	.	.	0	.
	A	22.682	1.194	360.623	1	0.000
	AA	1.624	0.202	64.657	1	0.000
	AAA	0*	.	.	0	.
	中央国企	-0.246	0.571	0.185	1	0.667
	地方国企	0.701	0.533	1.730	1	0.188
	集体企业	-1.117	0.838	1.775	1	0.183
	民营企业	0.848	0.548	2.395	1	0.122
	外资企业	-0.337	0.673	0.251	1	0.616
	中外合资企业	0*	.	.	0	.
股份制银行（子模型3）	常数项	-0.404	0.532	0.577	1	0.448
	债券规模	-0.013	0.005	6.285	1	0.012
	债券期限	0.019	0.048	0.157	1	0.692
	支持创新产业	-0.172	0.316	0.297	1	0.586
	非支持创新产业	0*	.	.	0	.
	A	19.877	0.000	.	1	.
	AA	0.482	0.185	6.765	1	0.009
	AAA	0*	.	.	0	.
	中央国企	0.353	0.515	0.471	1	0.493
	地方国企	1.011	0.486	4.319	1	0.038
	集体企业	-0.650	0.731	0.790	1	0.374
	民营企业	-0.028	0.511	0.003	1	0.956
	外资企业	-0.124	0.610	0.041	1	0.839
	中外合资企业	0*	.	.	0	.

续表

主承销商类型		B	Std. Error	Wald	df	Sig.（P值）
城商行（子模型4）	常数项	-20.687	0.791	684.243	1	0.000
	债券规模	-0.021	0.011	3.613	1	0.057
	债券期限	0.107	0.083	1.672	1	0.196
	支持创新产业	1.112	0.395	7.924	1	0.005
	非支持创新产业	0*	.	.	0	.
	A	0.377	0.000		1	
	AA	-0.022	0.318	0.005	1	0.944
	AAA	0*	.	.	0	.
	中央国企	18.888	0.734	662.383	1	0.000
	地方国企	19.159	0.670	818.894	1	0.000
	集体企业	18.109	1.238	214.109	1	0.000
	民营企业	18.518	0.736	633.740	1	0.000
	外资企业	18.910	0.000	.	1	.
	中外合资企业	0*			0	

（三）实证检验结果

其中，各子模型的参照主承销商类别为国有银行，发债用途、债券评级和发债企业性质这三个分类自变量的参照类别分别为非支持创新产业的债券、评级为AAA的债券、中外合资企业发行的债券。

重点分析发债用途对主承销商选择的影响，从实证结果可以看到，在子模型1和3中，支持创新产业的发债项不显著，即用于支持创新产品的债券在主承销商政策性银行和股份制银行与国有商业银行的选择上没有显著差异；而在子模型2和4中，支持创新产业的发债项显著，即用于支持创新产品的债券在主承销商的选择上更倾向于国有商业银行而非城商行和证券公司。因此，虽然影响债券主承销商选择有多重因素，但国有商业银行、政策性银行和股份制银行相对于城商行和证券公司来说，更多地承销了支持创新产业发展的债券。

四、研究结论简要解释及相关政策建议

（一）对研究结论的简要解释

从前面的实证检验来看，政策性银行、国有商业银行和股份制银行在担任主承销商的过程中，其承销行为对创新型企业的支持高于城商行和证券公司，表现

为这三类承销商所主承销的债券中,支持创新驱动的比例更高,且这一差异在统计上显著。这里面可能有几个方面的原因:一是政策性银行、国有商业银行及股份制商业银行具有更强的国家政策意识,也具有更强的资金实力落实国家政策要求;二是政策性银行、国有商业银行和股份制商业银行由于其广泛的分支机构和客户基础,使其在中小企业客户基础和识别软信息上较证券公司更具优势,中小企业更愿意选择商业银行担任其主承销商。

(二)简要政策建议

当前,我国经济发展进入了以创新驱动为核心的新常态。作为我国债券市场主要组成部分的银行间债券市场,也应在此过程中发挥重要作用,主要手段是深化债券市场层次以满足融资需求,并优化融资结构,提高债券市场促进创新驱动与发展的功能和作用。由于相关市场管理部门并不擅长于了解企业,主要还是需要依托主承销商来发挥银行间债券市场作用。为此,我们可以根据主承销商的承销行为依据及行为偏好,改进主承销商管理制度,更好地发挥主承销商引导银行间债券市场资金流向支持创新驱动上的作用。

一是完善动态的主承销商遴选机制,要求主承销商应该具有数量大且符合产业与规模结构较为合理的企业客户基础。二是建立相应的市场化激励机制。从实证研究结果来看,政策性银行、国有商业银行和股份制银行的主承销行为在支持创新驱动方面有优势。这部分原因也可能是这部分机构具有更强的跟踪和执行国家政策的政策意愿,这种激励可能来自于多个方面,可能是升迁考核机制等政策性的激励等。对城商行和证券公司等承销机构而言,这方面的机制可能相对较弱,可考虑一些市场化的考核机制,运用一些市场化的激励相容方式,促进更多的承销主体更加响应长期政策要求。

参考文献

[1] 时文朝:《公司直接债务融资研究与实践》,北京,中国经济出版社,2006。

[2] 中国人民银行上海总部:《2014年中国金融市场发展报告》,北京,中国金融出版社,2015。

[3] 刘彦:《信息视角下主承销商行为偏好与银行间债券市场主承销商的管理机制初探》,载《上海金融》,2014(1)。

[4] Allen N. Berger, Gregory F. Udell A. More Complete Conceptual Framework for Financing of Small and Medium Enterprises. *World Bank Policy Research Working Paper* 3795, December 2005.

[5] Hans Degryse, Patrick Van Cayseele. Relationship Lending within a Bank –

Based System: Evidence from European Small Business Data. *Journal of Financial Intermediation*, 2000, Vol. 9, No. 1.

[6] Jeremy C. Stein. Information production and capital allocation: Decentralized vs. hierarchical firms. *Journal of Finance*, 2002 (5), Volume57, 1891 – 1921.

[7] Mitchell A. Petersen and Raghuram G. Rajan. The Benefits of Lending Relationships: Evidence from Small Business Data. *Journal of Finance*, 1994, 49 (1), 69 – 79.

[8] Mitchell A. Petersen. Information: Hard and Soft. http://www.disas.unisi.it/mat_ did/gabbi/729/10.1.1.126.8246%5B1%5D.pdf, 2004.

中国（上海）自由贸易试验区电子商业汇票业务研究

中国人民银行上海总部金融服务一部课题组

课题组组长：季家友
课题组成员：王瑾方　方轶强　赵　懿　邓伟伟
　　　　　　钱国根　贾　丽

摘　要

支持国际贸易发展和加快金融制度创新是建立中国（上海）自由贸易试验区的重要任务之一。在此背景下，有必要发展有中国特色的、以支持实体经济为基本出发点的贸易融资工具，以实现贸易投资便利化、对外融资便利化等目标。而自贸区电子商业汇票业务很有可能将承载这个重要使命。

课题在引出自贸区电子商业汇票业务发展背景后，从政策契合度、市场需求和系统支撑等方面清晰阐述了自贸区电子商业汇票业务的可行性，进而通过电子商业汇票结算、融资、投资三个主要环节提出了该业务的具体模式。为了体现电子商业汇票业务应用于自贸区的优势，在基本业务内涵的框架下，课题还介绍了已经或者正在探索一系列电子商业汇票前沿应用领域。

鉴于自贸区存在各类可行的贸易融资工具，为厘清自贸区电子商业汇票业务的优缺点，课题将跨境贸易中的主流贸易融资工具与电子商业汇票作了对比。结合当前自贸区环境和发展要求，课题认为自贸区电子商业汇票业务具有相当的比较优势，一是可以开创性地发展无条件付款的跨境贸易结算工具，二是可以对接跨境和境内供应链的资金需求，三是可以建立高流动性的融资转让市场。

除了横向比较外，课题研究发现自贸区电子商业汇票业务的发展还依赖于一定的外部环境，包括融资可获得性、融资成本、自贸区票据市场情况和票据融资政策。课题分析后提出，推动自贸区电子商业汇票业务应当基于区内存款规模化或境外人民币低利率环境这两个条件之一，并可以通过改善自贸区票据业务的流通环境和发行环境进一步促进业务的发展。

最后，课题提出了推动自贸区电子商业汇票业务的主要难点和相关政策建议，认为通过制定适当的实施路径，自贸区电子商业汇票业务能够得到较好的发展，不仅能够成为自贸区贸易融资领域的亮点，而且部分创新点可以向境内区外进行复制和推广。

课题的重大意义在于该课题是当前最为全面的自贸区电子商业汇票业务研究报告，是今后推动此项业务发展、制定相应业务实施细则的重要基础材料之一。在广东、天津、福建相继成立自贸区后，上海应当利用先发优势，在更加了解自贸区电子商业汇票业务的基础上，力争牵头形成全国统一的自贸区电子商业汇票业务规范，或者在相关规范的制定过程中享有最大的地方发言权。

一、引言

2013 年，党中央、国务院提出建立中国（上海）自由贸易试验区（以下简称"自贸区"），为上海创造了探索和推进金融领域开放创新的巨大红利。紧接着，《中国（上海）自由贸易试验区总体方案》印发，围绕加快金融制度创新、增强金融服务功能等主要任务，提出"全面实现贸易投资便利化"、"鼓励企业充分利用境内外两种资源、两个市场，实现跨境融资自由化"、"允许金融市场在试验区内建立面向国际的交易平台"等具体工作要求。在此基础上，人民银行印发了《中国人民银行关于金融支持中国（上海）自由贸易试验区建设的意见》（银发〔2014〕244 号），提出了创建有利于风险管理的账户体系和探索投融资汇兑便利等三十条意见。

为了响应国务院、中国人民银行关于贸易投资便利化、对外融资便利化的任务目标，人民银行上海总部结合自身电子商业汇票业务管理职责，拟充分发挥商业汇票兼具贸易活动重要结算工具、贸易融资重要金融载体和金融市场重要交易品种的特点，贯穿贸易、融资和投资三方面工作要求，计划建立起有中国特色的、以支持实体经济为基本出发点、引入境外金融资源为重要手段的自贸区贸易金融工具。在《中国（上海）自由贸易试验区分账核算业务实施细则（试行）》（银总部发〔2014〕46 号）发布后，为了充分利用分账核算的体制优势，人民银行上海总部拟将自贸区电子商业汇票业务界定为各类票据行为的当事人中一方或者双方为机构自由贸易账户、试验区分账核算单元或境外金融机构的电子商业汇票业务，具体业务类型包括出票、承兑、转让、贴现、转贴现、付款等。课题基于这个定义进行展开。

二、自贸区电子商业汇票业务的可行性分析

（一）政策契合度分析

1. 分账核算业务实施细则认可了自由贸易账户使用电子商业汇票的行为

《中国（上海）自由贸易试验区分账核算业务实施细则（试行）》第二十一

条关于"机构自由贸易账户可使用电子商业汇票。银行业金融机构应对自由贸易账户签发和转让的电子商业汇票进行相应的审核"的规定，为自贸区电子商业汇票应用建立了政策基础，对金融机构开展相关业务起到了指导和鼓励作用，有利于在此基础上形成统一的自贸或跨境电子商业汇票使用标准。

2. 自贸、跨境的相关政策可以通过电子商业汇票业务落地实施

自贸政策方面，根据《中国人民银行关于金融支持中国（上海）自由贸易试验区建设的意见》第二部分第（六）点以及第三部分第（十一）点，注册在试验区的中外资企业可按规定通过自由贸易账户从境外融入本外币资金，居民企业跨境融资政策进一步得到开放。但实际操作中，由于境外金融机构并不了解居民企业经营和财务状况，必须经由境内金融机构担保来完成信贷投放，跨境融资渠道并不畅通。而电子银行承兑汇票基于承兑银行信用，使境外金融机构可以直接向持有票据的居民企业提供贴现融资，或者以票据资产作为质押品提供信贷支持，融资路径大为缩短，操作更为便利。

跨境政策方面，《关于简化跨境人民币业务流程和完善有关政策的通知》（银发〔2013〕168号）允许境内银行开展跨境人民币贸易融资资产跨境转让业务，但由于普通贸易融资资产的非标属性，使资产转让不具备操作性，但以电子商业汇票贴现形式存在的人民币贸易融资资产在《票据法》等法律制度的约束下具有标准化操作属性，可以通过转贴现市场实现跨境贸易融资资产跨境转让的目标。

3. 电子商业汇票可以成为境外人民币投资回流渠道

《进一步推进中国（上海）自由贸易试验区金融开放创新试点 加快上海国际金融中心建设方案》第（九）点提出，"拓宽境外人民币投资回流渠道。创新面向国际的人民币金融产品，扩大境外人民币境内投资金融产品的范围，促进人民币资金跨境双向流动。"由于电子商业汇票系统提供了被代理接入方式，境外金融机构可以通过境内金融机构接入系统并参与票据交易。根据现有政策，交易类型可以包括境外金融机构与境内金融机构试验区分账核算单元买卖电子商业汇票资产、境外金融机构为区内非金融机构办理基于机构自由贸易账户的电子商业汇票贴现业务，以及在跨境贸易项下境外金融机构可以为境内非金融机构办理基于境内普通账户的电子商业汇票贴现业务。因此，在电子商业汇票成为跨境贸易融资主要工具的前提下，其可以成为境外人民币投资回流的又一主要渠道。

4. 电子商业汇票业务符合自贸区资金监管的要求

理论上，电子商业汇票和纸质商业汇票在功能上完全等同，但由于纸质票据具有金融机构体系外流通的属性，在《票据法》要求付款人在票据付款环节无因支付的法律背景下，使用纸质票据可绕开自贸区资金流动管理要求，产生自由贸易账户与非自由贸易账户之间资金不受管制流动的风险。而电子商业汇票完全

通过金融机构系统流动，在银行预审票据行为的情况下不存在相关问题。所以，在尚未修订纸质票据使用规则的情况下，自贸区内可使用的票据将仅限于电子商业汇票。

（二）市场需求分析

鉴于自由贸易账户的便捷性和功能性将明显强于境内区外的银行结算账户，有利于自贸区居民企业更好地参与国际贸易活动，在更为开放的金融环境下提升实体产业的国际竞争力，可以预见，当前居民与非居民之间的国际贸易结算以及相关的境内采购或销售结算等资金运动方式发展将较大改变。境内与境外开展国际贸易、境内间开展采购或销售的"境外←国际贸易→境内←采购或销售→境内"模式将转变为区内与境外间开展国际贸易、区内与境内间开展采购或销售的"区内或境外←国际贸易→区内←采购或销售→境内（含区内）"模式。

相应地，当前国际贸易采用的跨境结算方式、境内采购或销售采用的境内结算方式以及相关配套融资方式也将相应改变，以人民币计价的支付方式和融资方式为例，改变将体现在两个方面：（1）当非居民在自贸区内开立非居民自由贸易账户后，作为交易对手的居民将倾向于使用居民自由贸易账户与其进行交易，结算方式将从当前的汇兑、保函和信用证等人民币支付方式扩大至电子商业汇票等其他支付方式，同时利用相关金融产品实现延期支付和贸易融资；（2）使用居民自由贸易账户的贸易商与境内（含区内）上下游企业继续进行采购或销售活动，虽然资金运动属于跨境性质，但交易双方均为居民，这时双方之间的结算和贸易融资将更多地使用商业汇票等境内主流金融工具。

（三）系统支撑分析

目前，自贸区业务有五大原则，即"标识分设、分账核算、独立出表、专项报告、自求平衡"。除自贸业务标识需要在跨行业务中进行传递外，其余要求将限于金融机构内部系统实现。虽然电子商业汇票系统设计时并未考虑跨境或自贸业务，但根据《电子商业汇票系统与直连系统参与者系统互联规范》，电子商业汇票业务能够支持在账号字段添加字符，于是在不改造系统的情况下，也能够支持"标识分设"的要求。

电子商业汇票系统要求业务参与者提供主体身份、开户行行号、账号、组织机构代码四个要素，对于不同类型的参与主体均可以满足该要求。如果是开立自由贸易账户的境内外非金融机构，其在系统中的身份与开立境内银行账户的境内非金融机构相同，开户行仍为境内金融机构，但必须在账号前加"FTE"或"FTN"前缀，境外非金融机构应使用特殊机构代码。如果是境内金融机构分账核算单元，由于电子商业汇票系统直连参与者的账号必须填"0"，目前分账核算单元只能以被代理金融机构的身份参与业务,开户行可以选择同系统的实体机构,账号前应加"FTU"前缀,并选择复用本机构的组织机构代码。如果是境外金融机构,其必须在境内金融机构开立 FTU 账户,通过该账户参与业务,并使用特殊机构代码。

三、自贸区电子商业汇票业务的具体模式

由于自贸区电子商业汇票业务能够贯穿贸易结算、融资、投资等多个环节,相应地在这方面分别存在对应的业务模式。

(一) 自贸区电子商业汇票业务的结算模式

自贸区电子商业汇票业务的结算模式是指签发和转让自贸区电子商业汇票。结算模式可以基于多种类型的交易背景,包括跨境贸易应(预)付(收)款、先进口后出口跨境贸易的先支后付等,课题关于结算模式的论述将不对属于国际贸易实务范畴的交易背景进行展开,而是主要围绕票据关系和票据当事人身份进行讨论。以电子银行承兑汇票的签发行为为例,其共涉及三方当事人——出票人、承兑人和收款人,该行为模式在内涵上涵盖了仅包括交易双方的转让行为,以及包括交易双方或者额外担保方的电子商业承兑汇票的签发行为,具有较强的代表性,下面围绕签发电子银行承兑汇票来介绍自贸区电子商业汇票业务的结算模式。

根据账户属性不同,出票人和收款人可以分别属于居民(非自由贸易账户)、居民(FTE)和非居民(FTN)中的一类(不考虑 NRA 账户),然后根据出票人和收款人之间的类别关系,可以将业务分为跨境业务和自贸业务;根据出票人账户属性不同,承兑人可以分别属于境内银行、分账核算单元和境外银行中的一类,而且暂不考虑居民为非居民承兑或非居民为居民承兑的情况。所有可能的业务模式见表1。

表1　　　　　　自贸区电子银行承兑汇票签发模式汇总

性质	编号	出票人	承兑人	收款人
跨境	(1)	居民(非自由贸易账户)	境内银行	非居民(FTN)
	(2)	居民(非自由贸易账户)	境内银行	居民(FTE)
	(3)	居民(FTE)	分账核算单元	居民(非自由贸易账户)
	(4)	非居民(FTN)	境外银行	居民(非自由贸易账户)
自贸	(5)	居民(FTE)	分账核算单元	居民(FTE)
	(6)	居民(FTE)	分账核算单元	非居民(FTN)
	(7)	非居民(FTN)	境外银行	居民(FTE)
	(8)	非居民(FTN)	境外银行	非居民(FTN)

国际贸易结算方面，当前"境外←→境内"的行为模式由居民（非自由贸易账户）和非居民（境外账户）参与，非居民在开立自由贸易账户前无法使用电子商业汇票，即使非居民开立 FTN 账户后，由于与居民（非自由贸易账户）之间的资金来往并不便利，所以很可能不会在此基础上大量开展业务。但自贸区放开分账核算体系资金划转限制后，"区内或境外←→区内"的国际贸易及其配套的居民（FTE）和非居民（FTN）之间的结算行为将逐渐增多，所以表 1 模式(6)、(7)可能会得到逐步发展。境内采购和销售结算方面，为衔接好国际贸易结算模式，"区内←→境内（含区内）"模式配套的居民（FTE）间自贸结算和居民（FTE）、居民（非自由贸易账户）间等同跨境结算将相应地增长，所以表 1 模式(2)、(3)、(5)也会得到快速发展。

（二）自贸区电子商业汇票业务的融资模式

自贸区电子商业汇票业务的融资模式是指金融机构贴现自贸区电子商业汇票。居民（FTE）或非居民（FTN）通过贸易结算持有电子商业汇票后，可向分账核算单元或者境外银行申请贴现，即卖出票据资产。原先，居民向非居民进行融资的行为受到严格限制，即使是贸易融资也存在便利性问题。但自贸区金融政策和分账核算体系出台后，相关问题得到解决。所以，在离岸人民币资金价格低于在岸人民币的情况下，居民（FTE）存在从境外银行融入离岸人民币资金的需求。而且由于分账核算单元经营的也是离岸人民币，且其本身属于境内银行的有机组成部分，在境内的经营和风控模式更加成熟，最终将产生大量居民（FTE）从分账核算单元融入离岸人民币的融资行为。

（三）自贸区电子商业汇票业务的投资模式

自贸区电子商业汇票业务的投资模式是指金融机构间买卖自贸区电子商业汇票。根据参与主体不同，可分为区内投资模式和跨区投资模式。

1. 区内投资模式

分账核算单元或者境外银行通过贴现买入电子商业汇票后，可以将票据资产转卖给其他分账核算单元或境外银行，形成分账核算体系下的转贴现票据市场。该市场存在基于以下几个方面的需求：一是流动性管理的需要，根据自求平衡原则，分账核算单元在流动性不足时，需要通过区内市场或境外市场自行解决，而票据转贴现是境内常用的流动性解决机制；二是境外银行风险控制的需要，对于不掌握贴现申请人（尤其是商业承兑汇票）资信的情况下，境外银行更愿意通过同业交易行为使用离岸人民币资金；三是境外银行投资的需要，由于境外银行可能持有富余的离岸人民币资金，需要寻找投资渠道，而投向票据资产是一个兼顾安全性和收益性的理想选择。

2. 跨区投资模式

根据有限渗透和严加管理原则，分账核算体系内的电子商业汇票原则上只能在分账核算单元和境外银行之间交易，不得随意通过转贴现交易将离岸人民币资金流向境内。但考虑到当前境内金融机构对小微企业和"三农"的支持力度不足，中央银行也在采取包括定向降准、再贴现、再贷款等工具直接或间接地引导资金向政策支持领域流动，但由于小微企业和"三农"对于资金价格的承受能力与境内金融机构给出的风险溢价不匹配，导致除再贴现、再贷款等明显带有政策补贴性质但数量有限的手段外，难以通过市场行为引导境内机构真正大力支持小微企业和"三农"。如果离岸人民币资金价格低于在岸人民币的情况下，存在引入离岸人民币支持小微企业和"三农"的实施路径，即允许境外银行在一定额度内从境内买入符合条件的票据资产，相当于中央银行管理下的市场化再贴现操作。在该模式下，风险仍由境内承兑银行承担，但由于离岸人民币的注入，资金价格可以降到小微企业和"三农"可承受的水平。

由于自贸区电子商业汇票业务环环相扣，具有资金传导和政策传导的特点，上述多个业务模式可以在一张票据的生命周期中完整展现，有利于政策制定者通过特定手段实现精确的宏微观调控，撬动和平衡离岸和在岸人民币资金。图1整理了自贸区电子商业汇票结算、融资和投资的应用链。

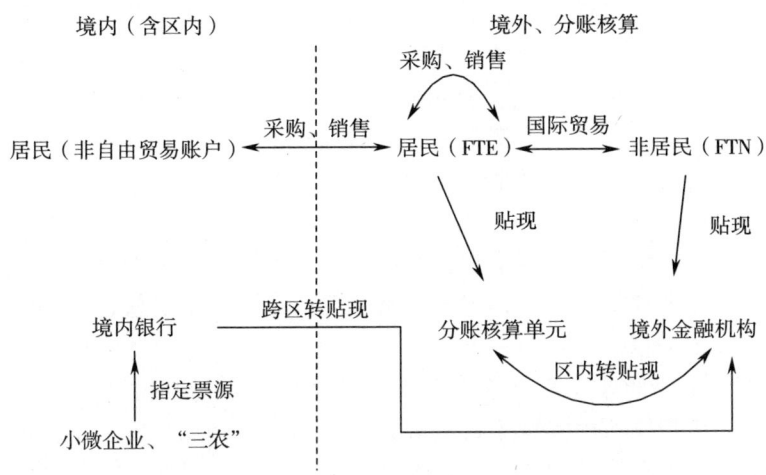

图1 自贸区电子商业汇票结算、融资和投资应用链

四、自贸区电子商业汇票业务的前沿应用领域

传统的境内电子商业汇票业务基本上通过线下方式处理，不仅降低了业务处理的效率，而且增加了诸多系统以外的风险点。目前在自贸区中，已经或者正在

探索一系列电子商业汇票前沿应用领域,下面将介绍一些典型的代表案例。

(一) 自贸区大宗商品交易

1. 概述

自贸区大宗商品交易是指自贸区大宗商品交易的几大平台,在交易标的由认证机构托管、交易清算由专业清算机构负责的前提下,在线上实现相关大宗商品的交易撮合功能。参与自贸区大宗商品交易的主体必须使用自由贸易账户,包括境内主体的 FTE 账户和境外主体的 FTN 账户。自贸区大宗商品交易机制由交易平台、上海清算所、结算银行、第三方信息公示平台和仓储公司协作构建,相关机构的职责如下:

交易平台由自贸区管委会、市商务委和市金融办等部门共同评审。交易平台负责显示交易信息及撮合交易,促成买卖双方在交易平台确认交易意向,完成签约及选择具体结算方式,交易成功后通知所选仓储公司变更货权等事项。目前已上线了有色、棉花、钢联等几个交易平台。

上海清算所负责与交易平台交互各项交易信息及资金清算指令,向结算银行发送包括冻结保证金、交易清算等指令,并将清算结果通知第三方信息公示平台。

结算银行主要负责根据上海清算所的交易及资金清算指令进行客户资金的管理及清算。根据目前议定的规则,境内交易商应当使用 FTE 账户进行相关交易。

第三方信息公示平台(欧冶公司)由自贸区管委会联手宝钢组建,负责根据交易平台指令冻结、释放、变更仓单,确保仓单的唯一性及真实性。由于第三方信息公示平台同时连接交易平台、上海清算所和仓储公司,可通过信息匹配对仓储公司进行监管。

仓储公司由自贸区管委会批复,并在银行缴纳一定数额的保证金。仓储公司负责货物的保管及提货等服务,根据交易平台的指令变更货权,并将信息实时反馈到第三方公示平台。

2. 自贸区电子商业汇票业务应用于自贸区大宗商品交易的方案

目前,上海清算所已实现了自贸区大宗商品交易的账户资金清算模式,但现金结算对交易商现金流的门槛较高,不利于达成交易,目前上海清算所正在考虑引入电子商业汇票和信用证等其他结算工具。

自贸区电子商业汇票业务只影响上海清算所和结算银行的流程设计,不会对交易平台本身的交易规则产生较大的影响。具体的交易流程见图2。

(1) 客户在大宗商品交易平台上达成交易后,交易平台向上海清算所发送交易数据。

(2) 上海清算所向客户托管银行发送票据指令。

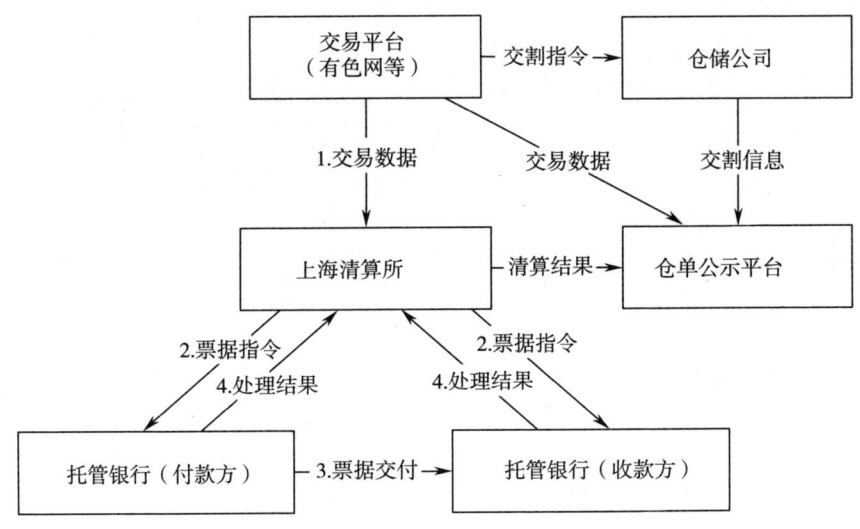

图 2　自贸区大宗商品交易中电子商业汇票结算示意图

（3）付款方托管银行根据上海清算所的票据指令，向收款方托管银行签发或转让电子商业汇票，并在票据上附上交易要素。收款方托管银行核对无误后接收该票据。

（4）收付款方托管银行向上海清算所反馈处理结果。

最终，仓单公示平台将分别从交易平台、上海清算所、仓储公司获取交易数据、清算结果和交割信息，并负责核对交易、资金和实物的一致性。

在这个方案中，使用了自贸区电子商业汇票业务的结算模式，但由于贸易背景的可靠性，后续结算银行可根据客户需求直接配套融资和投资模式。可以说，通过自贸区大宗商品交易产生的自贸区电子商业汇票，可以成为自贸区融资市场和投资市场的优良标的，并且基于该资产流动机制，可以降低自贸区大宗商品交易商的资金成本。

（二）自贸区电子票据交易平台

1. 概述

长期以来，票据载体以纸质凭证为主，造成票据市场基本形成了分散交易、手工操作的局面，一方面造成了票据市场长期处于难以动态监管的状况，不仅成为金融机构规避信贷规模监管的主要渠道，而且引发大量的票据纠纷案件和刑事案件；另一方面也使票据市场的各项资源没有被有效整合和利用，不仅票据融资支持实体经济的作用被削弱，而且滋生出大量处于灰色地带的票据中介。因此，票据市场各方一直呼吁通过电子化交易乃至成立票据交易所等方式来提高票据市场的规范性和交易效率，实现票据市场的健康、长远发展。

虽然电子商业汇票系统的诞生和发展，已经解决了几乎所有的全国性电子票据交易平台建设的技术问题，而且电子票据交易平台在可行性和必要性方面已经得到各方共识。但由于平台模式选择、电子票据发展缓慢、利益格局等原因，电子票据交易平台建设迟迟未能启动，甚至落后于个别金融机构发起的纸质票据电子集中交易项目，产生了"劣币驱逐良币"的现象。上海自贸区建设为电子票据交易平台的建设带来了绝佳的历史契机。贸易投资便利化、深化金融改革、扩大对外开放等措施将引发票据市场新一轮的创新活动。自贸区对于贸易融资工具的需求和风险防范的隔离措施，直接宣告纸质票据的出局。电子票据交易平台将作为自贸区改革和票据市场发展的结合点，一方面成为票据创新产品先行先试的代表案例，另一方面可以为我国金融改革的落地实施和成果检验提供必要场所和综合服务。因此，在自贸区内发展电子票据交易平台顺理成章。

2. 基本定位

（1）依托现有金融基础设施，提供票据交易有关服务。自贸区电子票据交易平台将依托 ECDS 的电子票据登记托管功能和大额支付系统（HVPS）资金划转功能，专注于提供与票据交易直接相关的报价、商议、撮合、成交、清算等功能以及相关衍生服务，特别是要与 ECDS 已建成运行的电子票据登记托管功能进行严格隔离，清晰体现票据交易基础设施的专有属性。

（2）作为独立第三方提供平台服务，不参与具体业务，不承担业务层面的法律责任。自贸区电子票据交易平台作为独立于交易双方的第三方，仅提供交易渠道和清算服务，既不得参与交易本身，也不为交易参与者提供融资或垫款服务。在不发生技术故障的情况下，自贸区电子票据交易平台不承担交易过程中产生的法律责任，相关法律责任应由交易双方或者特定的其他第三方承担。

（3）在满足当前业务形态的前提下，提供票据创新产品的发布和应用服务。自贸区电子票据交易平台首先应当涵盖当前票据市场普遍的交易方式，满足市场参与者原有的交易需求，然后在此基础上成为票据创新产品的研发平台、发布平台、使用平台，为票据业务持续创新发展提供平台保障和技术支持。

3. 交易类型

自贸区电子票据交易平台主要提供两类交易服务，一是比照当前票据市场交易品种，提供买断式转贴现和回购式转贴现交易；二是待直贴贸易背景审核要求取消后，提供买断式直贴和回购式直贴交易。此外，全国电子票据交易平台还可提供票据衍生产品交易，包括票据期货、期权的交易，引入票据专营机构做市商制度，并可以尝试支持特定参与者提供票据信用增级服务。

4. 参与主体

根据交易类型不同，分别由不同交易主体参与。如果是境内金融机构，应当通过分账核算单元参与；如果是境外金融机构，应当使用在境内分账核算单元开立的 FTU 账户参与；如果是境内外企业，应当通过在分账核算单元开立的 FTE 或 FTN 账户参与。转贴现交易的参与主体除包括现有境内外金融机构外，可扩展至各类金融机构在自贸区发起的特殊目的载体（SPV），支持金融机构同业投资的需求；直贴交易的参与者为境内外企业和金融机构。除直接交易主体外，自贸区电子票据交易平台还可引入特定第三方机构，在法律责任由第三方机构自担的前提下实现各类衍生功能。

5. 交易标的

自贸区电子票据交易平台初期仍沿袭当前票据市场交易标的，为交易主体提供基于电子银行承兑汇票和电子商业承兑汇票的交易服务。待条件成熟后自贸区电子票据交易平台可延伸提供基于其他交易标的的交易服务，包括银行机构发行面向 ECDS 所有业务参与者的大额可转让定期存款凭证（CD），并可在交易平台上实现转让交易；待票据法律修订后还将引入商业本票交易。

五、各类跨境贸易融资工具的比较分析

由于自贸区相关政策并没有对金融工具的形态和种类进行限定，除电子商业汇票业务外，其他跨境贸易融资工具也可以应用于自贸区内或跨区金融场景。所以，自贸区电子商业汇票业务既是对现有贸易融资工具的补充，也与其存在一定的竞争关系，有必要对这些贸易融资工作作详细的比较。

（一）贸易融资工具的可行模式

跨境贸易中的贸易融资工具模式较多，当前使用最普及的是信用证模式，而赊销、银行付款承诺等改良型工具由于比较优势明显，也逐渐被特定客户接受。下面分别概述除电子商业汇票业务外的各种其他跨境贸易融资工具的可行模式。

1. 信用证模式

信用证是一种银行开立的有条件的承诺付款书面文件，并受国际商会信用证统一规则的约束。开证银行依照买方（开证申请人）的要求和指示，对卖方（受益人）发出的，在符合信用证条件下，凭规定单据向卖方（受益人）进行付款的书面文件。信用证开立业务是买方开户银行对买方提供的代位付款服务，而且买方或卖方可就已开立的信用证向开户银行申请融资。由于货款的支付以取得符合信用证规定的货运单据为条件，避免了预付货款的风险，因此信用证支付方式在很大程度上解决了买卖双方在付款和交货问题上的矛盾，是跨境贸易中主流的贸易融资工具。信用证支付和融资模式见图 3。

2. 赊销和相关融资模式

赊销方式是指凭买方商业信用进行贸易结算的方式，即买卖双方签订贸易合

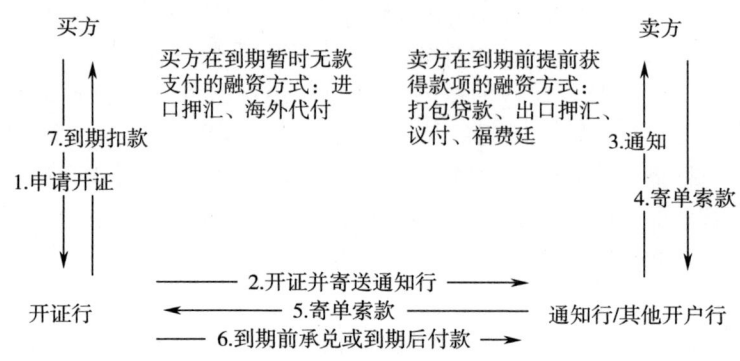

图 3　信用证支付和融资模式

同，卖方根据合同条款装运货物，买方收取货物后按照双方约定的账期进行付款，由于缺少银行信用参与，对卖方风险较大。针对赊销，一般有发票融资和保理两类融资方式。

（1）发票融资模式

发票融资模式针对具有良好资质的供应链核心买方企业，银行通常会凭借核心买方的付款信用，购买其供应商（卖方）未到期发票，以帮助中小供应商提前将应收账款转化为销售收入，缩短应收账款账期，提高流动资金使用效率，从而加强买卖双方的贸易关系。由于发票融资借助了供应链核心买方的资信，提供给中小供应商的融资通道更为便捷，融资利率更为优惠。赊销和发票融资模式见图 4。

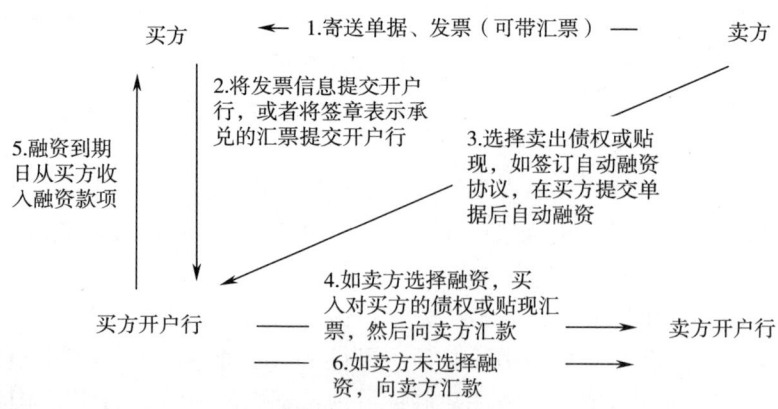

图 4　赊销和发票融资模式

由于供应链核心企业一般在多家银行开立账户并获得授信额度，对应的买方会根据额度、价格等因素选择适合的开户行办理发票融资，由此产生了多个开户银行、多个用户管理、多种操作界面的不便。于是产生了跨银行统一操作的 Prime Revenue 平台，平台与相关银行、清算系统连接，作为第三方信息平台为客户提供统一的多银行发票融资服务。该模式见图 5。

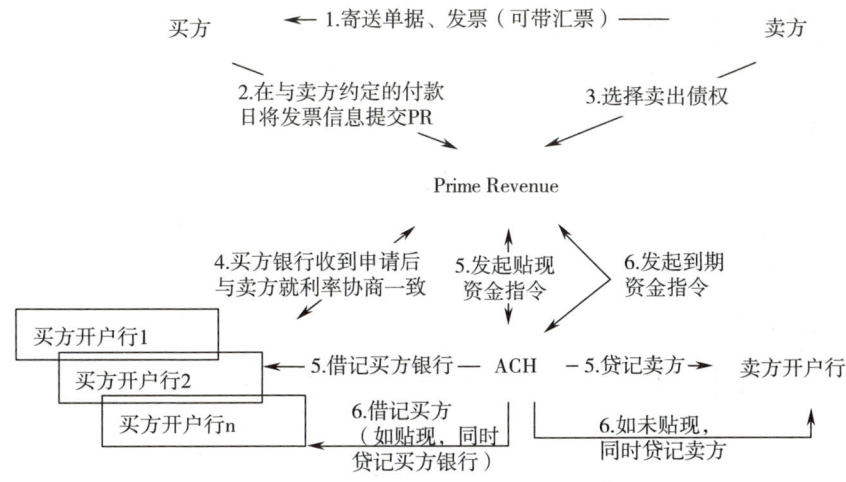

图 5　Prime Revenue 模式

（2）保理模式

保理又称为承购应收账款，买方交货后把应收账款转让给保理商，日后一旦发生进口商不付或逾期付款的情况，由保理商承担相应损失。保理有两种运作方式，单保理和双保理，而且还可以引入保险公司等其他角色。在国际贸易中，一般采用双保理方式，即出口保理商买入出口商应收账款，并将其转让给进口商保理，法律关系最终转变为进口保理商对进口商拥有的债权，但进口保理商可能保有对出口保理商的追索权。赊销和双保理模式见图 6。

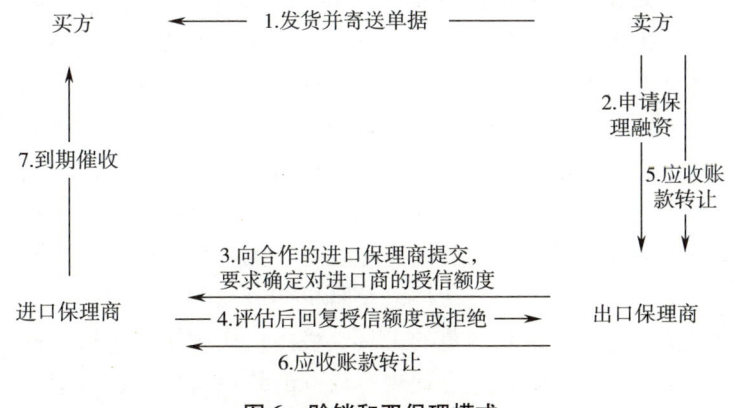

图 6　赊销和双保理模式

3. 银行付款承诺模式

银行付款承诺（BPO）是一种银行开立的、基于系统化自动审单方式的电子付款文件，受国际商会批准的银行付款承诺的统一规则约束。银行付款承诺通过SWIFT系统贸易服务模块（TSU）实现单据电子信息与预设数据的匹配，匹配后即建立BPO基线，开证行承诺到期无条件支付。在该模式中，单据直接由卖方寄往买方，并不需要通过银行系统，从而帮助提高了贸易文件的运作效率，同时节省了处理手续费用。银行付款承诺模式见图7。

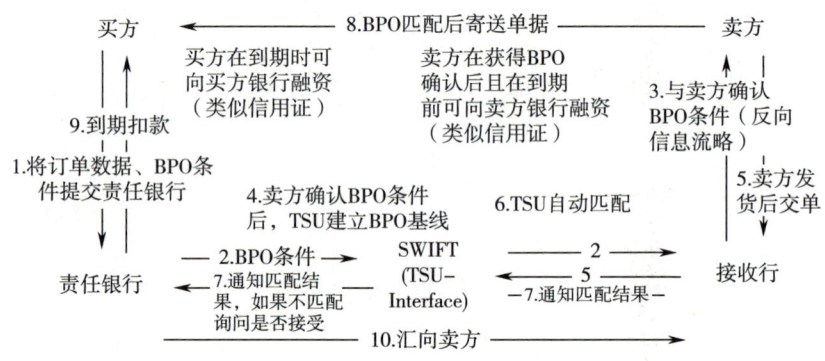

图7 银行付款承诺模式

（二）各类贸易融资工具的比较

由于跨境贸易环境的复杂性，目前没有一种工具具有绝对性优势，而是在不同属性上不同工具分别具有一定的相对优势。所以，根据交易双方的交易习惯、信任程度、贸易背景等因素的不同，会选择更有利于贸易开展的结算和融资方式。下面就贸易融资工具的几个主要属性进行分析。

按付款条件来分，主要可以分为人工审单付款、自动审单付款和无条件付款，对应的工具代表分别是信用证、银行付款承诺和电子商业汇票。付款条件的不同决定了当事人保护倾向的不同，也影响到工具使用的便利性。其中，人工审单付款更倾向于保护付款人，无条件付款倾向于保护收款人，而自动审单付款对收付款人的保护更加平衡。便利性方面，包括操作便利性、开证便利性和融资便利性，综合来看，人工审单的便利性最差，而无条件付款的便利性最好。

按法律规范来分，可以分为遵循国际规范、国内法律规范和合同规范。规范的不同影响了工具的接受度、灵活性以及跨机构流通的可能性。接受度方面，境外机构更倾向于接受遵循国际规范的工具，境内机构则倾向于接受遵循国内法律规范的工具。灵活性方面，单纯合同规范受到的约束最少，仅需交易双方及其金融机构约定即可生效，而国际规范和国内法律规范则存在强制性，无法通过合同进行规避。跨机构流通方面，由于国际规范的受众面较大，不考虑其他因素，几乎所有金融机构均能够参与资产买卖活动，但实务中缺少统一交易平台和登记托管平台，交易对手限于少数的协约银行；而国内法律规范一般将行为地限定为境内，所有自贸区内的金融机构可以交易相关资产，自贸区相对较小的地域有利于所有机构的合作，并可能在此基础上建立统一交易平台；至于单纯合同规范，由于缺少可转让的风险控制和再转让途径等条件，几乎不可能进行转让。

从支付属性来分，可以分为一次性支付工具和可重复支付工具。一次性支付工具是指收款人接受相关权益凭证后，只能将该凭证用于融资，不得再将其用于支付，一般而言，国际贸易中常用的贸易融资工具均属于一次性支付工具，只有特定信用证允许在同一个交易背景下做权属转让。而可重复支付工具允许收款人接受相关权益凭证后，将该凭证视同货币继续使用，扩充了只能用于融资的限制。可重复支付工具可省去企业多次申请开证的手续，其持有的权益凭证直接可以对外支付。而且对于有充裕现金流的企业，可重复支付工具可以降低财务费用。

从工具信用主体来分，可以分为金融机构信用和商业企业信用。信用主体不同决定了工具成本并影响跨机构流通的可能性。一般来说，商业企业信用具有成本优势，但交易市场的接受度也相应较低，适用于企业信用可接受的封闭环境；而金融机构信用工具相对更有保障，有利于资产跨机构流通，但相应地增加了信用增级、中介服务等成本。

各类贸易融资工具的详细属性比较见表2。

表2　　　　　　　　各类贸易融资工具的详细属性比较

名称 属性	信用证	发票融资	双保理	银行付款承诺	电子商业汇票
与自贸区政策的依赖性	不依赖	不依赖	不依赖	不依赖	部分依赖，自贸区使用电子商业汇票的政策更明朗
能否满足自贸区金融需求	功能上满足，但便利性较差	适合跨境供应链融资，受买家授信的限制	功能上满足，可操作性较差	满足	满足，短期内以境内买方开票为主
工具载体	纸质或电子	纸质电子相结合	纸质合同	电子	电子
工具平台	纸质无平台，电子通过 SWIFT 报文	融资行系统或 Prime Revenue 平台	无	SWIFT TSU	电子商业汇票系统

续表

名称\属性	信用证	发票融资	双保理	银行付款承诺	电子商业汇票
付款条件	人工单证审查	融资行和买家基于授信关系付款，不存在付款条件	基于保理商对进口商的尽职调查	自动单证审查	无条件
开证便利性	不便利	不需要开证	不需要开证	一般	一般
融资便利性	一般	便利	不便利	较便利	较便利
法律约束	UCP600	无	无	URBPO	电子商业汇票业务管理办法
资产转让属性	可转让，接受度低	不可转让	不可转让	可转让，接受度低	可转让，接受度高
可重复支付属性	特定条件下可重复支付	一次性支付	一次性支付	一次性支付	可重复支付
市场的接受度	容易接受	受限于供应链核心企业	买卖双方所在地有合作的保理商	暂时不容易接受	境内方接受度最高，境外方接受度不高
信用主体	金融机构	商业企业	商业企业	金融机构	金融机构或商业企业

（三）各类贸易融资工具在自贸区的前景分析

1. 国际上贸易融资工具的发展现状

在传统国际贸易环境下，信用证是国际贸易中使用最多的贸易融资工具。但随着当前企业国际化和行业整合进程的加快，国际贸易供应链不断发展壮大、供应链参与企业相对稳定、核心企业话语权逐渐增强。在这个背景下，信用证已无法满足新形势下国际贸易对低成本、高效率金融工具的需求。于是，操作更为便捷、单据审核更为宽松的付款工具逐渐受到贸易双方的认可和大量使用，在一段时间内产生了大量赊销支付和融资需求。赊销支付和融资为新环境下国际贸易供应链提供了快速采购、发运的便利，同时降低了交易双方的财务成本，并提高了中小供应商的金融资源可获得性，在特定条件下全面优于信用证结算方式。

但由于赊销依赖于供应链核心企业的组织，有些核心企业不愿提供供应链融资便利，而且又有大量国际贸易并不一定存在绝对强势企业，所以赊销模式不具有普遍适用性。在开放竞争的环境下，大量不具备使用赊销模式的国际贸易企业也逐渐意识到改进传统结算和审单方式的必要性。于是，金融机构和国际清算组织提出了使用功能和便捷性更为平衡的自动审单工具——银行付款承诺。银行付款承诺不仅能够有效提升国际贸易结算和融资效率，而且可以最大限度地平衡供应链关系稳固但又不适用赊销方式的买卖双方的利益。虽然银行付款承诺尚未得到普及，但近几年发展趋势向好，可以预见该工具很可能成为今后国际贸易结算和融资的主要方式。

2. 自贸区贸易融资工具发展趋势

由于自贸区定位于投资贸易便利，在贸易本质上与区外并无实质差异，所以国际贸易中传统或新型的贸易融资工具均可直接复制使用。而且在自贸区政策红利不断释放、分账核算体系金融需求不断扩大的背景下，贸易金融工具的发展将得到提速，自贸区投融资便利的优势也将逐渐得到体现。但在自贸区建设初期，由于金融基础设施和政策细则的不明朗，金融业务短期内将处于学习复制和规则适应阶段。从工具总量来看，虽然当前新型工具优势较为明显，但信用证作为国际贸易主流工具在自贸区贸易中仍将长期占据主导地位，但占比会逐步降低。从便利性角度，如果条件具备，在自贸区内赊销和银行付款承诺具有较好的发展前景，相对信用证具有较强的替代性。

随着上海自贸区金融改革工作的推进，将在有限的地理区域内集中大量的境内外企业和金融机构，自贸区国际贸易方式可能会因此产生一定变化，并形成自贸区特色的国际贸易结算和融资方式。首先，地理位置的拉近将可能改变原先通过中介机构交单的贸易方式，当面交单和直接交谈更符合自然的交易习惯，所以结算可能向不跟单方式即无条件付款方式转变。其次，自贸区还会产生大量跨区交易，作为国际贸易供应链在境内的延伸，此时境内主流的票据结算方式将可能替代传统跨境结算方式。最后，由于自贸区还承担着资本项目开放的使命，开放与实体经济更为紧密的贸易融资资产投资业务将是一个较好的选择，所以市场对融资工具的标准化和可转让性的要求更高。综上所述，基于无条件无付款的、可标准化流通的、境内企业接受度高的电子商业汇票很有可能发展成为自贸区特色的、具有广阔前景和市场需求的贸易融资工具。所以，自贸区建设不断深入后，金融业务将发展至独立自主、创新优化的阶段。

（四）自贸区电子商业汇票业务的优势

1. 开创无条件付款的跨境贸易结算工具

电子商业汇票的定位介于信用证和赊销方式之间，在制度层面要求付款人不审核跟单材料并无条件付款，更加适合自贸区贸易结算的发展趋势。此外，无条件付款为不验单融资提供了基础条件，如果政策上取消贴现环节的贸易背景审核要求，电子商业汇票将会在不增加资金风险的前提下大幅提升融资效率，并可能实现票据贴现的竞价交易模式。

2. 对接跨境和境内供应链的资金需求

电子商业汇票在票据到期前除了可以向金融机构融资外，还可以根据持票人的意愿进行企业间的背书转让，该属性十分适合整个供应链的结算需求。从供应链的角度，跨境贸易一般不是贸易的起点或终点，一般会对接相应的国内和境外贸易，而同一主体在跨境贸易和境内贸易中两个方向的资金结算需求完全可以用电子商业汇票进行对接。以往在资金不足的情况下，可能每个贸易环节均需要赊账，或者由其中一个主体向金融机构申请融资来激活资金流，融资期限与账期长短密切相关。如果以电子商业汇票转让来替代资金流动并匹配好票据期限和供应链整体资金流动周期，则整个供应链运作的金融杠杆和财务成本将大幅降低。在理想情况下，电子商业汇票在供应链中将等同于电子货币，相关财务成本趋近于零。

3. 可建立高流动性的融资转让市场

电子商业汇票除了基本融资属性外，还具有准标准化的融资转让属性。从境内已经建立成熟的票据二级市场来看，建立以电子商业汇票为载体的跨境资产融资转让市场十分可行且意义重大。融资转让市场可以连通境外人民币投资需求和境内跨境贸易融资需求，不仅可以拓宽境外人民币投资渠道，推进人民币国际化进程，而且可以利用境外人民币资金来反哺境内实体经济，降低贴现环节的融资成本。

六、自贸区发展电子商业汇票业务的环境影响分析和必备条件

（一）自贸区电子商业汇票业务的环境影响分析

自贸区电子商业汇票业务已基本不存在主观因素上的障碍，而且相对于其他贸易金融工具在便捷性、可流通性等方面有一定优势，在跨境交易中存在较大的发展空间。但是自贸区电子商业汇票业务是否能够发展还取决于一些外部因素，在贸易结算优先考虑融资属性的当下，融资可获得性、融资成本、再融资渠道将起到决定性作用。

1. 融资可获得性[①]

根据融资提供方不同，自贸区融资分为分账核算单元融资和境外融资。分账核算单元融资中，境内银行分账核算单元能够向开立自由贸易账户的境内企业提供融资，融资额度受到分账核算单元负债能力的约束。即分账核算单元只有吸收到区内存款、从法人行拆借到资金或者从境外金融机构拆借到资金，才能获取融

---

① 课题仅讨论境内企业的融资可获得性，境外企业不在讨论之列。

资额度。在境外融资中,由于外债政策不限制基于跨境贸易的人民币融资,所以境外金融机构可以直接成为资金源头,但实际可行程度受境外金融机构融资意愿的影响。

上述4个资金渠道的可获得性存在差异,对于区内存款而言,由于存款价格较低,且当前区内处于"僧多粥少"的局势,所以区内存款获得难度较大。对于从法人行拆借资金,需要考虑资金内部转移价格,这将导致区内区外无差异定价,对融资企业的吸引力不强。对于境外同业拆借,由于区内银行外债额度已十分宽松①,而且当前境外人民币体量较大,所以可获得性较强。对于境外直接投放,虽然电子商业汇票可以基于承兑银行无条件付款机制打消境外金融机构的风险顾虑,但须经历境外金融机构对新型金融工具的熟悉周期,当前阶段境内银行的海外分行可能是资金的主要提供方。

综上所述,在4个资金渠道中,区内存款获取最难,而另外3个渠道的资金获取相对较为容易。但从资金可用性角度,区内存款和区内融资的利差最大,实际可用性最强,而另外3个渠道都受人民币融资价格的限制,实际可用性需考虑融资成本因素。

2. 融资成本分析

自贸区电子商业汇票以人民币为单一计价单位,在理性融资的前提下,必须考虑人民币融资与其他币种融资的成本差异,以及境内境外的人民币融资成本差异②。

(1) 不同币种的融资成本分析③

当前美元融资利率远低于人民币融资利率,从表面看融入美元是必然的选择,但事实上,计算美元融资成本时还需考虑到期还款时的汇率损失或锁汇成本。如果融资人既有美元支出又有美元收入,支出时借入美元,还款时使用收入的美元,则在美元融资成本较低的当下会优先选择美元融资。如果融资人到期没有美元还款来源,需要使用人民币换汇支付,则需要考虑融资期限届满时的汇率变动情况,比较稳健的企业会在借款当时就锁定汇差成本。如果人民币处于升值预期,则使用美元融资的同时还能享受到汇率升值的好处,可能出现负融资成本的现象。如果人民币处于贬值预期,但贬值幅度小于美元和人民币之间的利差,则选择美元融资也有利可图。如果人民币贬值幅度大于美元和人民币之间的利

---

① 根据外债宏观审慎管理模式,提供自贸区分账核算业务的金融机构的外债额度相对较大,与业务量相比几乎可以不予考虑。

② 境内企业是人民币资金的主要需求方,当前主要来源于境内人民币融资,只有境外人民币融资具有融资成本优势后,境内企业才会考虑使用境外人民币融资。所以比较境内境外的人民币融资成本差异有其必要性。

③ 有关外币的论述均以美元作为样本。

差，则选择美元融资反而会提高融资成本。假设当前美元人民币融资利差在 200 个基点左右，而 1 年期锁汇成本在 300 个基点左右，显然在没有美元收入的情况下，选择人民币融资更为经济。

在计算融资成本的时候还需考虑一些其他的因素。例如，如果利差不是特别明显，则从统一管理资金的角度，集团公司不愿意使用不同币种进行融资。又例如，有些企业不允许在财务报表中留有远期换汇还款的风险敞口，而锁汇交易属于衍生品交易，需得到上级主管部门批准，从而降低了外汇融资的可行性。

（2）境内境外的人民币融资成本分析

前几年，由于人民币升值预期和美元实行低利率政策，境外人民币利率在大部分时间内低于境内人民币。在这个背景下，催生了以境内银行为中介的海外融资业务，例如海外代付、基于境内保函的境外融资等。境外低成本的人民币供给与境内低成本的本币融资需求做了较好的衔接，既解决了海外人民币高收益投资问题，又解决了境内融资贵问题，在真实交易关系而非单纯套利的背景下，应当予以鼓励和推广。而电子商业汇票融资相对于普通信贷业务，可以进一步弱化融资人开户银行的中介作用，进一步降低相关费用。

近期，境内境外人民币融资利差在不断收窄甚至已经出现倒挂现象，再加上跨境融资需承担一定税费，境外人民币的吸引力不断下降乃至消失。从持有境外人民币的机会成本是外币升值幅度和外币利率之和的角度，境外人民币利率的走势主要取决于人民币汇率预期和本外币利差的综合影响。所以当前利差收窄或者倒挂主要由两方面因素引起，一方面境外人民币利率在人民币贬值预期下不断升高，另一方面境内人民币在人民银行几次降息操作后，已经处于一个阶段性低位。

在国际金融形势不确定性增强的背景下，未来将形成境内和境外人民币融资利率交叉浮动的情况，届时则需根据行情来选择不同的资金来源。

3. 自贸区票据市场环境

除了标准化和可转让属性外，票据与其他贸易融资工具并无太大的本质区别。依赖于企业间基于交易关系转让票据是发展自贸区电子商业汇票业务的途径之一，但金融机构间建立自贸区电子商业汇票资产转让市场，即自贸区票据市场，是另一个重要的途径。成熟的自贸区票据市场能够充分调动境内和境外两个市场和两个资源。对于境内金融机构而言，可以由面向企业的银行、财务公司作为一级市场的推动者，一方面向实体经济输送资金，另一方面向其他境内和境外金融机构推送可靠资产。对于境外金融机构，其拥有大量人民币资金，缺少投资渠道，而直接投向境内信贷需求既存在政策障碍又缺少对融资人的了解。但票据资产为境外机构投资开辟了新的路径，可以实现引入境外人民币资金来对接境内融资需求的功能。根据一般金融理论，二级市场的繁荣能够促进一级市场的发展，也就是说发达的自贸区票据市场能够推动自贸区电子商业汇票业务的发展。

4. 票据融资和发行环境

由于我国的票据业务未严格施行无因性原则，在签发、贴现等环节必须依赖于真实的交易关系和债权债务关系，该要求已经与现代银行信贷业务脱节，而且不符合国际惯例。当前施行的票据制度对票据业务发展的抑制体现在两个方面：一是票据贴现的贸易背景审核要求。该规定不仅降低了票据融资的操作便利性，阻碍了票据流通性，更产生了诸多蚕食实体经济利润的票据中介，如果在自贸区票据业务中仍延续该要求，则境外企业和金融机构将无法适应，电子商业汇票的竞争力将大打折扣。二是限制发行融资性票据。该禁止规定限制了票据的投资品属性，使中小企业缺少可行的发债渠道，只能寻求成本更高的间接融资，或者通过票据中介来包装融资性票据。

如果在自贸区电子商业汇票业务中继续保留原先规定，则将给相关业务带来极大的负面影响，业务规模必将受到跨境贸易体量的限制和其他贸易融资工具的挤压，将直接减缓甚至限制自贸区票据市场的发展。反之，如果在自贸区业务中还原票据融资属性，则不仅将降低企业的融资成本并提高融资可获得性，而且将快速推动自贸区电子商业汇票业务发展，业务前景不可限量。

(二) 推动自贸区电子商业汇票业务须具备的条件

根据上述分析，自贸区电子商业汇票业务发展受到多个与融资环境有关的因素影响。其中，与存款规模和利率水平相关的条件主要由市场自行调节和发展，而票据市场建设和融资性票据政策放开则可以被人为干预。所有这些因素中，并不是所有条件都需要同时具备。一方面由于融资渠道的多样性，有些条件只要满足其一即可推动业务发展；另一方面由于票据业务的外延较为丰富，有些条件是整个业务发展的大前提，而另一些条件只服务于特定业务，能为自贸区电子商业汇票起到锦上添花的作用。

1. 区内存款规模化和境外人民币低利率是业务发展的基本条件，两者须备其一

(1) 区内沉淀充足的人民币存款

区内人民币存款是分账核算单元负债端最经济的资金来源，相关资金可直接用于各项区内的人民币贷款，包括自贸区电子商业汇票融资。虽然当前区内存款体量不大，但随着自贸区发展逐渐成熟，以及投融资汇兑的便利性显著提高，预计今后区内存款将大幅增长，可以有效支撑自贸区电子商业汇票业务发展。由于区内存款规模化并无时间节点，短期内该条件不容易达到。当前阶段，建设区内存款拆借场内市场有一定作用，可以提高区内存款的利用率。

(2) 境外人民币融资综合成本相对更低

从本外币融资角度,在当前外币融资利率远低于人民币融资利率的当下,不考虑小部分有可靠外币收入来源的融资人,需要外币融资利率叠加锁汇成本高于人民币融资利率的融资环境。从人民币境内外融资角度,需要境外人民币融资利率在叠加跨境融资税费后仍低于境内人民币融资利率的融资环境。只有同时满足以上两个条件,境外人民币融资综合成本才能相对更低,并会积极地向区内回流,届时自贸区电子商业汇票业务才有发展空间。从当前市场数据来看,境内贴现利率在信贷宽松政策和期限极端错配的作用下暂时低于境外人民币融资综合成本,但该现象不会持续存在。只要人民币贬值预期不再扩大且美元升息幅度不大,境内外利率差仍有可能成为自贸区电子商业汇票业务发展的前提条件。

2. 改善自贸区票据业务的流通环境和发行环境是业务发展的重要手段,将成为自贸区金融改革的亮点

(1) 建立良好的区内或跨区票据市场

成熟的自贸区票据市场可以正向激励人民币融资可获得性和融资成本的环境影响,是自贸区电子商业汇票业务发展的催化剂。不考虑政策限制,自贸区票据市场可以由两部分组成,其一是面向自贸区分账核算体系的封闭票据市场,交易标的必须是分账核算体系下的票据资产,参与主体包括境内各类型的金融机构和境外金融机构;其二是面向境内票据市场的跨境交易市场,交易标的可以是境内普通票据资产,一般而言票据出让方是境内金融机构,票据受让方是境外金融机构,资金从境外流向境内。目前,境内的4个主要金融市场[①]中仅票据市场仍未对外开放,自贸区金融改革工作有望解决最后一块金融市场板块对外开放的问题。

(2) 还原票据工具的融资属性

还原票据工具的融资属性是进一步提升票据融资处理效率,扩大票据发行规模的重要措施。作为措施之一的取消融资环节贸易背景审核,可以大幅提高自贸区电子商业汇票融资效率,形成价格优先的处理方式,替代原先规避审单要求的包装处理方式。作为措施之二的发行融资性票据,可以开辟中小企业发债渠道,摆脱跨境贸易背景的限制。而且由于中小企业对于融资成本的承受能力较强,在一定范围内可以弱化融资成本的条件限制。

七、推动自贸区电子商业汇票业务难点

(一) 自由贸易账户管制偏严,限制贸易融资资金的正常使用

根据自贸区分账核算监管政策,不论分账核算体系资金源自何处,一旦向境

---

① 证券市场、债券市场、拆借市场、票据市场。

内流动将受到严格限制,一般情况下资金流动只限于贸易项下。但贸易融资工具本身就基于真实贸易,所融入资金已经经过了相应的贸易背景审核,通过另一笔贸易才能将资金汇往境内,无形中提高了资金使用门槛,还可能驱使区内企业捏造跨区贸易背景来规避相应政策。况且境内传统账户原本就可以基于贸易项下从境外融入资金,所融入资金可直接进入传统账户,使用并不受限制。因此,通过自由贸易账户操作贸易融资所获得的便利性很大程度上被资金再流通限制所侵蚀,导致自由贸易账户相较于传统账户在资金价格和便利性上均不占明显优势。最终,政策限制将直接打击客户对通过自由贸易账户使用贸易工具的积极性,制约金融机构分账核算单元相关业务的开展。

(二) 非居民对于境内法律接受问题

由于我国《票据法》以行为发生地是否完全在境内为标准裁量票据行为的法律适用,在通过自由贸易账户办理电子商业汇票业务的行为地应认定为境内的情况下,自贸区分账核算体系下的电子票据业务应当遵守《票据法》的相关规定。从另一个角度,《票据法》关于行为地适用原则也肯定了境外机构使用我国电子票据的操作形式。但我国法律体系和欧美等国家的法律体系存在较大差别,在《票据法》相关条款上也有一定体现,尤其是票据无因性原则,由此可能会产生非居民、境外银行不适应甚至不接受我国法律的情况,导致相关业务因交易主体在法律方面的顾虑而无法正常开展。

(三) 电子商业汇票业务缺少统一的操作细则

从《中国(上海)自由贸易试验区分账核算业务实施细则(试行)》的内容来看,其不是一个细则性文件,仍应归属于宏观层面的政策。虽然第二十一条规定了机构自由贸易账户可使用电子商业汇票,但未回答如何在分账核算体系内使用电子商业汇票的问题,导致商业银行无法制订详细的业务方案和系统修改需求,特别是地方性分支机构难以据此争取法人行支持。制度缺失还可能会造成跨机构业务的理解差异和执行障碍,不仅不利于自贸区电子商业汇票业务的大范围推广,而且金融机构可能会误踩自贸区管制红线。

(四) 当前自贸区环境对境外金融机构的吸引力不强

自贸区分账核算体系的亮点之一是允许境外金融机构开立同业机构自由贸易账户,并以此为基础开展投融资业务。初期,由于境外金融机构缺少对境内企业的了解,而且资本项目也未大幅开放,所以短期内境外金融机构进入自贸区的意愿还不强烈,导致自贸区暂时无法形成多类型金融机构参与的融资市场和投资市场。同质化的境内金融机构分账核算单元将面临资金来源、额度等方面的限制,一方面产生了分账核算单元向境外短期借款并在区内长期投放的期限错配问题，另一方面难以有效地组织和运作包括贸易融资工具在内的各类二级市场。

八、政策建议

（一）努力建设开放程度更高的自贸区金融环境

在预计中短期内境外利率更高的情况下，提高区内存款体量是当前推动自贸区电子商业汇票业务的主要途径。由于区内利率较境内区外更低，区内贷款几乎全部用于区外来替代高成本融资，所以区内不存在独立的存款派生机制。从可持续性角度，区内存款将主要来源于结算性存款。而结算行存款的沉淀，关键在于自贸区是否建设相对于境内区外更为便捷高效的金融环境，是否取消了不适当的金融管制措施。从截至2015年6月底累计开立近2万户自由贸易账户但实际结算性存款不高的情况来看，目前，企业对自贸区寄予了很高的期望，但实际成效略显不足。今后，自贸区电子商业汇票业务的发展很大程度上取决于自贸区金融环境的便捷程度和开放程度。

具体而言，在境内传统账户跨境贸易融资已经开放的情况下，建议区别管理贸易融资资金和投资类型资金，在信息监测系统实时跟踪资金流向的前提下，进一步减少自由贸易账户贸易融资资金的使用限制，基本拉平区内外跨境贸易融资资金的监管标准。初期可通过参数设定允许贸易融资资金在一定额度内向境内流动，在持续跟踪资金流向并综合评估后，可重新配置参数扩大资金流动额度。随着自贸区贸易融资资金使用便利性的提高，将鼓励区内企业通过自由贸易账户使用各类贸易融资工具。

（二）在自贸区内建立和实施与国际接轨的票据法律制度

《中国（上海）自由贸易试验区总体方案》提出"加快形成符合试验区发展需要的高标准投资和贸易规则体系"的总体要求，并已在"外资三法"实施上迈出重要改革步伐。建议中国人民银行根据《中国人民银行"十二五"立法规划》部署，继续推动《票据法》的修订工作，将《票据法》有关原则与国际惯例进行接轨。为减少修法阻力、获取修法的实践依据，可先推动在自贸区内修订《票据法》部分条款。在自贸区建立初期票据法律修订工作尚未取得突破时，可先通过规范性合同文本调整直接当事人和特定群体的权利义务和法律责任问题，但需谨慎研究票据流通中非直接当事人之间的法律关系，尽量减少《票据法》和国际惯例之间的"摩擦"。

(三) 制定分账核算单元电子商业汇票业务操作细则

为解决机构自由贸易账户电子商业汇票业务标准模糊、工作推进协调难度高、政策风险较大等问题，鼓励金融机构开发分账核算单元电子商业汇票产品，切实支持自贸区境内外企业的贸易结算和融资需求，建议人民银行牵头制定分账核算单元电子商业汇票业务操作细则。操作细则主要明确以下几个方面内容：一是分账核算体系内电子商业汇票的业务类型，应当包括出票、承兑、转让、贴现、转贴现、质押等各类结算和融资业务；二是业务参与对象，既要包括自贸区业务相关境内企业和境内金融机构分账核算单元，也要包括开立FTN账户的境外企业和开立FTU账户的境外金融机构；三是规范分账核算单元和境外金融机构接入电子商业汇票系统的方式；四是规定外显、识别FT标识的要求，并界定业务审核主体和相关责任；五是在取消贴现贸易背景审核、扩大票据市场参与主体等方面有所突破。

(四) 建立自贸区电子票据交易平台

建议将自贸区电子票据交易平台作为自贸区金融改革和票据市场发展的结合点，推动建设自贸区电子商业汇票资产的二级市场，进而减少境内外企业和金融机构发展自贸区电子商业汇票一级市场的困难。初期，交易平台主要定位于区内票据市场，并可根据政策开放程度，向跨区票据市场发展。由于交易标的和参与主体的一致性，平台可设计通用的交易功能，并在时机成熟后直接向全国覆盖。

(五) 积极引入境外金融机构参与贸易融资和融资转让业务

由于境外金融机构与境内金融机构分账核算单元在资金来源、客户授信管理等方面存在优势互补，引入境外金融机构将有利于自贸区各项投融资业务。建议在推动自贸区贸易融资工具时，同步考虑引入境外金融机构角色，利用境外金融机构的比较优势，提升贸易融资的金融供给水平。

(六) 在自贸区内试点发行融资性票据

由于利率原因，当前自贸区电子商业汇票业务较境内业务优势不大，在业务推动初期将面临较大的困难，这些问题将进一步传递到自贸区票据市场的建设上。考虑融资性票据和债券并无本质区别，法律上的障碍并不那么明显[①]。建议充分利用自贸区机制优势，从支持实体经济和中小企业融资的角度，允许符合一

---

① 《票据法》关于真实交易关系的要求并无确切的解释，资金交易关系也可理解为真实交易关系的一类。

定条件的企业在自贸区内试点发行融资性票据,相关资金应当用于跨境贸易。

参考文献

[1] 国务院文件（国发[2013]38号），中国（上海）自由贸易试验区总体方案。

[2] 中国人民银行文件（银发[2013]244号），关于金融支持中国（上海）自由贸易试验区建设的意见。

[3] 中国人民银行文件（银发[2015]339号），进一步推进中国（上海）自由贸易试验区金融开放创新试点 加快上海国际金融中心建设方案。

[4] 中国人民银行上海总部文件（银总部发[2014]46号），中国（上海）自由贸易试验区分账核算业务实施细则（试行）。

[5] 赵懿、邓伟伟：《自贸园区发展电子商业汇票结算和融资业务的研究》，载《南方金融》，2014（10）。

[6] 赵懿：《自贸分账核算下应用电子商业汇票的若干问题》，载《新金融》，2014（9）。

[7] 中国人民银行上海总部金融服务一部课题组：《关于建设全国电子票据交易平台的研究》，载《金融电子化》，2015（3）。

[8] 赵慈拉：《电子商业汇票在上海自贸区创新运用的设想》，载《上海金融》，2013（11）。

[9] 肖小和、邹江、汪办兴：《上海自由贸易区建设与票据业务创新发展》，载《金融与经济》，2014（3）。

境外理财市场的发展、监管及对我国的启示

中国人民银行上海总部调查统计研究部课题组

课题组组长：白当伟
课题组成员：金艳平　王慧娟

摘　要

近年来，我国理财业务发展较快，满足了投资者多样化的财富增值保值以及资产管理需求，也成为金融机构重要的业务增长点和利润增长点，但当前我国理财业务总体而言仍处于发展的初级阶段，未实现以"产品为中心"向以"客户为中心"的转变，并存在风险隐患较大、刚性兑付、信息披露不足等问题。美国、英国、日本、中国香港等发达经济体的理财业务起步较早，发展较为成熟，许多经验值得我们借鉴。社会财富的增长、金融改革的进一步深化将为我国理财市场的发展带来广阔的前景，未来应推动理财业务发展成为以客户为中心的专业化、个性化服务；要协调好打破刚性兑付与保护投资者利益的关系，重点做好投资者利益保护工作；要加强理财业务信息披露，防范金融风险；要加强理财业务与其他财富管理业务的监管协调，防止监管盲点和监管套利。

一、导论

（一）问题的提出

我国的银行理财业务肇始于20世纪90年代中后期，商业银行起初主要是提供咨询建议，代理客户进行简单的操作服务，也出现了一些简单化的产品。商业银行开展理财业务最初的依据是中国人民银行发布的有关商业银行开展中间业务的规定[①]。2004年以前，仅有少数几家中资和外资银行开办外汇理财业务。2004年9月，6家中资银行经中国银监会批复同意开展人民币理财业务，自此，我国

---

① 指《商业银行中间业务暂行规定》（2001年7月）和《中国人民银行关于落实〈商业银行中间业务暂行规定〉有关问题的通知》（2002年4月）。

商业银行理财业务开始逐步进入行之有据的时期。银监会在2005年9月首先出台了《商业银行个人理财业务管理暂行办法》和《商业银行个人理财业务风险管理指引》（以下简称《办法》和《指引》）两个理财业务监管的基础性文件，对银行理财业务作出初步规范。自此，我国商业银行理财业务开始进入有法可依的时代。银行理财业务真正进入蓬勃发展期是在2009年以后。根据人民银行理财与资金信托统计信息监测系统统计，2012~2015年，银行存续理财产品资金余额年均增长40%以上。

我国商业银行理财业务在快速发展的同时，也出现了许多问题，这些问题主要表现在以下几个方面：第一，我国目前的理财产品同质化严重，仍处于以产品为中心的初级阶段。如何使理财产品的开发和资产管理水平快速提升，满足客户日益增长的理财业务需求，是业界面临的一个现实任务。第二，理财业务自身蕴含着一系列风险。这些隐性风险主要包括隐性担保和刚性兑付问题、通过资金来源与资金运用的期限错配进行套利问题、表外风险与表内风险相互传递问题、关联交易问题等。如何系统性地规范理财业务，有效地监管理财业务，尚需积极探索。第三，当前处于利率市场化改革、汇率形成机制改革、资本项目可自由兑换等金融改革的接近完成或关键时期，这对于银行理财业务会产生什么影响。第四，近些年，我国不只是银行理财业务发展迅猛，券商、基金、保险、信托各类金融机构及其子公司的资产管理业务发展也很快。这些机构之间的产品名称各异，但其本质基本相同，共同构成了所谓"大资产管理业务"。在大资管的背景下，各金融管理部门如何重新构建大资管框架，也是一个重大的课题。

在回答和解决这些问题的时候，境外成熟市场的经验无疑可为我们提供思路和借鉴。从世界上最早开展理财业务的瑞士算起，境外成熟市场金融机构开展理财业务迄今已有半个多世纪的历史了。在半个多世纪中，它们也经历了国民财富的快速增加，经历了利率市场化、资本项目开放、汇率自由浮动等历程。伴随着这个过程，境外金融机构和监管部门在管理理财业务风险、优化理财业务监管等方面，无疑有许多的思考和探索。这些对于我们今天理解中国银行理财的发展和现状，研究规划理财业务的未来发展方向，以及提出和制定行之有效的监管理念、方法，都有重要意义。

（二）概念辨析

银行理财业务是银行业金融机构立足于自身的产品设计、资产组合管理能力和人才及信息优势，向客户提供的一种资产增值服务。瑞士是开展理财业务最早的国家（瑞士的理财业务由保险机构率先开展），但美国的银行理财业务后来居上。理财业务在不同的国家和地区，名称有所不同。在美国，根据服务对象的不同，商业银行习惯上将向企业和机构客户提供的理财业务称做资产管理业务，将向个人客户提供的理财业务称做个人财富管理或直接称为财富管理。

而在我国，银行理财业务是在我国利率市场化过程尚未完成，市场主体财富增长迅速而投资渠道匮乏的背景下，银行业金融机构进行的一种业务创新。我国的银行理财业务既与发达国家的财富管理业务同本同源，但又在多个方面与其有很大的不同，有着明显的中国特色。由于分业经营，监管部门一般将银行提供的此类业务称为理财业务，而将信托公司提供的此类业务称为（投资类）信托业务，证券基金公司、保险公司提供的此类业务称为资产管理业务。但不论什么叫法，其本质基本相同。

鉴于此，在本文研究中，我们在参考国外的经验时，对于国外商业银行开展的理财业务、财富管理业务、资产管理业务等各种称谓的经验均有借鉴。

（三）文献综述

李君平（2014）[1] 从空间和时间两个维度介绍了私人财富管理相关研究的两大理论基础——资产配置理论和生命周期理论及其相关研究文献。

国别研究方面。孙飞、陈兵（2006）[2]、乔晋声、徐小育（2006）[3] 介绍了美国个人理财业务的发展。郑天韵（2012）[4] 的硕士论文对美国商业银行个人理财业务作了较为系统的介绍。唐浩忠（2007）[5] 的硕士论文介绍了境外商业银行开展个人理财业务的情况，对国外商业银行个人理财业务的特点作了总结。李秀英（2008）[6] 的硕士论文介绍了中国香港个人理财业务的开展情况。总的来说，这几篇硕士论文的分析不够深入。在对境外理财业务介绍的论文中，绝大部分论文都结合境外的理财经验，对中国的银行理财业务提出了建议。不过，多数建议没有切合中国理财业务的实际。

作为个人财富管理中的高端业务，私人银行业务一直是许多银行最为重要的业务之一。在这方面，叶菲、张红军（2014）[7] 对汇丰集团的私人银行业务成功经验作了研究，指出收购、量身定制和协同效应是其成功的主要经验，这些对国内私人银行业务具有启发意义。

还有一些研究涉及一般意义上的财富管理业务。王胜、胡艳玲（2013）研

---

[1] 李君平：《私人财富管理研究评述与展望》，载《外国经济与管理》，2014（8）。
[2] 孙飞、陈兵：《美国个人理财业务发展概况》，载《农村金融研究》，2006（2）。
[3] 乔晋声、徐小育：《美国商业银行开展理财业务的经验及对中国的启示》，载《金融论坛》，2006（10）。
[4] 郑天韵：《美国商业银行个人理财业务分析》，吉林大学硕士学位论文，2012。
[5] 唐浩忠：《国内外商业银行个人理财业务的比较研究》，西南财经大学硕士学位论文，2007。
[6] 李秀英：《香港个人理财业务研究》，暨南大学硕士学位论文，2008。
[7] 叶菲、张红军：《汇丰集团私人银行案例研究及启示》，载《新金融》，2009（2）。

究了财富管理业务的全球趋势,认为全球财富管理市场正发生深刻调整,出现了一些值得我们关注的新趋向。蒋明康(2014)研究了金融危机后欧美发达国家财富管理业务的发展历程、现状,以及该领域消费者保护的改革思路和理念[1]。中国证券投资基金业协会(2015)对美、欧等地的财富管理行业进行了梳理,总结分析了其共性和各自的特色[2]。

总的来看,有关国外银行理财业务的研究成果并不多,现有的研究主要停留在对已有的业务简单介绍的层面上,对业务运作进行深入研究的文献并不多见,对理财业务监管进行深入研究的文献尚未见到;能够立足国外理财业务发展、监管经验,提出符合实际和发展趋势建议,用于指导国内理财业务发展及监管的文献也不多见。通过本课题的研究,我们希望在这方面作些探索。

二、境外理财市场的发展

根据波士顿咨询公司发布的《2015 全球财富报告》[3],2014 年全球私人财富达到 155.7 万亿美元,增长 7.7%。分区域看,北美 50.8 万亿美元,增长 5.6%;西欧 39.7 万亿美元,增长 6.6%;亚太(不包括日本)33.0 万亿美元,增长 14.9%;日本 14.3 万亿美元,增长 2.5%;中东及非洲 8.4 万亿美元,增长 7.4%;东欧 5.0 亿美元,增长 9.9%;拉美 4.5 万亿美元,增长 9.2%。其中,财富管理业务规模最大的是北美、西欧、亚太(不包括日本)、日本,增长最快的是亚太(不包括日本)。我们分别选取财富管理规模较大区域有代表性的国家或地区进行理财市场发展状况分析。

(一) 美国理财市场的发展

1. 美国银行理财的产生背景

美国个人理财业务产生和发展的基础是"二战"后美国经济的迅猛发展和社会财富的大幅增长。在这种背景下,客户不再满足于商业银行单一的银行储蓄存款服务,而对金融机构的资产增值业务提出了要求。

商业银行之间的竞争促进了银行理财业务的快速发展。商业银行为全面满足客户的理财需求,适时推出符合客户需求的理财业务,从而增加自身的核心竞争力。同时,商业银行数目不断增加,大中小型银行之间竞争日益激烈,促进了商业银行的业务创新。另外,商业银行也面临着来自非银行金融机构如投资基金、保险

---

[1] 蒋明康:《财富管理与消费者保护国际经验研究与借鉴》,上海交通大学 EMBA 学位论文,2014。
[2] 中国证券投资基金业协会:《财富管理行业国际比较》,2015。
[3] 波士顿咨询公司(Boston Consulting Group):Global Wealth 2015:Winning the Growth Game,June 2015,www.bcg.com。

公司、财务公司的竞争,这对商业银行传统的资产类业务形成了巨大的挑战。在利率市场化的背景下,理财业务成为银行在激烈的竞争中脱颖而出的重要选择。

金融自由化促使银行理财业务走向成熟。1986年4月,美国利率市场化的进程全部完成,这对于银行理财业务发展具有重要意义。但是,真正促使银行理财业务走向成熟的是1999年美国《金融服务现代化法案》的通过。该法案的通过使得银行可以为客户提供证券、保险等非中介业务和更全面的理财服务,从而极大地促进了理财业务向更具创新性和个性化方向发展。

2. 美国银行理财业务特点

(1) 组织架构与运作

美国的银行一般设立专业化、垂直型的组织架构。大部分银行采用事业部模式,业务上通过总行或地区总部直通分支机构的"业务线"进行专业化垂直管理,但也有少数银行会通过成立专门的分支机构,甚至采取业务外包等形式向客户提供各类金融服务。[①]

(2) 产品与服务

对于一般客户,包括规模较小的企业、机构和拥有可投资资产在10万美元以下的个人客户,银行以提供传统的银行产品和服务为主,但银行会根据客户信息和市场特点,主动对各类产品进行组合或深化,以更好地适应客户的需要。这类产品的特点是专业化、标准化。

对于规模较大的企业、机构客户和富裕的个人客户,银行除了要满足这些客户对传统银行产品和服务的需求之外,还可以向他们提供证券、保险等非银行金融产品和服务,运用的金融工具有基础性的,但更多的是使用各种金融衍生产品。银行一般会根据客户的目标和风险承受能力设计产品和提供服务。

(3) 营销管理与客户关系

以客户为中心。境外成熟市场的银行开展理财业务不是以产品为中心,而是以客户为中心。也就是说,不是设计好了产品向客户推销,而是先进行客户投资需求、投资偏好的调查,将客户调查的结果融入产品设计和服务的提供上,从而为客户提供最佳服务。例如,20世纪90年代初期,花旗银行采用顾客活动周期(CAC)方法研究客户的活动及每个关键阶段的增值机会,并对此进行评估。研究表明,顾客在对其财务实行跨边界管理时往往力不从心,花旗银行便决心为客户提供连续的全球服务,在为客户提供便利的同时,也增加了顾客黏性。[②]

---

① 乔晋声、徐小育:《美国商业银行开展理财业务的经验及对中国的启示》,载《金融论坛》,2006(10)。

② 该案例参见唐浩忠:《国内外商业银行个人理财业务的比较研究》,西南财经大学硕士学位论文,2007。

实行客户分层的客户管理战略,为客户提供全方位、有特色的服务。零售银行将客户分为两类:一类为一般性消费客户(投资资产在10万美元以下),另一类为富裕客户(投资资产在10万美元以上)。其中,对于富裕客户又可进一步分为三个层级:一般富有客户(可投资资产在10万～100万美元);富裕消费者客户(可投资资产在100万～2500万美元);超级富豪(可投资资产在2500万美元以上)。所谓的私人银行业务的目标客户就是指后两个层级的客户,对于第三层级的富裕客户提供的理财服务更是具有高度的私密性,只有为数不多的大银行或历史悠久、品牌卓越的银行才有向这个层级的个人客户提供服务的能力。私人银行的基本特点在于其向高净值客户提供的是"量身定制"而非标准化的产品/服务。"量身定制"要求私人银行至少具备两方面的能力,一是完备的产品供应能力,二是准确的客户细分能力。以汇丰银行为例,其私银控股向客户提供的产品/服务包括四大类:投资、信托与保险、专家咨询以及融资和银行服务。汇丰私银控股以职业特征为主要依据将客户分为五类(企业主、职业经理人、家庭、国际客户,以及传媒、娱乐和体育人士),并根据客户的需求特点提供针对性的产品/服务。①

实行理财经理制,与客户建立长期合作关系。对于银行来说,少部分客户贡献了大部分的营业收入和利润。所以,银行在对客户分级的基础上,对高净值以上客户都配备有理财经理。理财经理制有许多好处。一是有助于银行与客户建立长期联系。理财经理接受客户的咨询,向客户提出投资建议,在长期的接触中,理财经理对客户的情况比较了解,客户也容易对理财经理产生信任感。这就奠定了银行与客户长期联系的基础。二是有助于银行为客户提供个性化的服务。理财经理与客户建立长期关系后,对客户的年龄、家庭、收入、投资需求等情况都有比较清楚的了解,从而才能为客户提供个性化的产品与服务。三是有助于留住客户。当客户对银行产生信任感后,又能够从银行所提供的多元化,特别是个性化服务中受益,客户就会对银行产生依赖感。双方就建立了持续的、长期的关系。

(4)从业人员管理

资格要求。由于理财经理在理财业务中起着关键性的作用,所以各银行对理财经理都有较高的要求,普遍对个人理财业务从业人员实行资格认证制度,拥有一支高水平的从业人员队伍。如:汇丰银行要求其财务策划经理拥有财务策划师(Certified Financial Planner,CFP)的资格;渣打银行则要求每位客户经理拥有伦敦证券学院的专业资格②。

培训制度。境外成熟理财市场的商业银行都很重视对员工的培训。为使员工

---

① 叶菲、张红军:《汇丰集团私人银行案例研究及启示》,载《新金融》,2009(2)。
② 唐浩忠:《国内外商业银行个人理财业务的比较研究》,西南财经大学硕士学位论文,2007。

跟上理财业务的最新发展，开展理财业务的商业银行一般会对员工进行定期培训，内容涉及理财业务的法律法规、产品设计、经典案例、投资及风险管理、全球投资管理等各个方面。

(5) 信息技术应用

依托于信息技术在商业银行的大规模、深度应用，理财业务利用信息技术加快了产品开发进程，降低了销售成本，加强了与客户之间的联系。同时，商业银行理财业务的一些发展趋势，如投资业务专业化、投资产品复杂化，以及商业银行日益面临着非银行金融机构、互联网理财机构、理财顾问机构等的竞争，也要求商业银行不断加大信息技术的投入，提高信息技术在理财业务中的运用，提高自身的竞争力。

(6) 理财业务与全球布局

在世界经济一体化趋势越来越强的今天，许多跨国金融机构推行个人理财服务，已经不再局限在一国或者一个地区，而是将其扩展到全球范围。

(二) 英国理财市场的发展

英国金融业高度发达，在财富管理创新发展方面积累了丰富的经验，被称做"全能型的财富管理中心"。据估计，整个英国资产管理行业的资产规模大约4.4万亿英镑。

1. 英国理财业务提供者

英国从事资产管理业务的机构渐呈多元化。具体来说，可以提供全方位资产管理服务的机构主要有综合性银行、私人银行及独立理财师三种类型[①]。理财业务对从业人员的素质要求非常高，包括全面理解各种金融投资工具的风险收益特征及投资组合理论，同时具有与客户建立起密切关系的能力。

(1) 独立理财师 (Independent Financial Adviser, IFA)

独立理财师就是理财师以合伙制的形式成立独立的第三方理财机构，自身不提供任何投资产品，而是凭借良好的专业技能，为客户提供专业的理财建议和服务。由于其自身利益的独立性及高素质的专业性，得到了越来越多客户的青睐。据统计，英国有11000多家理财顾问公司，独立金融理财师规模已达2.6万人。IFA模式，能够比较有效地使理财顾问站在中立和公正的立场上向客户推荐产品，容易和客户建立长期的信任关系，也减轻了资产管理机构作为管理人直接销售的法律风险，所以这种模式在英国占据了统治地位。

(2) 综合性银行

---

① 本小节关于英国资产管理机构的内容参考了2012年赴英证券公司资产管理业务高级研修班课题组：《英国资产管理业务：现状、趋势及启示》，载《创新与发展：中国证券业2012年论文集》。

对于一般客户，综合性银行主要提供大众化的简单理财服务，产品相对简单，个性化服务较少，客户只能在有限的产品中进行选择。

对于高净值客户（尤其是家庭年收入在10万英镑以上的客户），综合性银行则提供较多的个性化理财服务。对该类客户提供的投资类产品和保险类产品大幅增加，包括高额住房贷款、退休理财金账户、离岸交易账户、股票基金账户、对冲基金账户、高息债券账户等。综合性银行会根据对客户风险偏好的详细划分，在一揽子的理财产品中进行个性化的定制。

在综合性银行提供理财服务的人员称为捆绑理财师（Tied Financial Adviser，TFA），主要为高净值客户进行专业化服务。与独立理财师相比，捆绑理财师的收入由其受雇的银行支付，因此倾向于向客户推荐受雇银行发行的投资工具和理财产品。[①]

（3）私人银行

英国私人银行的资产管理业务侧重于对高净值客户的资产管理。英国私人银行的客户定位相对低一些，一般客户资产规模要求在50万英镑以上。投资范围涵盖全球股票、固定收益产品、衍生品（结构化产品、对冲基金、PE、商品）、现金等。其收费模式大多是只收取管理费，并不提取业绩报酬。其客户涵盖企业主、养老金、信托、遗产继承、避税、投资移民等领域。

与前面两种机构通过理财师与客户交流不同，私人银行对高净值客户的资产管理服务往往采取投资经理（Wealth Managers）负责制，即每个客户都有一位直接对应的投资经理，直接与客户打交道。

2. 英国理财业务的特点

（1）提供个性化服务

英国商业银行向理财客户提供以下服务：定期的业务反馈，清晰的理财记录，专业的理财人员，特别的优惠政策。一项调查发现，英国财富管理业务的个性化服务显得越来越重要。英国财富管理界将其富裕客户分为两类："新"货币客户（New Money Clients）和"旧"货币客户。前者寻求在文化、珠宝、高雅艺术品方面的投资，而后者则寻求不同的产品和服务。英国还出现了满足客户特殊需要的专业市场，如为教师和农场主提供的产品和服务。基于这些客户的生活方式、工作类型、继承的财富、信仰，以及所处生命周期的阶段，财富管理机构努力满足客户的千差万别的需求。[②]

[①] 但近年来，为了更好地绑定客户的差异化理财需求，也开始更多地向客户推荐符合客户真实需求的其他银行或投资机构发行的产品，体现出更多以客户利益为中心的导向，有利于留住高净值客户。

[②] Beaverstock, Hall, and Wainwright, Scoping the Private Wealth Management of the High Net Worth and Mass Affluent Markets in the United Kingdom's Financial Service Industry, School of Geography, The University of Nottingham.

（2）通过测试指导客户进行选择

鉴于许多客户并不了解自己的风险偏好，理财机构会对客户进行一系列严格的测试，科学地指导客户进行选择。通过问卷调查，从投资目标、风险、期限、投资限制、税收规划等方面综合反映客户的真实理财需求。[①]

（3）技术支持完善化

英国商业银行的自动化程度较高，其中，网络银行业务占到银行总业务的40%以上。英国商业银行的电子化系统，集银行业务系统，客户资料管理系统，财务分析系统和资讯提供系统为一体，客户经理可以为客户提供财务分析，投资分析等方面的资讯。而客户也可以在银行的网页上获得全面的技术支持和指导，包括汇率、证券、保险、银行业务介绍，金融市场分析等全面的金融信息服务。

（4）英国理财服务出现了一些新趋势

一是出现了去中介化的趋势。英国研究机构的调查发现，在具有金融知识的消费者中，出现了去中介化（Disintermediated）趋势，他们偏好利用互联网或其他在线平台来选择产品和服务。二是理财市场结构正发生快速变化。国际金融危机后，有越来越多的公司进入该市场，金融市场自身的结构发生了迅速的改变。[②]

（三）日本理财业务的开展情况

1. 日本理财业务的兴起与发展

在人口老龄化加剧、金融自由化浪潮加深、国民收入提高和个人金融资产迅速积累等因素的推动下，日本的个人理财业务在1970年出现萌芽，在20世纪80年代得到发展。20世纪90年代日本泡沫经济破灭，迫使日本国民对生活进行长期规划设计，由此推动了日本个人理财业务的持续发展。进入21世纪，日本个人理财业务走向繁荣。[③]

由于理财需求不断增加，日本理财协会（Japan Association for Financial Planner, JAPF）于1987年11月成立，1992年日本与国际注册金融理财师理事会（International Certified Financial Planner Council）签署协议并于1993年向241名日本理财协会会员颁发了CFP资格证书。2010年，日本CFP数量达17109人，

---

① 寇宏：《反思我国商业银行个人理财业务——与英国商业银行理财业务比较》，载《科技信息》，2008（27）。
② Beaverstock, Hall, and Wainwright, Scoping the Private Wealth Management of the High Net Worth and Mass Affluent Markets in the United Kingdom's Financial Service Industry, School of Geography, The University of Nottingham.
③ 陈兵、孙立坚：《日本个人理财业的发展动因、特点及启示》，载《新金融》，2011（5）。

仅次于美国和加拿大居全球第三。[①]

2. 日本理财业务的特点

(1) 个人金融资产运用相对保守

由于日本经济长期低迷，老龄化社会问题凸显，日本国民理财观念日趋成熟，长期投资意识不断增强，居民对理财熟悉程度与年龄正相关，居民整体厌恶风险、投资风格稳健，重视自我判断与价值投资[②]。日本国民在个人金融资产上的运用趋向"安全资产"，日本家庭金融资产中安全资产的比重明显高于美国、英国、法国和德国[③]。受此影响，日本的商业银行在提供理财业务时也会尽力满足客户这一特点和需求。

(2) 建立了较为完善的银行理财业务组织架构和系统

日本的商业银行建立起了理财业务的组织体系，将业务流程、产品研发、人员管理、风险控制等包括在内，并通过强大的信息数据化系统加以支持，使这些业务子系统结合成为高效运作的统一整体。[④]

(3) 在全面收集信息的基础上，全面了解和分析客户的理财需求

日本的商业银行重视收集客户的信息，在此基础上有针对性地提供财务规划。考虑到日本人相对保守的投资偏好，以优先确保财产保值为基本原则，再考虑客户财务计划目标、资产构成、对投资回报的期望值、避税要求、遗产规划等，综合作出投资建议（陆扬，2012）。

(4) 日本的商业银行比较注重对理财人才的培养

日本的商业银行非常重视理财人才的培养和训练。在社会培养的基础上，日本的商业银行结合自身业务需要培养了大批理财人才。重视理财人才培养是推动理财业务持续发展的重要因素之一。

(四) 香港银行业理财市场的发展

得益于香港的地理位置及政策优势，全球主要的商业银行都在香港设立分支机构，但是香港地区的理财业务相对于欧美各国起步较晚，居民理财意识并没有随着金融机构数目的增加而觉醒，个人直接炒股、炒外汇、炒黄金、炒房子仍是香港居民的主要投资方式。香港居民的理财业务觉醒主要经历了两个阶段。一是亚洲金融危机后香港居民理财业务的萌芽阶段。1997年的亚洲金融危机使香港的股市和楼市指数在短时间内下跌了60%，香港居民的股票和房地产投资大幅

---

① 陈兵、孙立坚：《日本个人理财业的发展动因、特点及启示》，载《新金融》，2011（5）。

② 丁建臣、孟大伟、刘亚娴：《中日居民家庭金融理财差异性分析》，载《现代日本经济》，2012（5）。

③ 陈兵、孙立坚：《日本个人理财业的发展动因、特点及启示》，载《新金融》，2011（5）。

④ 陆扬：《美、日商业银行个人理财业务研究》，吉林大学硕士学位论文，2012。

度缩水，香港居民开始认识到分散化、专业化投资的重要性。二是利率市场化完成后银行业大力开发理财产品阶段。2000 年 7 月，香港银行业分阶段完成利率市场化后，为了避免价格竞争，银行开始注重在产品开发、服务改善、网点重整、品牌建立等方面提升水平，客观上推动了理财市场的发展。2000 年 12 月，强制性公积金的推出客观上让更多的香港居民了解了理财的含义，成为理财市场发展的一大动因①。

香港自身经济的优势以及金融中心的地位使香港本地的理财产品具有明显的优势。首先，香港有较为宽松的银行准入环境。全球 100 大银行中的 73 家都在香港有经营银行业务，并大都提供理财服务或者私人财富管理服务。其次，香港具有得天独厚的地缘优势。香港处于亚太中心，区域内国家经济发展较为迅猛，近年来中国大陆经济发展迅猛，也为香港银行理财业务发展带来了新的机遇②。同时，香港的税制简单且税率较低（香港不征收资产增值税及利息税，并于 2006 年取消了 15% 的遗产税，税率在发达经济体中最低），吸引了香港本地居民以及境外居民在香港购买理财产品。

香港银行业的理财业务经过多年的发展，形成了以理财业务为核心，结合储蓄、结算、咨询、资产运作、消费信贷等项目在内的"一站式"银行服务形式。

1. 对客户都进行细分，针对不同类型的客户提供不同类型的理财服务

与内地银行理财业务以推销理财产品为主的模式不同，香港银行为客户提供的是一站式的理财服务。每个客户在香港银行开立账户时都要作详细严格的风险评估，不仅让客户清晰了解自身风险容忍状况及可办理业务范围，也可让银行准确识别客户身份和把握客户需求。开立账户后，客户可根据自己的资产规模在网上或者柜台选择理财服务的层级，银行根据客户选择的层级指导和帮助客户选择和购买银行所提供的个人金融产品及金融产品的组合。

个人理财方面，银行一般根据客户的综合财富总值③将客户分为私人银行客户、财富管理客户、综合理财客户、普通客户，针对不同层次的客户提供不同的产品与服务并收取不同的费用，对于私人银行客户，一般由大银行的私人

---

① 强制性公积金独特的由私人管理的界定供款制度、政府对投资风险不保底的性质，客观地推动了香港老百姓的理财意识。

② 随着中国内地外汇管制的不断放宽，许多内地居民也已通过在香港的银行开设综合理财账户及利用网上银行和电话银行渠道，直接参与香港金融市场的各项金融产品交易，以及通过内地银行的代客境外理财计划，间接参与香港金融市场交易。

③ 综合理财总值包括储蓄及往来账户的存款、定期存款的本金、零存整付的已供款金额、投资资产的市值（包括证券、证券保证金、债券、存款证、基金、结构性票据、股票挂钩投资、期权宝、结构性存款、投资存款、贵金属及外汇保证金、贵金属）、往来账户动用的透支金额、人寿保险计划的保单现金价值、其他贷款的结欠余额及强积金归属收益，以及按揭供款金额、中银信用卡的结欠余额及未到账的分期余额，以及"商业理财账户"主户的"客户关系值"。

银行专家提供服务，私人银行往往是大银行的子公司，独立经营与核算，为客户提供大宗金融交易便利、全面税务计划、全面保障计划、遗产与家庭信托、跨国与跨市场投资、个人股权转让等服务。对于财富管理客户，银行指派专职的客户经理提供一对一的服务，进行理财规划。同时客户享受一系列的优惠利率及金融产品优惠价格及专属网上银行服务、电话银行专线服务等。对于综合理财客户，银行提供优惠利率及金融产品价格优惠，同时提供理财建议，及专属网上银行服务、电话银行专线服务等。对于普通客户，银行提供自助银行服务及网上银行、电话银行、手机银行服务，但大部分服务需要收取相应的服务费用。各银行提供理财服务的内容大体相同，只是在个人理财服务的层级划分上略有差异（见表1）。

表1　　香港主要商业银行个人理财账户分类及服务费列表

银行名称	理财账户名称	综合理财总值（港元）	服务费（日均未达综合理财总值）
花旗银行	CitiGold 贵宾理财	1000000	500 港元/月
汇丰银行	卓越理财	1000000	300 港元/月
	运筹理财	200000	120 港元/月
	明智理财	5000	60 港元/月
	万用账户	3000	15 港元/月（3000 港元以上）35 港元/月（3000 港元以下）
渣打银行	优先理财	1000000	900 港元/季度
	创智理财	200000	360 港元/季度
	综合账户	10000	120 港元/季度
中银香港	中银理财	1000000	280 港元/月
	智赢理财	200000	120 港元/月
	自在理财	10000	60 港元/月

企业理财方面，大型企业大都有专门的部门负责投资业务，银行只针对中小企业提供专门的商业理财服务。以中银香港为例，中银香港的中小企业理财业务一般是根据客户关系值（包括存款、贷款、投资资产的市值以及按揭公款余额）来划分层级，配合企业不同发展阶段的业务需求提供理财及相应的服务（见表2）。

表 2 中银香港中小企业商业理财账户分层及优惠服务

账户类别	超卓	晋跃	商业理财账户
	商业理财账户	商业理财账户	
客户关系值	100 万港元	20 万港元	5 万港元
服务费	200 港元	150 港元	120 港元
自动转拨服务	10 万港元	7.5 万港元	5 万港元
	1.2 万美元	9000 美元	6000 美元
	8 万元人民币	6 万元人民币	
免费柜台交易笔数	50 笔	50 笔	30 笔

2. 实行混业经营且没有外汇管制，银行理财产品较为丰富

与内地相比，香港银行业享受没有外汇管制及没有分业经营限制的制度优惠，银行可同时经营证券、基金、保险及信托，可以为客户提供丰富的投资理财产品，包括结算、储蓄、信用卡、外汇买卖、外汇期权、外汇挂钩存款、外汇保证金交易、证券买卖、股票贷款、自营及代销的基金、各种个人保险及财产保险、家庭信托等。银行利用产品优势围绕个人金融理财业务，结合信托、投资、银行、税务咨询等多种金融服务，开发了能够使客户分享平常无法购买的股票、债券、商品等产品的收益。如恒生银行提供的"优越"理财业务，包括证券服务、基金投资服务、外汇投资服务、债券投资服务、个人投资组合管理服务、市场快讯等；中银香港也与母行中国银行加强合作，为两行的财富管理客户提供跨境银行服务，让客户得以享用中银香港和中国银行在香港、内地及亚太地区指定银行分行的优先和尊贵银行服务，从而更好地满足香港和内地客户的财富管理需求，增强了对客户的吸引力。

3. 高素质从业人员及细化的分工，确保客户得到专业、优质的服务

香港有着较为完善的个人理财资格认证考核体系，同时要求理财人员在上岗前必须取得相关证券资格认证及保险代理人资格。在以个人理财服务为例，大部分银行个人理财顾问分为私人财务顾问、助理客户经理、客户经理、私人客户经理等不同等级，不同等级的从业人员不会超出自己所在级别为客户进行理财，从而有效防范了业务操作中的各种风险。不仅在客户层级上有专门的分工，在服务流程上也有明确的分工。以风险评估为例，与内地由客户自行完成风险评估不同，香港银行的风险评估有风控人员主导，而理财经理仅协助风控人员完成对客户的风险承受度评估，由风控人员对评估问题进行逐条讲解，确认客户明白后才能确认结果。

三、境外理财市场的监管

欧美国家理财业务发展历史较长，其监管模式、监管理念从属于本国的金融

监管模式与理念。尽管各国基本上没有针对财富管理业务制定专门的法律法规,但与财富管理相关的监管措施较多,主要分散于规范资本市场运作的各类法律文本中,包括按照"穿透"和"实质重于形式"原则实施的资本监管,以维护金融市场的公正和透明、减少信息不对称为目标的行为监管,以流动性风险、信用风险和市场风险为基础的风险监管[①]。金融危机后,各国财富管理业务监管的重点在于防范信息不对称产生的代理人道德风险,以维护金融消费者权益。

(一)理财业务在监管模式上出现了统一趋势

监管模式趋向统一。从欧美各国财富管理监管体制变迁总的趋势可以看出,大部分国家和地区在理财监管制度上程度不同地选择了统一的监管模式,通过设立制度化实体机构加强监管之间的协调成为共同的选择。1986年,挪威建立了世界上第一个对银行、证券、保险统一进行监管的监管机构,财富管理业务自然也归该机构规制。1997年,英国也建立了统一的金融监管机构——英国金融服务局(FSA)。FSA后为金融行为监管局与审慎监管局所取代,但它们都接受英国金融政策委员会的协调。美国次贷危机后于2010年通过的《多德—弗兰克华尔街改革与消费者保护法案》也使美国金融监管体系呈现集中监管的特征,美联储成为"全面监管人",在对金融机构、金融产品、金融市场实施稳健监管和全面监管方面发挥更为重要的系统风险监管者的作用。

即使采取分立监管模式,理财市场的监管规则也较为统一。在国际上理财监管模式趋向统一的大背景下,尽管包括美国在内的一些国家仍保留了分立监管体制,但各国在立法层面仍实现了统一的监管立法,以消除由于规则差异造成的监管空白和监管套利。

(二)危机后加强了对金融消费者的保护

1. 出台保护消费者的法规,设立消费者保护机构,对侵害消费者的行为从重处罚

根据《多德—弗兰克华尔街改革与消费者保护法案》,美国在美联储内部建立一个新的独立监管机构——消费者金融保护局,全面负责所有面向消费者的金融产品的监管。消费者金融保护局具有相对独立的权限,能自行拟定消费者保护法规,管理所有与消费者金融产品相关的金融机构,以及这些机构发行的金融产品,以保证消费者在购买金融产品时,不受隐性费用、欺骗性条款和欺诈行为等的损害。英国的《金融服务法案》也规定,金融行为监管局要致力于提供适当程度的消费者权益保护。

---

① 项银涛:《资产管理业监管逻辑及路径选择》,载《经济参考报》,2015-09-08。

在实践中，有许多有效保护金融消费者的案例。次贷危机导致美国拍卖利率证券（Auction Rate Securities，ARS）市场流动性出现冻结，10万投资者高达3300亿美元的投资面临着血本无归的局面。经过调查，美国监管机构认定花旗、瑞银、美林、美国银行等6家金融机构存在不当销售行为，因而采取了有史以来最大规模的处理行动，要求有关机构向客户回购 ARS 产品金额约644亿美元。

2013年起，英国资产管理的收费制度由"佣金制"改为按时计费或按资产规模收费模式，也在很大程度上保护了消费者的利益。英国资产管理的收费制度在2013年之前一直采取"佣金制"，即资产管理机构向客户提供产品投资建议后，可以向客户所购买产品的提供方收取一定的佣金（一般为5%）作为报酬。但由于其对客户不透明，且存在较大利益输送空间，导致理财产品隐性收费过高，损害了客户利益。从2013年起，该制度被明令禁止，资产管理服务的收费必须采取按时计费或按资产规模收费两种模式，直接向客户收取。这会改变原有以产品为中心的资产管理服务体系，建立起以客户利益为导向、提供高质量服务为中心，向客户提供最符合客户利益的产品和服务的新体系。

2. 普遍强调理财机构、理财顾问机构的受托义务

发达理财市场监管规则都对金融理财机构设置严谨的受托义务。日本的《金融商品交易法》扩充了金融商品销售者对于消费者在民事上的义务。美国《金融服务现代化法案》规定经纪人和交易商以消费者的最佳利益而不是经纪人、交易商或者投资顾问的经营利益为标准来开展金融经营活动，要求经纪人和交易商承担对委托人（客户）的信托责任。英国与美国在法律渊源上一脉相承，民事法律规则理念上支持理财机构对委托人承担"受信责任"。监管当局还按照法律授权，通过增加行为规范、民事赔偿责任规则、举证责任等来平衡委托人与理财机构的力量对比。

（三）负面清单监管理念发挥了重要作用

从各国金融监管制度上看，金融法律或金融监管规则直接以"负面清单"为名或以列表形式划定主体、业务或产品与服务的准入范围的做法并不多见，即在形式上，通常不存在类似于国际投资协定中以列表形式明确的负面清单。但在金融领域，始终存在法律或监管权力是否允许某个市场主体、某项金融业务或者某种金融产品或服务进入金融市场的问题。在金融监管上，如果法律或监管权力未明确禁止或限制的即可准入，则这种模式可称为金融监管负面清单制度。

负面清单制度在发达国家财富管理业务发展过程中发挥了重要作用。金融监管负面清单制度能够激发金融创新，提高金融市场效率，明确金融市场与金融监管的边界，也能够限制监管机构的权力，提高金融监管的透明度和公开性。财富管理业务涉及多类机构、多类市场、多类产品，金融监管负面清单制度营造的宽

松环境对财富管理市场的蓬勃发展起到了较大的促进作用。当然,也应看到,金融监管由正面清单向负面清单的转变会给金融稳定、金融法律适应性及金融监管能力带来挑战,也会给金融消费者保护带来负面效应。

四、我国银行理财业务发展的现状及存在的问题

(一) 银行理财业务发展的现状

1. 银行理财已经发展成为我国资产管理行业的重要力量,是中小投资者、稳健机构投资者重要的资金运用方式,并保持了较快的发展速度

我国资产管理行业是个庞大的市场,包括银行、信托、保险、证券、基金、期货等各类金融机构都在参与这个市场,一些非金融机构(如P2P等)也在参与这个市场。

表3　　　　　　　　　我国广义资产管理行业规模　　　　　　单位:万亿元

指标	2012年末	2013年末	2014年末	2015年末
银行理财资金余额		10.24	15.02	23.50
信托公司信托资产余额	7.47	10.91	13.98	16.30
保险业资金运用总额	7.35	8.29	10.16	12.36
证券公司受托管理本金总额	1.89	5.20	7.97	11.89
基金公司公募、私募基金资产总额		4.22	6.67	13.61
基金公司及基金子公司专户业务规模		1.44	5.88	12.60
期货公司资产管理业务规模			0.01	0.10

资料来源:"银行理财资金余额"来源于中国银行业理财市场年度报告各期;"信托公司信托资产余额"来源于中国信托业协会;"保险业资金运用总额"来源于中国保险行业协会;"证券公司受托管理本金总额"来源于中国证券业协会;"基金公司公募、私募基金资产总额"、"基金公司及基金子公司专户业务规模"、"期货公司资产管理业务规模"来源于中国证券投资基金业协会。空格表明数据不可得。

银行理财是我国资产管理行业重要组成部分。相比证券、基金、信托等其他投资方式,银行理财信誉度更高、投资更加稳健、门槛更低、种类更多,因而成为中小投资者财富保值增值、企业日常现金流和闲置资金增值管理、同业(包括机构投资者)流动性管理和资产配置管理的重要手段,发展速度也较快。2013年以来,银行理财资金余额保持了年增速40%以上的高速增长,其他资产管理行业虽然增速也较高,但稳定性不足。2015年年中以来,国内股市的波动,对信托资产、证券公司受托资产、证券投资基金资产、基金及基金子公司专户业务等均造成了明显负面影响,这些业务的增幅均大幅下滑,但银行理财基本未受股市波动的负面影响,反而从中略有受益。2015年末,银行理财占我国广义资

产管理总规模的比重达到25%以上。

2. 银行理财业务种类丰富，投资方式灵活，满足了各类投资者多样化的财富管理需求

经过多年的创新、发展，银行理财业务种类更加丰富，投资方式更加灵活多样，满足了不同类型投资者多样化、专业化财富管理需求。

从客户类型看，既有满足居民个人财富保值增值以及相关延伸服务需求的个人理财产品，也有满足企业日常现金流增值管理、闲置资金增值管理、主营业务外部风险对冲需求的企业理财业务，还有满足同业资产配置、增进同业业务合作的同业理财业务。从个人客户细分市场看，有认购起点较低（5万元）的普通个人理财产品，也有认购起点较高（100万元或1000万元）私人银行产品或者高净值客户理财产品。

从募集方式上看，有针对不特定主体募集的公募性质理财产品，也有针对特定主体募集的私募性质理财产品。

从管理方式上看，有一对一的单独管理理财产品，也有一对多的集合理财产品。

从运行方式上看，有定期开放申购、赎回的开放式理财产品，也有存续期不能进行申购、赎回的封闭式理财产品。在反映理财产品价值变动方面，有净值型产品，也有非净值型产品。

从投资方向上看，有主要投资货币市场、债券市场的产品，也有主要投资资本市场的产品，还有投资非标准化债权、股权的债权类产品、股权类产品，还有结构性理财产品、另类投资产品，更有投资境外市场的代客境外理财产品。更多的产品则是混合投资类产品。

从产品收益稳健性角度看，有保证本金和收益的固定收益型产品，也有保证本金不保证收益的保本浮动收益型产品，也有本金和收益都不能保证的完全浮动收益型产品。

3. 银行理财产品总体回报稳定且较高

依靠银行强大的资金实力、多元化的投资渠道、具有深度的人才储备，近年来，银行理财产品总体投资运作良好，投资者获得了稳定且较高的回报。2013年以来，银行理财平均预期收益率在3.5%~5.5%，平均实际兑付收益率在4.0%~5.5%，大大高于同期银行实际存款利率，对稳健投资者具有一定吸引力。

2015年上半年股市走高时，银行理财通过参与股票质押式回购、员工持股计划、大股东回购、定向增发等结构化证券为主的较低风险的资本市场类业务，获取了较高的收益。而当2015年6月之后股市波动加大时，银行理财成功规避了相关市场风险，实际收益率只是略有降低，并未因为股市波动而出现亏损。

2015年6月至9月的4个月中,到期银行理财产品数万只,其中出现亏损的产品数只有数十只。详细分析这些亏损产品的募集投资情况,可以明确知道,其亏损原因与国内股市波动无关。这些亏损产品中,七成以上为外资银行发起的外币理财产品,一半为QDII产品、一半为结构性产品(挂钩基础资产与国内股市无关)。

4. 银行理财产品总体期限较短,流动性较高

尽管近年来存续银行理财产品的期限趋向长期化,但新发银行理财产品的期限仍以短期为主。在2013年末存续银行理财产品中,原始期限在6个月及以下的产品资金余额占全部产品资金余额的比重约为五成,到2015年末,其降至三成,呈逐步下滑态势,而1年期以上产品资金余额的占比由不足两成,上升至近四成,表明存续银行理财产品期限趋向长期化。从新发银行理财产品看,2015年9月,新发银行理财产品中,期限在6个月及以下的产品资金余额占全部新发银行理财产品资金余额的比重处于85%左右的高位,而1年期以上新发产品资金余额占比处于5%以下的低位,表明新发理财产品仍以短期产品为绝对主力。

近年来,银行理财产品中开放式产品占比也呈现大幅提高态势。2013年末,开放式银行理财产品资金余额占比不足两成,到2015年9月末,开放式产品占比进一步上升至四成。

银行理财产品中新发产品以短期产品为主,以及开放式产品资金余额占比持续上升,表明银行理财产品流动性相对较高。

5. 银行理财成为金融机构重要的收入来源

理财业务规模的快速扩张,为商业银行赚取了丰厚的中间业务收入,成为银行竞争的重要业务领域。

近年来,银行资产管理业务发展较快,其中代客理财业务发展尤其迅猛。2015年以来,与其他多数业务增长平稳相比,银行理财资金余额保持了40%以上的高速增长势头,成为银行新的业务增长点。当前,开发性金融机构、政策性银行、商业银行、农村信用社等多类别银行业金融机构都在努力拓展理财业务。在银行理财业务快速增长的同时,银行理财业务收入已经超越结算与清算手续费、顾问与咨询费、担保及承诺手续费、托管及其他受托业务佣金等各大类中间业务收入(手续费及佣金收入),成为银行仅次于银行卡手续费的重要中间业务收入来源。以中国工商银行为例,根据其2014年年报,其2014年实现理财业务收入("个人理财及私人银行"与"对公理财"收入之和)356亿元,增长15.44%,理财业务收入占全部手续费及佣金收入的24.27%,仅次于银行卡业务收入。

(二) 银行理财业务存在的问题

银行理财业务的蓬勃兴起，在给各方带来良好收益并间接促进实体经济发展的同时，也存在诸多问题，比较突出的是信息披露不充分、刚性兑付，与其他资产管理业务之间存在监管标准不统一等问题。

1. 银行理财业务仍主要以产品为中心，未发展成为以客户为中心的全方位服务

银行理财业务虽然发展较快，业务种类已经实现多样化，但仍主要局限于"发行产品募集资金—投资运作—兑付客户本金和收益"的简单模式，未延伸成为以客户为中心的全方位服务。

发达国家的财富管理业务多以客户为中心，关注客户的整个生命周期，为其提供涵盖医疗服务、养老理财、家族财富传承、保险、避税等多元化、全方位的服务。

受分业经营的体制限制，我国银行业金融机构尽管努力推动理财业务以客户为中心实现多元化发展，但这些多元化业务未形成有机统一体，难以发挥协同效应。在客户营销端，银行在销售自身理财产品之外，只能通过代销保险、代销基金、代销信托等方式满足客户多元化金融服务需求，而这些代理业务与银行关联度不高，整合度也不高。在投资运作端，银行理财资金虽然投资范围广，但对于银行不能进入的领域的投资都需要通过通道进行，银行难以及时主动地调整资产组合，无法为客户提供一体化、综合化服务。

2. 银行理财产品投资范围广、投资链条较长，风险隐患较大

作为受托资产，银行理财资金可投资的范围非常广。银行理财资金既可投资外汇市场、货币市场、债券市场、资本市场、衍生品市场等金融市场标准化产品，也可投资非标准化债权、股权、另类商品等投资产品；既可投资境内市场，也可投资境外市场。但我国银行业金融机构的业务范围严格受限，一些中小型银行还存在人才匮乏、业务能力不足的问题，这导致相当多的投资都是通过银银合作、银证合作、银基合作、银保合作、银期合作、银信合作等方式开展的通道业务。为获取更多收益，有些理财产品设计复杂，投资链条长。这些导致银行理财产品投资风险隐患较大。在市场环境较好时，风险隐患被忽略、隐藏，一旦市场坏境恶化，相关风险可能会暴露，并引发金融稳定方面的风险事件。

3. 预期收益率产品仍为主流，刚性兑付问题仍突出

当前，我国银行发行的理财产品多数都有预期收益率。以2015年9月为例，当月新发银行理财产品中，预期收益率产品占九成以上。

尽管监管部门一再强调"理财产品非存款，投资有风险"，预期收益率不代

表实际收益率,但相当多的银行理财产品仍然以预期收益率实现兑付。以 2015 年 9 月为例,当月终止的理财产品中,实际兑付收益率高于或等于最低预期收益率(无最低预期收益率的,最低预期收益率按零计算)的产品占比 99% 以上。预期收益率产品占比高,且绝大多数产品均以高于或等于最低预期收益率的水平实现兑付,表明银行理财存在事实上的刚性兑付。

承诺固定收益,并以所承诺的固定收益率向投资者兑付实际收益,这一刚性兑付的做法是理财业务起步阶段银行吸引投资者的重要手段。刚性兑付的存在,原因之一是长期以来很多理财产品投资的是房地产、政府投融资平台等固定收益的产品,有金融机构和政府信用做背书,能够给付固定收益。当前,银行理财资金投资运作领域发生了很大变化,维系固定收益率的难度越来越大,刚性兑付对银行越来越成为负担。

4. 银行理财信息披露仍十分有限,投资者获取信息的渠道不足

当前银行理财产品的产品说明书、合同书多数为格式条款,不够详尽,缺乏个性化,特别是投资者较为关注的、理财资金的投资组合等方面的情况披露得十分模糊。一些开放式产品、期限较长的产品,缺乏持续的信息披露机制。

投资者一般通过网络、宣传手册等获取理财产品相关信息,而银行往往只在理财产品发行时通过网络、宣传手册等披露理财产品基本信息,鲜有较为详尽的、持续的信息披露。银行较少对投资者进行主动的资产组合等投资状况的信息披露。投资者选择购买理财产品的依据,主要包括对银行的信任度、产品预期收益率、产品风险等级、自身资金流动性安排等因素。

5. 理财监管与其他财富管理业务的监管缺乏协调,存在监管套利

当前,我国财富管理行业蓬勃发展,市场竞争激烈。由于分业监管的金融监管体制,银行、证券、保险等监管部门对各自监管下金融机构开展的财富管理业务的监管标准不尽一致,缺乏协调性。一些财富管理业务具有共同的法律属性,但约束这些业务的监管规则并不统一。不同类别金融机构发起的财富管理业务在产品审批、销售要求、风险分担、信息披露等方面的规定往往不同,这导致各类金融机构绕道开展财富管理业务,从而产生监管真空、监管套利等问题。对投资者来说,财富管理业务监管严松不一,也会损害其合法利益。

五、境外理财市场发展、监管对我国的启示

与发达经济体相比,我国理财市场仍处于发展的初级阶段,这意味着我国理财市场有着巨大的发展空间。借鉴国际先进经验,改善我国理财业务发展、监管状况,意义深远。

(一) 社会财富的增长、金融改革的进一步深化将为我国理财市场带来广阔的发展前景

财富的积累与增长是专业化理财服务需求增长的根本原因。波士顿咨询公司 (BCG) 预计,2019年亚太地区(不包括日本)私人金融财富将达到55.2万亿美元,超越西欧成为仅次于北美的全球第二富裕地区,而这一区域财富增长最快的经济体是中国。随着我国经济社会的发展,未来我国社会财富整体仍将保持增长,各类主体对专业化理财服务的需求仍将保持旺盛。

利率市场化、汇率形成机制改革和资本项目可兑换等金融改革的进一步深化,为理财业务发展带来更大空间。大资产管理已经成为我国各类金融机构竞相发展的重点领域,特别是,在利率市场化背景下,商业银行已将资产管理业务列为其经营转型的核心业务,一些银行预计未来十年理财业务创造的中间业务收入占银行利润比重将达到30%以上。汇率形成机制改革、资本项目开放使得理财资金的投资范围更加广阔,跨境资产配置更加普遍,在岸、离岸理财都将得到充分发展。

(二) 推动理财业务发展成为以客户为中心的全方位服务

我国未来理财业务的发展应该是,根据客户的需求,为客户提供一体化的、综合化的理财规划建议,为客户设计全面的财富管理方案,以帮助客户实现全方位的财务目标。借鉴国际经验,应加强理财服务品牌建设,对客户进行分层管理,按照不同客户以及同一客户在生命周期不同阶段的风险偏好、风险承受能力、财富管理目标,为其提供专业化、个性化服务,同时,利用金融机构自身资源,为客户提供合适的延伸服务。

(三) 协调好打破刚性兑付与保护投资者利益的关系,重点做好投资者利益保护工作

当前,刚性兑付、投资者利益保护不足都是我国理财业务面临的重大问题。在我国,固定收益的债券市场、信托市场等都存在一定程度的刚性兑付问题;而在浮动收益的证券市场、股权投资市场、内幕交易、虚假宣传等又使中小投资者利益保护不足问题较为突出。理财产品募集资金的投资涉及固定收益市场,也涉及浮动收益市场,因此这两方面的问题都存在。

推动"预期收益型产品"向"净值型产品"发展是打破刚性兑付的有效手段。投资非标资产的理财产品难以定期核算出净值,因此理财产品的发展方向是鼓励投资场内标准化资产,增加透明度。加强金融机构理财产品销售行为的管理、理财资金投资行为的约束,设定必要的救助机制,强化受托人义务,则是保

护投资者利益的重要手段。在打破刚性兑付和保护投资者利益问题同时出现时，保护投资者利益应该放在更加突出的位置。因为相对于实力更强、信息拥有更多的金融机构，投资者，特别是中小投资者是弱势群体，其利益更容易受到侵害，更需要保护，这也是国际通行的做法。另外，还可借鉴美国集团诉讼中的一些好的做法，特别是其的"选择退出"机制，扩大对中小投资者权益的保护。

（四）加强理财业务信息披露，防范风险

打破刚性兑付、保护投资者利益、防范风险，这些都依赖于理财业务信息披露工作的完善。应加强理财产品的信息披露，构建理财产品从销售至投资的持续信息披露机制，明确理财产品的收益与风险特征，明确买卖双方的责任承担，细化理财资金的投资组合，使投资者能够明明白白投资，也增强社会对理财业务的监督，解决道德风险和逆向选择问题。

（五）加强理财业务与其他财富管理业务的监管协调

理财业务与其他财富管理业务在某些方面具有共同的法律属性，为消除监管盲区、监管套利，提高监管效率，应树立"功能监管"的理念，加强监管协调，积极适应大资管时代对监管提出的要求。一是通过有效的信息共享，实现对财富管理业务、资产管理业务风险监测的全覆盖。二是通过充分的政策协调，统一监管规则，压缩监管套利的空间。三是建立合理的大资管监管架构，既要明确责任，又要充分调动各参与方的积极性，包括发挥行业协会的作用，规范大资管市场的竞争。

在理财业务监管上，还要敦促金融机构遵守反洗钱等相关规定，并加强跨境理财业务的国际税收合作。

参考文献

［1］陈兵、孙立坚：《日本个人理财业的发展动因、特点及启示》，载《新金融》，2011（5）。

［2］丁建臣、孟大伟、刘亚娴：《中日居民家庭金融理财差异性分析》，载《现代日本经济》，2012（5）。

［3］范丽君：《零售分销审查制度对英国独立理财顾问的影响》，载《银行家》，2014（11）。

［4］黄韬：《我国金融市场从"机构监管"到"功能监管"的法律路径——以金融理财产品监管规则的改进为中心》，载《法学》，2011（7）。

［5］纪崴：《理财市场的竞争与发展》，载《中国金融》，2015（18）。

［6］蒋明康：《财富管理与消费者保护国际经验研究与借鉴》，上海交通大

学 EMBA 学位论文，2014。

［7］2012 年赴英证券公司资产管理业务高级研修班课题组：《英国资产管理业务：现状、趋势及启示》，《创新与发展：中国证券业 2012 年论文集》。

［8］寇宏：《反思我国商业银行个人理财业务——与英国商业银行理财业务比较》，载《科技信息》，2008（27）。

［9］李君平：《私人财富管理研究评述与展望》，载《外国经济与管理》，2014（8）。

［10］李秀英：《香港个人理财业务研究》，暨南大学硕士学位论文，2008。

［11］陆扬：《美、日商业银行个人理财业务研究》，吉林大学硕士学位论文，2012。

［12］祁斌等：《美国金融监管改革法案：历程、影响和借鉴》，载《今日财富（金融发展与监管）》，2010（7）。

［13］祁丽青：《美国处理不当销售 ARS 的监管措施及启示》，载《中国证券期货》，2009（11）。

［14］乔晋声、徐小育：《美国商业银行开展理财业务的经验及对中国的启示》，载《金融论坛》，2006（10）。

［15］孙飞、陈兵：《美国个人理财业务发展概况》，载《农村金融研究》，2006（2）。

［16］唐浩忠：《国内外商业银行个人理财业务的比较研究》，西南财经大学硕士学位论文，2007。

［17］项银涛：《资产管理业监管逻辑及路径选择》，载《经济参考报》，2015－09－08。

［18］叶菲、张红军：《汇丰集团私人银行案例研究及启示》，载《新金融》，2009（2）。

［19］郑天韵：《美国商业银行个人理财业务分析》，吉林大学硕士学位论文，2012。

［20］中国证券投资基金业协会：《财富管理行业国际比较》，2015。

［21］Beaverstock, Hall, and Wainwright, *Scoping the Private Wealth Management of the High Net Worth and Mass Affluent Markets in the United Kingdom's Financial Service Industry*, School of Geography, The University of Nottingham.

［22］Boston Consulting Group：*Global Wealth 2015：Winning the Growth Game*, June 2015, www.bcg.com.

金融创新与金融稳定研究

网络借贷的法律治理与监管完善

中国人民银行上海总部综合管理部课题组

课题组组长：郑　皓
课题组成员：殷健敏　虞磊珉　黄　伟　王宇丽　李东辉

摘　要

近年来，以网络借贷为典型业态的互联网金融快速发展，但部分网络借贷平台偏离了信息中介的定位，以信用中介的角色参与投融资双方的交易，违规提供担保，变相搞资金池。在监管暂时滞后的情况下，网络借贷的风险逐渐暴露，平台跑路事件时有发生。2015年7月，人民银行等十部委制定发布的《关于促进互联网金融健康发展的指导意见》为互联网金融的交易和管理提供了基本的法律依据和政策框架，但网络借贷的监管实施细则尚未出台，亟须加强对网络借贷风险及其监管的研究。

本文在分析网络借贷主要运营模式的基础上，探讨网络借贷法律治理的总体现状。并针对网络借贷存在的非法集资、资金安全等风险，从人民银行管理职责相关的角度出发，选取网络借贷资金存管、征信、洗钱三个方面，分析其存在的问题和风险，提出相应的法律和监管制度的完善建议。

在资金存管方面，网络借贷平台目前大多将客户资金存放在第三方支付机构，易形成"资金池"，发生期限错配和资金挪用等风险。在征信合规方面，网络借贷平台无法接入金融信用信息基础数据库，信用信息缺乏，风控成本高，平台在业务过程中进行信息采集和使用的行为也多涉嫌违法违规。在反洗钱方面，网络借贷线上交易更容易隐匿交易主体真实身份，通过平台存管账户的周转可以切断对资金流向的监测追踪，这些非现场、不透明的特点容易被洗钱活动利用，实现非法资金的处置、离析和归并，存在洗钱风险。

针对上述三个风险，应尽快制定配套的监管细则，加强网络借贷风险的管理。第一，依照《关于促进互联网金融健康发展的指导意见》明确的资金存管规则，由商业银行进行存管，确保资金存管银行的独立性，并设定交易监控规则，明确商业银行对资金收付与借贷合约进行匹配审核的职责。第二，完善信用信息基础设施建设，建立网络借贷信用信息共享平台。扫清法律障碍，加快推动网络借贷平台接入金融信用信息数据库。第三，将网络借贷平台纳入反洗钱监管范围，利用技术手段完善客户身份识别机制，依托存管银行完善网络借贷大额和可疑交易报告制度，防范洗钱风险。

一、引言

自 2012 年起，以网络借贷为典型业态的互联网金融在我国得到了快速的发展。政府出于尊重市场、包容创新的考虑，且需要经过一定时间序列和数据支持方能作出判断的情况下①，互联网金融在一段时期内处于所谓的"无门槛、无规则、无监管"的自然生长状态。在此期间，互联网金融以便利的客户体验和"创新"的金融产品，大大降低了普通民众的投资门槛，满足了公众长期受压抑的小微投融资需求，再加上互联网金融从业者良好的自我营销，一时间互联网金融公众参与度骤升，资源涌入迅猛，财富效应显著，市场竞争激烈。

互联网金融发展壮大的同时，不规范经营乃至触碰法律底线的行为开始涌现增多，其风险也正逐渐暴露。部分网络借贷平台偏离了信息中介的定位，以信用中介的角色参与投融资双方的交易，违规提供担保，变相搞资金池。2014 年以来，网络借贷平台"卷款跑路"事件时有发生。除给投资者和消费者造成直接经济损失外，对互联网金融业本身的发展也产生了负面影响，亟须加强对网络借贷风险及其监管的研究。

在《中共中央关于全面推进依法治国若干重大问题的决定》公布之后，如何运用法治思维指导互联网金融的创新研究和实践探索，成为当前的一个重要课题。互联网金融创新要实现法治，互联网金融监管更要实现法治。为明确监管责任，规范市场秩序，同时也为防止"劣币驱逐良币"，更好地鼓励金融创新，促进互联网金融健康有序发展，2015 年 7 月，人民银行等十部委制定发布了《关于促进互联网金融健康发展的指导意见》（以下简称《指导意见》）。《指导意见》为互联网金融的交易和管理提供了基本的法律依据和政策框架。这意味着我国互联网金融告别无序生长时代，进入规范发展阶段，互联网金融开始进入法治化轨道。

本文以互联网金融最典型的业态——网络借贷为主要研究对象。②《指导意见》规定"网络借贷业务由银监会负责监管"，这主要是指银监会对制定网络借贷平台具体管理规则和交易规则负有主要职责，但并不排斥其他金融管理部门和

---

① 刘士余：《秉承包容与创新的理念 正确处理互联网金融发展与监管的关系》，http://finance.sina.com.cn/money/bank/bank_yhfg/20140220/141218279666.shtml。
② 根据《指导意见》第（八）条，网络借贷包括个体网络借贷（P2P 网络借贷）和网络小额贷款。本文主要以个体网络借贷为研究对象，即个体和个体之间通过互联网平台实现的直接借贷。至于网络小额贷款，即互联网企业通过其控制的小额贷款公司，利用互联网向客户提供的小额贷款，鉴于一直以来应适用小额贷款公司监管规定。

相关部门的监管。人民银行依法在网络借贷平台的客户资金第三方存管①、反洗钱②、征信（资信）评估服务③、行业自律④、监管协调与数据统计监测⑤等方面负有引导和管理职责。此外，工商、电信等相关管理部门在各自的职责范围内也对网络借贷实施管理。⑥

本文拟在分析网络借贷主要运营模式的基础上，探讨网络借贷法律治理的总体现状，并针对网络借贷发展中存在的非法集资、资金安全等风险，从人民银行管理职责相关的角度出发，选取网络借贷资金存管、征信、洗钱这三个方面，分析其存在的问题和风险，提出相应的法律和监管制度完善建议。

二、网络借贷的运营模式与法律分析

（一）网络借贷的两种运营模式

网络借贷在实践中主要有两种运营模式。

1. 信息中介模式

这是网络借贷本源意义上的运营模式，即平台作为"信息中介"对借贷双方的投融资需求进行撮合，借贷双方直接签订借贷合同。平台不吸收存款、不发放贷款、不提供担保，纯线上营运。此时网络借贷属于直接融资范畴。在这种模式中，平台与借贷双方存在居间合同关系，借款人与投资人之间则是借贷合同关系。

2. 信用中介模式

我国网络借贷平台除上述纯"信息中介"模式外，还发展出了债权转让模式⑦，担保模式⑧等，网络借贷平台也从线上运营转变为线上线下结合的经营模式。此时网贷平台参与了当事人的借贷交易，承担了一定信用风险，对网贷产品提供了"增信"，一定程度上担当了"信用中介"的角色。此外，还有网络借贷

---

① 《指导意见》第（十四）条。
② 《指导意见》第（十八）条。
③ 根据《指导意见》，网络借贷平台可以为投资方和融资方提供……资信评估等中介服务，根据《征信业管理条例》，人民银行对征信享有管理权。
④ 《指导意见》第（十九）条。
⑤ 《指导意见》第（二十）条。
⑥ 根据《指导意见》第（十三）条，任何组织和个人开设网站从事互联网金融业务的，除应按规定履行相关金融监管程序外，还应依法向电信主管部门履行网站备案手续……工业和信息化部负责对互联网金融业务涉及的电信业务进行监管，国家互联网信息办公室负责对金融信息服务、互联网信息内容等业务进行监管……根据《指导意见》第（十八）条，打击互联网金融犯罪工作由公安部牵头负责。
⑦ 典型的是宜信公司。
⑧ 典型的是红岭创投。

平台借着"互联网金融"、"金融创新"的名义,开展票据中介、股票配资、理财产品等异化业务,其实质是属于借金融创新之名行非法经营金融特许业务之实。

(二) 网络借贷的法律分析

网络借贷涉及的主体主要包括网络借贷平台、投资方、融资方,提供资金存管、担保、征信等服务的第三方机构以及政府监管机构。依照主体和行为的性质不同,网络借贷各方主体相互间的法律关系大致可以分为交易关系和管理关系。

1. 网络借贷交易关系的法律适用

网络借贷交易关系是指各主体间为通过网络借贷进行资金融通,通过缔结合同形成的各种法律关系。包括投融资双方的借贷关系,平台与投融资双方的居间和服务关系,第三方担保的担保关系等。这一类法律关系从主体上看是平等主体间的,从性质上看是基于缔结合同而产生。因此,在法律适用方面,主要是根据基础交易的法律性质不同,按照线上线下相一致原则,分别适用相应的民商事法律法规。

首先,从网络信贷平台的初衷出发,平台仅仅是撮合放贷人与借款人之间达成借贷交易,提供的是"订立合同的媒介服务",在性质上是居间行为,应适用《合同法》第二十三章关于居间合同的规定。

其次,就借贷双方的借贷合同而言,我国没有专门规范民间借贷的单行法律法规,调整民间借贷的法律渊源散见于《民法通则》、《合同法》、《贷款通则》等民事基本法、行政法规规章以及最高院相关司法解释中。[①] 尤其值得注意的是,2015年8月6日,最高人民法院发布《关于审理民间借贷案件适用法律若干问题的规定》(以下简称《民间借贷司法解释》),正式从司法解释层面开始肯定、规范和保护民间借贷。涉及网络借贷的规定主要包括以下几方面:一是肯定企业间借贷的效力。《民间借贷司法解释》正式将企业间借贷划入了民间借贷的范畴,并明确认可了以生产经营需要为目的的企业间借贷合同的效力。二是对网络借贷平台违规提供担保的法律责任进行了司法确认。《民间借贷司法解释》规定:"网络贷款平台的提供者通过网页、广告或者其他媒介明示或者有其他证据证明其为借贷提供担保,出借人请求网络贷款平台的提供者承担担保责任的,人民法院应予支持。"这意味着,如果平台背离信息中介的角色定位,违规为投融资方的交易提供担保,则其后不得以违法主张担保无效。三是对民间借贷约定利率的作了新规定。《民间借贷司法解释》第二十六条废弃了长期以来"银行同类

---

① 《关于人民法院审理借贷案件的若干意见》、最高人民法院《关于如何确认公民与非金融企业之间借贷行为效力问题的批复》。

贷款利率四倍"为界的两分法，以年利率24%和36%为界对约定利息的法律效力划出了"两线三区"。法律保护的固定利率为年利率24%，年利率36%以上的借贷合同为无效，年利率24%~36%的部分依照新规属于自然债务。法律对自然债务并不予保护，但借款人已经自愿支付的，法院也不支持返还。

2. 网络借贷管理关系的法律规范

网络借贷管理关系是指金融监管部门以及工商、电信、互联网信息管理等相关部门，根据法律和政策，在对网络借贷出台管理制度、给予政策支持、引导、服务，以及实施相应的规范、管理等行为时，与网络借贷平台或投融资双方形成的法律关系。此种法律关系从性质上属于行政管理关系，除适用专门规范网络借贷的法律规定之外，还适用各管理部门相应的行业监管法规。

除刑事法律规范以外，网络借贷管理的法律规范目前大多以国家监管部门发文、地方政府发文等规范性文件的形式存在，具体来说包括：

(1)《关于促进互联网金融健康发展的指导意见》

2015年7月，中国人民银行联合中国银监会、工信部等十部委出台了《关于促进互联网金融健康发展的指导意见》。《指导意见》是互联网金融监管的纲领性文件，主旨是鼓励金融创新，促进互联网金融健康发展，同时明确监管责任，规范市场秩序。

一是对网络借贷交易作了定性，并确定了其法律适用的原则。《指导意见》明确在个体网络借贷平台上发生的直接借贷行为属于民间借贷范畴，受合同法、民法通则等法律法规以及最高人民法院相关司法解释的规范。

二是对网络借贷平台的性质和功能进行了定位。《指导意见》明确网贷平台中介性质的定位，提供的是信息中介服务，这意味着平台不直接参与当事人间的借贷交易，不得设置资金池或从事担保等"增信"业务。

三是要求建立客户资金第三方存管制度。《指导意见》明确从业机构应当选择符合条件的银行业金融机构作为资金存管机构，对客户资金进行管理和监督，实现客户资金与从业机构自身资金分账管理。

四是明晰了监管责任和监管制度构成。《指导意见》规定，网络借贷业务由银监会负责监管。《指导意见》第三部分还原则性地提出了网络借贷在内的互联网金融监管应遵守的制度要求，包括息披露、风险提示和合格投资者制度，消费者权益保护，网络与信息安全，反洗钱和防范金融犯罪，加强互联网金融行业自律等。

(2) 银监会、人民银行的具体监管规定

2013年6月，人民银行下发《支付机构风险提示》，要求商业银行和支付机构加强网络信贷平台管理，采用有效措施防范信用卡透支资金用于网络借贷。2011年，银监会发布《关于人人贷有关风险提示的通知》，要求银行业金融机构针对P2P平台可能存在的风险和问题,做好风险预警监测和防范,建立防火墙。《指导意见》发布后,银监会将负责网络借贷监管实施细则的制定,目前该细则尚未正式出台。

(3) 行业自律规范

目前,人民银行正牵头成立中国互联网金融协会,促进行业自律,引导和支持互联网金融从业机构完善管理,守法经营。江苏、上海、广州等多地已经由当地政府金融主管部门牵头,或者由当地互联网金融从业者自发组织,成立了互联网金融行业协会。这些协会通过推动业务交流和信息共享、制定经营管理规则和行业标准等,以期对互联网金融的健康发展起到促进作用。比如,2014年11月5日,中国小额信贷联盟发布了修订后的《小额信贷信息中介机构(P2P)行业自律公约》,公约规定P2P平台必须有第三方托管账户或者银行进行资金的托管。江苏省互联网金融协会与江苏交易场所登记结算有限公司签署协议。根据协议内容,江苏省P2P网贷平台资金将统一进行托管。

但值得思考的是,目前各地这种松散的行业自律组织,究竟有多大的治理能力尚有待观察。行业协会如果发挥不好服务和自律的作用,反而会被外界理解为对某一互联网金融企业的背书。此时,反倒起到了负面作用。

(4) 刑事法律规范

网络借贷的业务开展和创新,必须恪守刑事法律底线,不能以金融创新为名行刑事犯罪之实。实践中非法网络借贷活动涉及的刑事罪名主要包括:

一是涉嫌非法吸收公众存款罪。我国《刑法》第一百七十六条规定了非法吸收公众存款罪。此外,最高人民法院2010年《关于审理非法集资刑事案件具体应用法律若干问题的解释》规定以及两高和公安部2014年《关于办理非法集资刑事案件适用法律若干问题的意见》专门对非法集资法律规定进行了解释和明确。根据2013年九部委处置非法集资部际联席会议精神,P2P网络借贷平台运营中的如下行为可能构成非法吸收公众存款罪:(1) 利用资金池模式吸收资金。(2) 不合格借款人导致的非法集资风险。(3) 利用"庞氏骗局"吸收资金等。至于行为人基于非法占有之目的,以网络借贷之名行诈骗之实,此时则适用诈骗类罪名,如诈骗罪、集资诈骗罪等。比如,一些不法之徒本着非法占有的目的,任意建立P2P网络借贷平台,向不特定公众发出邀请,进行资金运作,在骗取资金后卷款跑路,应当以诈骗类罪名加以刑事打击。

二是涉嫌非法经营罪。国务院《无照经营查处取缔办法》第四条第5项规定:"下列违法行为,由工商行政管理部门依照本办法的规定予以查处:……(五) 超出核准登记的经营范围、擅自从事应当取得许可证或者其他批准文件方可从事的经营活动的违法经营行为。"我国《刑法》第二百二十五条还规定了"非法经营罪"。根据前述,P2P网络借贷平台只是一个中介机构,其根本无权经营金融业务，若 P2P 网络平台除了中介或资讯业务外实质性地参与了金融资金的运作，就有可能构成非法经营，构成犯罪被追究刑事责任。

3. 网络借贷异化业务的法律分析

网络借贷平台最初设立的目的确实是为了实现金融脱媒，减少银行等中介对个人之间借贷的参与。但实际上，网贷平台在发展之时，就逐步走上了异化的道路，这是中国特有的营商环境和文化环境所决定的。网贷行业白热化的竞争使业内平台很难坚守所谓纯信息平台的模式，而纷纷介入实际交易。诸如发售理财产品，债权转让，提供担保等业务的背后，往往是建立资金池、变相吸收公众存款、提供担保等行为。这些金融行为原本按照规定是需要获得资质许可，由金融机构方能从事的金融业务。网贷平台一旦开展这些业务，就俨然成了监管遗漏的影子银行，一些异化业务甚至触碰了刑事法律底线。对于这些业务，一旦发生纠纷，当事人间签订的协议就有可能因违反法律、法规的强制性规定而归于无效。

三、网络借贷运营中存在的风险

网络借贷迄今暴露出来的风险主要包括产品研发过程中的法律合规风险、内控管理制度不健全引发的经营风险以及资金安全风险等。本文从人民银行管理职责相关的角度出发，主要分析资金存管、征信、洗钱这三个方面的现状和风险。

（一）资金存管的现状与风险

不断出现的平台卷款跑路事件体现出资金安全是网络借贷监管的核心。实践中网络借贷的资金主要存在支付机构存管和银行存管这两种模式，我们在比较二者的基础上分析存在的风险。

1. 资金存管的现状

网贷平台资金存管目前主要有第三方支付机构存管和商业银行存管。第三方支付机构存管模式又分为两类，一是支付机构纯通道模式，二是支付机构虚拟账户模式。目前，网贷平台选择与第三方支付机构开展资金存管合作较为普遍。

（1）支付机构纯通道模式

支付机构将网络借贷平台作为商户入网，为其提供网银、快捷等交易通道，由投资人充值，待网络借贷平台收取投资资金后，向网络借贷平台指定的借款人银行账户划付资金（放贷）。在此模式下，资金归集在网络借贷平台在支付机构开设的自有账户下，网贷平台对于资金的使用与划拨拥有支配权。具体流程见图 1。

（2）支付机构虚拟账户模式

在虚拟账户模式下，支付机构为网络借贷平台开设支付账户，并在该支付账户下为借贷双方开设虚拟账户（相当于子账户），提供开立、充值、冻结、解

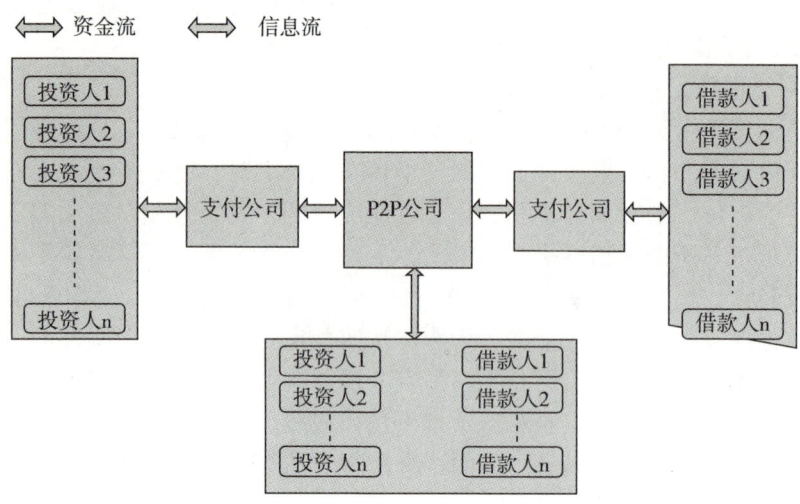

图1 纯通道模式业务流程

冻、转账与回提等支付服务，根据借贷合同信息和虚拟账户授权信息对资金划转指令进行核验，为借贷双方提供虚拟账户变动通知、虚拟账户交易明细查询等增值服务。虚拟账户模式并通过密码验证等方式，赋予资金的控制权赋予了借贷双方，采取点对点资金划拨方式，投资方可以将款项直接支付给借款人。具体流程如下：

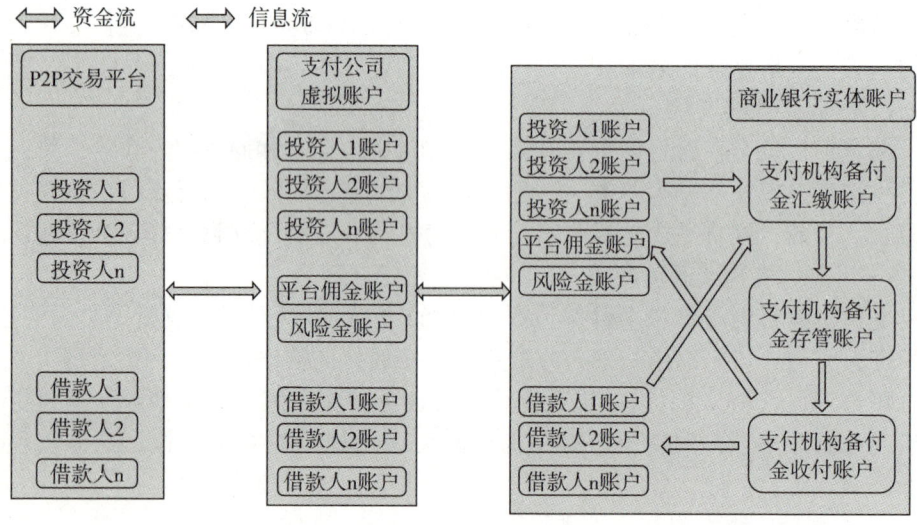

图2 虚拟账户模式业务流程

(3) 商业银行存管模式

《指导意见》规定，"除另有规定外，从业机构应当择符合条件的银行业金融机构作为资金存管机构，对客户资金进行管理和监督，实现客户资金与从业机构自身资金分账管理。"可见，监管层的主导方向是商业银行对资金进行存管，在银监会对网贷监管的细则出台后或许将是较为硬性的合规要求。

目前，已有多家商业银行与网络借贷平台开展第三方资金存管业务，核心内容：一是借贷双方均在与网络借贷平台开展合作的第三方银行开立账户；二是银行按照协议约定的指令进行资金划转，实现借贷双方之间直接点对点的资金流动。

民生银行	托管模式、独立隔离账户	一旦达成资金托管系统对接后，民生银行将为投资人分别单独开立并管理其投资人交易结算资金管理账户，对投资人的交易结算资金进行明细核对和总分核对。该资金托管系统由账户层、支付层、应用层组成，将为平台、投资人、融资人与担保人各自建立独立隔离的账户。
广发银行	托管模式、定期出具报告	以宜人贷与广发银行的合作为例，宜人贷在该行开设交易资金托管账户、风险备用金托管账户和服务费账户三类账户，理财用户出借不是把钱放在宜人贷平台，应在该行的资金托管账户中。该行会验证用户账户信息是否与银行实名账户一致、用户的交易与合同是否对应。
招商银行	资金托管、二级子账户、同卡进出	以招行与你我贷的合作为例，你我贷在该行设有一个大账户，大账户下面有二级账户，投资人和融资方的资金都在二级账户里面出入，P2P平台无法动用资金，为了达到反洗钱的要求，资金要求同卡进出。

图3 第三方银行存管业务流程

银行存管要求借贷双方均要持有效身份证件在存管银行开设账户并签订存管协议，手续较为烦琐，而且资金采用点对点的方式流转，网络借贷平台无法占有客户沉淀资金，故而平台对该模式较为排斥。

但银行存管可以实现资金在借贷双方之间点对点汇兑，促使网络借贷平台将业务重点集中于融资信息撮合，避免产生"资金池"违规操作，防止客户资金被网络借贷平台违规挪用。银行存管在资金安全性上更胜一筹。

目前第三方支付机构占有网贷资金存管的主要市场，是由于第三方支付机构无须受到传统银行支付监管法律法规限制，在安全与效率之间更注重支付效率，甚至在一定程度上会刻意牺牲支付安全以谋求短期内市场占有，因此在客户体验和支付便捷性上更胜一筹。未来随着《电子商务法》、《非银行支付机构网络支付业务管理办法》等监管法律法规颁布与完善，交易场景与支付安全将是支付机构监管重点，同时市场竞争也促使银行进一步改善支付服务体验，银行资金存管模式在未来将具有较强的竞争优势。

2. 支付机构存管产生的资金安全风险

在纯通道模式下，支付机构仅依据平台发出的支付指令进行资金划转，网络借贷平台形成的"资金池"发生的期限错配和资金挪用等风险无法监控。平台往往会与多家支付机构合作，任何一家支付机构都无法全面掌握资金的来源与去向，投资人也无法判断投资款去向，平台较易挪用资金，"跑路"的网络借贷平台基本都采用纯通道模式。

在虚拟账户模式下，投资人能了解其投资款的去向及虚拟账户余额的变动情况，有利于发挥投资人的外部监督作用，在一定程度上减少了网络借贷平台从事"资金池"违规业务的风险。但该模式仍无法从根本上解决网贷平台自融、虚构借款信息、平台与借款人恶意串通等可能造成客户资金损失的问题。

同时，由于第三方支付机构的备付金管理目前主要依赖于事后追责和检查处罚，缺乏风险预警和持续性监管的手段，因此第三方支付机构自身管理与运营风险也会影响到存放在备付金账户中的客户资金安全，容易与网络借贷平台的违规风险叠加，使客户资金风险进一步放大。

3. 银行资金存管的立法缺位

尽管《指导意见》提出网络借贷平台客户资金应采取第三方银行存管的要求，但是目前银行业监督管理机构并无针对商业银行开展第三方资金存管业务作出明确规定。对于如何界定和划分平台、投融资方以及银行这三者间的权利义务，监管规则尚属空白，产生的合规风险较高。

比如，实践中普通投资者往往容易将银行资金存管误解为"银行监管背书"，一旦发生网络借贷平台虚构融资信息或者平台与借款人恶意串通等风险事件时，容易将网络借贷平台的经营与合规风险传导至资金存管银行。业内也普遍存在着对"存管"和"托管"含义的理解分歧，银行对客户资金存取符合法律规定或者合同约定的情况是否有职责进行核对和监督，这方面监管规则尚未有明确要求。

（二）网络借贷征信的现状与风险

网络借贷中，网络借贷平台一方面须对借贷双方的信用进行调查，控制坏账风险；另一方面，平台在开展业务过程中也不断获得了借贷双方的信用信息和身份信息等。因此，网络借贷平台作为信息的使用者和提供者，征信体系的完善程度与其抗风险能力密切相关。

目前，网络借贷平台还无法接入金融信用信息基础数据库。《征信业管理条例》第二十八条规定，金融信用信息基础数据库接收从事信贷业务的机构按照规定提供的信贷信息。《指导意见》将网络借贷机构明确为"信息中介"性质，主要为借贷双方的直接借贷提供信息服务，那么平台是否属于上述"从事信贷业务的机构"，从而可以向金融信用信息基础数据库提供、查询信息，尚需要管理部门明确。此外，按照《个人信用信息基础数据库管理暂行办法》的相关规定，金融信用信息基础数据库的数据提供和查询主体仍限定于金融机构。[①] 因此，在国务院征信业监督管理部门会同国务院有关金融监督管理机构依法制定相关办法前，网络借贷机构尚无法介入金融信用信息基础数据库，也无法根据信息主体的授权查询。此外，网络信贷机构在信息交互技术、数据规范性、合规报数能力、数据安全机制以及对投资者隐私的保护制度方面，还不能达到金融信用信息基础数据库的基础性要求。

在目前的征信法律环境下，网络借贷所涉及的征信合规风险主要包括：

1. 信用信息缺乏，风控成本高

网络借贷行业的特点就是借款人数量众多，且多属于中小微借款人。如果采用银行信审模式评价借款人的还款能力、还款意愿等指标，风控成本将高至难以承受的水平，也背离了网络借贷民间金融和普惠金融的本质特征。

但我国目前征信系统建设尚不健全，已有的信用信息也未形成健全的开放利用机制，这极大制约了网络借贷信用评估、贷款定价和风险管理的效率，成为制约网络借贷发展的核心障碍。没有完备的征信体系，网络借贷平台必然要进行大量的线下尽职调查，并且通过设立坏账准备金、要求担保等方式为贷款增信。这迫使网络借贷平台背离信息中介的本质，因增信而承担巨大风险，也推高了交易成本。

2. 信息孤立，重复借款现象突出

由于商业化的信用信息服务匮乏，网贷平台通常将自身业务过程中产生的借款人标识信息、融资额等敏感信息视做商业秘密。在实际经营中各平台都是信息孤岛，各类网贷平台之间以及不同的互联网征信机构之间一般不会共享数据。而现实中，一个借款人通过多家网贷平台重复借款的现象比较突出，对单个网贷平台来说，无法了解借款人在其他网贷机构的借贷情况，无法及时发现借款人的信用瑕疵，这一点也极大阻碍了网络借贷业务的发展。

3. 信息安全存在隐患和风险

网贷平台不能接入金融信用信息基础数据库查询和使用信用信息，为了满足

---

① 第三条规定，个人信用数据库采集、整理、保存个人信用信息，为商业银行和个人提供信用报告查询服务，为货币政策制定、金融监管和法律、法规规定的其他用途提供有关信息服务。第四十三条规定，本办法所称商业银行，是指在中华人民共和国境内设立的商业银行、城市信用合作社、农村信用合作社以及经国务院银行业监督管理机构批准的专门从事信贷业务的其他金融机构。

对借款人还款意愿和还款能力的贷前审查需要,就转而依靠互联网征信获取相关信息。互联网征信是以开放式的互联网为载体,通过抓取、采集和整理个人以及企业在使用互联网时所留下的数据信息,同时辅以线下渠道或者其他渠道获取的数据信息,利用大数据、云计算等新兴高科技进行信用评估与服务的活动。互联网征信的信用信息主要包括两种类型:第一,个人金融信息,例如贷记卡的信用额度、借记卡的账单流水等;第二,用户在互联网上的"痕迹",大致分为个人消费信息、日常工作生活信息、互联网检索行为信息等。如芝麻信用充分利用数据挖掘技术,对淘宝、支付宝上的数据进行清洗、匹配,以分析和判断客户信用风险,提供征信服务,日均数据处理量已达30PB以上,相当于5000个国家图书馆的数据总量。得益于芝麻信用的支持,集团内的蚂蚁小贷在向用户提供信贷时无须用户提供担保和抵押,且贷款资产质量稳定。

与传统的征信平台相比,互联网征信拓宽了征信数据范围和来源,大数据和云计算的应用方便了征信数据的采集。有相当一部分的小微企业、学生群体、个体工商户、蓝领工人或自由职业者等没有相关的征信记录。但他们在互联网上留下的信息被互联网征信机构采集,经过分析整理,作出信用判断,能够满足信贷机构对借款人还款意愿和还款能力的贷前审查需要,更加全面和真实地反映信息主体的信用情况,已成为我国征信业发展的重要推动力,有力地支持了网络借贷行业的发展。

但与传统征信方式相比,互联网征信更加依赖于开放式的互联网及相关高新技术,涉及数据检索、权限控制、身份认证、活动跟踪、数据传输加压加密等内容,技术链条和环节复杂。因此,所面临的信息安全领域的技术风险也更加突出。信息安全风险主要表现为在征信数据的抓取、身份认证、信息传输及数据储存等环节容易受到来自黑客和计算机病毒的攻击,可能导致征信数据泄露,造成不可逆的破坏,损害客户的隐私权益甚至影响公共安全。

4. 信息采集和使用涉嫌违规

《征信业管理条例》(以下简称《条例》)对征信机构的征信活动划定了较为严格的边界和具体的操作秩序、流程。但互联网征信中,如何界定个人隐私、如何取得信息主体书面授权、如何向信息主体进行有效提示、隐私泄露后信息主体如何维权等,都缺乏相关法律法规的明确规定。对互联网征信行业来说,便捷的信息获取渠道、较低的信息获取成本及违法违规成本低导致违法违规与道德风险事件易发,同时也可能损害金融消费者和征信用户的合法权益。

(1)采集个人信息未经信息主体本人同意。《条例》第十三条规定:"采集个人信息应当经信息主体本人同意,未经本人同意不得采集。"但是,互联网金融征信和传统的信息采集不同,只要个人登录网站,互联网金融企业就可以自动记录个人的网络行为,很可能在信息主体还不知情的情况下,就已经完成对个人信息的采集。还有一些网站在用户注册的时候，通过自身的强势地位，强制采集用户的个人信息，否则用户就无法完成注册。这些行为削弱了信息主体的权益，弱化了互联网金融征信行为中数据采集和使用机构在采集个人信息时的责任，不利于互联网金融的健康持续发展。

（2）采集明确禁止和限制采集的个人信息。《条例》第十四条明确规定："禁止征信机构采集个人的宗教信仰、基因、指纹、血型、疾病和病史信息以及法律、行政法规规定禁止采集的其他个人信息。征信机构不得采集个人的收入、存款、有价证券、商业保险、不动产的信息和纳税数额信息。"互联网征信机构基于新兴的大数据技术可以对互联网信息进行深度挖掘和整合，这不可避免地会采集到一部分人群的敏感信息（例如病史、指纹、基因）和个人隐私（比如不动产登记信息、缴纳税款记录及金融账户交易信息）。征信机构很可能在没有履行事先告知义务或者征得被征信人同意的情况下将这部分信息纳入征信数据库，或者提供给相关合作方，作为其信用评估的重要依据。

（三）网络借贷的洗钱风险

网络借贷在为融资主体提供便利服务的同时，也给反洗钱工作带来了挑战。相比传统银行借贷模式，线上交易更容易隐匿交易主体真实身份，通过平台存管账户的周转可以切断对资金流向的监测追踪，这些非现场、不透明的特点容易被洗钱活动利用，实现非法资金的处置、离析和归并。①

1. 借贷主体身份识别不到位

客户身份识别是有效开展反洗钱监测分析的重要基础，网贷平台为明确借贷主体资格及权利义务，通常要求投融资双方实名认证。借贷主体在发布借款信息或投资前应进行注册，登记身份证号、手机号、职业、家庭住址等个人信息，部分平台要求上传身份证电子版，再采用手机验证码认证等方式识别客户。然而大部分网贷平台线上远程的操作模式，无法核实客户所提供的身份信息的真实性，也难以确保注册人与身份证件实际持有人的同一性。同时，网贷平台出于竞争压力，为争取更多客户，往往降低审核标准，并不实质审查客户真实身份信息。因此，洗钱分子可冒用、借用他人身份信息，轻易地成为网贷参与者，通过借款或投资等多种渠道，将非法资金通过网贷平台分散、转移，从而混淆资金来源，完

---

① 处置阶段，也称放置阶段，是指将犯罪所得投入到清洗系统的过程，是最容易被发现的阶段。利用金融机构或特定非金融机构，将犯罪所得存入银行或转换为银行票据、国债、信用凭证、股票、保险等其他资产形式。离析阶段是通过复杂的金融交易，将犯罪所得与其来源分开，并进行最大限度的离散。通过不同金融工具逐步模糊犯罪所得的真实来源和性质，使犯罪所得与合法财产难以分辨。归并阶段是将分散的犯罪所得与合法财产融为一体，为犯罪所得提供表面的合法掩饰，洗钱分子就能够自由使用非法收益。见黄子文等著：《国际视角：洗钱渠道研究》，北京，中国金融出版社，2011。

成洗钱活动。

另外，客户身份识别除了明确客户的真实身份，还包括了解客户的资金来源、用途等情况。而网络借贷平台对于客户资金来源和用途存在审核不到位问题。尽管多数平台在其服务合同中都会有投资人资金来源合法、借款人的资金用途与借款申报时一致等条款，但平台对客户资金来源、用途的审核往往流于形式，投资者通过同名银行账户或第三方支付账户进行投资充值，平台并不审查资金的来源；对每笔借款的用途也无法做到回访核实，多数平台的借款人只需按时还款即可。这就为洗钱分子掩饰、转移非法所得提供了便利条件。

2. 资金链难以追溯

网络借贷的投资人与借款人在平台达成借款协议后，投资人将资金从其银行或第三方支付账户充值到网贷平台，再由网贷平台的存管账户转移到借款人的账户，银行或支付机构能够获取的信息只是投资人账户转移到网贷平台账户进行投资，借款人在网贷平台得到贷款，而不能将投资人的投资资金转移与借款人账户匹配起来，这样一条完整的资金链条被割裂成多笔不相关的交易。洗钱分子可以利用网上银行、移动支付等非面对面方式，在匿名的方式下完成资金的转移，而银行无法获取资金链的当事人信息，增加了资金流向监测和追踪的难度；同时投资人可能将收回的投资款继续滚动投资，这样银行在不掌握相应投资协议的情况下，只能看到资金从网贷平台账户转入借款人账户，更加无法监测投资主体信息和相应资金来源。另外，目前实践中网贷平台资金大部分仍依托第三方支付机构托管，而《支付机构反洗钱和反恐怖融资管理办法》只要求支付机构履行可疑交易报告，并没有大额交易报告义务，因此对依托第三方支付机构的平台交易进行大额交易监测更加困难。

3. 拆分资金、逃避大额监测

在网络借贷模式中，投资人可以对借款人的融资要约全额或部分投标，洗钱分子可利用这一特性，将资金进行拆分投标多个借款标的，把大额资金化整为零，掩盖资金的属性，降低被反洗钱监测发现的可能性；另外，借款人也可以通过冒用、借用他人身份信息在网贷平台注册申请一笔借款，再通过他人的银行账户分期还款，将大额赃款通过分期等方式，分散转入银行系统，逃避反洗钱监测系统，实现洗钱的处置和离析。

4. 网贷平台自身洗钱风险

目前申请设立网贷公司只需通过工商注册，无准入门槛或股东资质审查，也导致网贷公司极易成为洗钱分子利用的工具。洗钱分子设立网贷公司后，利用网贷平台透明度低，交易信息封闭等特点，伪造虚假交易文件，如通过平台虚构借款人、借款需求的方式，把收到的资金混同非法资金转手放给别人或用于其他用途，或平台自身使用非法所得参与网络借贷投资，再虚增营业额和利润，通过纳税等方式将非法资金合法化。

四、完善网络借贷法律监管的建议

(一) 完善资金存管制度,确保资金安全

1. 原则上禁止支付机构开展网贷资金存管

《指导意见》第(十四)规定,"除另有规定外,从业机构应当选择符合条件的银行业金融机构作为资金存管机构"。《非银行支付机构网络支付业务管理办法(征求意见稿)》规定,"支付机构不得为金融机构,以及从事信贷、融资、理财、担保、货币兑换等金融业务的其他机构开立支付账户。"上述监管意见对第三方支付机构开展网贷资金存管业务原则上持否定态度。

前文所述支付机构纯通道模式将资金归集在网络借贷平台的自有账户下,存在"资金池"和"挪用客户资金"等重大风险,根据《指导意见》规定应当予以禁止;前文所述支付机构虚拟账户模式,因支付机构为网络借贷平台开设支付账户并在该支付账户下为借贷双方开设虚拟子账户,违反了《非金融机构支付服务管理办法》和《非银行支付机构网络支付业务管理办法(征求意见稿)》作出的"支付机构不得为从事金融业务的机构开立支付账户,各项资金收付业务均应基于其银行账户办理"相关规定,若上述条款草案未来颁布生效,则虚拟账户模式也将遭到立法否定。

2. 明确银行对资金交易监控审核等职责

从保障投资者权益和确保资金安全的角度出发,银行业监督管理机构应当参照商业银行托管业务规则制定相应的网贷平台资金存管业务监管规定。同时,考虑到目前部分商业银行通过关联公司开展网络借贷业务,为避免产生道德风险,应当确保资金存管银行的独立性,禁止商业银行为其参股或者控股的网络借贷平台提供资金存管业务。

在具体业务监管规则上,应当要求从事网贷平台资金存管业务的商业银行加强对客户的风险提示,以醒目方式向投资人充分提示风险点和注意事项;应当对网贷平台资金存管业务单独设定交易监控规则,规定对资金收付与借贷合约进行匹配审核,并提供资金对账、信息报告、债权催收等中间业务。同时根据网贷行业的交易特征采取一些风险控制措施,例如禁止使用信用卡投资、对收款账户多次频繁或等额的交易进行限制等,设置贷款逾期率、坏账率、大额交易、标的集中度,担保关联性等监控指标。

(二) 推动信用信息基础设施建设,实现信息共享

1. 完善互联网信息保护法律法规

目前我国相关法律法规对于网贷信息的采集、保存和使用问题没有具体的规定。在网络借贷活动中如何实现数据信息共享和个人隐私权保护两者的平衡是我们必须致力审视和探索解决的棘手问题。必须制定完善网贷信息保护相关法律法规，界定个人信息采集和使用的范围和方式，强化网络借贷平台作为数据提供者和使用者在数据保护方面的责任，加强对数据滥用、侵犯个人隐私等行为的管理和惩戒，保护投资者的合法权益，为网络借贷市场的规范运行提供法律保障。

2. 建立网络借贷信用信息共享平台

面对"信息孤岛"的局面，网贷行业亟须建立行业风险信息共享机制，为行业整体风控水平提供有力的支撑。2015年9月，中国支付清算协会互联网金融风险信息共享系统上线，将各个网贷机构分散的数据有机地整合起来，彼此间分享贷款信息，降低网贷机构与借款人资金的信息不对称，有利于形成行业风控合力，提升网贷行业的整体风险控制能力。通过该系统共享数据的操作流程是：申请查询的机构填写借款人姓名和身份证产生查询请求后，向系统发送查询请求报文。由于系统本身不保存接入机构的用户数据，只是充当信息通路和连接枢纽的角色，因此系统收到查询请求后，立刻将查询请求转发到与系统相连的其他接入机构中。其他机构收到查询请求后，在本机构的数据库中查询请求报文中的借款人借款信息，产生结果报文，并反馈到系统中。系统将收到的信息进行汇总，并将汇总结果反馈给查询申请机构。这种方式虽然能够在一定程度上解决一人多贷的问题，但程序复杂、耗时长、接入机构少，只能查询借款人是否在其他机构借款，并不能实现完整的信息共享功能。

除此之外，还有一些第三方征信机构从合作机构获取借贷双方客户的个人基本信息、贷款申请信息、贷款开立信息、还款信息等，通过信息共享，协助相关从业机构全面了解授信对象行为特征和信用记录，防范借款人可能存在的恶意欺诈、重复贷款等信用风险。例如，上海资信有限公司开发的网络金融信息共享系统（NFCS）和北京安融惠众征信有限公司创建的小额信贷行业信用信息共享服务平台（MSP），都具备信用信息共享查询功能，会员机构通过查询可及时掌握借款人在同业间的信贷信息以及信用状况变化情况，提升客户信用风险管理能力。但是，目前为止，这些信息共享平台都面临着标准不一、信息难以统一的问题。

2015年8月31日，国务院发布的《促进大数据发展行动纲要》提出，鼓励互联网企业运用大数据技术建立市场化的第三方信用信息共享平台，使政府主导征信体系的权威性和互联网大数据征信平台的规模效应得到充分发挥。目前，亟待建立健全信息标准和共享机制，管理部门应根据互联网征信的特征制定行业标准和格式，进行规范化的数据融合，提升数据整合能力，打破资源部门间的信息孤岛，实现信息共享。同时，支持行业自律组织或第三方机构开发互联网金融征信平台，进一步整合和开发散落于政府各部门的信息数据，加快推进政府公共信用信息平台建设，加强信用建设区域联动，促进跨区域信用信息资源的开发、利用和共享。

3. 扫清法律障碍，加快接入统一征信平台

将网络借贷机构接入金融信用信息基础数据库，建立金融机构与网络借贷机构之间的对接机制和信用信息交换机制，可以形成相互促进、互为补充的关系。

在业界的呼吁下，过去不曾接入金融信用信息基础数据库的小额贷款公司和融资性担保公司（以下简称"两类机构"）已被纳入金融信用信息基础数据库，可进行信息查询，并定期提供借款人、贷款金额、贷款担保和贷款偿还等业务信息。按照《中国人民银行办公厅关于小额贷款公司和融资性担保公司接入金融信用信息基础数据库有关事宜的通知》的规定，对两类机构接入数据库的模式持开放态度，可采取省级平台一口接入、直接接入、通过商业银行间接接入、"介质报数—上门查询"的非网络接入等模式，查询模式为通过人民银行间接查询，可通过专线以电子方式向人民银行提交查询请求，由人民银行负责查询并反馈查询结果。此外，村镇银行、汽车金融公司、财务公司、资产管理公司、金融租赁公司等机构的接入工作，参照该模式执行。

目前，中国银监会正在制定网络借贷行业的监管规则，相关的管理办法出台后，网络借贷机构的法律地位和行业监管问题将得到解决。届时，可以参照小额贷款公司和融资性担保公司的模式接入金融信用信息基础数据库。网络借贷机构可参照上述方式，通过省级服务平台接入金融信用信息基础数据库，通过专线以电子方式向人民银行提交查询请求，由人民银行负责查询并反馈查询结果，该省级服务平台可以由省级金融办指定的机构负责日常运行维护。此外，也可探索建立与金融信用信息基础数据库存在映射关系的互联网金融征信系统，并作为人民银行征信系统的子系统，以平衡信息分享和信息隔离的关系。

(三) 加强反洗钱监管，防范金融犯罪

1. 制定规则将网贷平台纳入反洗钱监管范围

根据反洗钱国际组织——金融行动特别工作组（FATF）对反洗钱的"40条建议"的第14条，"任何作为资金或价值转移服务提供商都应获得本国授权和注册，并采取有效措施监测和确保其符合FATF的相关反洗钱要求"，即符合"资金或价值转移服务提供商"的主体都可能被洗钱分子利用，因此提供资金或价值转移的服务提供商都应纳入反洗钱义务主体，履行反洗钱义务。

网络借贷属于新兴业务，现行立法并未明确将网络借贷平台纳入反洗钱义务主体范围，但根据《反洗钱法》的规定，反洗钱义务主体包括金融机构和按照规定应当履行反洗钱义务的特定非金融机构。特定非金融机构的范围、其履行反

洗钱义务和对其监督管理的具体办法，由国务院反洗钱行政主管部门会同国务院有关部门制定。因此将网络借贷平台的主体纳入反洗钱监管体系并未突破《反洗钱法》的规定，只是需要制定具体规则明确网络借贷平台为特定非金融机构，将其纳入反洗钱监管范围。

近期，《指导意见》也明确了互联网金融从业机构应当采取有效措施识别客户身份，主动监测并报告可疑交易，妥善保存客户资料和交易记录等反洗钱措施。下一步，反洗钱主管部门可会同网络借贷的主管部门制定管理办法，对网贷平台应履行的反洗钱义务及法律责任作出明确规定，并结合业务特点制定行业反洗钱实施细则、业务操作指引等，指导网贷平台有序开展反洗钱工作。

2. 利用技术手段完善客户身份识别机制

网络借贷的性质决定了线上开展业务的特点，对其按照现有客户身份识别制度要求面对面开展业务，会大幅提高其运营成本，也脱离了网络借贷的特点。对于网络借贷的客户身份识别可结合其网络远程特点，利用技术手段完善现有身份识别手段。网贷平台可要求客户在提交身份证等基本信息的同时，采取更具前瞻性的识别方式，如部分平台的视频识别，注册人在视频中声明注册网络借贷是其本人行为，提交的身份认证资料真实，会按时归还借款等，通过平台人工审核比对身份证等信息，确认注册人身份。

同时，参与网络借贷需绑定银行卡，而开立银行账户有成熟的客户身份识别制度，网贷平台可借助同名银行卡绑定，资金同进同出，辅助实现客户身份识别。实践中，网络借贷平台一般要求注册人使用银行账户汇入平台账户一个随机金额，确定注册人掌握银行账户的交易密码，即默认注册人为银行账户所有人。此外还应注意，洗钱分子可能在绑定银行卡后，提出银行卡遗失，要求变更绑定的银行卡，再利用同名不同人的银行账户绑定，将资金转移。目前，陆金所在变更绑定银行卡时，要通过三层验证：首先要通过绑定手机号的随机验证码和平台交易密码验证，其次要上传身份证正反面、银行出具的老卡注销或账户证明（包含原卡卡号、证件号码和银行印章的原件），最后通过人工审核完成再变更。多层验证一方面维护客户资金安全，另一方面也减少了洗钱风险。因此，网络借贷平台不仅在用户注册时要求绑定同名银行账户，还应注意防范在银行账户变更过程中可能出现同名不同人的洗钱风险。

3. 依托银行完善网络借贷大额和可疑交易的报告制度

大额交易和可疑交易报告制度是反洗钱的核心措施，是有效、及时地识别和发现洗钱行为的主要手段。由于网络借贷平台资金的流转仍依赖银行账户，因此，在大额交易资金监测方面可借鉴证券行业反洗钱的规定，通过银行划转款项的，由银行向反洗钱监测中心提交大额交易报告；与此同时，由于借贷双方的资金流转通过平台公共账户连接，借贷交易信息只有平台自身掌握，导致资金流转信息和客户身份信息的分割，银行无法识别借贷主体身份。这种不透明的资金流转，一方面不利于反洗钱的监测，另一方面也容易滋生平台自融或庞氏骗局。因此，对于满足大额交易报告的网络借贷资金转移，平台有义务向银行等单位披露资金转移背后的相关借贷、投资协议，打通平台与银行的信息壁垒，让资金流与借款信息流匹配起来，明确交易双方的身份，减少洗钱等犯罪风险。

同时，建立网络借贷可疑交易报告制度。平台应在反洗钱主管部门和监管机关的指引下，研究网络借贷洗钱类型，根据不同交易模式的交易特征，制定可疑交易参考指标作为可疑交易识别分析的参考依据，并根据指标参数开发可疑交易监测系统，对平台的每项交易进行实时监控，对分拆、分散现金存入银行系统再转入平台等异常交易进行人工分析甄别，确认为可疑交易的报送中国反洗钱监测分析中心。

在对网络借贷制定监管规则时，应重视网络借贷平台的洗钱风险，平台参与者以及平台本身都可能被洗钱分子利用，进行洗钱犯罪活动。针对网络借贷平台的反洗钱制度，首先应对平台设立准入门槛，对平台股东资格实行资格认定，防止有洗钱等犯罪前科的人员从事网络借贷业务；同时继续通过技术手段完善现有客户身份识别预防制度，确保网络借贷参与者的身份信息真实可靠；并建立网贷平台大额、可疑交易报告制度，及时发现可疑交易，降低通过网贷平台洗钱的风险。

参考文献

[1] 冯果、蒋莎莎：《论我国P2P网络贷款平台的异化及其监管》，载《法商研究》，2013（5）。

[2] 杨涛：《互联网金融指导意见有待完善》，载《银行家》，2015（8）。

[3] 毛玲玲：《发展中的互联网金融法律监管》，载《华东政法大学学报》，2014（5）。

[4] 张雪楳：《P2P网络借贷相关法律问题研究》，载《法律适用》，2014（8）。

[5] 何佳琪、田静：《我国P2P网络借贷异化模式及法律监管探析》，载《浙江金融》，2015（5）。

[6] 杨东：《P2P网络借贷平台的异化及其规制》，载《社会科学》，2015（8）。

[7] 李晓明：《P2P网络借贷的刑法控制》，载《法学》，2015（6）。

[8] 彭赛、孙洁：《P2P网贷国际监管经验》，载《中国金融》，2015（9）。

[9] 上海交通大学法学院：《互联网金融法律评论》，第1~3期。

从网络借贷发展
看互联网金融创新中的风险防范

中国人民银行上海总部调查统计研究部课题组

课题组组长：董建萍
课题组成员：周庭煜　刘惠娜　范春奕　王　晴

摘　要

本文通过比较国内外网络借贷发展的不同模式及风险，提出防范互联网金融创新风险的对策建议。

通过分析研究，形成以下观点：

1. 从美国实践来看，对网络借贷的监管早介入、严管理，能够有力地保障网络借贷行业的健康发展。我国对互联网金融行业的监管相对滞后，反而造成了行业的乱象。应树立主动监管的意识。

2. 金融监管要坚持权责对等的原则。

3. 过度竞争影响行业发展，浪费社会资源。应提高互联网金融准入门槛，扶持优势企业。

4. 金融监管应适应金融市场创新的发展，目前突出的问题是监管不适应金融混业创新的趋势。

5. 改善金融生态环境，包括加快社会诚信体系建设、完善金融基础性法律是互联网金融健康发展的基础。

6. 借鉴英国高标准的行业自律促进网络借贷健康发展的经验，推动互联网金融行业自律作为监管的有效补充。

互联网金融将金融与互联网联系起来，是近年来金融领域最引人瞩目的创新。创新的金融产品与金融机构不断涌现，在提高金融服务效率和水平的同时，也蕴含着一些问题和风险隐患。我国政府重视并鼓励互联网金融的发展。《中共中央关于制定国民经济和社会发展第十三个五年规划的建议》中提出"规范发展互联网金融"。本文通过对目前互联网金融中发展最快的网络借贷的发展轨迹的分析，提出未来我国互联网金融健康发展的建议。

网络借贷，即 Peer to Peer（P2P），一般是指通过新型金融中介机构的帮助，资金借贷双方直接在互联网上发生的借贷行为。网络借贷于 2005 年在英国诞生，我国第一家网络借贷平台产生于 2007 年，与国际上基本同步。

经过十年的发展，网络借贷作为一个新兴的金融业态已经初具规模，以英国、美国的发展最快，中国的平台数量与交易规模也迅速膨胀。但网络借贷的风险也逐渐暴露，尤其是在我国，网络借贷平台跑路、被查等不断发生，影响了网络借贷这一新兴行业的形象及发展。

一、网络借贷金融创新的特点

（一）金融创新的理论简述

经济学中关于"创新"的研究一般从熊彼特的论述开始。他认为，所谓创新就是要"建立一种新的生产函数"，即"生产要素的重新组合"，就是要把一种从来没有的关于生产要素和生产条件的"新组合"引进生产体系中去，以实现对生产要素或生产条件的"新组合"。而创新一般包括产品创新、技术创新、市场创新、资源配置创新、组织创新五类。熊彼特认为，创新是理解资本主义体系及其发展的核心概念，创新是经济发展的过程，也是经济发展的原因，更是经济发展的本质。

自 20 世纪 60 年代开始，全世界金融领域的创新极大地改变了金融运行的面貌、效率，对实体经济也产生了巨大影响。关于金融创新的理论研究也得到了发展。例如，从创新产生的原因来分有技术推动、需求推动、财富增长、货币因素、制度因素、回避管制、结构变化等。

韩农和麦道威是技术推动理论的代表，他们认为，新技术在金融方面的应用，是金融创新的主要成因。特别是电脑和电信设备的新发明在金融业的应用，是金融创新的重大因素。高科技的应用，为金融创新提供了物质上和技术上的保证。互联网作为人类最伟大的发明，在各方面改变了人类生活。由互联网技术推动产生的网络借贷是技术推动引致金融创新的典型代表。

金融创新在提高金融效率、降低金融成本、提高金融机构效益、满足金融消费者的需求方面发挥了积极的作用。但随着金融创新的不断丰富，伴生的金融风险也引起了关注。尤其是在对世界金融市场产生重大影响的次贷危机爆发后，人们发现在危机的形成、爆发以及升级过程中，次级贷款证券化等金融创新扮演了十分重要的角色。因此，防范与化解金融创新可能引致的金融风险，对于保障金融体系的稳定，保护金融消费者的权益，保证金融创新的顺利实施，具有重要意义。

（二）互联网金融创新的特点

1. 发展速度快。在互联网时代，信息传播、交易都在网上进行，交易瞬间完成，互联网金融的规模呈几何级数增长。

2. 市场集中度高。从国际国内互联网行业基本一家独大或几个大公司垄断的特点可以发现，由于互联网企业不需要实体网点，降低了经营成本，网络上即可将交易扩张到全国乃至全球。因此行业发展的结果必然是个别大公司对市场的垄断，部分小公司依靠某些特色生存。互联网金融也基本遵循这一轨迹。

3. "长尾效应"明显。互联网金融通过降低投资门槛及便捷的投资方式，吸引了众多传统金融渠道忽视的人群。"长尾效应"在有效地开拓了市场的同时，也提高了隐含的风险。一旦风险暴露，造成的不良影响比较大，容易引致群体性事件。

4. 纠纷处置复杂。互联网金融发生在网络上，没有传统金融的面对面交易、纸质合同等的保障，更需要周密的法律制度安排。

（三）网络借贷的创新分析

1. 传统的借贷模式分析

传统的借贷方式包括民间借贷、银行信贷、债券融资等。

（1）民间借贷。民间借贷是最古老的借贷。一般是相互认识的人之间发生的资金借进贷出行为，资金供给者凭借对资金需求者的信任出借资金，缺点是在资金的额度、期限等方面可能不匹配。

（2）银行借贷。为了弥补民间借贷在资金额度、期限等方面的不足，产生了专司资金借贷中介的机构，即银行。银行吸收资金供给者的资金，经过自身的沉淀转化，提供给资金需求方。银行借贷中的资金供给者无须考虑资金需求者的信用问题，因为银行已承担了信用中介的责任。

（3）债券融资。债券是由专门的中介机构对资金需求方的资金需求进行标准化的分割与期限界定，资金供给方根据自身的情况自行购买债权并在到期日得到资金偿还和相应利息补偿。投资银行充当了中介，但并不发挥信用中介的作用，只是协助资金需求者发布需求，推介产品。债券融资中一般采用信息披露和债券评级的方式解决资金供给者对资金需求者的信任问题。

2. 网络借贷的创新之处

（1）交易模式的创新。网络借贷实现了互不相识的资金供给方与资金需求方之间的借贷。尽管在实际操作中，为了满足监管的需要或其他原因的影响，资金的流转可能会增加环节，例如在美国为了满足牌照的要求，网络借贷平台会通过 WEBBANK 将资金贷给资金需求者。但网络借贷的本质是通过网络借贷平台，资金需求者发布资金需求信息,而资金供给者提供资金的过程。

(2) 中介机构的创新。网络借贷平台是一种新型的中介组织,不同于银行这一传统中介,虽然促成了资金的借贷,但主要充当了信息中介的作用,不吸储、不放贷。在一定程度上,网络借贷类似投资银行承销的债券类证券,因此在美国目前由证券交易委员会负责对网络借贷行业实施监管。

(四) 网络借贷可能的风险分析

1. 网络借贷贷款方的风险。一是借款人违约的风险。银行借贷中银行承担了资金借贷的风险。网络借贷双方直接交易,一旦发生风险,资金出借方就会损失。网络借贷平台对借款人的资信评估对于贷款人的判断十分重要。贷款人还可以通过分散投资减小一旦某一个借贷交易违约的风险。二是由于网络借贷平台的专业水准问题或者恶意侵占等都可能对贷款方的利益产生影响。贷款人在投资时平台的选择十分重要。

2. 网络借贷平台的风险。严格意义上的网络借贷平台只是充当信息中介,即使借贷交易出现风险,也不会影响到平台本身。网络借贷平台可能面对的风险一是经营不善的风险。二是技术性风险。由于网络借贷发生在互联网上,对交易系统、信息存储系统以及通信系统等都提出了较高的要求。三是网络借贷平台不规范经营,参与到借贷活动,可能导致的风险。由于网络借贷平台客户涉及面广,经手的资金量大,一旦产生风险造成的不良影响远大于一般的工商企业。只有通过加强监管与自律防范这类风险。

3. 行业风险。网络借贷是一个新兴的行业,大众认同度低,如果个体性风险频发,就有可能影响到行业的整体发展。从这个角度出发,较之传统的金融行业,无论是中国还是国外的网络借贷平台都更加主动地接受监管,提升行业的整体形象。

4. 宏观风险。网络借贷脱离了银行等传统媒介而运行,属于影子银行的一种。作为一种新兴的借贷方式,它采用与传统借贷不同的运营模式,接受不同的监管,可能会对以银行借贷为主的传统借贷市场产生冲击。在市场重新分割时,由于竞争的因素,可能会造成市场的无序。

二、网络借贷的发展现状

(一) 英国、美国网络借贷的发展现状

英国[①]和美国的网络借贷在国际上发展最为领先,呈现以下几个特点。

---

① 欧洲除了英国之外其他国家的网络借贷交易量的总和低于英国一国的网络借贷交易量。

1. 交易量不断扩大，但仍属于较小的细分市场

从图1可以看出，由于从零开始，网络借贷的交易量始终飞速发展。但与庞大的经济总量与传统金融相比，规模仍十分小。

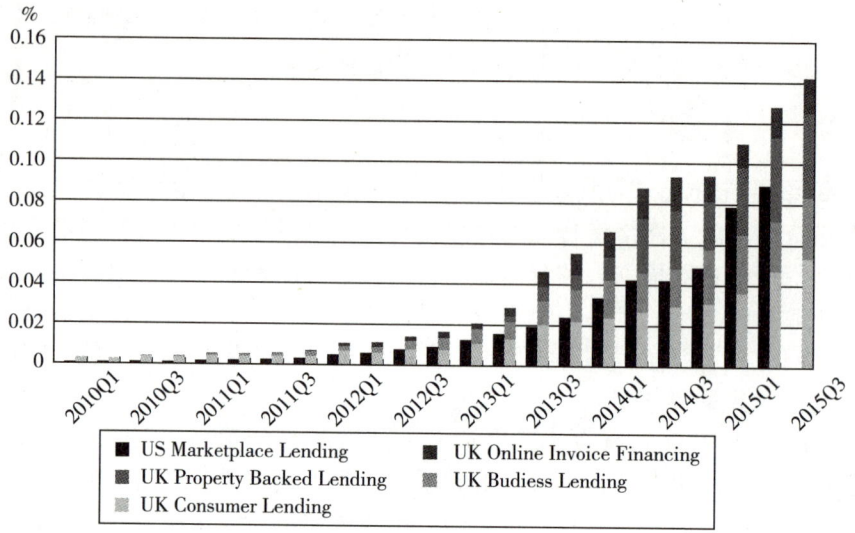

资料来源：Rupert Taylor, Co-Founder AltFi Data: The Hard Numbers on Marketplace Lending in the US and UK.

图1　美国、英国①季度网络借贷交易量占GDP的比重

2. 标杆性企业的市场集中度高

英国交易量最大的三家网络借贷公司Zopa、Funding Circle、RateSetter的市场占有率经历了逐渐下降后又上升的过程，2014年三家公司的市场占有率一度降到45%左右，之后逐渐回升，目前在60%左右。

Zopa创立于2005年，是世界上第一家网络借贷平台，发展也始终在业界处于领先地位。2015年8月，Zopa成为英国第一家交易额超过十亿英镑的网络借贷平台。其主要的借款用途是个人消费贷款，近年开始进入中小企业贷款领域。

Funding Circle创立于2010年，以"支持英国经济脊梁"（Supporting the Back bone of the UK Economy）为目标与口号，主要面向小企业提供网络贷款。由于Funding Circle的理念契合了政府扶持中小企业的政策，2012年、2013年英国政府先后通过Funding Circle为小微企业发放2000万英镑、4000万英镑贷款。

---

① 英国的网络借贷分类为：个人信贷（Consumer Lending，借款方是个人客户）、中小企业贷款（Business Lending，指借款方是中小企业等机构客户）、票据交易融资（Invoice Trading，指通过网贷平台，借款企业以一定折扣把应收票据转让给高净值或者投资经验丰富的个人客户和机构客户）和资产抵押借贷（Property Backed Lending，借款方是以房屋、汽车等为抵押借款）。

RateSetter 也创立于 2010 年，是全球第一家建立风险准备金机制以保障投资者权益的网络借贷企业。

美国 Lending Club 和 Prosper 两大网络借贷巨头成立后一直垄断市场。近年来一些新兴的网络借贷公司先后在学生贷款、中小企业贷款等细分市场取得成功，两巨头的市场占有率不断下降，但目前仍在 60% 以上。

Lending Club 成立于 2007 年，最初是出现在 Facebook 的第一批应用里，当时的定位是与社交平台结合的借贷。后期发展中来自社交平台的借贷逐渐减少。2014 年 12 月 12 日在纽交所挂牌交易。截至 2015 年第三季度，Lending Club 累计贷款量 44.4 亿美元。

Prosper 成立于 2006 年，是美国历史上第一个网络借贷平台。之后由于在完成美国证券交易委员会（SEC）的合法性审查中停业一年等原因，业务发展落后于 Lending Club，目前是美国第二大网络借贷平台。

3. 经营特征

（1）业务相对集中

英国、美国的网络借贷平台的业务相对集中，多数着重于在特定的业务模式上进行深耕，规模到一定程度上才会适度拓展。

在英国，Zopa 主要集中于个人消费信贷；Funding Circle 着重于中小企业借贷；Market Invoice 和 Platform Black 专注于网络票据融资，合计占据了英国网络借贷平台票据融资量（约 270000000 英镑）的九成市场份额。此外，还有一些专注于房贷、车贷等细分领域的垂直 P2P 平台，如 LendInvest、Wellesley&Co.、Landbay、Buy2LetCars 等。

在美国，Lending Club 和 Prosper 长期集中于个人消费贷款，近年来才开始涉足中小企业贷款。由于两大平台对市场的垄断，新晋平台只能通过特色化的服务取得成功，例如 SoFi 专注于学生贷款，OnDeck 专注于中小企业贷款。

（2）完善的社会信用体系在网络借贷中发挥重要作用

Lending Club 在成立之初，就采用了由平台对不同用户进行信用等级评定之后，由网站规定相对应的固定利率和固定期限，再提供给投资者的方式，这大大增加了交易撮合的成功率。Prosper 最初采用拍卖的方式确定利率，2010 年改变了原有的拍卖模式，与 Lending Club 一样根据借款人违约风险提前设定好贷款利率。英国的网络借贷平台也采用大致相同的运作模式。

这种操作方式的基础一是其国内完善的社会信用体制。例如美国有全世界最发达的个人信用记录与交易市场，网络借贷平台可以充分利用。二是网络借贷平台自行建立的评价标准。

（3）有竞争力的利率水平

由于发达国家的信用卡贷款等本身已经比较发达，英国、美国的网络借贷平台在与银行的竞争中,依靠互联网线上金融服务集中、快捷的优势,降低了成本,提供给借款人的是比银行贷款更优惠,也就是利率更低的贷款。而在吸引贷款人方面,提供的自然是高于银行存款利率的投资收益,从而获得了发展。

(4) 投资者限制与机构投资者比例的上升

为了保护投资者利益,网络借贷平台会制定一定的投资限制,保证投资者具有一定的风险承受能力。例如 Lending Club 要求投资者不含房产的净资产在 25 万美元以上,或年收入 7 万美元以上且净资产在 7 万美元以上。

网络借贷最初的运作机理是个体与个体之间的借贷关系。随着行业发展的逐渐被认可,机构投资者逐渐介入这一领域。目前英国最大的两家网络借贷平台(Zopa 和 Funding Circle),机构投资者已经占到 50% 以上,美国这一比例更高。一些大型网络借贷平台自行成立了投资基金,通过基金汇集小额投资者的资金,再投资于本机构的网络借贷。机构投资者一般追求高收益,相应也承受高风险。但机构投资者的大量涌入,凭借资金优势与设备优势,与个人投资者形成竞争。在一定程度上也违背了网络借贷的本意。

(5) 开始形成二级市场

美国两大网络借贷平台在 SEC 登记之后,发售的凭证都可以在 Foliofn 线上交易市场交易,从而形成了网络借贷的二级市场,增加了网络借贷市场的流动性。在美国还有了网络借贷资产证券化的案例。

4. 行业自律或监管严格

网络借贷作为一个新兴行业从无到有,对其监管也是新生事物。相比较而言,英国、美国的监管是比较严格的。

英国网络借贷监管的特色是高水准的行业自律以及在国际上率先推出的专门监管法规。2011 年 8 月,英国网络借贷行业三巨头就自发成立了网络借贷行业协会(Peer-to-Peer Finance Association,P2PFA)。为确保该行业继续高速、健康地发展,协会提出了一系列的平台运营原则,例如对高级管理人员、最低运营资本金要求、客户资金隔离、适当的信用和支付能力评估、适当的反洗钱和反欺诈措施、清晰的平台规则、安全可靠的 IT 系统和有序破产等都有明确的规定。

网络借贷行业发展初期,英国将其界定为消费信贷,具体划入债务管理类消费信贷业务,由公平贸易管理局和金融服务管理局共同监管。2014 年 4 月 1 日,英国正式施行由金融市场行为监管局(FCA)发布的《关于网络众筹和通过其他方式发行不易变现证券的监管规则》,此规则被认为是全球第一部针对网络借贷监管的法律法规。规则围绕金融消费者保护的监管目标,建立了平台最低审慎资本标准、客户资金保护规则、信息披露制度、信息报告制度、合同解除权(后悔权)、平台倒闭后借贷管理安排与争端解决机制七项基本监管规则。此后,对网络借贷的监管由公平交易办公室(OFT)转为金融市场行为监管局(FCA)。

从事网络借贷的公司必须要取得 FCA 授权。

美国对网络借贷行业的监管，主要有以下几个特点：

一是及早介入。经历了次贷危机后的美国金融监管部门在金融创新方面比较谨慎。2008 年 3 月，鉴于危机后社会公众对加强金融创新监管的呼声很高，而当时已经开始运营的 Prosper 坏账率较高等原因[①]，美国证券交易委员会（SEC）认定网络借贷平台为投资者提供的借款凭证为公开发行票据，属于证券性质，需要申请注册。之后美国的两大网络借贷平台都经历了痛苦的合法化登记过程，并花费不菲。

二是多头管理。从横向上来看，美国证券交易委员会（SEC）对网络借贷平台实行信息披露、反欺诈要求和其他责任监管，由消费者金融保护局保护借款人利益。从纵向上来看，由于美国的各州均有金融立法与监管的权力，因此联邦和各州的金融监管部门都可以监管网络借贷公司，相关的法律比较混乱，缺少统一的规范。即使在 SEC 注册过的网络借贷公司，在各州所享受的待遇也是不一样的。例如，迄今 Lending Club 目前仅可以在 44 个州开展业务。

三是基础性法律发挥规范作用。尽管美国没有针对网络借贷制定专门的法律，但是网络借贷平台要遵循众多基础性法律。证券监管方面有《1993 年证券法》、《1934 年证券交易法》，消费者信贷保护法案方面有《真实借贷法案》、《信贷机会平等法案》、《公平信用报告法案》，电子商务相关法律有《资金电子转账法案》、《电子签名法案》等。

四是监管的重点是信息披露。SEC 对网络借贷的监管，重点关注公司按要求披露信息，而不是检查或者监控公司的运作情况，或者审核发售的证券特征。平台要履行严格的信息披露义务，披露平台的运作模式、经营状况、潜在的风险因素、管理团队的构成和薪酬体系以及公司的财务状况。另外，网络借贷平台还要披露与贷款相关的具体条款，具体包括定期发布贷款发放以及其他跟投资者相关的信息。此外，美国还有一系列保护金融消费者权益的法律规定，P2P 平台有义务保证所披露信息的正确性，承担因所披露信息错误造成投资者资金损失的责任。

（二）中国网络借贷发展概况

1. 平台数量与交易规模剧增

---

① 2009 年之前，由于 Prosper 包含了 FICO 评分低至 520 分的借款人，并主要依赖评级机构评分来对贷款作出等级评定，并没有确认借款人的雇佣信息和收入信息等因素，贷款违约率一度很高。2009 年之后，Prosper 将借款人申请贷款的信用评分上调到 640 分，并自行研发出一套风险评分系统，坏账率大幅降低。

我国第一家网络借贷公司是 2007 年 6 月成立于上海的拍拍贷。2010 年之后行业扩张速度逐渐加快。根据网贷之家的统计数据显示，截至 2015 年 11 月底，P2P 网贷行业累计平台数量达到 3769 家，正常运营平台为 2612 家。2015 年 10 月，我国网贷历史累计成交量首次突破万亿元大关，显示网络借贷已经成为一个不可忽视的金融业态。2015 年 12 月，宜人贷正式在美国纽约证券交易所上市，成为我国首家在主板上市的 P2P 网贷平台，提升了网络借贷行业的整体形象。

表 1　　　　　　　　　　我国网络借贷发展统计

	2013	2014	2015.11
运营平台	800	1575	2612
累计成交（亿元）	1058	2528	8486
贷款余额（亿元）	268	1036	4005
投资人数（万人）	25	116	301
借款人数（万人）	15	63	72
问题平台	75	275	790

资料来源：网贷之家。

2. 经营模式多元化

由于信用体系不完善以及竞争激烈等原因，我国网络平台的经营模式与英美经典的网络借贷模式不同。

（1）线上线下结合的运作模式。一是资信评估。由于国内的征信体系不完善，很多网络借贷平台仍需借助线下的资信评估。这大大增加了经营成本，无法发挥网络借贷低成本的优势。二是开发借款人。在同业竞争激烈的情况下，优质资产方更难获得。很多公司通过自行设立门店，或者与小额贷款公司、融资租赁公司合作等形式来开发借款人。

（2）刚性兑付。由于新的网络借贷公司层出不穷，市场竞争加剧。部分公司的保证兑付行为逐渐成为行业的共同选择，例如由小贷公司或担保公司加入平台为借款人提供担保或资金兜底保障的方式开展业务。而这本身不符合借贷自身的规律，积累了风险。

（3）平台业务多元化。很多网络借贷公司在平台中嵌构进了私募基金、公募基金、股票、保险、资管产品等多种投资方式，向综合理财平台转型。

（4）网络借贷平台自融、设立资金池的行为比较多。一些网络借贷公司直接介入借贷行为，成为交易的一方，部分甚至成为了没有牌照的银行。

（5）信息披露不透明。由于没有相关规定，国内网络借贷平台的信息披露很不规范，很多重要信息缺失。

3. 监管相对滞后

2014年之前，我国对网络借贷基本采取了放任的态度。

2014年4月21日，中国银监会举行新闻发布会，发布《关于办理非法集资刑事案件适用法律若干问题的意见》，处置非法集资部际联席会议办公室主任刘张君介绍P2P非法集资情况，并表示网络借贷平台要明确四条红线：一是要明确这个平台的中介性质，二是要明确平台本身不得提供担保，三是不得归集资金搞资金池，四是不得非法吸收公众资金。但这一意见并不具备法律效力，事实上是各类平台的发展依旧乱象丛生。

2015年7月，人民银行等十部委发布《关于促进互联网金融健康发展的指导意见》，被认为是互联网金融发展的根本大法。其中，对网络借贷提出了监管的原则。一是明确了网络借贷平台上发生的直接借贷行为属于民间借贷范畴，受合同法、民法通则等法律法规以及最高人民法院相关司法解释规范。二是要求网络借贷要坚持平台功能，为投资方和融资方提供信息交互、撮合、资信评估等中介服务。不得提供增信服务，不得非法集资。三是网络借贷业务由银监会负责监管。

2015年12月底，银监会出台《网络借贷信息中介机构业务活动管理暂行办法（征求意见稿）》，并向社会公开征求意见。办法细化了之前《指导意见》中关于网络借贷的要求，明确了网络借贷信息中介的身份。

三、网络借贷已经暴露出的风险及分析

（一）国际网络借贷风险评价

1. 英国、美国行业风险未显著暴露。网络借贷发展10年来，英国、美国都出现了一些平台破产案例，造成了不好的影响。但未出现有市场影响力的公司倒闭事件。部分小型公司破产后，由同行或事先安排好的机构接受相关借贷合同，保证借贷双方的交易不受平台破产的影响。目前社会对网络借贷最大的担心是未来行业竞争者增多，或者资产证券化后网络借贷平台会为了扩张需要，降低借贷标准导致坏账率增加，影响投资人利益。

2. 瑞典TrustBuddy破产对行业发展产生负面影响。TrustBuddy曾是欧洲最耀眼的网络借贷公司之一。2009年在瑞典上线，以短期贷款为主，2011年在NASDAQ OMX First North（TBDY）交易所上市，成为世界第一家上市的网络借贷平台。2014年收购了荷兰和意大利的两家知名平台，进入了中小企业贷款与长期消费贷款领域，并拥有了跨国的独立运作的新平台。2015年9月，TrustBuddy更换了管理层。新任管理层调查发现，公司内部存在着包括挪用客户资金等严重不当行为。出借人名义上拥有的资金和客户银行账户中实际存在的资金之间出现了4400万瑞典克朗（3439万元人民币）的差异。同时，整个平台发放的3亿克朗

贷款余额中，约有3700万克朗并没有真实地匹配给任何出借人。另外，公司在操作中会把一些旧的坏账卖给新的投资人。调查表明，这类做法很可能从TrustBuddy平台刚开始运营就已存在。新任管理层通知了纳斯达克OMX、瑞典金融管理局（FSA）和瑞典警方。随后TrustBuddy公司被勒令停止提供服务，之后破产。TrustBuddy事件的发生在欧洲引起了对网络借贷行业的质疑。

（二）我国网络借贷风险评价

1. 我国网络借贷的行业风险相对较高。根据网贷之家的统计，截至2015年11月底，P2P网贷行业累计平台数量达到3769家，其中累计问题平台达到1157家。截至11月底，2015年问题平台涉及的投资人数约为15.7万人，涉及贷款余额为82.7亿元。行业近三分之一的企业出现问题，显示我国网络借贷风险已达相当高的程度。

2. e租宝等典型案例。e租宝全称为"金易融（北京）网络科技有限公司"，2014年7月上线。平台主打A2P的模式，即主要投资于融资租赁。推出的投资产品预期年化收益率在9.0% ~ 14.2%，期限分为3个月、6个月和12个月，赎回方式分T+2和T+10两种。

e租宝依靠号称的高回报以及大量的广告投入交易量急剧增加。网贷之家的数据显示，截至12月8日，e租宝总成交量745.68亿元，总投资人数90.95万人，待收总额703.97亿元，已居网络借贷行业前列。2015年12月16日，e租宝涉嫌犯罪，被立案侦查。从媒体公布的情况来看，其涉及发布虚假信息骗取投资人资金，类庞氏骗局。

尽管e租宝风险暴露后，一些业内人士指出其不是典型的网络借贷。但这也反映了在行业无规则发展阶段，部分公司打着网络借贷的旗号掩盖违规经营的本质，结果是破坏了行业声誉，影响了金融稳定。

（三）网络借贷已暴露的风险分析

1. 目前已暴露的网络借贷风险多为网络借贷平台操作风险导致

中外的风险案例均表明，如果可靠的监管缺位，在竞争的压力下，网络借贷机构就可能依靠设立虚假投资标的、自融、资金池业务等方式创造高收益产品诱惑投资者资金，实现业务规模快速扩张。这样可能在短期内促进企业或行业交易规模的快速增长，但埋下了长期的风险隐患。

2. 网络借贷公司突破信息中介身份后就等同于银行，而这隐藏着较大风险

从前面对网络借贷的创新性我们可以看出，网络借贷与传统银行借贷的区别在于其不是充当信用中介的身份，而只是信息中介。如果网络借贷公司通过设立资金池等方式参与到借贷活动中，成为借贷主体之一，则其具有了银行的一定功

能。一旦出现问题,其损失会有很强的外部性,具有相当的风险。第一,作为经营资金的行业,银行的经营包括利率定价、期限匹配等需要专业的知识与经验。一般的网络借贷公司很显然缺乏这方面的储备。第二,传统上,对银行的监管是十分严格的。无论在中国还是国外,都建立了较完备的市场准入、资本充足率、监督检查的制度,以此来防范银行业可能导致的风险,保障银行服务消费者的利益。对网络借贷的监管则远没有这样完备。第三,为了保护银行存款人的利益,许多国家建立了存款保险制度,我国也已实施。网络借贷没有这一道屏障,开展准银行业务自然不恰当。

3. 网络借贷平台经营失败后的债权处理问题复杂

从法律上来看,网络借贷的债权债务关系发生在借贷双方。在网络借贷平台经营失败后,债权债务关系仍存在,合同金额应作为贷款人的财产从网络借贷平台中分离出去。但如果事先没有处置方案,一般投资者不具备追讨欠款的能力,成本也过高。如果将所有经网络借贷平台发放出去的未到期贷款作为破产财产,统一追缴清算,贷款人按照一定的比例分配追缴财产。这种方式相对经济便捷,但必然会受到部分贷款人的反对,使整个风险处置工作处于被动局面。如果网络借贷平台经营不规范,发生了自融、挪用客户资金等情况,则贷款人的债权处置问题就更加复杂,权益保障更加困难。

4. 完全缺乏监管与自律的网络借贷行业发展很容易诱发风险

我国社会诚信制度与完善的法律体系尚未建立的基础上,又缺乏有效的金融监管与行业自律,网络借贷发展的路径基本遵循了明斯基提出的债务借贷周期的三个阶段。在行业发展初期,进入这一领域的企业较少,基本理性经营,是真正意义上的网络借贷中介。行业发展到一定阶段,市场竞争加剧,相应的监管和自律缺位的情况下,投机者开始出现,部分平台开始以承诺保本等方式保持竞争优势,但由此也埋下了风险的隐患。行业发展到泡沫阶段,部分平台不能履行诺言,只能依靠重复借贷、拆东墙补西墙这种类庞氏骗局的方式持续经营,这时行业风险开始显现。

四、对防范我国互联网金融创新风险的建议

从国内外实践发展来看,网络借贷满足了个人、中小企业的融资需求,发挥了传统金融有益补充的角色,应积极鼓励。但其发展中暴露出的问题和风险也不容忽视,应总结其中的经验教训并为未来整个互联网金融创新的发展提供借鉴。

(一) 加强监管

金融是现代经济的核心,金融市场是整个市场经济体系的动脉,金融体系的安全、高效、稳健运行对经济全局的稳定和发展至关重要。金融创新与其他领域

的创新不一样,具有风险大、易传递等特点。互联网金融创新更是交易瞬间完成、面对众多长尾客户,一旦产生风险,不良影响更大。因此,我国应积极加强对互联网金融的监管,主要原则包括:

1. 主动监管

在网络借贷的监管上,美国、英国、中国经历了完全不同的历程。次贷危机后美国监管机构重视对金融创新风险的防范,在网络借贷行业发展初期就主动介入,使网络借贷始终在相对可控的范围内发展。此外,20世纪30年代大萧条后逐渐建立起来的金融法律体系和社会信用制度等为网络借贷行业的发展提供了基础保障。

美国的情况与我们之前认为的发达国家金融管制较少,创新环境自由是不同的。可见,对于金融创新应支持,但支持不等于放任,放松金融管制不是绝对的放松,而是在相对可控的情况下放松。有效的监管虽然在短期内可能使创新放慢速度,但健康的行业、有序的市场保证了创新在中长期的发展。

在这方面,我国似乎更相信由"看不见的手——市场"来决定行业发展的方向。在网络借贷发展的前期,我国监管与行业自律均没有发挥作用。在监管层的监管规则和制度未落地,并无实质性监管的情况下,很多纯诈骗性质的平台公司顺利进入了市场,以不当宣传欺骗投资者,平台倒闭和老板跑路现象的频发,影响了投资者对行业的信任,对未来网贷行业的规范健康发展十分不利。破产的平台损害了金融消费者的权益,浪费了社会资源,在局部影响了金融稳定。在已经产生了相当风险、行业的信誉受到极大影响的情况下,监管政策的出台,行业的"纠错"成本极大。

我国应跟踪互联网金融创新的发展,研究其对金融业态的影响和可能导致的风险,尽早提出监管思路,及时制定相关监管意见。既要使我国互联网金融发展不落后于国际同业,也要保障不发生严重的风险事件,行业始终沿着健康的方向发展。

2. 权责对等

互联网金融创新并未改变其金融的本质,监管机构应区分创新性金融业务的性质,根据权利与责任对等的原则,实施监管。例如,对于网络借贷机构,如果其突破了信息中介的身份,采用了准银行的模式,就按照银行的方式监管。否则一是这类机构容易产生风险,二是对传统的银行造成竞争中的不公平。

3. 防止过度竞争

英国、美国网络借贷行业发展中,由于严格的监管或行业自律的要求,无形中抬高了市场准入门槛，既防止了行业迅速膨胀引致过度竞争①，也提高了已进入者的违规成本。这在一定程度上保证了领先者的专心经营与不断扩大。

我国网络借贷行业没有门槛，导致了一些没有任何金融或互联网经验的机构或资金都进入这一热门领域。但结果是群雄逐鹿并无胜者，我国网络借贷行业目前并无占绝对性优势的企业产生，由于过度竞争导致的行业乱象反而严重。

金融业本身不适合过度竞争，因为过度的竞争必然导致金融的短期化、投机化，由此导致的巨大的金融风险非一般行业可比。

因此，我国应逐渐提高互联网金融行业进入门槛，提高企业运营的效率，降低过度竞争导致的市场无序与资源浪费。通过设立专业性的与资金性的要求，保证相对"合格"的、有抗风险能力的企业进入这一领域。

4. 监管适应创新

分业监管模式是网络借贷前期监管真空的原因之一。网络借贷在我国归口银监会监管，在美国归口证券交易委员会监管。如果从其中介借贷双方的特点来看，与银行的中介行为有些类似。但从其仅提供信息中介来看，又有点类似债券的承销方。这在一定程度上说明了网络借贷本身属性界定的复杂性。网络借贷这类新兴业务和机构在诞生后，究竟该由谁监管，在明确前各家监管机构都不愿意主动承担监管责任。

互联网金融用创新性的方式来打破各种行业和资源间的界限，已经呈现一定的综合经营特征。以网络借贷为代表的互联网金融创新今后有可能进一步打乱金融行业的各种限制，网络平台将走向综合化，证券、基金、保险、信贷等业务都可能出现在一个平台上。我国当前的分业监管模式是无法解决对其监管的问题的。

在监管与创新的关系中，应该是监管机制跟随市场创新而改变，而不是僵化的监管，否则就会不适应市场发展，甚至阻碍市场发展。目前突出的是要改变我国的分业监管体制，适应未来混业创新的市场。

我国应适应未来金融发展的趋势，尽快改革现有监管体制，构建符合现代金融特点、统筹协调监管、有力有效的现代金融监管框架。

(二) 完善金融生态环境的建设

1. 推动社会信用体系建设

我国网络借贷平台频繁突破信息中介的定位，进行担保、自融等，很大程度上是由于我国尚无健全的社会信用体系，单凭网络借贷平台对借款人的信用评

---

① 美国证券交易委员会 2008 年要求 PROSPER 等提交证券交易注册的要求，使当时正拟进入美国的 ZOPA 放弃了这一努力。

级，贷款人很难相信。为了吸引更多的贷款人，网络借贷平台不得不采取多种方式对借款人增信。而在增信的过程中，如果平台自身专业水准、资金实力不足就可能衍生出许多问题。

互联网金融是依托网络开展的金融业务，其特点就是业务由线下转移到线上，传统商业银行的线下资信调查耗费时间长，成本高。金融交易大量依靠信用评定，如果无法实现线上的快速、准确信用评定，必将成为互联网金融发展的掣肘。因此应尽快推动社会信用体系建设。

在完善社会信用体系建设的过程中，应改变固有思维，利用互联网征信等，构建大征信格局，目的是建成覆盖面广、成本低、可共享的信用数据库，便利交易，提高全社会的交易效率，降低交易成本。

2. 完善基础性法律

金融创新，是对金融交易方式等的改变，但金融的基本规则仍应遵守。建立基础性法律体系，就可以在金融创新时发挥必要的屏障作用。例如，建立完善金融消费者保护的基本法律，界定金融消费者的范围，界定消费者的安全权、知情权、选择权、隐私权等基本权利。建立合格投资者制度，要求金融机构进行投资者风险承受能力测评。完善金融机构破产法律制度，在相关机构经营失败后，仍能够最大限度地保护投资人和消费者的权益。

（三）网络借贷行业自身的升级提高

1. 鼓励行业自律组织发挥作用

英国网络借贷行业的发展中，严格的行业自律发挥了监管的作用。英国的行业协会历史悠久，已发展为权威性社会中介组织，在沟通政府、企业、公众关系以及促进行业发展中发挥着重要作用。在网络借贷发展初期，行业协会的成立对推动制定行业操作规范、提高行业声誉、促进行业健康发展发挥了重要作用。

在市场变化迅速，行业自律组织对行业的影响比监管机构更加及时和有效。应改变官办、企业参加的行业协会的模式，在组建行业自律组织时，尽量发挥行业中大企业的作用。鼓励行业协会制定相关行业发展规则，在行业风险暴露时开展行业互助。

2. 鼓励特色机构发展

"互联网+"的趋势席卷各个行业，"互联网+"的金融业也可以服务于各个领域。应鼓励网络借贷平台等互联网金融机构结合我国当前国情，在某一领域深入拓展，形成自身核心优势。例如，在我国信用体系不完善的情况下采用汽车抵押形式开展的汽车消费贷款，借鉴美国的模式进入医疗费用借贷领域等。

参考文献

[1] 姚余栋:《十三五期间互联网金融的十大趋势》。

[2] 欧阳日辉、王立勇、王天梅:《互联网金融监管:自律、包容与创新》,北京,经济科学出版社,2015。

[3] 吴晓求:《互联网金融——逻辑与结构》,北京,中国人民大学出版社,2015。

[4] 何德旭、郑联盛:《从次贷危机看金融创新与金融安全》,载《国外社会科学》,2008(6)。

[5] 网贷之家,www.wdzj.com。

[6] Robert Wardrop, Bryan Zhang, Raghavendra Rau and Mia Gray Moving Mainstream The European Alternative Finance Benchmarking Report February 2015.

[7] Rupert Taylor, Co – Founder AltFi Data, The Hard Numbers on Marketplace Lending in the US and UK.

涉税洗钱犯罪类型分析与反洗钱对策

中国人民银行上海总部反洗钱监测分析中心课题组

课题组组长：文善恩

课题组成员：童文俊　方　明　曹　群　陈菲菲
　　　　　　石　龙　郑晶晶

摘　要

税收犯罪与洗钱高度关联，已引起了国际社会的共同关注。税收体系是犯罪分子用于洗钱的渠道之一；税收犯罪是洗钱行为的重要原因；部分税收犯罪与洗钱活动同生共存，不可分割；偷逃税与洗钱犯罪在方法和技巧上具有关联性。反洗钱工作在打击税收犯罪方面具有独特作用。

税收犯罪洗钱的主要手法有：利用国家税收优惠及虚开发票逃税和洗钱；利用国际贸易行为洗钱；骗取出口退税与洗钱；利用离岸公司逃税和洗钱；利用资金公转私洗钱。根据案例分析，涉税洗钱类型主要有经营掩盖型和资金掩盖型，区别在于犯罪行为是否有实业承载。涉税洗钱过程在犯罪主体、行业、资金交易和区域方面具有不同特点，制度环境和利益驱动是涉税洗钱案件高发的主因。

涉税洗钱存在如下监管难点：法律制度层面约束效力低；跨行业监管的专业壁垒高；跨区域侦查协作的时间和沟通成本高；资金链条长、涉及账户多导致追查难度大。为打击涉税洗钱犯罪，建议修订现有法律体系，为反洗钱在打击涉税洗钱中的应用提供政策支持；加强反洗钱主管部门、税收部门、公安部门及金融机构的反洗钱合作；加强国家反洗钱数据库建设，构建高度电子化的反洗钱体系；修订完善现金管理制度，重点关注高风险业务和大额现金流动风险；加强国际合作，防范遏制国际逃骗税行为和洗钱活动。

税收是宏观经济调控的重要杠杆，国家财政收入的主要来源，是国家机器运行的经济保障，是贯彻社会政策的重要工具。依法纳税是公民的法定义务，但在经济利益的驱动下，许多不法分子铤而走险，采取逃税、骗税等手段不缴或少缴应纳税款，造成大量税款流失。税收犯罪与洗钱行为紧密相连。2012年2月，国际反洗钱权威组织——反洗钱金融行动特别工作组（FATF）发布了指导反钱工作的新40项建议,其中建议三就建议各国将关注的领域扩展到税收欺诈、国际贸易等非传统领域。

涉税洗钱是指将税收犯罪所得进行掩饰、隐瞒并使其表面合法化的过程。人民银行反洗钱局课题组2010年采集的409例洗钱案例中,有30.8%的洗钱案例涉及《刑法》规定之外的七类上游犯罪类型,其中税收犯罪占4.6%。研究还发现,此类违法犯罪活动有从东南沿海和华中等享受税收优惠政策的东部地区向西部税收征管相对薄弱的地区转移的趋势。因此,开展税收犯罪洗钱类型研究,对及时有效防范税收领域洗钱风险有重大意义。

一、税收犯罪的特点

税收犯罪即危害税收征管犯罪,是指行为人故意违反国家税收的法律法规,侵害国家税收管理制度,依照刑法应受刑罚处罚的行为。根据我国刑法,税收犯罪具体指刑法分则第三章第六节危害税收征管罪所列罪名。根据税收犯罪的直接侵害对象,可以将税收犯罪分为两类,一类是直接涉及税款的犯罪,包括逃税犯罪、骗取出口退税犯罪、逃避追缴欠税犯罪及抗税犯罪;另一类是以发票为直接侵害对象的犯罪,包括虚开、非法制造、非法出售、非法购买、出售非法制造的专用发票(包括增值税专用发票和其他用于骗取出口退税、抵扣税款的发票)和普通发票犯罪。税收犯罪具有如下特点:

(一)税收犯罪行为普遍,但隐蔽性强,发案数量偏少。税收犯罪行为大量存在于社会经济生活中,公安机关查处的税收犯罪案件在绝对数量上却明显偏少,在经济犯罪案件总量中所占比例也明显偏低,且呈逐年下降的趋势。

(二)税收犯罪案件的犯罪主体成分复杂,反侦查能力较强。税收犯罪的主体既包括自然人、个体户、私营企业主、法人,也包括国有企事业单位、社会团体、非法人经济组织等各种经济主体,且多数案件属于结伙作案。犯罪人要么本身掌握较强的税收、会计、企业经营和成本核算等专业知识,要么雇用专业人员,具有较强偷税、逃税技巧和反侦查能力。

(三)税收犯罪日趋智能化、有组织化。我国加入世贸组织后,市场进一步开放,国内外企业利用互联网技术取代传统经营方式,大力推进电子商务、网上经营等多种多样的经营方式。不少犯罪分子利用电子商务的密码技术隐瞒涉税信息,进行逃骗税。跨境贸易者则利用不同国家和地区税收政策的差别和漏洞实施犯罪。骗取出口退税犯罪,要涉及税收、海关、银行、贸易对手等多方主体,这类犯罪多为团伙作案,有组织犯罪特征突出。

(四)税收犯罪是多种犯罪行为集合发生的行为。税收犯罪通常不是孤立存在的行为,为达到逃税目的,犯罪分子会采取购买、使用、制售真、假发票,或拉拢、收买税收管理人员,或出具不实证明文件,或成立空壳公司进行账面交易等行为，多种罪行集合产生。

二、税收犯罪与洗钱行为存在高度关联

（一）税收犯罪是洗钱行为的重要原因。税收犯罪属经济犯罪，往往涉案金额大，犯罪收益多，这类违法犯罪行为所得的收益同其他犯罪收益一样，需要经过改头换面，以获得合法的外衣。据统计，2008年以来，中国人民银行协助侦查机关破获的涉嫌洗钱案件中，以逃税、虚开增值税专用发票骗税为代表的各种税收犯罪占所有案件数的9％，成为继地下钱庄和非法买卖外汇之后第三大引发洗钱行为的犯罪类型。我国税收犯罪案件之多，与洗钱关系之密切由此可见一斑。

（二）税收体系是犯罪分子用于洗钱的渠道之一。税收体系也可以被不法分子利用来从事洗钱行为，例如，将非法所得混入正常营业所得中向税收管理部门报税，把非法所得变成合法收入；也有利用退税进行洗钱，如故意向税收管理部门多交税款，再从税收管理部门获得退款，通过这种方式成功将赃款洗白。

（三）部分税收犯罪与洗钱活动同生共存，不可分割。由于税收行为的特殊性，许多犯罪分子在进行税收犯罪的同时也完成了非法收益的清洗，这类行为中税收犯罪行为和洗钱行为成为一个密不可分的整体。例如，国际贸易洗钱是借助对外贸易活动来实施洗钱的行为，通过贸易与资金互为依托、互相掩护，衍生出更为复杂隐蔽的贸易走私手段和跨境洗钱手段。

（四）偷逃税与洗钱犯罪方法和技巧的关联性。在经济全球化和金融服务国际化的情况下，越来越多的洗钱活动采取跨国洗钱的方式，洗钱的过程越来越复杂，方式和技巧频繁翻新，这些手段与犯罪分子经常采用的偷逃税方式如出一辙。

第一，均会利用保密天堂（也称税收天堂）。作为保密天堂的国家和地区具有严格的银行保密法、极其宽松的金融规则、自由的公司法和严格的公司保密法，多数未加入国际刑事司法与行政互助协定。而税收天堂一般没有所得税、资本利得税、财产税、赠与税、遗产税；实行低税负和来源地管辖权；对外资提供某些税收优惠。许多税收天堂就是保密天堂。跨国纳税人为隐匿投资收益，逃避居民国的税收管辖权，往往利用税收天堂的严格的银行保密规则、宽松的金融规则等优势，将收入转入当地的某家银行的秘密账户，使财产逃避居民国的纳税申报和税务检查，从而达到逃税的目的，如瑞士银行成为很多犯罪收益的洗钱场所，也成为逃税的避难地。保密天堂很大程度上也就是离岸金融中心，洗钱者利用离岸金融中心可以在税收优惠的条件下，设立没有外汇管制的国际集团分公司，并且可以在保密和"最佳"税收条件下经营资本市场和外汇市场。

第二，均会利用离岸公司。基地公司是指那些在保密天堂设立而实际受外国

股东控制的公司。表现形式多样，如信箱公司、空壳公司、信托公司等。离岸公司的全部或主要的经营活动是在保密天堂以外进行的，以空壳公司的名义进行黑钱的转移，既掩饰了犯罪收益又屏蔽了犯罪者，给刑事调查设置了极大障碍。同时，纳税人将在税收天堂以外的资产虚构为离岸公司的信托财产，将实际经营这些信托财产的所得，挂在离岸信托公司名下，并逐步转移到避税港，取得免税或减税的好处。日后因信托人逝世而将财产转归受益人，还可以避免全部或大部分遗产税的义务。此外，纳税人所逃税款通常也需要通过一定的洗钱渠道，使之合法化，主要表现为与境外签订购货合同汇钱出去，同时在境内外互相配合制作假单证；通过"地下银行"等非法金融机构将非法资金汇出汇进；分散投资，化整为零，再与合法收益混合，然后汇集起来。

三、反洗钱工作在打击税收犯罪方面具有独特优势

由于税收犯罪与洗钱行为具有密切联系，因此反洗钱工作体制对打击税收犯罪具有独特的作用。金融机构通过履行反洗钱义务，可以及时发现洗钱活动，从而追查出相应的上游犯罪，予以打击。中国反洗钱监测分析中心拥有一套完整的大额可疑交易数据接收和分析系统，可以对银行等金融机构开立的账户和大额现金交易进行监测和分析，也能发现大量可疑线索，这些机构及其反洗钱工作对弥补我国税收管理部门监管资源有限，手段不足等缺陷，及时、有效打击税收犯罪，有重大的作用和意义。

（一）反洗钱机制搭建的金融数据库，成为发现和追踪税收犯罪线索的重要渠道。在经济领域，金融机构成为社会资金运动的中枢，社会成员资金交易绝大部分是通过金融机构提供的支付或其他中介服务完成的，因此金融机构拥有庞大的社会资金交易数据库。犯罪分子掩盖犯罪事实，隐藏犯罪证据，也大都经过金融体系来藏匿和转移非法收益。尽管洗钱行为越来越隐蔽，但"黑钱"只要在银行或其他金融机构间流转就会留下记录。2004年，中国反洗钱监测分析中心成立，成为人民银行履行反洗钱职责而设立的专门分析情报的机构，负责接收分析金融机构上报的大额和可疑交易。经过几年发展，反洗钱数据采集网络初具规模，其接收的大额与可疑交易覆盖了所有金融机构，从分析资金异常流动入手，大大拓宽了发现和追踪税收及其他犯罪线索的渠道。

（二）金融机构拥有较为专业的反洗钱队伍，成为发现税收犯罪线索的前沿力量。金融机构柜员是直接为客户办理金融业务的一线人员，对客户异常交易、异常行为最为了解，通过关注与分析客户的交易活动，发现犯罪线索。例如，2007年的上海竹川公司骗税案中，招商银行临柜人员在整理客户企业回单时，发现该企业4~5月向法定代表人转款687笔，共计3375元，用途均为差旅费。经调阅其开户资料，其注册资金只有50万元，于是作为重点可疑交

易进行了报告。该案成为全国首例利用国家对软件行业税收优惠政策的骗税案件。

在2006年广东佛山"4·17"偷税、骗税洗钱案中，犯罪分子黎某及其妻子名下资金交易总额达11.08亿元，远超其经营实体的交易总额，黎某不通过单位账户结算，货款均由私人账户结算，以达到偷逃税款的目的。

在反洗钱工作中，诸如此类的异常交易十分频繁，经统计山西某地方性银行2013年第一季度单位资金向个人账户转账资金达108亿元，其目的可能是资金拆借，可能是违规放贷获取高额利润，也可能是为新单位虚假验资提供资金，但是涉嫌偷逃税款占有较大比重。2012年7月，该地方性银行柜员发现客户李某频繁代理个体工商户账户的开立与撤销，两个工作日共撤销14个账户，行为可疑，并后台核实该客户共开立19个账户，账户的资金交易均是李某办理，随即作为重点可疑交易进行上报。经查，该客户涉嫌偷漏税款。

事实证明，金融机构通过履行反洗钱义务，可以及时发现税收洗钱活动，从而为追查出相应的上游犯罪提供线索。同时，中国反洗钱监测分析中心拥有专业分析人员，借助于专门的分析系统，对上报的大额与可疑交易进行收集、整理、分析也会发现有价值的线索。因此，金融领域反洗钱工作对弥补我国税收管理部门监管资源有限，手段不足，对有效打击税收犯罪具有重大的作用和意义。

四、税收犯罪洗钱的主要手法

传统税收犯罪洗钱的手法与其他犯罪洗钱的手法基本相同，如利用银行、证券、保险等金融机构洗钱；利用现金搬运和替代性汇款洗钱；利用博彩业洗钱；利用房地产洗钱等，除此之外，还有利用国际贸易洗钱等新型洗钱手法。一般情况下洗钱都是采取多种手法混合使用，使资金的真正来源更为模糊、更难以追踪。

（一）利用国家税收优惠及虚开发票逃税和洗钱。利用政策优惠和虚开发票都是常见的逃税手段。如汤某组织虚开增值税专用发票一案，在没有真实的交易背景情况下，汤某指使他人以洞北福利厂的名义先后7次为浙江科宇金属材料有限公司虚开增值税专用发票3700多万元，被浙江科宇公司用于抵扣税款约537万元，洞北福利厂从中非法获利约166万元。怡和公司伪造虚假收购清单和销售凭证，为洞北福利厂虚开可抵扣税款废旧物资销售专用发票4260余万元。

本案表现出以下犯罪手法和特点：一是利用了行业的免税或减税优惠政策，怡和公司是废旧收购企业，免征增值税，洞北福利厂则是福利企业，享受增值税先征后退的优惠政策；二是利用空壳公司从事犯罪行为，怡和公司自成立起就为汤某用于违法犯罪行为，并无实际经营活动；三是采取了伪造单证和虚开发票的行为，即伪造收购清单和销售凭证等证明文件，虚开增值税发票和其他可抵扣税款的发票；四是在节假日期间大量利用网上银行进行资金转账，怡和公司账户资金转出业务大多数集中在"五一"长假期间，五天内共转账1200多万元，占所有资金的1/3；所转资金除45万元外，其他3500多万元都是通过网银转账；五是将公司账户的资金转入个人账户，再迅速提现。

（二）利用国际贸易行为洗钱。国际贸易洗钱的实质是通过虚构交易事实来实现对所转移财产的合法占有，是非法洗钱与表面上正常、合法贸易的有机结合。比如一些外贸企业为逃税，通过低报出口，再将剩余货款以外汇现钞的形式携带入境；有的企业直接收取境外购货商的外汇现钞货款，通过黑市将外汇兑换成人民币后，在国内市场买卖商品出口；还有的纳税主体利用进口不付汇、出口不收汇、出口收汇差额核销等办法，逃避关税，再通过各种洗钱手段将资金转移至收款方。上述行为的实质，就是通过逃避海关监管以及贸易外汇收支管理，达到逃避税款的目的。

在2001年破获的上海某机械有限公司走私进口合金钢材案中，28批从香港进口的合金钢材，实际成交价为2637余万港元，但只向海关申报人民币1195万元。对近1500万元人民币的差额，香港的出口方指示该机械公司将其中一部分作为投资，划拨给其在境内的子公司，另一部分则调拨到境内其他子公司用于偿付债务。从以上案例可以看出，利用国际贸易进行洗钱没有固定的模式，在进行贸易的同时也是洗钱的过程，在这过程中，由于洗钱、逃税等违法犯罪行为与表面上合法的贸易行为混为一体，因此相对于传统洗钱行为，利用国际贸易洗钱的行为更难以被发现。

（三）骗取出口退税与洗钱。骗取出口退税是一种常见的税收犯罪行为，从近年来发生的骗税案件来看，犯罪分子的骗税手段主要有：采取虚开增值税专用发票的方式骗取退税；虚报交易价格、数量和金额，再由境内境外勾结伪造相关单证骗取退税；对退关退货的产品不如实申报，骗取出口退税等。我国骗税案件洗钱手法主要有以下几种：一是将骗取的退税款以现金方式通过黑市购买外汇，通过个人账户或其他方式转移到境外，再以出口收汇的名义汇回，以骗取出口退税，开始新一轮的跨境洗钱循环；二是直接通过"地下钱庄"等非法组织将非法资金汇出或汇入；三是分散投资，化整为零，再与合法收益混合，完成资金清洗。

（四）利用离岸公司逃税和洗钱。利用离岸公司进行逃避税及洗钱犯罪的行为主要有：一是以离岸公司的名义在国内进行投资可以获得税收优惠，从而降低企业的税收负担；二是通过在离岸金融中心注册一家或多家"壳"公司，将国内资产注入海外"壳"公司，或通过企业间的关联交易或转移定价交易，将企业利润转入离岸公司，达到逃税目的；三是利用离岸公司恶意侵占公司利益或股东权益，损害公司及中小股东的利益，逃避税收。一般来说，经营者均希望减少税收支出，最大限度地获取利益，将利润放在经济稳定、很少金融控制、具有银行保密的传统、货币可自由兑换、银行服务发展健全的国家和地区能很好地达到这一目的，20世纪90年代中期以来，中国内地大量出现的"返程投资"就是出于这种需要而产生的现象。据国家税务总局统计估算，由外资企业和私营企业出于避税目的将收入转移到境外导致的税收损失每年不下1000亿元人民币，约占全国每年"洗"到国外的黑钱的50%，可见洗钱为企业逃税提供了资金外逃的地下通道，造成国家税收损失巨大。

（五）利用资金公转私洗钱。将单位账户上的资金转入私人账户，是最简单和常见的逃税手段，如前述汤某案例，就是将大量的资金从公司账户转入个人账户，再提取现金，既逃避了税收，又完成了洗钱。也有的企业直接用个人账户收取货款，隐瞒企业的真实收入，达到逃税的目的。从反洗钱的角度而言，我国目前的账户管理办法存在漏洞，加上取消了对公转个人账户5万元以上需注明理由的限制，客观上造成对对公账户向个人账户转账行为的监管缺失，为逃税和洗钱提供了方便。

五、涉税洗钱案件的主要类型

（一）涉税洗钱涉及的罪名。从人民银行协助破获、侦查机关和司法机关提供的历史资料等途径获取的案例中发现，目前涉税洗钱的罪名主要包括偷逃税款、虚开增值税专用发票、虚开抵扣税款发票骗税等犯罪，主要占比情况如图1所示。

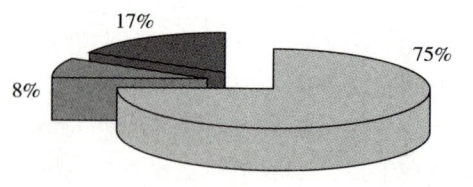

图1 2006~2014年税务犯罪的主要构成

（二）主要类型。根据案例分析，涉税洗钱类型主要有经营掩盖型和资金掩盖型，区别在于犯罪行为是否有实业承载。

1. 经营掩盖型。不法企业有稳定的实业销售，并与工商登记和营业执照上的内容相一致，在开展真实业务销售和采购的同时从事违法违规行为，主要有以下两种方式：

一是犯罪分子控制某企业，在销售经营中与客户商定销售价格和数量后，由企业业务员开出送货单和收据，客户持单提货或由企业直接发货，货款则转入犯罪分子指定的个人账户中，犯罪分子通过将私人账户代替企业账户收取货款，逃避税收监管，同时销毁送货单和收据等销售凭证，隐瞒实际销售收入，达到偷逃国家税款的目的，典型案例如广东佛山"4·17"偷税案，如图2所示。

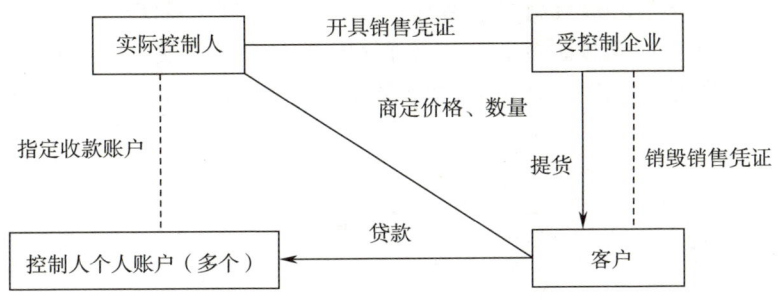

图2 经营掩盖型偷税手法示意图

二是犯罪分子在销售业务的掩盖下从事虚开增值税专用发票的业务，真实业务与代开业务同时进行，具体表现为犯罪分子利用国家对特定行业的税收优惠政策，通过成立特定优惠行业的经营企业，以取得生产企业增值税一般纳税人资格，通常由一个实际控制人操控1家到2家关联性经营企业，在与需要增值税专用发票的销售企业取得联系后，商定虚开额4%~17%不等的开票费，代开企业以销售商品名义通过伪造收购清单、虚开收购发票、虚开销售专用发票等手段为需求企业虚开增票，虚开企业将货款全额转给代开企业，代开企业从中获取开票费用非法收入，并利用关联企业之间的虚假业务掩盖、隐瞒非法收入的来源和性质，同时将货款转入实际控制人的个人账户，资金汇集后转入其他个人账户，典型案例如上海某公司新型犯罪手法骗税案和湖南多家废旧回收和金属加工企业涉税洗钱案（见图3）。

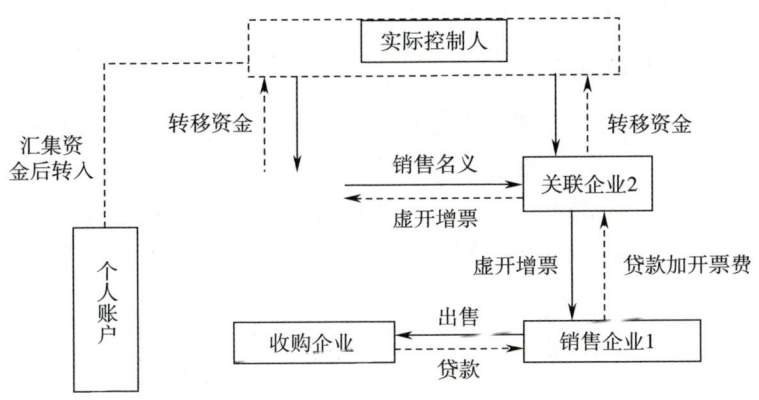

图3 经营掩盖型虚开增票手法示意图

2. 资金掩盖型。代开企业与虚开企业之间没有真实的商品交易往来，而只是以资金的划转掩盖虚开代开行为。代开企业为虚开企业开具虚构业务的增值专用发票,虚开企业收到票据后将款项转入代开企业账户,代开企业收到款项后,将扣除开票费后的款项分散转入个人结算账户,通过取现或网上转账等方式划转到虚开企业指定的过渡企业账户或个人账户,再由过渡账户将资金转给虚开企业,典型案例如湖北废旧物资回收行业涉税洗钱案和新疆博州某地增值税专用发票案(见图4)。

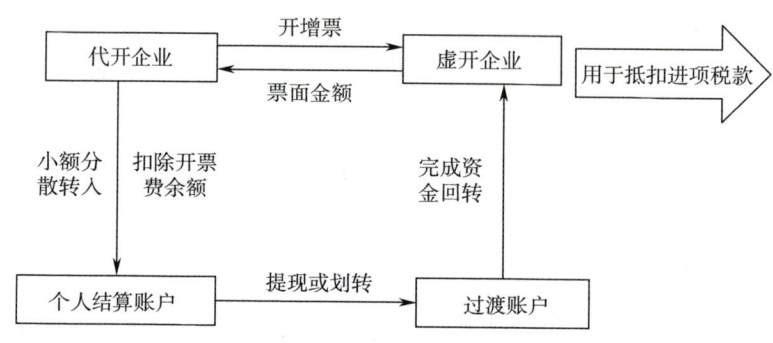

图4 资金掩盖型示意图

六、涉税洗钱案件的主要特征

涉税洗钱主要通过建立空壳公司、虚构交易等方式偷逃国家税款,用虚假业务掩盖非法所得,使非法所得与合法收入相混合,隐蔽性强,识别难度大。已破获的税收洗钱案例中线索最初来源主要以金融机构报告重点可疑交易为主,其次通过人民银行开展的执法检查和非现场监管分析获取。通过分析已掌握的案例,涉税洗钱过程主要呈现以下特点:

(一)犯罪主体特征

税收洗钱犯罪主体单位数量在2~5个,单位性质以公司企业为主,公司注册总额主要在百万元以下,犯罪主体个人数量在2~10个,组织化程度较高,主要以雇佣关系为主,此外案例中显示由于税收洗钱犯罪需要对相关产业的税收政策和业务操作有专业性的知识,可能存在税收从业人员协助从事违法违规行为的情形。

(二)行业特征

税收洗钱犯罪通常会利用国家对特定行业的优惠政策从中牟取非法利益,并借助合法行业掩饰、隐瞒非法收益的来源,具有行业的特定指向,主要集中在进出口贸易、废旧物资回收、资源再生及软件生产等行业。

（三）资金交易特征

1. 利用网银、电汇等渠道转移资金。不法分子为实现资金转移的隐蔽性，会刻意将资金链延长，增加资金流经过的账户数，包括企业账户和个人账户，而实现这一资金周转过程的渠道除现金提取外，还利用网上银行、电汇等洗钱高风险业务，其中企业结算账户向个人结算账户转移采用网上银行等途径以劳务费形式划转，个人结算账户的大量资金通过现金提取的方式转移。

2. 短期内资金交易流向呈现集中转入、分散转出趋势。不法企业在收到多个异地公司转账资金后，将资金转入其下属分公司，再从下属分公司账户转到多个个人账户，企业账户之间资金收付后，未作停留便转入个人银行结算账户，企业与个人账户之间资金划转往来频繁，收付周期多为1个至3个工作日。个人结算主账户呈现有大量的资金沉淀，与主账户相辅的过渡账户资金交易异常频繁，平均每天交易频率高，交易量大，收付资金基本持平，账户剩余余额少。

3. 资金交易量与企业注册资本和经营规模明显不符。企业引起关注的可疑期内资金交易频繁且交易规模较大，但通过对企业实际生产能力的调查，自营生产能力往往无法与账户资金交易规模相匹配，公司实际经营场所也间接反映出无法承载大规模的资金交易，而且公司注册资金额度较低，与其资金收付流量比例明显不对称。

（四）区域特征

案例显示，洗钱犯罪发案地区主要在广东、浙江、湖南、上海等东南沿海和华中享受税收优惠政策的地区，犯罪影响区域涉及福建、河南、河北、江西、山西、辽宁、新疆、香港甚至境外等地区，不法分子具有跨地区协同犯案的特点。此外，随着东部地区对税收管理逐渐规范化和严格化，加之内陆地区招商引资发展经济的内在需求，税收洗钱犯罪有向经济欠发达、管理相对宽松地区转移的趋势。综合上述涉税洗钱的主要特征，总结其主要识别要素如表1所示。

表1　　　　　　　　　　涉税犯罪洗钱的识别点

洗钱类型	识别要素
涉税犯罪洗钱	行业：主要集中在进出口贸易、废旧物资回收、资源再生软件生产等享受国家优惠政策的行业
	区域：发案地区主要在广东、浙江、湖南、上海等东南沿海和华中地区，影响区域涉及福建、河南、河北、江西、山西、辽宁、新疆、香港甚至境外地区
	犯罪主体：单位数量在2~5个，以公司企业为主，公司注册总额主要在百万元以下，个人数量在2~10个，组织化程度较高，主要以雇佣关系为主
	交易方式：利用提现、网银、电汇等洗钱高风险业务转移资金
	交易流向：短期内呈现集中转入、分散转出趋势，企业与个人账户之间资金划转往来频繁，收付周期多为一个至三个工作日
	交易规模：资金交易量与企业注册资本和经营规模明显不符

七、涉税洗钱案件高发的成因分析

（一）制度环境

一是未将税收犯罪列入洗钱罪上游犯罪。目前，国际社会普遍将税收犯罪纳入洗钱罪的上游犯罪，而我国目前的七类洗钱上游犯罪并不包括税收犯罪，不利于深入有力地打击涉税洗钱活动。

二是税收优惠政策的制度环境易被不法分子利用从事涉税洗钱活动。为促进进出口贸易、废旧物资加工回收和软件开发等特定行业的发展，国家制定相应的优惠政策以鼓励市场主体的积极参与，不法分子正是利用这些税收优惠政策偷逃国家税款，牟取不法利益。

三是税收发票政策的漏洞为不法分子留下可乘之机。由于我国发票政策没有对销售行为必须提供发票做强制性规定，在涉税洗钱中代开企业本身就有大量的贸易业务，购买方不索要发票时代开企业便可将销售不入账，减少销项税的缴纳额度，从而为虚开增值税专用发票提供可能。

四是单位账户向个人账户转账条件的逐渐放宽使得涉案企业的资金运作更加具有延伸性和隐蔽性。单位账户向个人账户转账限制的放宽，使涉案企业的资金能够及时、迅速地向多个个人账户转移，既分散了监管视线，又保证了资金回流的畅通。

（二）利益驱动

税收洗钱犯罪所利用的行业资金交易额比较大，较高的偷逃税额诱使不法分子铤而走险从事非法活动。在虚开增值税发票的违法行为中，虚开企业不仅获取了可抵扣进项税额的非法利益，代开企业也可挣取代开手续费，获取增值税发票的增版增量，实现双方各自利益需求的满足。

八、涉税洗钱的监管难点

（一）法律制度约束效力低。我国目前没有将税收犯罪列为洗钱上游犯罪，导致在涉税洗钱活动中，为洗钱过程提供资金周转账户等掩饰、隐瞒犯罪所得及其收益的来源和性质的行为无法在法律上以洗钱罪行定罪，削弱了对偷漏税行为和洗钱犯罪的打击力度。

（二）跨行业监管专业壁垒高。由于税收犯罪过程涉及进出口贸易、废旧物资回收、资源再生等行业的偷漏税行为，洗钱过程则会利用银行、证券、保险、特定非金融机构等途径进行操作，整个过程的监控既需要熟知国家税收优惠政策和税收操作等方面专业知识，同时也要求掌握不同洗钱犯罪手法的监测识别点，才能敏锐地发现可疑线索，及时进行监控分析，因此如何充分发挥各自监控资源优势，互通信息有无，成为有效预防和监控涉税洗钱面临的基础问题。

（三）跨区域侦查协作办案成本高。涉税洗钱的案发地区虽然主要分布在广东、浙江、上海、深圳、新疆等享受国家税收优惠政策的地区，但是犯罪影响地区广泛分布在周边各省市中，涉及跨区域的人员流动、商品交易、资金周转，需要跨省区人民银行、公安、税收等部门的协作，使案件从线索发现到调查取证，经历周期长、沟通协调成本高。

（四）资金链条长、涉及账户多导致追查难度大。涉税洗钱过程资金链条的再现面临着有效衔接和锁定实际控制人的困难：一方面不法分子在将非法资金分散划转至多个个人账户后，会以现金支取的形式转出，从而逃脱了金融监管范围，切断了资金链条，资金以其他形式再进入金融系统则无法与前期追查的资金衔接上；另一方面资金周转涉及多个企业账户和个人账户，企业账户有真实发生交易的账户和关联企业过渡账户的区分，个人账户有不法分子所有的主账户和受控制的副账户之分，企业账户与个人账户之间资金划转频繁，如何准确区分各账户的实际控制人和资金来源的真实目的成为锁定资金链条节点的关键。

九、国内外涉税洗钱监管概况

美、英等国作为发达国家，拥有世界上最活跃的金融市场，洗钱问题也是由来已久，与此同时，反洗钱监管也较为成熟，成为许多国家反洗钱工作借鉴的典范。

美国既是全球最大的洗钱中心，又是世界上最早对洗钱活动进行监管的国家之一。在涉税洗钱监管方面，财政部下属国税局的刑事调查部承担该领域监管职责，负责管辖范围涉及洗钱行为和洗钱犯罪案件的调查、侦查、起诉与执行。

英国的税务总局在财政部的全面指导下负责英国的海关和税收事务。在反洗钱方面，税务总局承担了相关的执法与监管职能，负责调查并起诉贩毒、税务犯罪及相关洗钱案件，并依照反洗钱条例，审查、许可和监管货币服务业和珠宝业。

中国邻国韩国，随着经济的快速发展，反洗钱工作也取得了较快发展。在涉税洗钱监管方面，韩国金融情报分析院内设机构税收信息与系统管理部，负责分析有关逃税交易信息，按照国税厅作出的信息要求来分析信息，建立并运行信息系统。以 2007 年为例，韩国金融情报分析院共向检察厅、国税厅等 6 个执法部门移交涉嫌洗钱及其他违法犯罪活动线索共计 7381 份，其中向国税厅移交 1300 件，国税厅对移送信息进行调查后成案率相当高，在处理终结的为 454 件中有 345 件存在涉税违法犯罪，凸显了金融情报分析对于发现和打击涉税违法犯罪的重要价值。

在反洗钱组织机构方面，我国已经确立了"一部门主管、多部门分工合作"的反洗钱监管模式，建立了 23 个部门参加的反洗钱工作部际联席会议制度，制度明确了各部门职责。在涉税洗钱方面，反洗钱工作部际联席会议制度规定，税务总局参与研究打击和防范涉及洗钱的偷税、逃避追缴欠税、骗税等税收违法行为的政策措施，会同相关部门研究建立相应的信息传递和执法合作机制。国家法律框架下，应加强反洗钱主管部门和税务部门的情报合作与信息交流，以充分发挥反洗钱机制对于打击涉税违法犯罪活动的重要作用。

十、对策建议

（一）完善法律体系，为打击涉税洗钱犯罪提供法律支持

一是要尽早修订《刑法》，扩大反洗钱上游犯罪范围，将税收犯罪列入上游犯罪，同时将自洗钱列入洗钱罪的主体，这已是理论界的共识。2012 年 2 月，FATF 在其发布的新 40 条建议中，再次建议各国将关注的领域扩展到税收欺诈、国际贸易等非传统领域，因此将税收犯罪列入洗钱罪的上游犯罪更是与国际接轨，履行国际反洗钱义务的需要。在反洗钱实践中，诸多可疑交易线索经调查后涉及税务犯罪，但以洗钱罪宣判的极少，将税收犯罪列入洗钱罪的上游犯罪更是反洗钱工作和打击税收犯罪的现实需要。因此，立法部门应加快修订《刑法》的步伐，为有效发挥反洗钱在打击税收洗钱活动中的积极作用提供政策支持，为减少税收流失保驾护航。同时，将自洗钱主体列为洗钱罪主体，体现法律罪责相当原则，便于司法判决。

二是要修订《反洗钱法》与《税收征收管理法》，以法律形式明确、具体地规定税收部门的反洗钱职责与义务，明确反洗钱主管部门与税收部门的反洗钱协作，为推动反洗钱机制在打击税收犯罪领域的应用提供法律政策支持。

（二）加强跨部门反洗钱合作，为打击涉税洗钱犯罪提供组织保障

一是加强税收犯罪研究，正确指导金融机构加强交易监测与分析水平。税收犯罪专业强，犯罪分子多为经营主体的负责人或财务人员，具有一定的税收、会计、企业经营等专业知识，具有较强的反侦查能力，属高智能犯罪。税收部门作为税收主管部门，应发挥专业优势，并会同反洗钱主管部门加强税收犯罪与洗钱手法的研究，更好地指导金融机构识别、发现有价值的税收犯罪线索。同时，金融机构也应主动加强对国内外涉税洗钱案例的研究与分析，完善涉税资金异常流动的电子化识别，加强交易数据的挖掘与分析，提高资金交易监测能力与分析水平。

二是要加强反洗钱主管部门与税收部门信息交流和合作。税收部门可借鉴公

安部门做法，向人民银行派驻反洗钱联络员，负责日常涉税洗钱合作事务。同时，各级人民银行反洗钱部门要加强与当地税收部门的情报交流与信息沟通。

三是加强与公安部门的多边合作。税收犯罪大量存在于经济生活中，导致国家税收严重流失，但与此相反，公安机关查处的税收犯罪案件在绝对数量上却明显偏少，所占经济犯罪案件总量的比例也明显偏低，与实际犯罪态势严重背离。因此，反洗钱主管部门、税收部门要加强与公安部门的多边合作，推动对税收犯罪的查处。

（三）加强国家反洗钱数据库建设，为打击涉税洗钱犯罪提供技术支持

在反洗钱网络化建设方面，美国电子化程度最高，值得研究与借鉴。反洗钱主管部门一要加强金融数据库的建设，实现所有金融机构数据库联网，便于反洗钱主管部门的检索及执法机构的调查，推动洗钱犯罪的查处；二要借鉴国际先进做法，逐步促成金融机构交易数据和税收征管信息、工商管理信息等执法部门信息的有效结合，为金融机构履行客户身份识别，加强可疑资金的监测与分析提供技术支持，强化金融机构反洗钱基础工作，构建更加有效的反洗钱体系。

（四）修订完善现金管理制度，重点关注高风险业务和大额现金流动风险

当前的现金管理制度已无法满足适应经济金融监管的需求，应从制度设计上引导经济主体的交易偏好，鼓励非现金结算方式，增加监督管理的客体范围，完善单位账户和个人账户的政策管理规定，堵塞制度缺陷漏洞。

加强资金监测分析，充分运用大额和可疑交易报告制度，结合客户风险等级划分结果，高度关注大额现金的来源、用途、流向、账户主体、使用行业、区域等要素，重点关注网上银行、电汇等高风险及单位账户向个人账户转账的情形，强化资金的实时监控，提高自身防范和处置风险的能力。

（五）加强国际合作，防范遏制国际逃骗税行为和洗钱活动

在维护主权和平等互利的基础上，开辟国家之间、地区之间、部门之间的合作途径，依法交换有关洗钱、逃骗税的国际合作；加强与境外离岸金融中心和洗钱犯罪高发地区有关部门的联系沟通，要求符合避税地标准的国家和地区加强反洗钱国际合作和信息交流，既可防范跨境洗钱活动，又可防止产生有害的税收竞争。

参考文献

［1］曹作义：《金融机构如何识别、分析和报告重点可疑交易》，北京，中国金融出版社，2010。

［2］黄子文：《国际视角：洗钱渠道研究》，北京，中国金融出版社，2011。

［3］唐旭：《中国洗钱犯罪案例剖析》，北京，群众出版社，2009。

［4］唐旭：《复杂性金融调查》，北京，中国检察出版社，2011。

金融开放研究

人民币汇率形成机制市场化评估及建议

中国人民银行上海总部外汇管理部课题组

课题组组长：王利平
课题组成员：俞 强 周 鹏 何念如 杨丽华

摘 要

完善市场化汇率形成机制是中国金融体制改革的重要内容。本课题报告围绕我国外汇市场的培育和发展、外汇市场有效性检验，以及外汇市场压力和干预指数测度，从定性和定量角度对人民币汇率市场化实现程度进行综合评估。结果显示，汇改以来，人民币汇率形成机制改革"市场与管理并重"特征日趋显现。符合党的十八届三中全会关于"既要使市场在资源配置中起决定性作用，又要更好地发挥政府的作用"政策导向。

一、引言

2005年7月21日，我国根据自身发展状况，在全球经济失衡背景下主动宣布实行"以市场供求为基础、参考一篮子货币进行调节、有管理的浮动汇率制度"，标志着人民币汇率制度的重大变革。自此，人民币汇率开始步入升值通道，截至2014年末，按照国际清算银行口径计算的人民币对美元双边汇率升值34.27%；人民币名义有效汇率和实际有效汇率分别升值38.01%和48.44%，人民币汇率面临较大升值压力。在此背景下，国际舆论对人民币汇率问题多加指责，人民币汇率走势以及人民币汇率形成机制改革成为国内外研究的热点。

作为1994年汇改的延续，2005年汇改重在坚持市场化改革方向。它包含两层意思：一是汇率定价反映外汇市场供求关系；二是汇率水平由市场决定而不是由官方指定，发挥汇率价格信号作用。2015年8月，在中国汇率改革十周年之际，以中间价形成的市场化为核心，人民币汇改再破局，人民币汇率双向波动成为新常态。本文拟从定性和定量角度对人民币汇率市场化程度进行评估，这对于促进和完善人民币汇率形成机制具有重要实践意义。研究共分四个部分：第一部分概要介绍我国外汇市场的培育和发展；第二部分检验我国外汇市场有效性；第三部分测算我国外汇市场压力和货币当局汇市干预指数；第四部分围绕上述定性和定量分析，归纳主要结论，提出具体政策建议。

二、我国外汇市场培育和发展

党的十八届三中全会提出，要发挥市场对资源配置的决定性作用。因此，培育和发展我国外汇市场是推进市场化改革的必然要求。我国外汇市场分为银行结售汇市场和银行间外汇市场，其中，前者是指客户与外汇指定银行之间的零售市场，其外汇供求不影响人民币汇率的决定；后者是指银行间买卖外汇的批发市场，是人民币汇率形成的主导力量。汇改以来，货币当局坚持市场化改革方向，采取一系列配套措施，深化外汇管理体制改革，重塑汇率形成供求基础，进一步培育和发展外汇市场。

一是大幅减少行政管制，理顺外汇供求关系。随着经济全球化和对外开放程度不断提高，我国外汇形势呈现跨境收支规模激增，跨境资金流动频繁的特征，逐笔审批、事前核准的外汇管理模式已不再适应经济发展需要，外汇管理立足服务实体经济，坚持市场化方向，通过大幅削减行政审批项目、大规模清理法规文件，体制改革成效显著。

二是完善外汇市场结构，推进外汇市场建设。汇改以来，货币当局不断完善中间价定价机制、健全外汇市场交易机制、夯实外汇市场清算机制、扩大外汇市场交易主体、丰富外汇市场交易品种、取消强制结售汇制度、完善结售汇头寸管理政策、渐进扩大人民币汇率浮动区间，有效发挥汇率形成的市场化作用。2014年，我国境内人民币外汇市场累计成交12.76万亿美元，较2005年增长8.59倍。其中，外汇衍生品交易量突破5万亿美元，是2005年的167倍。

三是围绕贸易投资便利化，重塑外汇供求机制。汇改以来，货币当局以贸易投资便利化为切入点，逐步扩大市场主体外汇所有权和使用权，拓展市场主体外汇保值、增值渠道，赋予外汇指定银行外汇买卖自主权，使外汇供求微观基础得以全面改造。首先，促进贸易投资便利化。2012年8月在全国实施货物贸易外汇管理体制改革，实现经常项目下外汇供求自主化和便利化。2013年9月实施服务外汇管理改革，取消服务贸易付汇核准，允许服务贸易外汇收入存放境外，提升企业竞争力和盈利水平。其次，促进投融资汇兑便利。体现为外债管理大幅简化、境外投资管理大幅松绑、境外子公司融资更便利。最后，有序开放资本市场。合格机构投资者制度是我国资本市场双向开放的重要标志，对改善资本市场投资者结构、增加资本市场资金来源、提升资本市场金融创新，加快推进人民币国际化发挥积极作用。

汇改十年来，我国外汇市场取得较快发展，但相对国际发达外汇市场仍存在较大差距。诸如货币地位提升但交易量较小、外汇衍生品市场发展缓慢、外汇市场交易主体较单一、市场缺乏避险工具等问题较为突出。随着人民币汇率形成机制改革推进，需要建立一个参与主体多样化、交易风险更低的多层次外汇市场，更好地发挥市场的价格发现功能。为此，货币当局应进一步加强制度建设，减少行政干预、提高信息透明度、完善市场监管机制，形成以行业自律管理为主，货币当局监管为辅的管理架构，给予市场充分自主权，推进外汇市场向更高层次发展。

三、我国外汇市场有效性检验

（一）理论分析

自20世纪70年代布雷顿森林体系崩溃后，剧烈波动的外汇市场价格使传统汇率理论失去解释力，Fama提出有效市场假说（EMH）被引入到汇率问题研究中来。鉴于有效市场中，所能了解的全部信息及未来预期均通过资产价格体现，因而无法预测资产价格。而作为一种资产形式，货币价格用汇率来衡量，那么，如果外汇市场是有效的，那么汇率变化应是随机的。据此可评估外汇市场是否有效。Geweke和Feige（1979）根据人们对信息了解和掌握的完备程度，将有效市场划分为强式有效市场、半强式有效市场和弱式有效市场三个层次。一般实证检验外汇市场弱式有效性，如果不成立，则外汇市场必然无效。

实证分析主要采用三种方法。一是协整方法。外汇市场有效性分析可划分为国家间外汇市场有效性和一国国内外汇市场有效性两种情况。如果外汇市场有效，则各国货币汇率不存在长期协整关系。如果国内外汇市场有效，则远期汇率应该是将来即期汇率的无偏估计（吴建涛，2009）[①]。因此，有效市场假说包含两个核心假设条件：第一，投机者是风险中性的；第二，市场参与者是理性预期的。二是随机游走模型。如果外汇市场是有效的，那么汇率变化服从随机游走过程。分析汇率收益率时间序列相关性是否满足随机游走条件不失为可行方法。但是，如果外汇市场是非线性动力系统，那么，使用随机游走模型会得出错误结果。三是次鞅模型。很多学者认为随机游走模型成立的假设条件过于苛刻，且一旦随机游走结果不合意，据此判断外汇市场无效也无充分证据。因此，当汇率的条件期望反映过去信息时，若服从次鞅过程，则外汇市场是弱式有效市场。

考虑到上述方法侧重于静态分析，较强的前提假设均为了判断外汇市场有效与否。本文采用统计物理学中应用广泛的近似熵方法，以赋值形式反映外汇市场有效性动态变化，以比较不同阶段市场相对有效程度。

（二）模型设定

近似熵可以界定任意长度序列最大可能的随机性，是一种基于边缘概率分布

[①] 吴建涛：《有效市场与人民币外汇市场有效性的协整分析》，载《国际经贸探索》，2009（10）。

统计的衡量时间序列复杂程度的方法，它描述时间序列自然特征，分析结果不依赖任何模型。其分析过程为

给定正整数 m，正的实数 r，存在时间序列，如 $x(1)$，$x(2)$，…，$x(N)$，且可以按时间均等分割成一个向量序列：$y(1,)$ $y(2)$，…，$y(N-m+1)$。则向量 $y(i)$ 可表示为：

$$y(i) = [x(i), x(i+1), \cdots, x(i+m-1)] \quad i = 1, 2, \cdots, N-m+1 \quad (1)$$

则向量 $y(i)$ 和 $y(j)$ 之间的距离为：

$$d[x(i), x(j)] = max\{|u(i+k-1) - u(j+k-1)|\} \quad k = 1, 2, \cdots, m \quad (2)$$

给定阈值 r，对每一个 $i(1 \leq i \leq N-m+1)$，定义向量 $y(i)$ 和 $y(j)$ 对应元素中差值最大的：

$$C_i^m(r) = \frac{\{d[y(i), y(j)] \leq r \text{ 的个数}\}}{N-m+1} \quad (3)$$

$C_i^m(r)$ 表示以 $y(i)$ 为中心，向量 $y(i)$ 和 $y(j)$ 距离小于 r 的概率，反映向量 $y(i)$ 和 $y(j)$ 之间近似程度，记为

$$C^m(r) = (N-m+1)^{-1} \sum_{i=1}^{N-m+1} C_i^m(r) \quad (4)$$

实践中 N 通常为有限个数，考虑到可能存在 $d[y(i), y(j)] \leq r$ 的数目为零，而导致 $C_i^m(r)$ 为零的情况，故在计算近似熵（ApEn）时采用 Moody（2001）[①] 方法，将近似熵记为

$$ApEn(m, r, N) = ln[C^m(r) / C^{m+1}(r)] \quad (5)$$

根据经验研究，通常取 $m = 2$，$r = 0.1 \sim 0.2$ 倍原序列 $u(i)$ 的标准差。ApEn 较小表示序列具有较强规律性，ApEn 较大表明序列呈现随机变化特征。

（三）变量选取及数据说明

本文考察人民币外汇市场有效性，为保留数据本身所包含信息，采用人民币对篮子货币[②]，即人民币对美元（USD）、欧元（EUR）、日元（JPY）、韩圆（KRW）、新台币（TWD）、澳大利亚元（AUD）、林吉特（MYR）、俄罗斯卢布（RUB）、新加坡元（SGD）、泰铢（THB）、英镑（GBP）、加拿大元（CAD）的名义汇率每日序列数据。样本期为1999年1月1日至2014年12月31日。数据

[①] Moody, G. Approximate Entropy [EB/OL] . 2001, http://www.physionet.org/physiotools/ApEn/, 2009 - 03 - 01.

[②] 中国人民银行行长周小川（2005）在央行上海总部揭牌仪式上的讲话，提到篮子货币选取及其权重确定应遵循的基本原则是：考虑我国经常项目主要交易货币，还要考虑外债来源的币种结构、外商直接投资和无偿转移类项目的收支等因素。同时，提出了美元（USD）、欧元（EUR）、日元（JPY）和韩圆（KRW）是主要的篮子货币，此外还包括新加坡元（SGD）、英镑（GBP）、林吉特（MYR）、俄罗斯卢布（RUB）、澳大利亚元（AUD）、泰铢（THB）、加拿大元（CAD）等。

来源于 Wind 咨询数据库。

（四）实证检验

人民币外汇市场有效性的近似熵 1999～2014 年介于 $r=0.1$ 倍原序列 $u(i)$ 标准差检验结果和 $r=0.2$ 倍原序列 $u(i)$ 标准差检验结果之间，见表 1 和表 2。两者检验结果虽有差异，但变化趋势相同，图 1 显示：

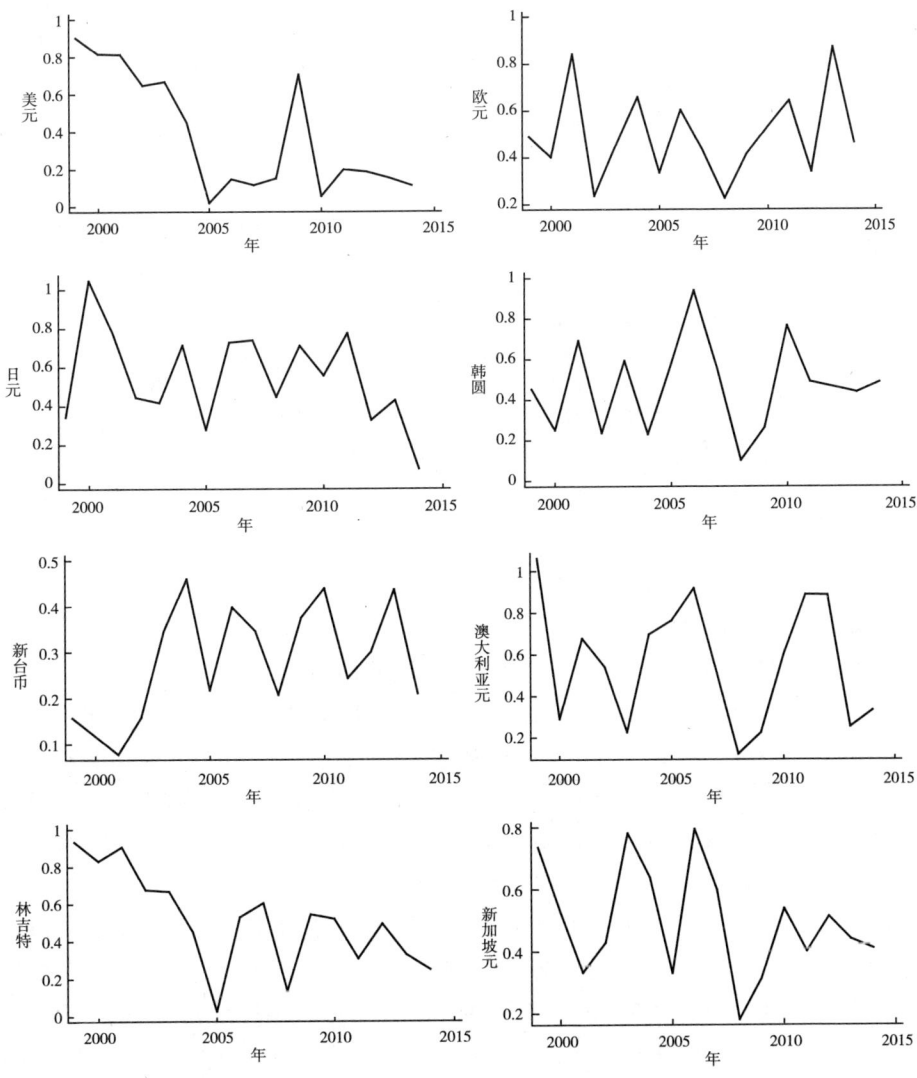

图 1　1999～2014 年人民币对篮子货币近似熵变化
（$r=0.2$ 倍原序列 $u(i)$ 标准差）

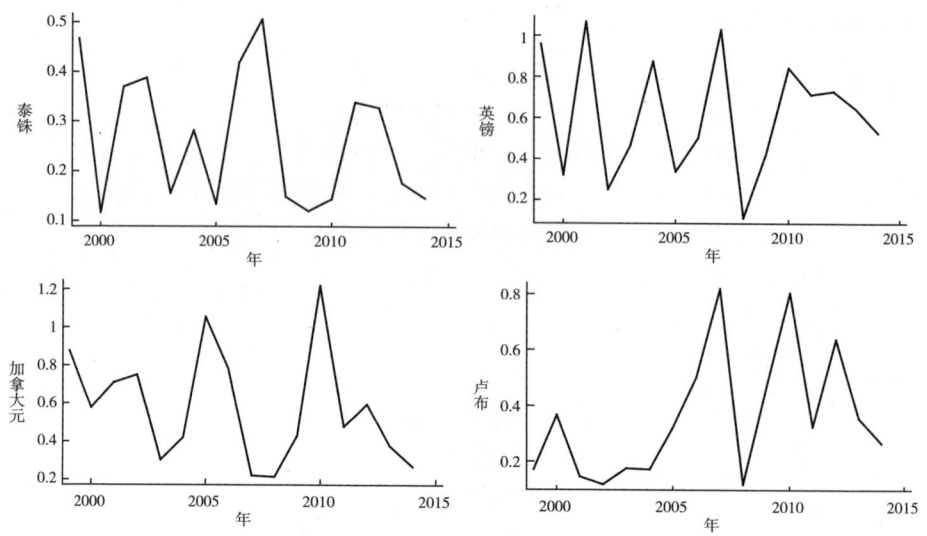

图 1　1999～2014 年人民币对篮子货币近似熵变化
（$r = 0.2$ 倍原序列 $u(i)$ 标准差）（续）

1. 从汇改后 ApEn 年度均值看，人民币对篮子货币外汇市场有效性按照由强到弱依次排序为人民币对英镑、加拿大元、澳大利亚元、韩圆、日元、欧元、卢布、新加坡元、林吉特、新台币、泰铢和美元外汇市场。其中，人民币对英镑、加拿大元、澳大利亚元、韩圆、日元汇率 ApEn 年度均值超过 0.5；人民币对欧元、卢布、新加坡元汇率 ApEn 年度均值虽低于 0.5，但均超过 0.45；人民币对林吉特和新台币汇率 ApEn 年度均值介于 0.3～0.4；人民币对泰铢汇率 ApEn 年度均值为 0.2462；人民币对美元汇率 ApEn 年度均值仅为 0.1837。

2. 汇改后，人民币对美元和林吉特外汇市场有效性呈现弱化趋势。其中，人民币对美元 ApEn 值除 2009 年达到 0.7046 外，其余年份围绕 0.1837 小幅波动，远低于汇改前 0.7156 的均值，说明人民币对美元外汇市场有效性较弱。汇改后人民币对林吉特 ApEn 年度均值为 0.3743，整体上低于汇改前的 0.7441，外汇市场有效性在减弱。

3. 汇改后，人民币对澳大利亚元和日元外汇市场有效性明显提高，ApEn 年度均值达到 0.5 以上，然而，自 2013 后 ApEn 值呈逐渐下降趋势，由 2006 年的 0.9167 降至 2014 年的 0.3305；日元 ApEn 值降幅度更为明显，由 2006 年的 0.7271 骤降至 2014 年的 0.0733，说明我国货币当局对这两种货币关注度提高的同时，汇市干预力度在逐步加大。

4. 汇改后，人民币对俄罗斯卢布汇率 ApEn 整体上高于汇改前，说明其外汇市场有效性在逐步增强。

5. 汇改前后，人民币对欧元、韩圆、新台币、新加坡元、泰铢、英镑和加拿大元汇率 ApEn 值呈现高低交替，起伏波动状态，无明显规律可循。

表1　　　　　　　　　　　人民币对篮子货币年度 **ApEn** 值

年度	美元	欧元	日元	韩圆	新台币	澳大利亚元	林吉特	新加坡元	泰铢	英镑	加拿大元	卢布
1999	0.9024	0.4905	0.3439	0.4550	0.1570	1.0626	0.9335	0.7357	0.4669	0.9586	0.8762	0.1717
2000	0.8156	0.4009	1.0464	0.2511	0.1171	0.2891	0.8317	0.5273	0.1162	0.3212	0.5765	0.3672
2001	0.8125	0.8416	0.7802	0.6914	0.0766	0.6762	0.9072	0.3330	0.3700	1.0691	0.7099	0.1461
2002	0.6464	0.2356	0.4440	0.2357	0.1579	0.5392	0.6754	0.4290	0.3881	0.2514	0.7500	0.1185
2003	0.6672	0.4499	0.4168	0.5922	0.3454	0.2250	0.6672	0.7809	0.1555	0.4658	0.3021	0.1759
2004	0.4498	0.6582	0.7119	0.2289	0.4598	0.6955	0.4498	0.6375	0.2816	0.8751	0.4209	0.1718
2005	0.0198	0.3339	0.2783	0.5775	0.2169	0.7614	0.0269	0.3300	0.1342	0.3376	1.0540	0.3236
2006	0.1464	0.6027	0.7271	0.9380	0.3975	0.9167	0.5297	0.7942	0.4187	0.5021	0.7827	0.5016
2007	0.1147	0.4330	0.7384	0.5548	0.3455	0.5278	0.6055	0.5992	0.5053	1.0306	0.2202	0.8195
2008	0.1497	0.2253	0.4469	0.1010	0.2066	0.1201	0.1355	0.1805	0.1487	0.1125	0.2137	0.1192
2009	0.7046	0.4143	0.7086	0.2617	0.3746	0.2225	0.5437	0.3124	0.1199	0.4230	0.4291	0.4673
2010	0.0557	0.5307	0.5557	0.7644	0.4379	0.5993	0.5205	0.5382	0.1440	0.8435	1.2177	0.8052
2011	0.1977	0.6426	0.7729	0.4893	0.2423	0.8853	0.3075	0.4009	0.3395	0.7139	0.4781	0.3258
2012	0.1844	0.3384	0.3271	0.4645	0.2995	0.8848	0.4937	0.5134	0.3284	0.7304	0.5980	0.6376
2013	0.1523	0.8707	0.4293	0.4386	0.4355	0.2508	0.3298	0.4412	0.1768	0.6456	0.3779	0.3557
2014	0.1114	0.4614	0.0733	0.4873	0.2082	0.3305	0.2500	0.4105	0.1465	0.5283	0.2684	0.2672

注：$r = 0.2$ 倍原序列 $u(i)$ 标准差。

表2　　　　　　　　　　　人民币对篮子货币年度 **ApEn** 值

年度	美元	欧元	日元	韩圆	新台币	澳大利亚元	林吉特	新加坡元	泰铢	英镑	加拿大元	卢布
1999	1.3662	0.9725	0.7669	0.9344	0.3338	1.7188	1.4662	1.2435	0.7702	1.7021	1.5704	0.2881
2000	1.1471	0.8385	1.6159	0.4802	0.2513	0.7416	1.1616	0.9390	0.3186	0.7481	1.1638	0.6988
2001	1.6581	1.4553	1.4159	1.0622	0.2014	1.2122	1.8039	0.8054	0.7528	1.8504	1.3570	0.3249
2002	1.2964	0.5930	0.9236	0.4807	0.3445	1.1802	1.3216	0.8690	0.7404	0.5700	1.2692	0.2872
2003	1.3260	0.9632	0.8983	1.0234	0.5963	0.5964	1.3260	1.5172	0.2987	0.8873	0.7212	0.343
2004	0.4498	1.2417	1.1558	0.5195	0.9099	1.2297	0.4498	1.1148	0.6676	1.4610	0.9199	0.3137
2005	0.0246	0.8009	0.6842	1.0465	0.4523	1.4142	0.0229	0.7636	0.4090	0.8605	1.8599	0.7379
2006	0.3693	1.1322	1.3823	1.5816	0.8157	1.4442	0.8908	1.3846	0.7358	1.0753	1.4045	1.0665
2007	0.2588	1.0209	1.2555	1.0154	0.7051	0.9288	0.9430	1.0879	0.9496	1.6107	0.5839	1.4238
2008	0.3898	0.5439	0.9008	0.2318	0.4211	0.3473	0.3386	0.4176	0.2713	0.2858	0.4508	0.3672
2009	1.2509	0.9012	1.2182	0.6100	0.8246	0.6034	1.0127	0.7038	0.2606	0.9413	0.9745	0.8532

续表

年度	美元	欧元	日元	韩圆	新台币	澳大利亚元	林吉特	新加坡元	泰铢	英镑	加拿大元	卢布
2010	0.0508	1.1059	1.0467	1.3747	0.8898	1.1109	0.8197	1.0162	0.3879	1.4608	2.2761	1.4284
2011	0.4316	1.1207	1.3434	1.0213	0.5602	1.3869	0.6297	0.7777	0.7571	1.3472	1.0449	0.7442
2012	0.4142	0.7805	0.7259	0.9128	0.6564	1.3354	0.8784	0.9660	0.6701	1.3624	1.1806	1.1665
2013	0.2649	1.5044	0.8892	0.9075	0.9184	0.5667	0.6675	0.8796	0.3808	1.2947	0.8149	0.794
2014	0.3008	1.0182	0.1855	0.9726	0.5045	0.7444	0.5842	0.8126	0.3548	1.1003	0.6572	0.659

注：$r = 0.1$ 倍原序列 $u(i)$ 标准差。

四、我国外汇市场压力和干预检验

一般而言，汇率弹性决定了外汇市场压力的表现形式。在固定汇率制度下，名义汇率变化为零，外汇市场压力主要表现为外汇储备的增减；在浮动汇率制度下，外汇储备变化为零，外汇市场压力主要表现为汇率水平的变动；而在管理浮动汇率制度下，外汇市场压力或表现为汇率波动，或表现为外汇储备增减，或是两者兼而有之。鉴于我国实行的是管理浮动汇率制度，为平抑外汇市场异常波动，货币当局不可避免地进行外汇市场干预。一方面，汇市干预被动投放基础货币，会导致外汇占款大量增加，容易引发结构性通货膨胀。另一方面，汇市干预的频度和力度较大有悖于人民币汇率市场化改革方向，阻碍市场在资源配置中起决定性作用。本文通过实证检验汇改前后中国外汇市场压力和货币当局干预指数，研究其变化趋势，这对于促进和完善人民币汇率形成市场化机制具有重要意义。

（一）理论分析

外汇市场压力和干预相伴相生，缓解汇市压力的直接办法就是汇市干预，可以是直接干预，即通过外汇市场买卖外汇影响本国货币汇率，包括冲销式干预和非冲销式干预。前者借助其他货币政策工具，主要是国债市场上的公开市场业务来抵消干预对货币供应量的影响。后者指不存在冲销措施的外汇市场干预，会引起货币供应量的变动。也可以是间接干预，即通过调整利率等变量间接影响汇率水平。

至于外汇市场干预必要性，理论解释大体有三。一是有效市场假说。汇率行为的资产市场理论认为，外汇市场并不是完全有效的，当汇率表现出异常波动，则平抑波动，稳定汇率是必要的。二是汇率失调说。现实经济中的汇率总是受到宏观和微观因素影响处于一定程度的低估或高估。因此，将实际汇率调整到和均衡汇率运动趋势相一致的水平，是开放经济宏观决策的核心任务。三是汇率超调说。Dornbush 认为，均衡汇率调整过程中，汇率波幅往往因超调而越过长期均衡水平，因此有必要进行外汇市场干预。实践中，IMF 也明确要求货币当局维护外汇体系稳定。

既然干预有存在的必要，理论界对此研究始终不断，然而研究重点却较为单一，集中在干预的名义有效性问题，即外汇市场干预能否影响名义汇率。检验方法多样，一是采用 GARCH 模型分析外汇市场干预对汇率的影响（Mckenzie，2004；Hillebrand 等，2006；朱孟楠和严佳佳，2007）。二是采用事件分析法研究汇率对外汇市场干预的响应（Fatum，1999、2000、2005；干杏娣等，2007）。三是通过构造外汇市场压力指数，比较干预前后汇率升值或贬值判断干预有效性（朱杰，2003；Siklos 等，2006；朱孟楠，2010）。

货币当局汇市干预的主要目的在于熨平短期汇率波动，因为汇率波动幅度（方差）的扩大影响生产、投资成本匡算和国际贸易正常发展，（短期方差超过一定幅度后）容易引发投机冲击甚至货币危机。因此，货币当局需综合考虑外汇干预目标、干预时机、干预频率、干预力度，以及干预方式等多方面因素。

（二）模型设定

Girton 和 Roper（1977）最早提出外汇市场压力概念。鉴于其仅考虑国内金融市场对本国货币的差额需求，Weymark（1998）提出了一个一般性定义，且模型设定根据各国实际情况而定，即将这种货币需求不再局限于国内市场，而是延伸到整个国际市场。据此，外汇市场压力（EMP）有两种形式。

一是货币当局对外汇市场采取非冲销式干预，则

$$EMP_t = \Delta e_t + \eta \Delta r_t \tag{6}$$

其中，EMP_t 是外汇市场压力，当 EMP_t 为负值时表示汇率面临升值压力，反之则表示面临贬值压力。Δe_t 是本国货币汇率变化百分比，采用直接标价法。Δr_t 是外汇储备变化百分比，$\eta = -\partial \Delta e_t / \partial \Delta r_t$ 是汇率变动对外汇储备变动的弹性系数。式（6）两边同时除以 EMP_t，得到：

$$1 = \Delta e_t / EMP_t + \eta \Delta r_t / EMP_t \tag{7}$$

其中，式（7）右边第一项表示汇率变动而缓解的外汇市场压力占比，第二项表示货币当局干预活动所缓解的外汇市场压力占比，即为中央银行外汇市场干预指数 ω，即

$$\omega = \eta \Delta r_t / EMP_t = \Delta r_t / [(1/\eta) \Delta e_t + \Delta r_t] \tag{8}$$

二是货币当局对外汇市场采取冲销式干预，则

$$EMP_t = \Delta e_t + \eta(1-\lambda) \Delta r_t \tag{9}$$

其中，λ 为冲销系数，等于流入的外汇中被货币当局冲销的比例，则

$$\omega = \eta(1-\lambda)\Delta r_t / EMP_t = \Delta r_t / [(1/\eta)\Delta e_t + (1-\lambda)\Delta r_t)] \qquad (10)$$

综上所述,解决问题的关键在于取得汇率变动对外汇储备变动的弹性系数 η。鉴于我国资本市场尚未开放,金融发展程度相对美国仍属小型,根据 Weymark (1997) 建立我国小型开放经济宏观模型,模型采取对数线性方程组形式。

(1) 中国国内产品市场产出供给函数

$$y_t = \bar{y} + \alpha\{p_t - E[p_t \mid t-1]\} + v_y^t \qquad (11)$$

其中,y_t 为实际产出水平,$\bar{y}$ 为潜在产出水平,p_t 为国内物价水平,$E[p_t \mid t-1]$ 为时间 $(t-1)$ 期对 t 期国内价格水平的预期,α 为产出缺口对通货膨胀缺口的弹性系数,v_y^t 表示产出水平的随机扰动项。

(2) 中国国内产品市场价格函数

$$p_t = \alpha_0 + \alpha_1 p_t^* + \alpha_2 e_t + \alpha_3 m_t^s \qquad (12)$$

其中,p_t^* 为国外物价水平,e_t 为人民币汇率水平,m_t^s 为中国国内货币供应量,α_0 为常数、α_1,α_2,α_3 为弹性系数。将国内货币供应量引入价格方程是根据中国实际情况对 Weymark (1997) 模型的修正。

(3) 中国货币市场货币需求函数

$$m_t^d - p_t = \beta_0 + \beta_1 y_t - \beta_2 i_t + v_t^m \qquad (13)$$

其中,$(m_t^d - p_t)$ 表示我国实际货币需求,m_t^d 为我国名义货币需求,i_t 为国内利率水平,v_t^m 为随机扰动项,β_0 为常数,β_1 为货币需求的产出弹性系数,β_2 为货币需求的利率弹性系数。

(4) 中国货币市场货币供给函数

基础货币和货币乘数决定货币供给。基础货币的增加由中央银行净国内信贷扩张,或外汇储备增加引致。假定货币乘数不变,则货币供给增加可表示为

$$\Delta m_t^s = \Delta d_t + \Delta r_t \qquad (14)$$

其中,Δm_t^s 为基础货币变化,Δd_t 为中央银行净国内信贷变化,Δr_t 为外汇储备变化。

(5) 中国资本市场国内利率平价

中国资本项目尚未完全可兑换,跨境资本流动存在一定限制,不能满足非抛补利率平价条件,外汇市场均衡的实现要求国内利率等于国外金融资产本币预期收益率加风险贴水,即资产不完全替代条件下的国内利率平价为

$$i_t = i_t^* + E[e_{t+1} \mid t] - e_t + \delta_t \qquad (15)$$

其中,i_t^* 为国外利率水平,$E[e_{t+1} \mid t]$ 为汇率预期,δ_t 为风险因子。

(6) 汇率政策反应函数

为避免基础货币迅速变化,我国央行汇市干预以冲销干预为主。冲销干预工具最初较为单一,以金融机构再贷款回购为主,并严格控制贷款总规模,2002

年9月开始通过发行中央银行票据进行冲销干预。这样,在我国货币当局直接干预情况下[①],汇率政策反应函数为

$$\Delta r_t = -\rho_t \Delta e_t \tag{16}$$

其中,ρ_t 为反应系数。固定汇率制度下,可近似认为货币当局汇市干预程度无限大,即 ρ_t 趋向于无限大。独立浮动汇率制度下,货币当局不进行汇市干预,ρ_t 为零。管理浮动汇率制度下,$0 < \rho_t < 1$,说明货币当局通过减少外汇储备促使汇率贬值,而通过增加外汇储备促使汇率升值。

综合式(11)、式(12)、式(13)、式(14)、式(15)、式(16)得到:

$$\eta = -\frac{\partial \Delta e_t}{\partial \Delta r_t} = -\frac{(1-\lambda)[1-\alpha_3(1+\alpha\beta_1)]}{\alpha_2(1+\alpha\beta_1)+\beta_2} \tag{17}$$

式(9)可改写为 $EMP_t = \Delta e_t + \eta(1-\lambda)\Delta r_t = \Delta e_t[1-\eta(1-\lambda)\rho_t]$

$$\tag{18}$$

则货币当局外汇市场冲销干预指数:

$$\omega = \frac{-\eta(1-\lambda)\rho_t}{1-\eta(1-\lambda)\rho_t} = \frac{\rho_t(1-\lambda)^2[1-\alpha_3(1+\alpha\beta_1)]}{[\alpha_2(1+\alpha\beta_1)+\beta_2]+\rho_t(1-\lambda)^2[1-\alpha_3(1+\alpha\beta_1)]} \tag{19}$$

估算中国外汇市场压力指数和干预指数,关键在于取得汇率变动对外汇储备变动的弹性系数 η,而 η 又由 λ、α、α_2、α_3、β_1 和 β_2 等参数决定。为此,对式(13)、式(12)、式(11)进行单方程估计,计量模型如下:

$$m_{2t} - p_t = \beta_0 + \beta_1 y_t - \beta_2 i_t + \varepsilon_t^m \tag{20}$$

其中,m_2 为货币供应量,p_t 为国内物价水平,y_t 为国内实际产出,i_t 为国内利率,ε_t^m 为误差项。

$$p_t = \alpha_0 + \alpha_1 p_t^* + \alpha_2 e_t + \alpha_3 m_{2t} + \varepsilon_t^p \tag{21}$$

其中,p_t^* 为国外物价水平的对数值,e_t 为人民币名义汇率水平的对数值,ε_t^p 为回归方程误差项。

$$y_t - \bar{y} = c + \alpha[p_t - \hat{p}_t] + \varepsilon_y^t \tag{22}$$

其中,国内潜在产出水平 $\bar{y}$ 由经 Hodrick-Prescott 滤波得到的趋势项表示,国内物价水平预期值 $\hat{p}_t$ 由式(20)得到的国内物价水平的 OLS 估计值表示,c 为截距项,ε_y^t 为回归方程误差项。

(三)变量选取

为比较2005年我国人民币汇率形成机制改革前后外汇市场压力和干预程度,

---

① Weymark(1997)指出,如果 Δr_t 和 Δd_t 符号常常相反,则可以认为一国货币当局间接干预不显著。我国属于此种情况。

同时兼顾两种汇率制度（按照 IMF 统计口径，我国 1999~2004 年被归类为传统盯住汇率制国家）存续时间，并考虑原始数据可得性，确定样本区间为 2000 年 1 月至 2014 年 9 月，频度为月度数据，若无特别说明原始数据取自 Wind 咨询数据库。实证涉及主要经济变量如下：

1. 货币需求（M_2）。我国将货币供应量划分为三个层次：一是流通中现金 M_0；二是狭义货币供应量 M_1，反映交易用的货币需求，与物价联系紧密；三是广义货币供应量 M_2，反映财富储藏的货币需求和社会总需求变化，与资产价格和通货膨胀压力联系紧密。本文采用广义货币供应量 M_2，取对数后经季节调整。

2. 国内物价水平（CCPI）。采用中国消费者物价指数，以 1999 年 12 月为定基，根据月度环比指数换算而得，取对数后经季节调整。

3. 国内实际产出水平（CIVA）。采用中国实际工业增加值作为产出水平替代变量主要考虑，我国 GDP 仅有季度数据而无月度数据，若使用简单插值法得到月度数据失真程度较高，使用卡尔曼滤波等空间状态模型因所需变量较多，数据可得性较差，而采用工业增加值替代产出也是很多国内外文献常用做法。因缺少现成的实际工业增加值数据，本文采用名义工业增加值平减通货膨胀率（CCPI）计算得到。2000 年 1 月至 2006 年 11 月名义工业增加值直接采用国家统计局公布数据，2006 年 12 月以后各月名义工业增加值根据统计局公布的同比增长率推算得出，取对数后经季节调整。

4. 国内利率（R）。采用我国银行间市场三个月同业拆借利率，利率百分点数加上 100 后取对数，并经季节调整。

5. 国外物价水平（CPI）。采用美国消费者物价指数作为替代变量，取对数后经季节调整。

6. 人民币名义汇率（NR）。采用直接标价法表示的每月最后一个交易日人民币对美元名义汇率①，取对数后经季节调整。

7. 基础货币（BC）。数据来源于中国人民银行公布的"货币当局资产负债表"中负债项下"储备货币"。

8. 外汇储备（RF）。数据来源于国家外汇管理局网站。

9. 国内信贷（DC）。数据来源于"货币当局资产负债表"②。

10. 中国人民银行发行的票据（CBB）。为避免基础货币迅速变化，我国以

---

① 指单位外币的人民币价格，汇率上升表示人民币贬值，汇率下降表示人民币升值。

② 中国人民银行（www.pbc.gov.cn）公布"货币当局资产负债表"，2000~2001 年的数据包括对政府债权、对存款货币银行债权、对非货币金融机构债权、对非金融部门债权四项之和。2002~2005 年的数据包括对政府债权、对存款货币银行债权、对特定存款机构债权、对其他金融机构债权、对非金融机构债券五项之和。2006~2014 年的数据包括对政府债权、对其他存款性公司债权、对其他金融性公司债权、对非金融性公司债券四项之和。

冲销干预为主。自2002年9月开始，中国人民银行发行中央银行票据进行对冲操作。实证采用中央银行未到期票据余额作为代理变量，数据来源于中国人民银行公布的"货币当局资产负债表"中负债项下"发行债券"。

（四）模型估计

1. 单位根检验

对主要时间序列指标平稳性进行ADF单位根检验，国内产出缺口（$y_t - \bar{y}$）、国内物价预期差额（$p_t - \hat{p}_t$）为平稳序列，货币需求LM_2、国内物价水平LCCPI、国内实际产出水平LCIVA、国内利率LR、国外物价水平LCPI、人民币名义汇率LNR均为非平稳序列，对其进行一阶差分后为平稳序列，见表3。

表3　　　　　　　　　　　　单位根检验结果

变量	类型	ADF值	结论
LM2	(c, t, 9)	-1.133	非平稳
DLM2	(c, 0, 1)	-5.227	***
LCCPI	(c, t, 9)	-0.671	非平稳
DLCCPI	(c, 0, 1)	-4.253	***
LCIVA	(c, t, 11)	-2.069	非平稳
DLCIVA	(c, 0, 1)	-8.531	***
LR	(c, t, 5)	-2.081	非平稳
DLR	(c, 0, 1)	-9.678	***
LCPI	(c, t, 10)	-1.159	非平稳
DLCPI	(c, 0, 1)	-4.052	***
LNR	(c, t, 9)	-0.034	非平稳
DLNR	(c, 0, 1)	-3.311	**
$y_t - \bar{y}$	(c, t, 8)	-2.792	*
$p_t - \hat{p}_t$	(c, 0, 1)	-3.182	**

注：①D表示一阶差分。

②1%临界值在[-3.488, -3.485]，5%临界值在[-2.866, -2.885]，10%临界值在[-2.576, -2.577]。

③***、**和*分别表示1%、5%和10%的显著水平上显著。

2. 单一方程估计

考虑到式（20）和式（21）为联立方程组，因变量和解释变量具有双重身份，不同方程的扰动项之间可能存在相关性，故采用两阶段最小二乘法进行估算，得到：

$$m_{2t} - p_t = -26.68 + 0.8920\, y_t - 5.8282\, i_t \quad (23)$$
$$(4.1107)(0.0156)\quad(0.8921)$$

$R^2 = 0.9547$，MSE $=0.1231$，括号内数值为回归系数的标准误差，回归系数均显著。

$$p_t = 3.8090 + 0.3991\, p_t^* - 0.6273\, e_t + 0.0219\, m_{2t} \quad (24)$$
$$(0.2364)(0.0728)\quad(0.0321)\quad(0.0124)$$

$R^2 = 0.9883$，MSE $=0.0141$，括号内数值为回归系数的标准误差，回归系数均显著。

将式（24）得到的国内物价水平的 OLS 估计值作为国内物价水平的预期值后，对式（22）进行普通最小二乘法估计，得到

$$y_t - \bar{y} = 0.0001 - 1.465[p_t - \hat{p}_t] \quad (25)$$
$$(0.0039)\,(0.2775)$$

$R^2 = 0.1375$，MSE $=0.0513$，括号内数值为回归系数的标准误差，常数项回归系数不显著，其他回归系数显著。

由式（23）、式（24）和式（25）得到参数的估计值分别为：$\beta_1 = 0.8920$、$\beta_2 = 5.8282$、$\alpha_2 = -0.6273$、$\alpha_3 = 0.0219$、$\alpha = -1.465$，代入式（22）可得到汇率变动对外汇储备变动的弹性系数 η。

$$\text{本国货币汇率变化百分比 } \Delta e_t = \frac{e_t - e_{t-1}}{e_{t-1}} \times 100\% = \left(\frac{e_t}{e_{t-1}} - 1\right) \times 100\% \quad (26)$$

$$\text{外汇储备变化百分比 } \Delta r_t = \frac{\text{人民币计价的外汇储备月度增加额}}{\text{滞后一期的基础货币}} \times 100\% \quad (27)$$

鉴于我国货币当局汇市干预以冲销干预为主，将 η、Δe_t、Δr_t 代入式（18）得到我国外汇市场压力走势图 2，代入式（19）得到我国货币当局汇市干预指数变化图 3。

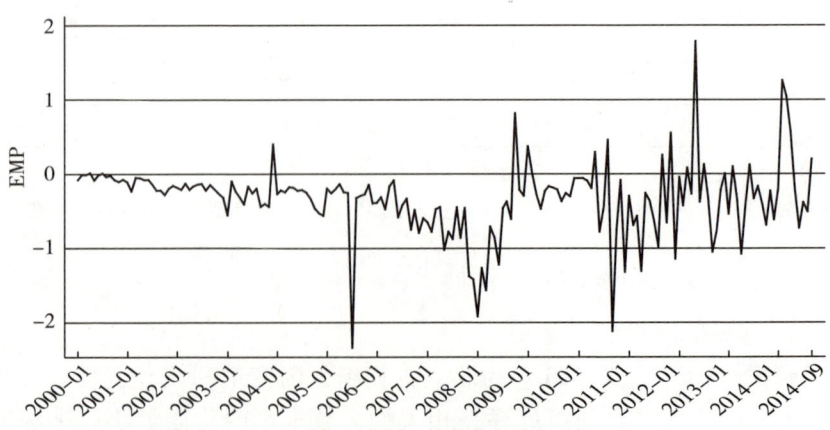

图 2 2000 年 1 月至 2014 年 9 月中国外汇市场压力（EMP）走势

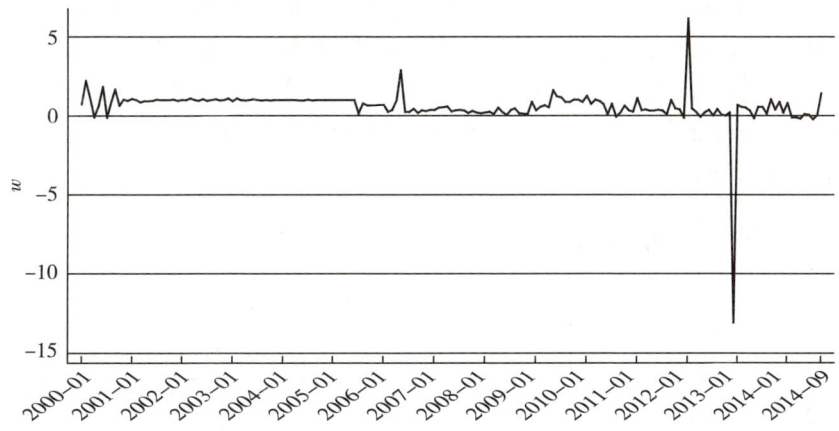

图3　2000年1月至2014年9月中国货币当局汇市干预指数变化

（五）实证结果

图2显示，人民币对美元外汇市场总体呈现升值压力，2000年1月至2014年9月的177个月度数据中仅有20个月份呈现贬值压力，且集中出现在2008年以后。具体而言，2000年至2004年末人民币升值压力保持基本稳定。2005年至2007年末人民币升值压力持续增加，2008年1月达到历史最高值后逐步缓解，2008年8月出现贬值压力，与美国次贷危机引发全球金融危机期间我国政府为保持经济不大起大落，维护人民币汇率稳定有关。之后，人民币呈现升值压力和贬值压力交替出现的格局。需要特别提到的是，2012年5月人民币出现较大贬值压力，与全球经济环境影响密切相关。随着欧洲主权债务危机与美国财政风险叠加，进一步加剧国际金融市场动荡，人民币汇率承受较大外部冲击，呈现贬值压力，这也为人民币汇率进入有升有贬的双向波动奠定了市场基础。

图3显示，我国货币当局汇市干预呈现如下特征：

一是货币当局汇市干预力度逐步弱化。整个样本期外汇市场干预平均指数 $\omega = 0.6085$，表明货币当局汇市干预缓解了大约60.85%的人民币对美元外汇市场压力，其余压力通过人民币汇率波动这一市场机制予以吸收。若将统计期改为2005年7月汇改至2014年9月末，外汇市场干预平均指数 $\omega = 0.3816$；再进一步将统计期改为2010年6月重启汇改至2014年9月末，外汇市场干预平均指数 $\omega = 0.1685$，说明我国货币当局正逐步退出常态式外汇市场干预，充分发挥市场对价格决定作用。这也可以从2005年7月前外汇市场干预指数几乎定格在1上，汇改后干预指数随机波动可窥一斑。

二是顺经济风向行事容易导致汇率超调。受欧洲主权债务危机影响，2012

年1月人民币汇率在经受2011年末较大升值压力后大幅缓解,为释放全球经济动荡引发汇率贬值预期影响,货币当局采取"顺经济风向行事",干预指数达到6.1315,导致人民币对美元升值幅度超调。当年12月,当人民币汇率由前期升值压力转变为贬值压力时,货币当局又"顺经济风向行事",干预指数达到13.0728,同样导致汇率超调。

五、主要结论及政策建议

(一)主要结论

本文通过定性分析我国外汇市场的培育和发展,定量检验我国外汇市场有效性的近似熵动态变化,以及外汇市场压力和货币当局汇市干预指数测度,认为:

一是我国外汇市场供求机制和交易机制不断完善,交易品种日益丰富、交易规模逐步扩大,但相对国际发达外汇市场仍存在市场交易量较小、衍生品市场发展缓慢、市场交易主体较单一、做市商客户基本同质、市场缺乏避险工具等问题。应进一步扩展外汇市场的广度和深度,形成多种交易方式并存、分层有序的外汇市场体系,以更好地服务实体经济。

二是采用近似熵方法考察1999年1月1日至2014年12月31日人民币对篮子货币外汇市场有效性,发现从汇改后人民币外汇市场有效性按照由强到弱依次排序为人民币对英镑、加拿大元、澳大利亚元、韩圆、日元、欧元、卢布、新加坡元、林吉特、新台币、泰铢和美元外汇市场。其中,人民币对美元 ApEn 值除2009年达到0.7046外,其余年份围绕0.1837小幅波动,远低于汇改前0.7156的均值,说明人民币对美元外汇市场有效性较弱。

三是基于人民币外汇市场压力和货币当局汇市干预的经验分析和实证检验结果较为一致。汇改以后,随着人民币汇率浮动区间有序扩大,人民币汇率呈现双向波动趋势,外汇市场压力有升有贬,货币当局已基本退出常态式外汇市场干预[1],干预力度也由汇改前牢牢定格在1(100%)降至2014年8月的0.01771(1.771%)。

此外,本文研究进一步表明,2010年重启汇改以来,人民币汇率形成机制改革"市场与管理并重"特征日趋显现。符合党的十八届三中全会关于"既要使市场在资源配置中起决定性作用,又要更好地发挥政府的作用"政策导向。在人民币汇率决定过程中,市场发挥越来越大的作用,而人民币汇率作为重要的

---

[1] 2014年11月27日,中国人民银行副行长胡晓炼在《财经》年会上讲话表示,"2014年以来,人民银行大幅减少外汇干预,自第二季度以来已经基本上退出了常态化的市场干预。外汇市场总体运行平稳,人民币汇率双向浮动弹性明显增强,汇率预期分化。"

价格调控工具，开始逐步发挥在外汇资源配置中的基础性作用。

（二）政策建议

人民币汇率形成机制改革是一个长期渐进的过程，这意味着市场化改革目标实现不可能一蹴而就，应根据我国现实经济状况和内部经济环境自主选择汇改进程。当我国经济金融实力进一步发展，微观经济金融运行机制进一步改革到位，市场风险防范意识和风险应对能力进一步增强后，人民币汇率形成机制必将日益完善。

1. 注重改革的整体性和协调性。根据丁伯根法则，为实现多个目标需使用多种独立、有效的政策工具，如果试图用一种工具实现多个政策目标，则会因目标冲突而降低效率，甚至出现失衡状态。完善人民币汇率形成机制改革是一项系统性工程，在发挥汇率调节作用的同时，需注意利率改革、人民币国际化、资本项目可兑换等政策的整体推进，齐头并进。国际经验表明，汇率形成具有灵活性，可以成功发挥"缓冲器"作用，因此，汇率改革速度可以快些。而考虑到国际金融市场仍然动荡不安、资本流动大起大落，资本项目可兑换则可以适当放缓。而利率市场化应先行，否则要素价格扭曲将导致严重的资源错配。

2. 完善外汇市场基础设施。一是统筹银行间市场竞价和询价交易模式、声讯经纪与电子交易平台协调发展；扩大银行间市场净额清算业务，稳步发展中央对手清算等。二是有序推进外汇市场开放。拓展中国外汇交易中心电子平台，吸引更多符合条件的境外机构在风险可控前提下参与银行间外汇市场交易，逐步打造中国外汇交易中心的国际板。三是随着外汇市场品种日益丰富，外汇市场监管重心逐渐从产品准入管理，转向完善市场基础设施和加强市场风险监测。可借鉴国际金融危机后国际社会普遍做法，通过健全外汇交易数据报告库制度，逐笔获取银行间外汇交易数据，及时、全面、准确地掌握外汇市场运行趋势。

3. 大力发展人民币在岸市场。近年来，随着跨境人民币业务的快速发展，离岸市场人民币外汇交易量，尤其是衍生品交易量已超过在岸市场，在岸市场发展滞后于离岸市场成为不争的事实。为进一步发展在岸市场，保有人民币汇率定价权，一是货币当局应最大限度减少常态式外汇市场干预，努力消除体制、机制障碍，促进价格形成和交易机制更趋灵活，吸引市场主体广泛参与。二是金融机构在做好市场服务的同时，创新汇率避险工具，提高外汇市场均衡汇率自我实现的能力。三是2015年8月人民币汇率中间价新报价机制的确立，使人民币汇率双向波动趋势加强，市场主体避险能力将接受严格考验。这一方面要求市场主体树立合规经营理念和风险防范意识，另一方面提高专业化、精益化和常态化运用外汇避险工具的能力，适度运用人民币外汇衍生品进行套期保值，维护整体经济持续健康发展。

4. 促进人民币在岸和离岸市场融合。外汇市场的培育和发展始终是完善汇率形成机制的重要组成部分。只有建立充分流动的外汇市场，才能发挥其在资源配置、价格发现和风险规避上的功能。目前，人民币在岸和离岸市场分割，存在发展不平衡、流动性不一致、汇率价格差异等问题。当国内外经济形势异常变动时，容易引发跨境资金套利流动，使原本复杂的经济状况雪上加霜。随着2015年8月11日以市场化改革为核心的人民币兑美元汇率中间价报价方式改进为参考上一交易日收盘汇率，人民币汇率形成"重市场，轻管理"的特征更为突出，以供需为基础的在岸市场汇率得以真正形成。在岸市场的不断改革发展有助于促进境内外两个市场价格趋同，进而形成境内外统一的外汇市场，为市场主体提供一致的汇率预期，有效规避汇率风险。

参考文献

[1] 卜永祥：《中国外汇市场压力和官方干预的测度》，载《金融研究》，2009（1）。

[2] 丁剑平、马俊玲、钱小燕：《单方干预与联合干预效应对中国的启示》，载《复旦学报（社会科学版）》，2004（6）。

[3] 段爽丽：《境外投资管理大步向前》，载《中国外汇》，2014（23）。

[4] 丁剑平、周建芳：《中央银行的单方干预、联合干预和未来的中国汇市多方博弈格局》，载《当代中国：发展、安全、价值——第二届（2004年度）上海市社会科学界学术年会文集（中）》，上海市社会科学界联合会，2004。

[5] 靖立坤：《加快外汇市场发展正当其时》，载《中国外汇》，2014（15）。

[6] 李云峰：《外汇市场中的干预效力：汇率沟通与实际干预》，载《上海金融》，2011（4）。

[7] 李云峰、李仲飞：《汇率沟通、实际干预与人民币汇率变动——基于结构向量自回归模型的实证分析》，载《国际金融研究》，2011（4）。

[8] 李晓峰、陈华：《交易者预期异质性、央行干预效力与人民币汇率变动——汇改后人民币汇率的形成机理研究》，载《金融研究》，2010（8）。

[9] 林斌、周小亮：《市场预期对中央银行外汇干预影响的动态分析》，载《上海金融》，2013（4）。

[10] 陆前进：《人民币对美元汇率和非美货币汇率定价机制的探讨》，载《上海金融》，2011（2）。

[11] 马德功：《中央银行外汇市场干预理论的回顾与思考》，载《世界经济》，2005（3）。

[12] 盛斌、吴建涛：《随机性、市场干预与外汇市场有效性——对人民币

汇率的动态分析》，载《世界经济研究》，2010（3）。

[13] 徐建炜、徐奇渊、黄薇：《央行的官方干预能够影响实际汇率吗?》，载《管理世界》，2011（2）。

[14] 奚君羊、戎如香：《外汇市场冲击持续性及其对外汇干预效果的影响》，载《世界经济研究》，2008（11）。

[15] 余宇新、余宇莹：《对人民币汇率冲击持续性效应的实证研究——基于GPH法和HD法的分析》，载《华东经济管理》，2011（1）。

[16] 王允贵：《贸易投资便利化重塑汇率形成的供求基础》，载《中国外汇》，2012（13）。

[17] 钟伟、何帆、巴曙松：《新挑战，新机遇》，载《中国外汇》，2012（13）。

[18] Weymark, Diana N., A General Approach to Measuring Exchange Market Pressure. Oxford Economic Papers, 1998, 50: 55–79.

[19] Weymark, Diana N., Measuring the Degree of Exchange Market Intervention in a Small Open Economy. Journal of International Money and Finance, 1997, 16(1): 55–79.

人民币加入 SDR 背景下的中国资本账户开放评估
——事实度量与中日比较

中国人民银行上海总部国际部课题组

课题组组长：冯润祥

课题组成员：陆 屹　陈 华　郑朝亮　李良松　刘 薇

摘 要

目前，资本账户开放的度量可分为法规度量和事实度量两大类。本文利用 F–H 储蓄投资法、E–K 利率平价法、、LMF 资本存量法和资产价格关联法等事实度量方法，分别从国民储蓄与投资的相关性、利率平价、国际资本存量、AH 股价差等多重视角，度量了中国资本账户的开放水平，并进行中日比较。实证结果显示，经过多年的外汇管理制度改革与深化，中国资本账户的事实开放程度高于法规开放，人民币事实上已基本满足 SDR 篮子货币可自由使用的标准。

一、引言

2008 年国际金融危机的爆发进一步暴露了以美元为主导的国际货币体系的缺陷，要求改革呼声不断增强。其中，广受关注的改革方案之一是，进一步发挥特别提款权（SDR）的作用，以减少对美元等少数主权信用货币的依赖。而欲扩大 SDR 的作用和影响力，则应首先提高 SDR 的代表性。2010 年 4 月，G20 金融财长会议提出，进一步扩大 SDR 的货币篮子。顺应这一需要，人民币于 2010 年申请加入 SDR。但国际货币基金组织（IMF）以人民币资本项下未能满足可自由使用（Freely Usable）标准的理由将人民币拒于 SDR 货币篮子之外。

时隔五年，人民币再次出发。IMF 将于 2015 年 11 月对 SDR 篮子货币进行例行审查，人民币能否加入 SDR 正成为众人瞩目的焦点。2015 年 8 月 5 日，IMF 发布题为《SDR 估值方法评估——初步考虑》的报告，报告指出，基于一系列基于可得数据的广泛指标显示，人民币自 2010 年以来在国际使用中取得"显著进步"，但在操作层面上，人民币加入 SDR 仍有些问题必须得到解决。"代表性的基于市场的汇率和利率可获得性对于 SDR 篮子良好运转和 IMF 的金融操作而言是至关重要的，对冲 SDR 头寸的能力对于许多 IMF 成员国和其他 SDR 使用者也是很重要的。"前者需要中国继续推动汇率利率市场化改革，而后者则要求中国的在岸金融市场进一步对外开放。因此，货币可自由兑换仍有可能再次成为人民币加入 SDR 的障碍，特别是很可能成为某些国家反对人民币加入 SDR 的理由。

基于上述背景，加强中国资本账户开放程度的评估与研究无疑具有重大政策启示意义。对此，本文首先述评了资本账户开放度量方法，指出包括 IMF 方法在内的法规度量方法都无法实时、准确地反映一国资本账户开放进程，唯有 F－H 储蓄投资法、E－K 利率平价法、LMF 资本存量法和资产价格关联法等事实度量方法通过对事后资本流动及其他经济变量的实证，能够度量出一国资本账户的真实开放水平。于是，基于这四种事实度量法，我们进而度量了中国资本账户开放程度，并用同样的度量方法，将中日两国的资本账户事实开放程度进行了比较。最终我们发现，经过三十多年的对外开放，中国资本账户开放程度已大大提高，虽然当前在债务资本的开放上与日本还存在一定差距，但整体水平已接近日本在 1991 年金融部门完全对外开放时的资本账户开放程度。可见，人民币在事实上已基本满足 SDR 篮子货币的可自由使用标准，人民币成为 SDR 篮子货币的时机已然成熟。

二、资本账户开放度量方法述评

基于研究视角的不同和对资本账户开放内容的理解差异，学者们提出了各种各样的资本账户开放度量方法，这些纷繁复杂的方法各具特点和不同的适用性，但大体可根据度量依据的不同，分为两大类：一类是基于资本流动的官方法规标准进行的"法规度量"；另一类是根据实际资本流动，或通过一些经济变量间接反映的"事实度量"。具体而言，前者包括 IMF 法、OECD 法、IFC 法，后者包括 F－H 储蓄投资法、E－K 利率平价法、LMF 资本存量法、资产价格关联法。

（一）法规度量

1. IMF 方法及相关改进

自 1950 年起，国际货币基金组织（IMF）每年出版《汇兑安排和汇兑限制年报》（Annual Report on Exchange Arrangements and Exchange Restrictionm，AREAER）。该年报报告了所有 IMF 成员国资本账户限制和开放状况。1996 年之前，AREAER 仅提供每个国家资本账户"封闭"或"开放"的哑变量（Dummy）说明，没有提供更多不同国家资本账户开放强度差别的信息。基于这样简单的信息，Grilli 和 Milesi－Ferretti（1995）、Quinn（1997）等学者进行了改进，提出

Share 方法和 Quinn 方法。Share 方法由 Grilli 和 Milesi – Ferretti（1995）提出，其直接使用 AREAER 原始信息，计算一国资本无限制年份数目在样本期年数段内所占的平均比重。该方法虽然简单，但无法对样本区间的具体开放年份作出明确区分，较为粗糙。Quinn（1997）则是对资本项目限制强度进行了细化区分和赋值，度量更为细致。

为弥补信息简单的不足，IMF 从 1996 年起对 AREAER 进行了革新和完善。新的 AREAER 首先将资本账户交易由之前的 1 项细化分解为详细的 13 项，然后分别对这些子项目交易进行哑变量说明。随后，Johnston 和 Tamirisa（1998）、Miniane（2004）等学者在 IMF 的工作上进一步细化分解，构建了更加细致的法规指标。较 1996 年之前的版本，1996 年之后的 AREAER 细化指标更加科学地揭示了全球资本账户开放的趋势和特定国家的情况。但由于年度信息的特点，AREAER 仍不能够很好地反映各国应对时局而采取的临时管制措施情况（比如金融危机期间对衍生品使用的限制），而且，AREAER 并未对资本账户法规的实际执行进行评价，这意味着 IMF 指标仅是基于法规的事前指标。基于 1996 年之后的 AREAER 数据，Chinn 和 Ito（2008）利用主成分分析法，构造了度量资本账户开放的 Chinn – Ito 指数。该指数作为资本账户开放的法规指标被广泛应用于许多研究。

2. OECD 方法

同 IMF 一样，经济合作与发展组织（OECD）从 1961 年开始每两年发布《资本流动自由化法规》（*Code of Liberalization of Capital Movements*）。该法规对 OECD 成员国的 11 种跨国交易限制状况进行了"限制"与"从不限制"的说明。类似 Share 方法，Klein 和 Olivei（1999）基于该法规，构造了年均自由化项目所占比重的开放指标，提出 OECD – Share 方法。与 Share 方法相比，OECD – Share 方法更为细致，对 11 项资本账户交易的具体平均开放度进行了度量。

3. 其他法规方法

Kaminsky 和 Schmukler（2002）将资本账户开放、国内金融部门开放、股票市场开放分为三个开放等级：完全开放、部分开放、封闭，然后根据政策管制状况，分别给出等级标准，然后在此基础上综合评定，计算出主要国家的金融开放指数（1973~1999 年）。Fratzscher 和 Bussiere（2004）对其进行扩充，在国别上增加了一些新加入欧盟的国家。

（二）事实度量

1. F – H 储蓄投资法

Feldstein 和 Horioka（1980）首次尝试使用定量的方法衡量国家资本账户的事实开放程度。他们的度量方法基于这样的简洁思路：根据国民收入恒定式，经常账户余额等于国民储蓄减去投资，在资本账户开放程度较高的情况下，经常账户余额可被资本账户余额所平衡，国民与储蓄投资相关性较低，而在资本账户管制较为严格的情况下，国内投资只能来源于国民储蓄，因此，国民储蓄与投资之间的相关性可作为一国资本账户开放程度的事实度量指标。

相似地，由于储蓄与消费之间的紧密联系，Asdrubali 等（1996）学者还从国际消费风险分担的视角来度量资本账户开放程度。即国际消费平滑程度越大，金融一体化程度越高，资本账户开放程度就越高。但由于消费数据获取的难度，该方法的适用性较低。

2. E–K 利率平价法

在资本自由流动的情况下，一国国内利率与国际利率应满足利率平价关系，即国内利率加上汇率的预期变化率应等于国际利率，如果利率平价不成立，那么国际套利资本的自由流动将会使利差消失，但当资本流动受到管制时，则利率平价无法得到纠正，利差存在。因此，可利用一国利率平价的平均或绝对偏离程度来度量该国资本账户开放程度。但该度量思路的前提是，该国利率应是完全市场化的利率，而对于发展中国家，利率市场化程度往往较低甚至完全管制，无法直接利用利率平价法。解决此问题的方法之一是用黑市利率代替市场出清利率，比如 Helmut 和 Helene（1993）利用黑市利率对韩国、泰国等国家的资本账户开放程度进行了估计。另一种方法则是基于 Edwards 和 Khan（1985）针对发展中国家而建立的利率决定模型，通过货币供需方程，利用货币供给、价格、产出等宏观变量替换利率变量，从而回避了对市场利率数据的要求。

3. LMF 资本存量法

Kraay（1998）通过实际资本流入和流出总量占 GDP 的比重来测度资本流动程度。Lane 和 Milesi–Ferretti（2007）用国际资产和国际负债总量占 GDP 的比重来衡量资本账户开放程度，该方法受到非常广泛的应用（IMF，2010）。

4. 资产价格关联法

资产价格关联法是基于资产价格的测量方法，其基本思想是通过检验一国或地区与世界市场资产价格之间的比例关系来刻画该国或地区的开放水平。这方面研究主要体现在学者们通过国际资本资产定价模型（International Capital Assets Pricing Model，ICAPM）来解释资产收益的变化，度量市场一体化程度。比如 Harvey（1991）和 Cho 等（1986）基于 ICAPM 的研究表明日本和其他亚洲国家金融市场的一体化程度较低。

资产价格关联法的另一个简单应用是，如果存在同一上市公司在不同股票市场上市，那么可直接通过比较同一股票的两地价格之差，来度量市场一体化程度，从而间接地度量资本账户开放程度。因为众多研究发现，市场分割以及资本流动管制是造成同股不同价的主要根源，具体参见胡章宏和王晓坤（2008）对中国 AH 股价差的研究。

(三) 法规度量与事实度量:孰优孰劣

法规度量的优点在于简单,可直接度量资本项目的管制情况,但由于其人为设计和赋值的复杂性和主观性,法规度量常常会出现与实际情况不符的结果。关键是,尽管法规度量方法的赋值技术和精细程度在不断提高,但由于法规限制未必会对资本流动产生实质性影响,而且,执行力度和效果在不同国家或同一国家的不同时期存在巨大差别,这些差别无法在一成不变的法规限制中得以体现。另外,虽然一些国家在法规上放开了资本账户管制,但在事实上采取了一些宏微观审慎政策(Prudential Measure),比如对居民和非居民存款账户实施不同的准备金要求和利率限制,而这些措施会对资本自由流动产生抑制作用。这些效果也同样无法在法规指标中被实时地反映。可见,法规度量天生具有无法克服的脱离实际状况的局限性,其可靠性一直受到质疑。相比较而言,事实度量通过对事后资本流动及其他经济变量的测量能够较好地反映一国资本账户的真实开放水平。

以中国为例,如果按法规度量的Chinn-Ito指数判断,那么近三十年的中国资本账户开放水平基本未发生变化(见图1),这显然不符合现实。此外,以IMF的AREAER报告为信息来源的法规度量法很可能低估中国资本账户开放水平。具体而言,若对照IMF标准,目前中国的不可兑换项目有4项,占比10%,主要是非居民参与国内货币市场、基金信托市场以及买卖衍生工具。部分可兑换项目有22项,占比55%,主要集中在债券市场交易、股票市场交易、房地产交易和个人资本交易四大类。基本可兑换项目有14项,主要集中在信贷工具交易、直接投资、直接投资清盘等方面。对此,郭树清(2012)认为,IMF的评估结果可能低估了中国资本项目开放水平。他指出,如果不按居民原则(即是否为

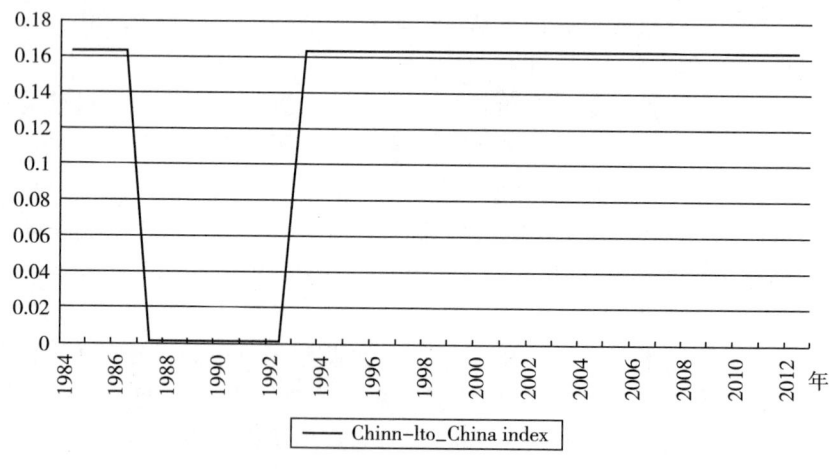

图1 基于Chinn-Ito指数度量的中国资本账户开放

在华注册公司）来评估，而是将外国企业当做在华的分支机构来看，那么它们也是可以发行股票、债券以及银行间市场票据，因此，IMF 认为不可兑换的"非居民在境内发行股票类证券"和"非居民在境内发行货币市场工具"，其实已部分可兑换。此外，由于商业银行发行理财产品的范围、性质并没有得到明确限定，外资银行其实可以通过发行非标准化理财产品，将境外母行的金融衍生产品在境内销售，因此"非居民在境内发行衍生产品"和"居民在境外发行衍生产品"实际上也是部分可兑换。

三、中国资本账户的事实开放

（一）F-H 储蓄投资法

根据 Feldstein 和 Horioka（1980）的思路，一国资本账户的事实开放水平可用式（1）的 β 系数来表示。

$$I = \alpha + \beta \times S + \varepsilon \qquad (1)$$

其中，I 是投资产出比率，S 是国民储蓄产出比率，ε 为误差项，β 为储蓄保持系数（Saving Retention Coefficient），$0 < \beta < 1$。β 值越大，资本账户开放度越大。当 $\beta = 1$ 时，国内投资完全来源于国内储蓄，资本账户完全管制，而当 $\beta = 0$ 时，资本账户完全开放。

度量期间为 1952～2013 年，产出采用支出法口径的 GDP 数据，投资以每年最终形成资本额为代表，储蓄则是将支出法口径的 GDP 减去社会总消费而计算得到，最终计算出中国的投资产出比率 I 和储蓄产出比率 S。数据来源于 CEIC 数据库。计量软件为 Eviews6.0。单位根检验结果表明，I 和 S 均为一阶平稳变量（见表1）。Johansen 协整检验结果表明，两者存在协整关系（见表2），因此式（1）不存在伪回归问题。格兰杰因果检验结果显示（见表3），可以在 5% 的显著水平上拒绝原假设"S 不是 I 的格兰杰原因"，而无法拒绝原假设"I 不是 S 的格兰杰原因"，由此表明式（1）的回归是合理的。回归结果见式（2）（其中，＊＊＊代表在 1% 水平上显著，下同）。

$$I = 0.05 + 0.95 \times S + \varepsilon \qquad 调整 R^2 = 0.92 \qquad (2)$$
$$(4.76)^{***} \quad (134)^{***}$$

进而，由于式（2）估计出来的固定参数方程隐含假设，在研究期间内经济系统没有发生结构性变化，这是一种静态的平均估计，不能反映中国资本账户开放的动态进程。因此，我们接着基于式（2），采用递归（Recursive）参数方法对中国投资产出比率和储蓄投资比例之间的动态系数进行估计，从而得到中国资本账户开放程度的时变特征。估计结果见图2。图2中显示，从 1952～1989 年，中国资本账户开放系数几乎为 1，即资本账户基本处于严格管制状态，符合经济现实。1994年开始,随着取消外汇上缴和留成、取消用户的指令性计划和审批、实行银行结售汇、人民币汇率并轨、实行有管理浮动汇率制度等外汇管理制度改革的开启,中国资本账户开放进程不断加速。与二十年前相比,当今中国资本开放程度已有明显提高。

表1　　　　　　　　　　中国 I 和 S 的单位根检验

变量	ADF 统计量	概率
I	−1.974777	0.2970
$D(I)$	−6.004686	0.0000
S	−1.662280	0.4451
$D(S)$	−5.661647	0.0000

表2　　　　　　　　　　中国 I 和 S 的 Johansen 协整检验

协整方程个数	Eigenvalue	Trace 统计值	0.05 临界值	概率
None*	0.193082	21.36989	18.39771	0.0187
At most 1*	0.126976	8.283347	3.841466	0.0040

表3　　　　　　　　　　中国 I 和 S 的格兰杰因果检验

原假设	F − Statistic	Prob.
I 不是 S 的格兰杰原因	2.37398	0.1288
S 不是 I 的格兰杰原因	4.31049	0.0423

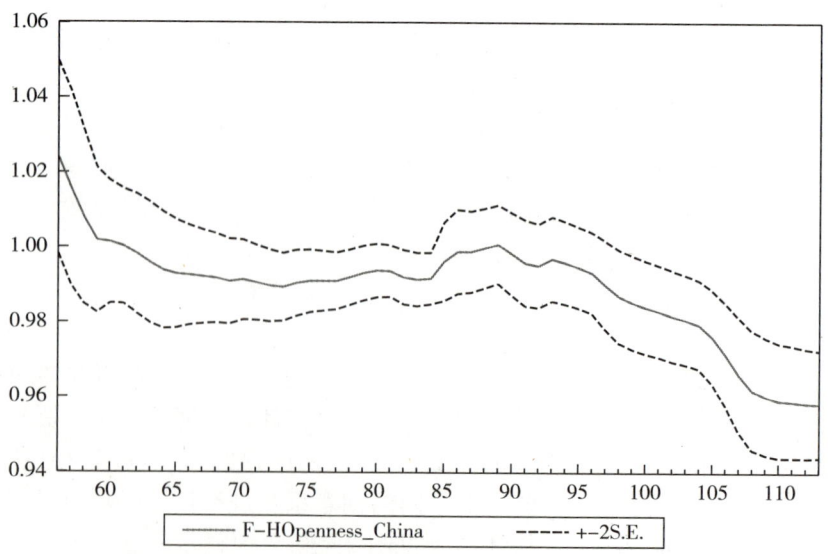

图2　基于 F−H 储蓄投资法的中国资本账户事实开放度量

(二) E–K 利率平价法

Edwards 和 Khan (1985) 的模型假定,国内利率水平由国内和国际的资本供需状况共同决定,即国内的市场出清利率 R 可表示为经汇率调整后的国际利率 R^* 和资本账户完全管制时国内市场的出清利率 $\bar{R}$ 的加权平均。

$$R = \theta R^* + (1-\theta)\bar{R} \qquad 0 \leq \theta \leq 1 \qquad (3)$$

当 $\theta = 0$ 时,国际利率对国内市场利率不产生任何影响,即国内和国际金融市场完全分割,国内市场利率完全由国内资本的供给和需求决定。当 $\theta = 1$ 时,国内市场利率等于经汇率调整后的国际利率,此时资本完全自由流动。因此,θ 的大小反映了资本账户开放程度,θ 越大,则资本账户开放程度越高,反之,则越低。式 (3) 可改写为下式。

$$R - \bar{R} = \theta(R^* - \bar{R}) \qquad (4)$$

由此可得到资本账户开放程度 θ。但由于在尚未完成利率市场化的国家中,国内市场利率 $\bar{R}$ 在现实中无法直接观察,因此无法直接估计式 (4)。对此,可采用以下办法解决。首先,假设一国的实际货币需求为

$$\ln\frac{M^d}{P} = \alpha_0 + \alpha_1 R + \alpha_2 \ln Y \qquad (5)$$

其中,M^d 是国内货币需求,P 是价格水平,Y 是实际产出。当货币市场均衡时,$M^d = M^s$,市场出清利率可表示为

$$R = -\frac{\alpha_0}{\alpha_1} + \frac{1}{\alpha_1}\ln\frac{M^d}{P} - \frac{\alpha_2}{\alpha_1}\ln Y \qquad (6)$$

资本账户封闭条件下,货币供给 $\bar{M}$ 为剔除资本账户收支 KA 影响的货币供给,即 $\bar{M} = M - KA$。与式 (6) 相似,可得到资本账户封闭条件下的利率:

$$\bar{R} = -\frac{\alpha_0}{\alpha_1} + \frac{1}{\alpha_1}\ln\frac{\bar{M}}{P} - \frac{\alpha_2}{\alpha_1}\ln Y \qquad (7)$$

进而,将式 (6) 和式 (7) 代入式 (3),得到

$$\ln\frac{M^s}{P} = \Pi_0 + \Pi_1 R^* + \Pi_2 \ln\frac{M^s - KA}{P} + \Pi_3 \ln Y \qquad (8)$$

其中,$\Pi_0 = -\alpha_0(1-\theta)$,$\Pi_1 = \alpha_1\theta$,$\Pi_2 = 1-\theta$,$\Pi_3 = \alpha_2\theta$。式 (8) 中 M^s、P、R^*、KA、Y 均是可观察变量,因此我们可对式 (8) 进行估计,从而得到资本账户开放程度 $\Pi_2 = 1 - \theta$(与 θ 相反,$\Pi_2 = 0$,资本账户完全开放;$\Pi_2 = 1$,资本账户完全管制)。

度量期间为 1998 年第一季度至 2014 年第四季度。实证中,M^s 采用 M_2 层次的中国货币供应量,P 为中国居民消费价格指数,R^* 通过伦敦银行间三个月期美元拆放利率 (LIBOR) 加上每季度人民币对美元汇率变化值计算得到,KA 通过

每季度中国国际收支表中资本与金融账户余额乘以 M_2 货币乘数（即 M_2/M_0）计算得到，Y 为支出法口径的中国 GDP。M_2 和 M_0 货币供应量、居民消费价格指数、GDP 的数据来源于 CEIC 数据库。三个月美元 LIBOR 和人民币对美元汇率的数据来源于路透社。计量软件为 Eviews6.0。

单位根检验结果表明，$\ln\frac{M^s}{P}$、R^*、$\ln\frac{M^s-KA}{P}$、$\ln Y$ 均为一阶平稳变量（见表4）。Johansen 协整检验结果表明，四个变量间存在协整关系（见表5），因此式（8）不存在伪回归问题。回归结果如下：

$$\ln\frac{M^s}{P} = -2.729 - 0.0205\,R^* + 0.89\ln\frac{M^s-KA}{P} + 0.09\ln Y$$

$$(8.55)^{***}\ (-3.98)^{***}\ (26.87)^{***}\qquad(3.69)^{***}$$

调整 $R^2 = 0.99$ \hfill (9)

式中，利率和产出对货币需求的影响符号分别为负号和正号，而且均在 1% 水平上显著，因此式（9）完全符合经济理论。进而，我们采用递归（Recursive）参数方法对式（9）进行动态估计，得到中国资本账户开放程度的时变特征，结果见图3。图3中显示，自 2001 年加入世界贸易组织（WTO）开始，中国资本账户开放程度不断提高[①]。但 2005 年第三季度至 2008 年第二季度，中国资本账户管制程度处于较高的水平，符合经济现实。2005 年人民币汇率制度改革以后，中国央行采取了相关宏微观审慎政策，以打击因强烈的人民币升值预期而带来的热钱流入。2008 年第三季度以后，中国资本账户开放继续加速。

表4　　　　　中国 $\ln\frac{M^s}{P}$、R^*、$\ln\frac{M^s-KA}{P}$、$\ln Y$ 的单位根检验

变量	ADF 统计量	概率
$\ln\frac{M^s}{P}$	-2.470010	0.3416
$D(\ln\frac{M^s}{P})$	-5.573083	0.0001
R^*	-2.393262	0.3796
$D(R^*)$	-4.237425	0.0068

[①] 图3与图2的结果存在一定的差别，表现在图3中国资本账户开放水平在 2003~2006 年出现显著倒退，而图2中国资本账户开放水平则不断提高。背后的原因可能在于，储蓄投资法度量的对象较为广泛，不仅包括债权资本的开放，还包括股权资本的开放（比如外商直接投资等），而利率平价法则主要针对于债权资本，因此两种方法在度量结果上出现了一定的差别。但整体来看，由于储蓄投资法度量对象更为广泛，其估计的结果更为可信，因此我们倾向于认为，2003~2006 年中国资本账户开放水平整体上是不断提高的。

续表

变量	ADF 统计量	概率
$\ln\frac{M^s-KA}{P}$	0.552534	0.9873
$D(\ln\frac{M^s-KA}{P})$	-9.030840	0.0000
$\ln Y$	-2.209729	0.4763
$D(\ln Y)$	-5.915931	0.0000

表5　中国 $\ln\frac{M^s}{P}$、R^*、$\ln\frac{M^s-KA}{P}$、$\ln Y$ 的 Johansen 协整检验

协整方程个数	Eigenvalue	Trace 统计值	0.05 临界值	概率
None*	0.393620	66.09056	63.87610	0.0322
At most 1	0.294584	33.57443	42.91525	0.3083
At most 2	0.105118	10.89155	25.87211	0.8813
At most 3	0.054933	3.672458	12.51798	0.7888

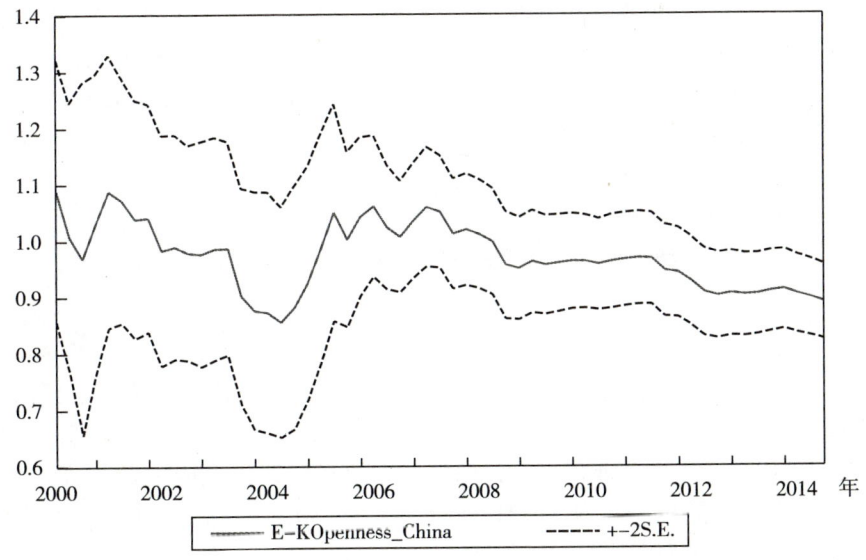

图3　基于 E-K 利率平价法的中国资本账户事实开放度量

(三) LMF 资本存量法

Lane 和 Milesi-Ferretti (2007) 认为，可以国际资产和国际负债总量占 GDP

的比重来衡量资本账户开放程度，计算公式为

$$\text{IFIGDP}_t = \frac{FA_t + FL_t}{GDP_t} \quad (10)$$

其中，FA_t 和 FL_t 分别代表一国的国际资产和国际负债存量。Lane 和 Milesi - Ferretti（2007）统计了各国的国际资产、负债和 GDP 数据，并将其更新到 2011 年。基于他们的工作，我们计算出中国的 IFIGDP 指数，见图 4。从图 4 中可以看出，自 1981 年开始，中国资本账户的开放程度不断提高，至 2011 年，IFIGDP 指数已从 1981 年的 0.15 上升至 1.09，上升幅度非常明显。同 E - K 利率平价法一样，LMF 资本存量法的度量结果也显示，2005 ~ 2008 年，中国资本账户开放速度有所放缓。

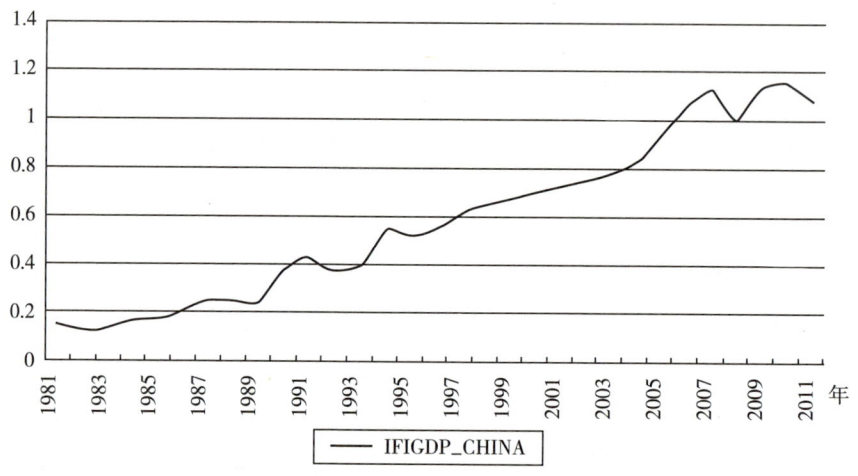

图 4　基于 LMF 资本存量法的中国资本账户事实开放度量

（四）资产价格关联法

自 1993 年 8 月 21 日第一家 AH 股上市公司青岛啤酒出现以来，已经有逾 60 家 AH 股上市公司。一直以来，AH 股价差现象是市场投资者、监管部门及研究者关注的重要议题。实证研究表明，两地股票市场分割以及内地资本流动的限制是造成 AH 股价差的根源（胡章宏、王晓坤，2008），因此 AH 股价差间接反映了中国资本账户开放程度。

为了更好地追踪 AH 股价差，香港恒生指数服务公司于 2007 年 7 月 9 日发布了恒生 AH 股溢价指数。该指数根据纳入指数计算的成分股的 A 股及 H 股的流通市值，计算出 A 股相对 H 股的加权平均溢价（或折让）。指数越高，代表 A 股相对 H 股越贵（溢价越高），反之，指数越低，代表 A 股相对 H 股越便宜。恒生 AH 股溢价指数见图 5。

针对恒生 AH 股溢价指数在 2007 年之前并未存在的事实，我们选取了 2000 年 1 月至 2007 年 12 月的 51 家 AH 股上市公司在两市的收盘价，根据 $\dfrac{P_A \times S}{P_H}$ 的式子计算出各家公司的 AH 股价差，其中 S 为人民币对港元汇率，进而计算出 2007 年之前的每月平均 AH 股价差。走势见图 6。数据来源于 Wind 数据库。

图 6 显示，2001～2007 年 AH 股价差不断下降，由 2001 年的最高水平 23 下降至 2007 年底的 2.4，下降明显。而 2008 年之后（见图 5），AH 股价差下行进一步加速，从 2010 年开始，AH 股价差水平基本维持在 1 的水平，也就是说，AH 股价格已基本相同，这意味着中国内地与香港的股票市场已基本融为一体，两地之间资本可自由流动。

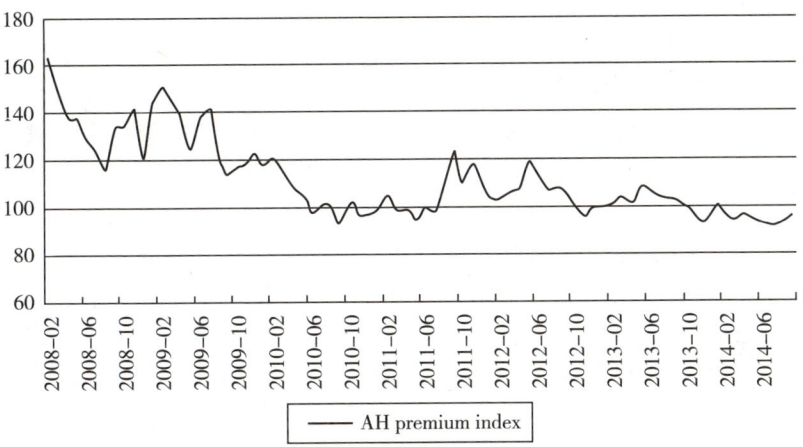

图 5　基于资产价格关联法的中国资本账户事实开放度量（2008～2014 年）

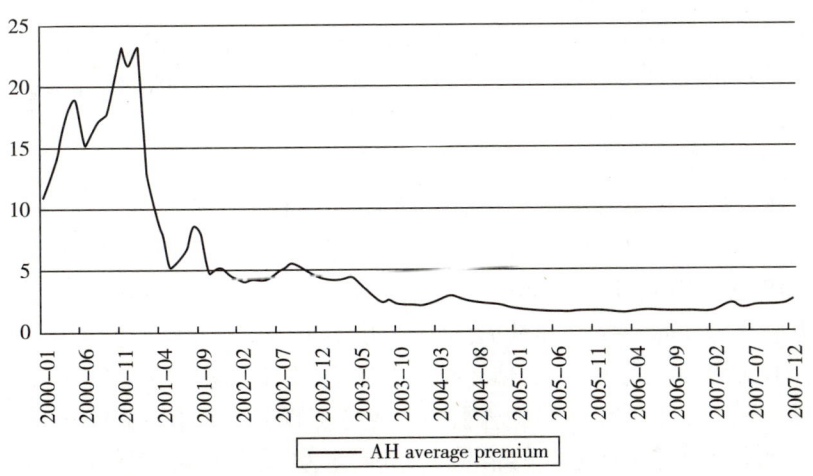

图 6　基于资产价格关联法的中国资本账户事实开放度量（2000～2007 年）

四、中日资本账户开放比较

(一) 为何选择与日本进行比较

首先,为扩大 SDR 货币篮子,IMF 金融部 SDR 及金融资源科制订了两套方案。方案一,用新货币替换实际 SDR 货币篮子中所占比重最低的货币(2006~2015 年为日元)。方案二,直接加入新货币,不替换任何现有货币。但无论采取哪种方案,在 SDR 货币篮子中比重最低的日元的可自由兑换程度都将有可能成为新加入货币可自由兑换的最低标准。因此,有必要将中国的资本账户开放与日本进行比较,以寻找人民币加入 SDR 的差距与不足。

其次,截至目前,七国集团(G7)中,德国、英国、法国和意大利已倾向支持人民币加入 SDR,但美国和日本则表现出谨慎的态度,加上美日与中国在 TPP 谈判、BIT 协议、IMF 改革、亚洲基础设施投资银行等国际治理和地缘政治上的角力,日本极有可能成为反对人民币加入 SDR 的"急先锋",因此进行中日资本账户开放的比较研究,有助于为人民币加入 SDR 的国际谈判提供更有力的支撑。

最后,中日两国在金融的对外开放和货币的国际化存在着相似性,都是在国内尚未完成利率市场化和金融业开放的情形下,推动资本账户开放以及本国货币加入 SDR,货币国际化的路径都是采用"货币输出、离岸金融市场发展、货币回流"的模式。因此中日资本账户开放的比较有助于为中国资本账户开放和货币国际化提供有益的借鉴。

(二) F-H 储蓄投资法

基于式(1),我们利用 F-H 储蓄投资法对日本资本账户事实开放度进行度量。即首先对式(1)进行最小二乘回归,然后进行递归参数回归,从而得到日本资本账户开放程度的时变特征。

鉴于数据的可得性,样本期间为 1980~2008 年。数据处理方法同前文中国的情形一样,日本产出采用支出法口径的 GDP 数据,投资以每年最终形成资本额为代表,储蓄由支出法口径的 GDP 减去社会总消费而计算得到。数据来源于 CEIC 数据库。计量软件为 Eviews6.0。单位根检验结果表明,I 和 S 同为一阶平稳变量(见表6)。Johansen 协整检验结果表明,两者存在协整关系(见表7),因此对于日本的情形,式(1)的估计也不存在伪回归问题。格兰杰因果检验结果显示(见表8),可以在5%的显著水平上拒绝原假设"S 不是 I 的格兰杰原因",而无法拒绝原假设"I 不是 S 的格兰杰原因",由此表明式(1)的回归也是合理的。对于日本的情形,式(1)的回归结果见式(11),递归回归系数结果见

图 6。

$$I = 0.006 + 0.94 \times S + \varepsilon \qquad 调整R^2 = 0.91 \qquad (11)$$
$$(0.37)^{***} (160)^{***}$$

日本于 1973 年日元汇率管制,允许日元自由浮动,1979 年宣布资本账户开放,随后于 1981 加入 SDR,进而 1985 年允许股票市场对外开放,最后于 1991 年全部放开国内金融部门。而我们利用 F-H 储蓄投资法测算的日本资本账户事实开放度很好地反映了上述开放进程(见图 7)。1980~1990 年,日本资本账户开放系数由 1980 年的 1 快速下降到 1990 年的 0.94,随后至今一直保持在 0.94 的水平。与之比较,用同样方法测算的中国资本开放系数在经历 20 年的下降,目前已降到 0.958,接近日本在 1991 年(即日本国内金融部门对外开放)的水平 0.9444。

表 6　　　　　　　　　日本 I 和 S 的单位根检验

变量	ADF 统计量	概率
I	-2.654431	0.2614
$D(I)$	-3.594426	0.0001
S	-1.526057	0.7959
$D(S)$	-3.867154	0.0081

表 7　　　　　　　　　日本 I 和 S 的 Johansen 协整检验

协整方程个数	Eigenvalue	Trace 统计值	0.05 临界值	概率
None*	0.386883	15.40651	12.32090	0.0147
At most 1	0.059208	1.708939	4.129906	0.2246

表 8　　　　　　　　　日本 I 和 S 的格兰杰因果检验

原假设	F-Statistic	Prob.
I 不是 S 的格兰杰原因	0.42856	0.5187
S 不是 I 的格兰杰原因	7.26483	0.0124

(三) E-K 利率平价法

鉴于数据的可得性,我们对日本资本账户开放的度量期间为 1978 年第二季度至 2011 年第四季度。同中国的情形一样,日本的 M^s 也采用 M_2 层次的货币供应量,P 为日本居民消费价格指数,R^* 通过伦敦银行间三个月期美元拆放利率 (LIBOR) 加上每季度日元对美元汇率变化值计算得到,KA 通过每季度日本国际收支表中资本与金融账户余额乘以 M_2 货币乘数 (M_2/M_0) 计算得到,Y 为支出

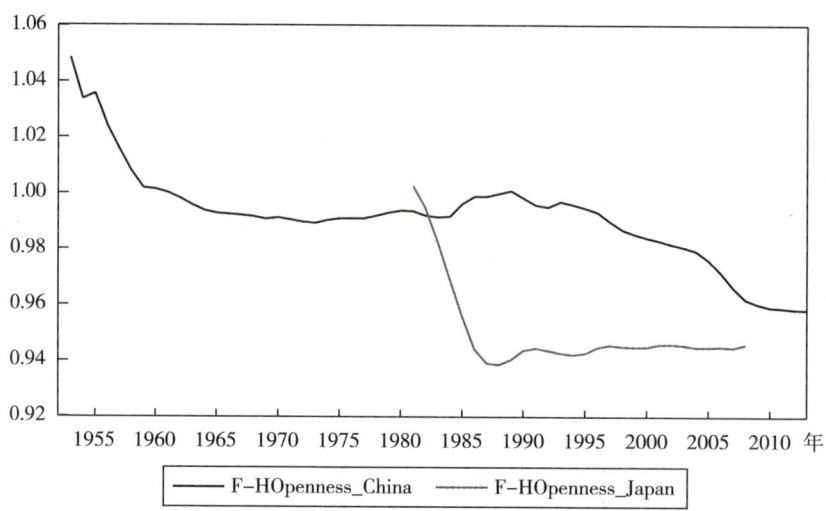

图7 基于F-H储蓄投资法的中日资本账户事实开放比较

法口径的日本GDP。日本的M_2和M_0货币供应量、居民消费价格指数、GDP的数据来源于CEIC数据库。三个月美元LIBOR和日元对美元汇率的数据来源于路透社。计量软件为Eviews6.0。

单位根检验结果显示,日本的$\ln\frac{M^s}{P}$、R^*、$\ln\frac{M^s - KA}{P}$、$\ln Y$变量均为一阶平稳变量(见表9)。Johansen协整检验结果表明,四个变量间存在协整关系(见表10),因此在日本的情形,式(8)的估计也不存在伪回归问题。回归结果见式(12)。然后基于式(12),进行递归(Recursive)参数回归,得到日本资本账户开放度的时变特征,并与同样方法测算得到的中国资本账户开放度进行比较。图8显示,E-K利率平价法很好地捕捉了1979年日本宣布资本账户开放和1981年日元加入SDR的时点,在这两个时点,E-K利率平价法度量的日本资本账户开放系数分别为0.028和0.004,处于全样本的最低点。但名义上的开放并不意味着事实的开放,日本在1991年才最终完成金融对外开放,因此E-K利率平价法度量的日本资本账户开放系数在1981~1990年不断上升。将中日进行比较,可以发现,目前E-K利率平价法度量的中国资本账户开放系数为0.946,已基本接近于1991年日本资本账户开放系数0.939。

$$\ln\frac{M^s}{P} = -0.06 - 0.002 R^* + 0.98\ln\frac{M^s - KA}{P} + 0.02\ln Y$$
$$(-0.44)\ (-3.03)^{***}\ (36.35)^{***}\qquad (2.61)^{**}$$

调整 $R^2 = 0.98$ (12)

表9　日本 $\ln\frac{M^s}{P}$、R^*、$\ln\frac{M^s-KA}{P}$、$\ln Y$ 的单位根检验

变量	ADF 统计量	概率
$\ln\frac{M^s}{P}$	-1.913810	0.6419
$D\left(\ln\frac{M^s}{P}\right)$	-11.81077	0.0001
R^*	-1.169550	0.6865
$D(R^*)$	-10.12785	0.0000
$\ln\frac{M^s-KA}{P}$	-0.683903	0.9718
$D\left(\ln\frac{M^s-KA}{P}\right)$	-5.852580	0.0000
$\ln Y$	-1.435681	0.8462
$D(\ln Y)$	-11.37573	0.0000

表10　日本 $\ln\frac{M^s}{P}$、R^*、$\ln\frac{M^s-KA}{P}$、$\ln Y$ 的 Johansen 协整检验

协整方程个数	Eigenvalue	Trace 统计值	0.05 临界值	概率
None*	0.220199	82.39967	63.87610	0.0007
At most 1*	0.166841	48.82286	42.91525	0.0115
At most 2	0.131220	24.18124	25.87211	0.0800
At most 3	0.037725	5.191365	12.51798	0.5691

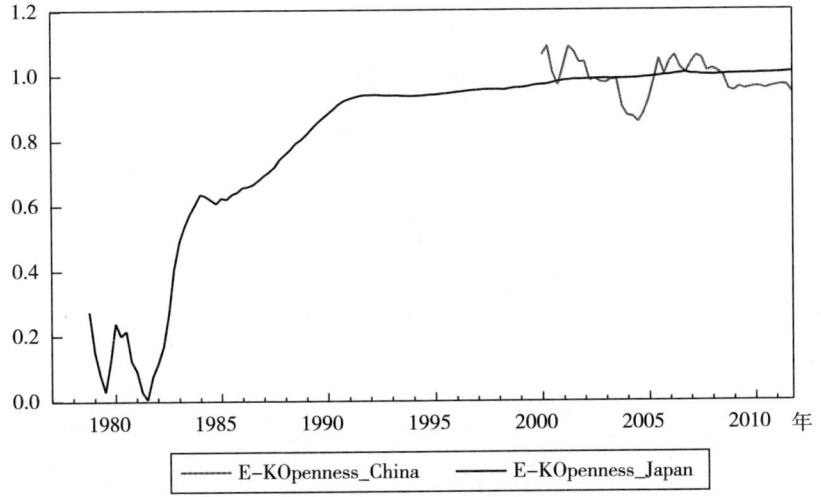

图8　基于 E-K 利率平价法的中日资本账户事实开放比较

（四）LMF 资本存量法

同样基于 Lane 和 Milesi–Ferretti（2007）的研究，我们利用式（10）计算出日本的 IFIGDP 指数，并将其与中国的 IFIGDP 指数进行对比，见图9。可以发现，基于国际资本存量的视角，中国当前的资本账户开放程度（IFIGDP 指数 = 1.08）已接近于1991年日本的资本账户开放水平（IFIGDP 指数 = 1.03），进一步印证了前文 F–H 储蓄投资法和 E–K 利率平价法的结论。不过与当前日本资本账户开放水平（IFIGDP 指数 = 1.95）相比，中国资本账户开放还存在一定差距。进一步，我们参考 Lane 和 Milesi–Ferretti（2007）计算了两国的国际股权借方和贷方总量与 GDP 的比率，即 GEQY 指数，见图10。图10 中显示，两者当前水平几乎接近，这意味着，基于国际资本存量的视角，当前中国资本账户在股权资本方面的开放上已和日本一致，但在债权资本的开放上还存在一定的差距。

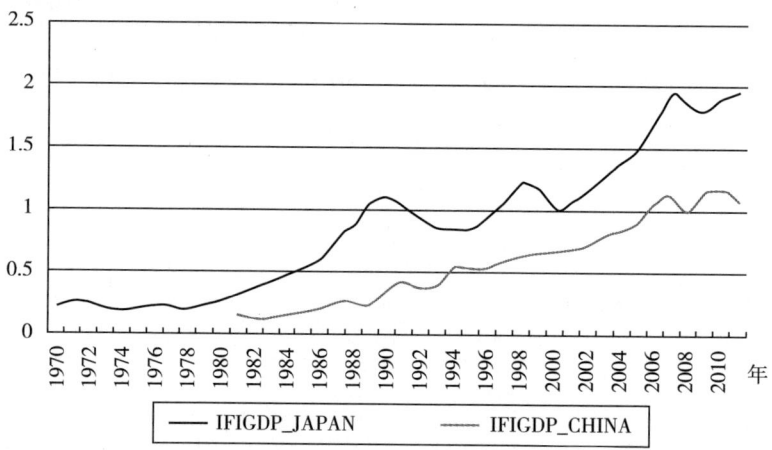

图9　基于 LMF 资本存量法的中日资本账户事实开放比较

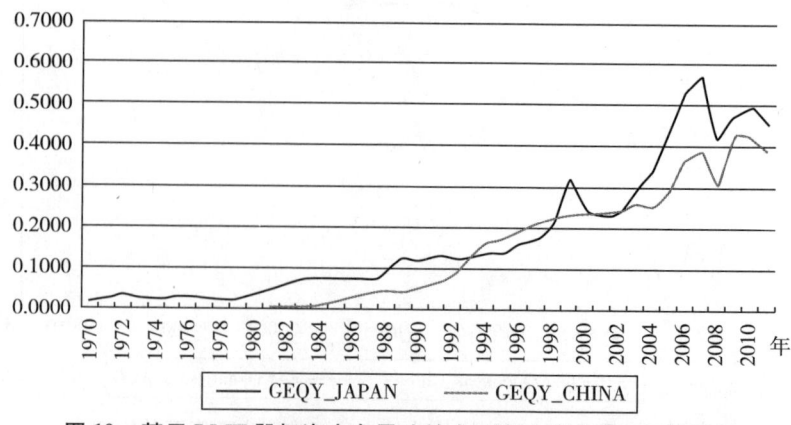

图10　基于 LMF 股权资本存量法的中日资本账户事实开放比较

五、总结与政策启示

事实度量比法规度量方法更能反映一国资本账户的真实开放水平。本文利用F-H储蓄投资法、E-K利率平价法、LMF资本存量法和资产价格关联法等事实度量法度量了中国资本账户开放水平,并进行了中日比较。结果显示,无论是F-H储蓄投资法、E-K利率平价法,还是LMF资本存量法度量的结果都显示,当前中国资本账户开放水平已接近于日本在1991年金融部门完全对外开放时的资本账户开放水平(见表11)。可见,中国资本账户的事实开放程度高于法规开放,人民币在事实上已基本满足SDR篮子货币的可自由使用标准。

2015年,存款保险制度的正式建立扫清了中国利率市场化的最后障碍,中国人民银行行长周小川已表示,年内将完成利率市场化的最后一步,即放开国内存款利率,并透露央行将继续采取措施促进个人跨境投资便利化,让资本市场更加开放,以及依据人民币资本项目可兑换的基本框架修改外汇管理条例。可以预计,在相关政策的大力推动下,今年中国金融市场的自由化和对外开放将会取得更大的实质性进展,具体可能包括对跨境投资限制的放开、国内外证券市场的联通、人民币汇率形成机制的市场化以及自贸区的扩张。人民币距离资本账户完全可自由兑换已不远。

更重要的是,SDR也需要人民币。中国经济规模和贸易地位居世界前列,人民币的加入将无疑提升SDR的代表性和合法性。Agnès和Damien(2014)的研究显示,人民币加入SDR将会减少SDR对主要货币汇率的短期波动性,并有利于SDR定值的长期稳定性,而且人民币如果不能尽快加入SDR,则将会使SDR的价值出现断裂。

因此我们认为,人民币成为SDR篮子货币的时机已然成熟。

表11　　　　　　　　　中日资本账户开放比较总结

	当前中国资本账户开放水平	1991年日本资本账户开放水平
F-H储蓄投资法	0.958	0.9444
E-K利率平价法	0.946	0.939
LMF资本存量法	1.08	1.03

参考文献

[1] 郭树清:《中国资本市场开放与人民币资本项目可兑换》,载《金融监管研究》,2012(6)。

[2] 胡章宏、王晓坤:《中国上市公司A股和H股价差的实证研究》,载《经济研究》,2008(4)。

[3] Agnès Benassy-Querere and Damien Capelle (2014), "On the Inclusion of the Chinese Renminbi in the SDR Basket", International Economics, 139: 133–151.

[4] Asdrubali, P., Sorensen, B. and Yosha, O (1996), "Channels of Interstate Risk-sharing: United States, 1963–1990", Quarterly Journal of Economics, 111 (4): 1081–1110.

[5] Chinn, M. and Ito, H. (2008), "A New Measure of Financial Openness", Journal of Comparative Policy Analysis, 10 (3): 309–322.

[6] Cho, C. D., Eun, C. S. and Senbet (1986), "L. W. International Arbitrage Pricing Theory: An Empirical Investigation", Journal of Finance, 41 (2): 313–330.

[7] Edwards, S. and Khan, M (1985), "Interest Rate Determination in Developing Countries: A Conceptual Framework", IMF Staff Papers, 32 (3): 377–403.

[8] Fratzscher, M. and M. Bussiere (2004), "Financial Openness and Growth: Short-run Gain, Long-run Pain?", ECB Working Paper No. 348/April.

[9] Feldstein, M. and C. Horioka (1980), "Domestic Savings and International Capital Flows", Economic Journal, 90: 314–329.

[10] Grilli, V. and Milesi-Ferretti, G (1995), "Economic Effects and Structural Determinants of Capital Controls", IMF Staff Papers, 42 (3): 517–551.

[11] Harvey, C (1991), "The World Price of Covariance Risk", Journal of Finance, 46 (1): 111–157.

[12] Helmut Reisen and Helene Yeches (1993), "Time-varying Estimates on The Openness of Capital Account in Korea and Taiwan", Journal of Development Economics, 41: 285–305.

[13] International Monetary Fund (2010), "Measuring Capital Account Restrictiveness: A Survey of The Literature", Annual Report on Exchange Arrangements and Exchange Restrictions, pp. 48–51.

[14] Johnston, R. B. and Tamirisa, N. T (1998), "Why Do Countries Use Capital Controls?", IMF Working Paper 98/181.

[15] Kaminsky, G. and S. Schmukler (2002), "Short-run Pain, Long-run Gain: The Effects of Financial Liberalization", World Bank Working Paper 2912.

[16] Klein, M. and Olivei, G (1999), "Capital Account Liberalization Financial Depth and Economic Growth", NBER Working Paper, No. 7384.

[17] Kraay, A (1998), "In Search of the Macroeconomic Effect of Capital Ac-

count Liberalization", Washington: The World Bank (October).

[18] Lane, P. and Milesi – Ferretti, G (2007), "The External Wealth of Nations Mark II: Revised and Extended Estimates of Foreign Assets and Liabilities, 1970 – 2004, Journal of International Economics, 73 (2): 223 – 250.

[19] Miniane, J (2004), "A New Set of Measure on Capital Account Restrictions", IMF Staff Papers, 51 (2): 276 – 308.

[20] Quinn, D (1997), "The Correlates of Change in International Financial Regulation ", American Political Science Review, 91 (3): 531 – 551.

开放环境下跨境资金流动宏观审慎管理政策框架研究
——基于上海自贸区的实践思考

中国人民银行上海总部跨境人民币业务部课题组

课题组组长：施琍娅
课题组成员：吴 鸣 秦 鹏 陆 简 许 非

摘 要

金融宏观审慎管理框架是国际金融监管领域在本轮金融危机后倡导建立的重要金融监管机制之一，旨在防止因单一机构的问题引发系统性金融危机的发生。在跨境资金流动管理中应用宏观审慎管理理论框架是一个新的尝试，第一，需要创新性地建立一套全口径的宏观数据监测分析预警系统，这一系统不仅要能够翔实记录、反映宏观数据，还需具备基于宏观监测指标的预警触发机制。第二，需要设计一套由宏观指标触发微观调控参数指标体系。当宏观数据达到临界值发出预警时，引起相应微观调控参数指标变动，这些变动必须对跨境资金流动产生显著的影响，从而对跨境资金流动形成有效的调控。第三，建立一套能够快速响应并行之有效的行动方案。

针对自贸区开放和可兑换条件下跨境资金流动的特点，人民银行上海总部在创新账户体系和探索宏观审慎管理等方面进行了多维度的安排。一是建立分账核算管理下的自由贸易账户体系。自由贸易账户体系是一套以人民币为本位币、账户规则统一又兼顾本外币风险的可兑换账户，是对现有多个人民币专用账户和外币专用账户的集成，可以使经济主体只需管理一个账户就可以实现跨境和境内跨区的资金收付。规则统一体现在跨境收付可以依托账户的可兑换功能自主选择本外币，境内跨区收付一律使用人民币等相关规则上。二是创设境外融资宏观审慎管理实施框架。自贸试验区内新的境外融资宏观审慎管理制度设计了一套包括杠杆率、风险转换因子、宏观审慎调节参数在内的完整的由宏观指标触发微观调控的参数指标体系，以管理境外融资时存在的风险。三是自贸区资产证券化跨境业务宏观审慎管理。为规范自贸试验区企业资产证券化跨境业务相关的资金流动及风险管理，从结算币种、账户管理、一级和二级市场管理、备案管理、信息报送及监测预警指标等多个方面进行综合监管。四是建立宏观审慎管理框架下的跨境资金流动全口径日常监测体系。通过选择并设置相关指标，由系统根据采集的数据自动处理后作出初步分析判断，并提示监测人员和部门进一步研判，作出是否要发出进一步预警提示以及启动行动方案的决策。该系统作为日常性、常态化的监测，能够及时发现趋势性、苗头性以及异常情况，通过对趋势性、苗头性及异常作出自动识别和界定，以便工作人员对跨境资金流动的潜在风险做到提前识别和提前处理。五是构造宏观审慎管理框架下的跨境资金流动分级预警和应急处理政策工具箱。包括设计普通预警指标体系、专项预警指标体系、分级预警体系三层预警指标体系。同时，针对不同的预警级别，动用内嵌的各项宏观审慎调节参数或风险转换因子等对跨境资金流动以及交易进行调节。当事态无法通过预调进行遏制时，将动用包括延长账户资金存放期限、征收零息存款准备金等应急处理政策工具，确保事态控制在不发生系统性区域性风险的底线之内。

目前，在推进自贸试验区金融改革开放创新的过程中，上海总部初步建立了跨境资金流动宏观审慎管理政策框架，有效地便利了实体经济，受到各方好评。下一步，上海总部将继续在宏观审慎管理的框架下，依托自由贸易账户金融服务功能拓展，推进人民币资本项目可兑换，推动金融市场双向开放，并为将来全国实现可兑换后的金融审慎管理探索积累经验。

一、研究背景

改革开放30多年来，我国一直在逐步逐项地推进人民币资本项目的可兑换进程。据评估，当前我国已经实现了七大类40子项资本项目交易中接近90%的基本可兑换。在人民银行发布的金融支持上海自贸区建设的30条意见中，明确提出要创新有利于风险管理的账户体系来探索投融资汇兑便利化改革。其中的境内资本市场开放、个人跨境投资、跨境融资、金融风险对冲管理等都是我国人民币资本项目可兑换改革推进中难度最高、风险较大的部分，也是可兑换改革进程中最后一里路的内容。从90%的基本可兑换到100%的全面可兑换，资本项目可兑换最终的实现路径设计要基于对可兑换后跨境资金流动的情况判断，要从有利于国家抵御外部冲击风险的角度着手，要从人民币走向国际的高度着眼。上海自贸区内的金融改革开放还要与上海国际金融中心建设互相联动，使各项改革既能释放制度红利来推动金融支持实体经济的发展，又能通过"压力测试"来探索建立新形势下跨境资金流动风险防控机制。

二、自贸区资本及金融开放下的跨境资金流动特点和风险

资本项目可兑换的全部实现同时也意味着我国资本及金融账户的开放。应实

体经济跨境贸易投资活动的需求，提高资金结算效率、加快资金结算速度是跨境金融服务的必然之举。在这样的背景下，自贸区跨境资金流动面临的新特点主要体现在：一是跨国经营企业集团内跨境资金集合管理以及跨境电子商务等新业务的开展，使资金流动复杂性增大，流动形式趋于多样化。二是资本及金融市场活动的双向开放，使资金跨境流动呈现大进大出、快进快出的特性。三是跨境投融资渠道的打开使跨境双套利（汇差和利差）更趋活跃。四是经济主体基于自由选择权上对跨境结算货币的从优选择导致的微观及宏观货币错配以及相应的对冲管理使得跨境资金流动与实际的跨境权责债务关系存在倍增倍减的杠杆效应。

从风险角度来看，主要是资本项目中大部分中低风险的项目已经实现基本可兑换，但开放风险的管理尚留在行政层面，即国家行政管理部门是通过双 Q 制度（资质 Qualification 和额度 Quota）来行使资本项目可兑换的风险管理，而金融层面和实体经济层面尚未建立起金融开放运行下的风险管理意识和机制，这使国家的资本及金融开放面临巨大的困难和风险。这种双 Q 制开放模式的最大缺陷就是由国家行政部门来管理开放中的宏微观风险，而不是市场主体。一旦从 90% 的基本可兑换到 100% 的全面可兑换，原有各项目单一逐项独立开放模式中可控的风险可能演变为整体性、结构性、叠加性的风险，并通过国内外货币市场、资产市场、外汇市场等媒介实现交叉传递，进而引发开放宏观中典型的系统性风险——货币及金融危机。

三、宏观审慎管理的思想与理论框架

（一）宏观审慎政策框架与金融审慎例外安排

宏观审慎政策框架是从金融稳定角度提出的一个概念，主要应用在金融体系的整体稳定方面。根据 G30 集团宏观审慎管理工作组的定义，宏观审慎政策框架应包括四个部分：一是对整个金融体系进行政策反应，而非孤立地针对单个机构或特定经济措施；二是增强抗风险能力和限制系统性风险，减缓系统性风险通过机构间的关联、共同的风险敞口、放大金融周期波动性的金融机构顺周期行为倾向等因素向整个金融体系的蔓延；三是宏观审慎政策工具类型应当使用可变和固定工具减少系统性风险，同时增强金融体系的抗风险能力以防范风险；四是宏观审慎政策要求执行机构必须公开并能获取货币政策、财政政策及其他政府政策信息。其中，可变工具是指可以通过灵活的参数自动调整或响应商业周期发展进行变化的工具，如规定的逆周期资本缓冲；固定工具是指不在经济周期中进行调整以增强金融体系在周期内各个时点抵御风险的能力的工具，如资本乘数概念中的总资本杠杆率（Gross Leverage Ratios）和核心融资比率（Core Funding Ratios）等。

当前主流的国际多双边投资谈判协定中大多包含了投资自由化以及资金自由转移等相关高阶投资规则。在这些规则的作用下，签署国现行实施的行政性、选择性的各类管制措施将不再适用，需要寻找符合国际规则的、通行的新措施来防范风险并对国家利益进行保护。从发达国家的经验以及国际规则来看，"金融审慎例外安排"则是各项管制开放后仍然可以被东道国引用的主要调控手段。具体来讲包括两个方面：一是"不得阻止东道国出于审慎考虑①而采取或维持有关金融服务的措施，包括保护投资者、储户、保险单持有人或者以金融服务提供者为受托人的信托委托人利益的措施，或者是确保金融体系完整和稳定的措施"。二是"不适用于央行或货币当局为追求货币政策及相关信贷政策、汇率政策目标而普遍运用的非歧视性的措施"。其中，第二条为金融宏观审慎，但在应用中须遵循"非歧视性"原则。为了防止滥用这一"金融审慎例外安排"，对东道国采取的措施是否属于"金融审慎例外"的判断需要涉事双方国家的金融主管部门来共同认定。因此，金融审慎例外规则的科学合理设计和运用是关键。

（二）宏观审慎管理框架在跨境资金流动中的应用思路

金融宏观审慎管理框架是国际金融监管领域在本轮金融危机后倡导建立的重要金融监管机制之一，旨在防止因单一机构的问题引发系统性金融危机的发生。在跨境资金流动管理中应用宏观审慎管理理论框架是一个新的尝试，需要我们创新性地建立一套全口径的宏观数据监测预警分析系统、一套能够由宏观指标触发微观调控的参数指标体系以及一套能够快速响应并行之有效的行动方案。

第一，建立一套全口径的宏观数据监测分析预警系统。宏观审慎管理要求对宏观数据有准确地监测与记录，这就要求我们建立一套全口径的宏观数据监测分析预警系统，这一系统不仅要能够翔实记录、反映宏观数据，还需具备基于宏观监测指标的预警触发机制。能够在宏观数据达到临界值时发出预警信号，触发相应微观调控参数指标变动。目前，人民银行建设的中国（上海）自由贸易试验区自由贸易账户监测管理信息系统（FTZMIS），可以采集通过自由贸易账户办理的相关境外融资的币种和期限等信息，形成以自由贸易账户为渠道的跨境高频交易、大额交易以及境外融资的币种及期限错配的监测预警分析，成为全口径的境外融资监测预警分析系统。

第二，设计一套由宏观指标触发微观调控参数指标体系。当宏观数据达到临界值发出预警时，引起相应微观调控参数指标变动，这些变动必须对跨境资金流动产生显著的影响，从而对跨境资金流动形成有效的调控。这就需要我们设计一

---

① "审慎考虑"包括对个别金融机构安全、健康、完整以及金融职责的维持，对支付清算系统安全以及财务、营运完整性的维持。

套由宏观指标触发微观调控参数指标体系，为宏观指标触发微观调控提供抓手。根据宏观审慎管理的理论框架，这套微观调控参数指标体系应包括：（1）杠杆率。实体经济的杠杆率是与金融运行密切相关的指标，且与宏观经济运行的周期也密切相关。复苏（上升）及景气期内，实体经济通常采用增杠杆的做法，以图扩大经营规模，而杠杆率过高则容易引发过剩，导致经济下行，此时实体经济通常又采用去杠杆的做法。因此，选择杠杆率作为宏观指标可以与企业的实际财务运作挂钩，具有操作性和简单明了的优势。杠杆率可以按实际经济部门和金融部门来分别设置，以体现不同部门的运行特点。同时，对当前中外资企业境外融资借用政策不一致的调整，体现所有背景资本的企业在借用境外融资上均一视同仁的原则。（2）以降低风险为目的的"匹配"性指标。匹配原则应体现在借用境外融资的币种匹配和期限匹配上。总体而言，借用本币境外融资的风险低于借用外币境外融资的风险，因此应该鼓励对外负债本币化。在具体设计上，可考虑加大外币境外融资风险转换因子权重的方式来抑制借用外币境外融资；期限方面，借长用短风险小，借短用长风险大，且借款主体有借短用长的驱动。因此，在设计上可加大短期借款风险转换因子的权重来抑制借用短期资金的动机。

第三，建立一套能够快速响应并行之有效的行动方案。当监测分析预警系统未发出预警信号，一般认为自贸试验区整体经济金融运行在常态周期内处理，人民银行不采用干预措施。一旦发出预警信号，则需要迅速采取相应的行动。这就要求建立一套能够快速响应并行之有效的行动方案。当监测到资本流动中出现异常高频及大额交易现象时，人民银行可以"金融宏观审慎"的名义采取认为必要的措施，如通过调节微观调节参数来调节跨境流动方向和规模，通过调整风险转换因子的方式对融资结构进行微调，通过加强对资金划转的"三反"（反洗钱、反恐怖融资以及反逃税）核查力度对资本跨境流动进行间接调节等。

四、自贸区跨境资金流动宏观审慎政策实践初探

针对自贸区开放和可兑换条件下跨境资金流动的特点，人民银行上海总部在创新账户体系和探索宏观审慎管理等方面进行了多维度的安排。

（一）建立分账核算管理下的自由贸易账户体系

由于资金的流动通常是无形的，与物理空间的关系不大。因此，在相对封闭的区域内推动金融改革开放创新，通常因溢出效应而较难设计。考虑到资金流转和停留都离不开账户，人民银行确定了以账户为基点建立资金和业务风险的电子围网方案。

2014年5月，总行批准总部发布试验区分账核算业务两个文件，建立了分账核算管理的自由贸易账户体系。这是一套以人民币为本位币、账户规则统一、

兼顾本外币风险差别的可兑换账户，是对现有跨境人民币专用账户和外币专用账户的集成（见图1），符合企业走向国际过程中对账户跨境金融服务以及风险对冲管理的需要，也是资本项目全面可兑换后金融服务的发展方向。考虑到当前全国范围内尚难全面实现可兑换，中央要求在自贸区框架内先行先试资本项目可兑换等金融体制机制性改革，为全国实现可兑换探索路径积累经验，现阶段要求金融机构通过建立内部分账核算体系来管控风险，以放开向试验区内和境外各类主体提供相关金融服务的限制。将来全国实现全面可兑换后，金融机构层面的"二线"分账核算管理要求可以逐步撤销，但自由贸易账户体系作为金融开放运行下的便利化服务设施可以继续保留。同时，在自由贸易账户基础上建立的"一线"金融宏观审慎管理框架，因其符合国际公认的"金融审慎例外"规则，可以作为我国资本及金融账户开放运行中的永久风险防线保留，以最终实现"有管理的可兑换"。

在具体操作上，上海市金融机构根据两项实施细则的要求，按照"标识分设、分账核算、独立出表、专项报告、自求平衡"的规则建立试验区分账核算单元，为区内及境外经济主体提供自由贸易账户金融服务。账户各类主体可以自行选择本外币开展跨境结算，境内结算则统一使用人民币。同时，开展分账核算业务的金融机构应及时准确地向人民银行上海总部报送信息，并接受人民银行上海总部监管。具体如图1所示。

在对商业银行的管理上，建立了分账核算业务风险审慎合格评估机制。牵头组建了由多个监管部门和外部专家参与的评估工作机制委员会，评估委员会由包括人民银行相关业务条线（跨境、外汇、反洗钱、支付结算、金融稳定、法律事务等）、上海银监局、上海证监局、上海保监局的相关业务骨干及社会金融专家组成。

自由贸易账户体系是一套以人民币为本位币、账户规则统一又兼顾本外币风险的可兑换账户，是对现有多个人民币专用账户和外币专用账户的集成，可以使经济主体只需管理一个账户就可以实现跨境和境内跨区的资金收付。规则统一体现在跨境收付可以依托账户的可兑换功能自主选择本外币，境内跨区收付一律使用人民币等相关规则上。其作用体现在：

一是自由贸易账户体系在便利实体经济的同时为试验区金融改革开放创新的深化打造了环境条件。自由贸易账户在金融服务的设计上遵循了便利化原则，使区内和境外主体能够在跨境贸易投资活动项下实现资金自由汇兑，能够在境内跨区商务投资活动下实现资金的有限渗透；但在金融机构层面的分账核算制度下则体现为严格的服务、业务和资金隔离，明确规定服务对象为区内和境外主体，业务边界为区内和境外，资金和头寸管理必须遵循人民银行的管理规则。从而形成一个"放开实体、管好金融"的格局，为下一步试验区全面落实"30条意见"

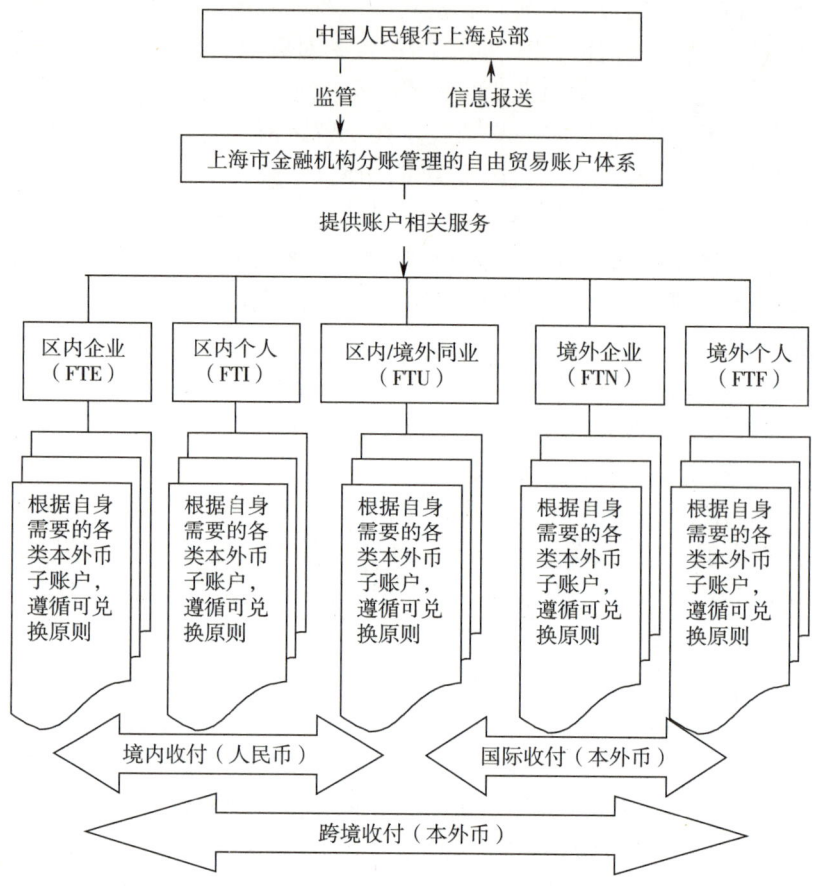

图1　分账管理的自由贸易账户体系

的相关措施,通过金融改革开放的深化,更好地服务实体经济创造了较好的先行先试环境条件,也打破了金融改革开放不能在一个特定区域内先行试点的假设。

二是自由贸易账户体系为试验区金融开放创新与改革深化中可能诱发的风险设置了屏蔽机制。当前自贸区内的金融开放创新和制度改革,许多内容都是没有先例可循的,可能会因为开放带来不确定性。这也是党中央、国务院再三强调"在风险可控的前提下推进"以及做好"压力测试"的考虑。通过分账核算管理下的自由贸易账户体系的设置以及相关政策安排,可以较好地解决试验区金融开放创新与改革深化过程中的风险溢出控制问题。以黄金交易国际板为例,国内黄金市场的对外开放中,境外投资者通过自由贸易账户的便利化安排加入在岸黄金市场交易,一方面落实了准入前国民待遇原则,使境外投资者可以直接参与在岸的黄金交易并在自由贸易账户下实现可兑换安排,另一方面自由贸易账户为其提供可兑换便利安排后产生的汇兑头寸被分账核算隔离在了区内和境外市场,不会溢出并影响境内货币和外汇市场。国内更多的金融市场也可以在自由贸易账户的支持下实现对外开放，并借自由贸易账户对跨境跨市场风险传递的隔断功能，进行市场自身开放环境下的压力测试，熟悉开放环境下的市场运行规律，积累经验并探索市场风险管理的有效方法，为从政府行政部门接过开放宏观下的微观风险管理职能作准备。

三是自由贸易账户体系为创新跨境金融服务监管体制和构建跨境资金流动领域中的金融宏观审慎政策框架搭建了试验基础。分账核算的自由贸易账户体系形成了一个资金跨境和境内跨区流动的"电子围网式"监管格局，所有进出和停留在自由贸易账户中的资金以及资金活动背后的业务信息都通过自由贸易账户监测管理信息系统采集汇总到人民银行。通过对自由贸易账户的动态监测分析，人民银行可以掌握各类主体、金融机构借助自由贸易账户开展的各类业务、价格、资金流动、流向、存量等情况，并通过与境内和国际市场情况的联动监测，建立风险预警和异常干预机制，为下一步全国加快推进人民币资本项目可兑换和全面开放环境下的金融宏观审慎管理框架建设进行有益的尝试。

（二）创设境外融资宏观审慎管理实施框架

为深入贯彻党中央、国务院关于加快自由贸易试验区建设的战略部署，促进试验区投融资便利化，进一步降低企业融资成本，提升金融服务试验区实体经济跨境发展的能力，在市政府、人民银行总行、外汇局的关心和支持下，上海总部结合自贸试验区金融改革的总体战略部署，于 2015 年 2 月发布了《中国（上海）自由贸易试验区分账核算业务境外融资与跨境资金流动宏观审慎管理实施细则》（以下简称《实施细则》），并启动了分账核算境外融资业务试点。试验区内金融机构和企业可以通过运用其自由贸易账户，按照其资本规模自主从境外借入本外币资金。这一政策充分拓展了自由贸易账户的服务功能，拓宽了企业和金融机构的境外融资渠道，降低了融资主体融资成本，在全国率先探索并初步建立了以资本约束为核心的本外币境外融资宏观审慎管理制度，为下一步开放条件下本外币一体化的事后监管积累了可复制可推广的经验。试验区分账核算境外融资政策的启动，标志着上海自贸区金改进入了 3.0 版本。

1. 试验区分账核算境外融资政策的主要内容

自贸试验区内新的境外融资宏观审慎管理制度设计了一套完整的由宏观指标触发微观调控的参数指标体系：一是设置境外融资杠杆率。采用国际通行的资本杠杆率概念，将偿债风险与股东责任挂钩，境外融资杠杆率与其实缴资本（含股本和资本公积）挂钩，目前，《实施细则》中规定分账核算境外融资杠杆率按主体类型设定，区内法人企业（分支机构不适用）设定为其资本的 2 倍。已建立分账核算单元的区内非银行法人金融机构设定为其资本的 3 倍，非银行金融机构的上海市级分账核算单元设定为其境内法人机构资本的8%。已建立分账核算单元的区内新设法人银行机构设定为其一级资本的5倍,银行上海市级分账核算单元设定为其境内法人机构一级资本的5%。未建立分账核算单元但在其他金融机构分账核算单元开立自由贸易账户的区内法人非银行金融机构按其资本的2倍设定,非银行法人金融机构在区内的直属分公司按境内法人资本的5%设定。二是设置境外融资风险转换因子。在境外融资杠杆率基础上,鉴于短期境外融资具有期限短、资金进出频繁等特点,与中长期境外融资相比,对国际收支影响更大,因此短期境外融资与中长期境外融资在计入总规模时应采用不同的期限风险转换因子,以体现政策的导向,目前,《实施细则》中规定,长期境外融资的风险转换因子设定为1,短期境外融资的风险转换因子设定为1.5。同样,鉴于本币负债风险低于外币负债的特点,为引导对外负债本币化,在人民币境外融资和外币境外融资计入总规模时也应采用不同的币种风险转换因子。目前,《实施细则》中规定,人民币境外融资的币种风险转换因子设定为1,外币境外融资的币种风险转换因子为1.5。此外,为进一步细化以体现不同类别融资的风险差异,还可以根据融资类别设置类别风险转换因子。目前,《实施细则》中规定,表内融资的类别风险转换因子设定为1,表外融资(或有负债)的类别风险转换因子设定为0.2和0.5两档。三是设置宏观审慎调节参数。以跨境资本流动规模和方向为监测指标,设定触发值后进行灵活调节。初始参数可设为1。四是建立参数指标之间的联系。根据《实施细则》,区内企业和金融机构通过试验区分账核算单元从境外融入的本外币资金按余额(指已提用未偿余额,下同)合并计算总规模,计算公式为

$$境外融资总规模 = \sum 境外融资余额 \times 期限风险转换因子 \times 币种风险转换因子 \times 类别风险转换因子$$

上述核算境外融资总规模不得超过其资本×境外融资杠杆率×宏观审慎调节参数。这就建立起了参数指标之间的联系,也为宏观指标触发微观调控提供了抓手。

2. 试验区分账核算境外融资政策的创新点

试验区分账核算境外融资政策的创新之处体现在:

一是拓宽了企业和金融机构的境外融资渠道,降低了融资主体融资成本。《实施细则》上调了经济主体从境外融资的范围和杠杆率。企业的融资规模从原来资本的一倍扩大到目前的二倍。商业银行原来不能从境外融入人民币资金,在新的政策框架下,可以从境外融入本外币资金。非银行金融机构如证券公司等,也能从境外融入资金。

整体上,《实施细则》对市场确实有需要、有利于实体经济发展的跨境资金流动提供了有力支持,并拓宽了试验区分账核算单元的资金来源,基本满足了区

内企业和金融机构的合理境外融资需求。区内主体可以根据自身的经营需要，通过自由贸易账户更加便利地从境外融入低成本的本外币资金，企业可以充分利用境内外两种资源、两个市场，进一步降低融资成本，为其生产经营活动带来实实在在的好处。

二是统一了中外资企业和金融机构的境外融资管理模式，实现了本外币一体化的事中事后监管。在分账核算管理体系下，试验区内的中外资企业和金融机构将采用统一的计算标准来办理境外融资业务。区内主体可按照自身资本规模的大小、在规定的计算方式下，综合考虑期限、币种、融资类别等因素，自主决策以何种方式开展境外融资，融资多长期限，融资什么货币等，将这些本应属于企业自主决定的权利归还给企业。

与此同时，在取消了前置审批核准环节的情况下，人民银行上海总部采用自由贸易账户体系形成的"电子围网效应"对境外融资的风险进行隔离和管理，依托自由贸易账户实时监测管理信息系统（FTZMIS）等相关系统采集区内主体的境外融资实际情况，开展对境外融资和跨境资金流动的实时监测分析，并建立相应的风险预警指标体系，通过境外融资参数等调控工具相机抉择地开展调控，从宏观上把控境外融资的整体风险。此外，在对境外融资的日常管理中，人民银行会同外汇局同时、共同使用相关系统，开展一体化监测分析和协同监管，探索本外币一体化的外债管理。

三是建立了风险防控范围清晰的境外融资管理规则。《实施细则》参照巴塞尔协议相关规则，对负债类业务进行了梳理，并尝试在风险识别的基础上对长短期、本外币和表内外的境外融资建立规范性管理规则。从有利于人民币国际化和外债宏观风险管理角度，明确了计入或不计入融资规模的具体做法，实现了资本约束下的业务全覆盖，这样既便利了实体经济跨境贸易投资活动，又能有效地管控境外融资整体风险。尤其是参与跨境衍生交易所引发的或有负债部分也按一定规则纳入计算，可以较好地约束金融机构利用衍生交易扩大杠杆倍数。

同时，《实施细则》通过创造性地使用风险转换因子（包括期限风险转换因子、币种风险转换因子、类别风险转换因子）、杠杆率等工具，来合理引导经济主体的境外融资结构。这种新的管理方式，鼓励企业和金融机构使用人民币，中长期，以及用于支持实体经济的资金，不鼓励短期融资。最后，在境外融资行为引发大规模跨境资金流动的特殊情形下，人民银行上海总部可以通过对相关参数的调整或其他类型的调控工具来进行逆向调节。

四是建立了以资本约束机制和宏观审慎管理调节机制为核心的境外融资管理模式。境外融资风险主要是偿债风险和由境外融资带动的跨境资金流动对境内市场的冲击风险。《实施细则》对境外融资建立了偿债风险导向的资本约束机制，强调以资本为境外融资约束的依据，有利于激励我国企业增强资本实力，改变当前负债偏高的格局,促进股东资本与债务资本的良性互动,提高企业自身的抗风险能力。同时,《实施细则》依托自由贸易账户分账核算管理体系,建立了跨境资金流动宏观审慎管理调节机制。在这两个机制的共同作用下,人民银行将境外融资与境内融资、境外融资与跨境资金流动结合起来进行通盘考虑,将境外融资作为金融开放环境下货币政策宏观调控的一个阀门和手段来进行管理,为实现人民币资本项目可兑换后的抵御外部冲击风险的相关体制机制建设作探索,为进一步完善本外币一体化的协调监管工作机制创造了条件。

(三) 自贸区资产证券化跨境业务宏观审慎管理

资产证券化是资产端业务,与负债端境外融资有相同之处,都可以实现跨境筹集资金的目的。但也有很大的差异之处,属于资产对价出售方式跨境筹集资金,而非信用筹资。即便资产证券化可能会导致内债转外债的概念,但证券化过程设立了破产隔离机制,投资者需要按市场规律承担投资风险,没有刚性兑付的问题,因此,在管理上应有别于负债端的外债管理。此时的宏观审慎政策设计应考虑以下因素:一是资产证券化是经济主体盘活存量的适用渠道,客观上存在这一需求,需要正确看待和响应。二是资产证券化设立了有效破产隔离后,为投资者自担风险提供了前提,不应再出现刚性兑付。三是资产证券化需求很大,带动的资金流动量也会很大,若设置简单总量概念,会导致"先到先得"争抢规模的现象,不利于政策的实施和效果的展现。因此,可以采用发行净增量均衡管理的逻辑来设计相应的政策。四是资产证券化需要二级市场的支持,发行端一级市场有相应规模管控后,二级市场交易应放开,这样有利于提高二级市场交易的流动性,为价格发现提供市场基础。五是由资产证券化而给跨境资金流动带来的净增量不应过度加大跨境资金流动的原有格局,但可以通过宏观审慎调节参数来对原有跨境资金流动格局作适当的修正。

在上海自贸试验区内开展以人民币计价结算的企业资产证券化跨境业务,有利于促进区内、境外金融和要素市场的双向开放,支持实体经济充分利用境内外两个市场、两种资源,提高金融服务业国际竞争力,助推人民币国际化,促进上海国际金融中心建设,同时为全面深化改革和扩大开放探索新途径、积累新经验,是符合国家战略的金融改革创新。

为促进区内企业资产证券化跨境业务规范有序发展,避免不法资金借道冲击国内金融市场,防范由此引起的跨境资金异常流动风险,同时兼顾自贸区深化行政管理体制改革、加快政府职能转变的要求,应探索建立一套有效的事中事后监管框架,平衡服务实体经济与守住风险底线、放松金融管制与有效监管、先行先试与复制推广的要求,充分发挥试验区"试验田"的作用。

1. 监管思路设计

一是简政放权,不设事前行政审批。党中央、国务院在《中国(上海)自由贸易试验区总体方案》中明确指出,要"加快转变政府职能,改革创新政府管理方式,按照国际化、法治化的要求,积极探索建立与国际高标准投资和贸易规则体系相适应的行政管理体系,推进政府管理由注重事先审批转为注重事中、事后监管"。因此,自贸区企业资产证券化跨境业务不设任何事前行政审批。

二是依托自由贸易账户监测预警信息管理系统强化事中事后监管。自由贸易监测预警信息管理系统(FTZMIS)是人民银行上海总部在自由贸易账户基础上建立的全口径数据采集、管理与监测一体化的信息管理系统,涵盖了"反洗钱、反恐怖融资、反逃税"资金监测要求,并实现了与现行外汇系统、国际收支统计监测系统、人民币跨境收付信息系统等信息共享,能够对跨境资金流动实行有效的监测预警。

三是设立企业资产证券化双向净发行总量规模控制。为促进和培育市场发展,推动区内和境外金融市场双向开放,引导跨境资金双向有序流动,实现宏观审慎管理目标,对企业资产证券化跨境业务设立"双向净发行总闸门+宏观审慎调节参数"的控制方式,防止跨境流动的系统性风险。

四是立足国情对接国际规则。试验区面向国际的资产证券化业务的开展,打开了国际竞争之门。相关资产证券化业务运行模式、合格投/融资者制度、破产隔离、信息披露、信用评级、会计处理、投资者保护乃至审慎性监管等制度性安排都要尽可能与国际通行的规则对接。

2. 操作要点

根据市场需求,自贸试验区企业资产证券化跨境业务主要分为两类,一是以区(境)内企业或项目基础资产跨境发行与交易的资产证券化业务(以下简称"境内资产证券化"),二是以境外企业或项目基础资产证券化跨境发行与交易的资产证券化业务(以下简称"境外资产证券化")。其中,基础资产包括企业应收款、租赁债权、信贷资产、信托收益权、基础设施、商业物业等不动产或不动产收益权等财产权利。

为规范自贸试验区企业资产证券化跨境业务相关的资金流动及风险管理,在具体操作上,将从结算币种、账户管理、一级和二级市场管理、备案管理、信息报送及监测预警指标等多个方面进行综合监管。

一是计价结算币种。为向海外提供更多更好的人民币资产,逐步形成人民币资产的市场化定价,采用人民币为发行与交易币种。后期,也可根据上海国际金融中心建设需要适当开展币种匹配原则下的外币发行和交易。

二是依托自由贸易账户开展业务。自由贸易账户管理及资金流动管理遵循试验区分账核算业务相关规定。试验区分账核算单元可以按自由贸易账户分账核算规定为境外投资者因投资该类证券化金融资产而产生的资金跨境汇兑提供人民币或外币结算服务。

三是一级市场管理。规模管理方面,鉴于企业资产证券化不是企业债务类融资,因此对单个企业的资产证券化发行不设额度,不纳入分账核算境外融资规模管理。为实现跨境资金流动宏观审慎管理目标,考虑设立试验区资产证券化跨境发行净规模上限,暂定为 2000 亿元人民币。计算公式为:区(境)内发行×宏观审慎调节参数-境外发行×宏观审慎调节参数=净发行规模≤2000 亿元。(后期外币加入时,再增加外币净发行规模及发行方向因子。)宏观审慎调节参数初始值为 1。该净发行规模上限为区(境)内资产证券化发行规模减境外资产证券化规模的净值,实行时点余额管理。其中,发行规模是以所有自贸试验区资产证券化区(境)内及境外发行主体发行的全部金额进行计算。即 $|\sum S_i - \sum X_i|$,S_i、X_i 分别为仍在存续期内境内及境外单个企业资产证券化发行总额。人民银行上海总部将根据整体货币政策执行需要和跨境资金流动宏观审慎管理需要进行调整。

基础资产要求方面,境内资产证券化的基础资产不得包括国家公布的外商投资负面清单管理内的行业或企业或项目资产,不得包括国家敏感行业或企业或项目资产,不得包括国家涉密行业或企业或项目资产。金融机构和相关的资产证券化参与机构应做好资产排查分类工作。若涉及上述行业或企业或项目资产的,需事先向中国(上海)自由贸易试验区管委会提交国家安全审查和反垄断审查申请,审查通过后方可纳入基础资产池。境外资产证券化的基础资产应通过反洗钱、反恐融资审查,不得涉及洗钱高风险行业、高风险产品;不得涉及高污染、高能耗产业,鼓励引进环境友好型技术、清洁能源等绿色低碳项目。境外发行人需通过联合国、公安部等公布的涉恐名单数据库筛查。

发行对象及方式方面,境内和境外的资产证券化产品可通过试验区分账核算单元向开立了自由贸易账户的区内及境外合格投资者(暂定机构投资者)销售。条件成熟时,可向境内区外的普通账户投资者销售。同时,为保持市场的统一性和公平性,发行或销售的资产证券化产品应同步向区(境)内和境外开放。

资金用途管理方面,发行境内资产证券化产品所得人民币遵守自由贸易账户管理规则,用于企业自身经营范围内、符合国家和试验区产业发展方向的区内项目建设或境外项目建设。境外资产证券化后获得的资金可通过自由贸易账户用于境内外。

四是二级市场管理。境内外证券化资产二级市场交易,应通过上海地区有组织的交易市场完成。其中境外投资者可以 FTN 账户、区内投资者可以 FTE 账户参与,境内区外投资者可通过普通账户在分账核算单元支持下参与。

境内外证券化资产应托管在上海地区有资质的托管及清算机构,托管及清算机构应与中国人民银行上海总部签订备忘录,遵守试验区跨境金融服务相关规定，并在试验区分账核算单元开立 FTE 账户，向资产证券化跨境交易各方提供跨境金融服务。相关的托管及清算机构应接入中国人民银行上海总部的系统并按规定报送相关信息，包括二级托管下的最终持仓人信息。

境外投资者在投资境内证券化资产后获得的本金及收益应通过其开立的自由贸易账户办理，汇出时可以人民币或自由兑换成其所需货币汇出。区内投资者在投资境外证券化资产后获得的本金及收益可通过其开立的自由贸易账户办理人民币给付，境内区外投资者获得的本金及收益可通过分账核算单元提供的相关服务办理人民币给付。

五是其他相关管理安排。特殊目的载体应实行严格的破产隔离制度，禁止作刚性兑付安排。强化管理人和其他信息披露义务人的信息披露和尽职调查责任，强化投资者风险自担理念，市场化的风险定价机制，禁止再证券化。考虑评级结果的相互校验能增强信息披露、优化投资者的交易决策环境，可要求发行主体选择中外资评级机构各 1 家进行评级，并鼓励采用投资者付费模式，以强化市场化评级约束机制。

六是备案管理。面向境外投资者发行或销售企业资产证券化产品的金融机构（特殊目的机构管理人或主承销商）应向中国人民银行上海总部备案，备案内容包括对应监管部门的意见（如有）、基础资产尽职调查报告和承诺函、资产的名称、规模、期限、拟交易的市场以及托管清算安排等。

七是信息报送。针对境内外资产证券化业务监管要求，清算/托管机构应报送"投资品发行信息"和"非居民投资持仓信息"，试验区分账核算单元应报送相关的跨境资金流动信息，提供交易服务的机构应报送投资交易信息。

（四）宏观审慎管理框架下的跨境资金流动全口径日常监测体系

建立跨境资金流动全口径日常监测体系，通过选择并设置相关指标，由系统根据采集的数据自动处理后作出初步分析判断，并提示监测人员和部门进一步研判，作出是否要发出进一步预警提示以及启动行动方案的决策。该系统作为日常性、常态化的监测，能够及时发现趋势性、苗头性以及异常情况，通过对趋势性、苗头性及异常作出自动识别和界定，以便工作人员对跨境资金流动的潜在风险做到提前识别和提前处理。

试验区跨境资金流动全口径日常监测体系主要通过加工资本项目信息系统、FTZMIS、RCPMIS 采集的信息，以及工商、税务、海关等共享的信息，编制相关监测指标，具体包括：资金流动的规模、流向，外债规模和结构，利率、汇率等预警指标，以及主体和币种等监测管理指标。

1. 数据源考虑

监测预警指标体系建设拟考虑纳入的数据源信息包括：

①试验区涉外经济信息(包括生产总值、外贸进出口等);②试验区各类实体经济主体的跨境收支信息;③上海市跨境收支信息(包括金融机构);④上海市金融机构信贷收支信息(本外币);⑤试验区各类主体基础信息(主体信息库中的注册资本、行业类别、法定代表人等信息;所有者权益构成);⑥拓展信息(如有,可包括海关物流信息、纳税信息等)。

2. 资金规模监测指标

该类指标主要用于监测资金通过自由贸易账户体系跨境、跨区流入或流出的情况。具体包括:①从境内非自由贸易账户流向自由贸易账户的资金规模以及从自由贸易账户流向境外的资金规模;②从境外流入自由贸易账户的资金规模以及从自由贸易账户流入境内非自由贸易账户的资金规模;③自由贸易账户净流出/入占全国(上海市)净流出/入的比例;④自由贸易账户发生额、净流出/入的增长率。

3. 对外负债监测指标

该类指标主要用于监测不同期限结构、不同币种的境外融资规模及变动情况。具体包括:①试验区外债余额;②试验区外债余额占全国(上海市)外债余额的比例及增长率;③试验区短期外债(不含贸易信贷)余额、占比及增长率,以及与全国(上海市)相同指标的比较。

4. 利率监测指标

该类指标主要用于监测试验区利率与境外及境内区外的偏离度情况。具体包括:①试验区短期、中长期人民币贷款利率与境内人民币贷款基准利率的偏离度;②试验区一年期存款利率与境内人民币存款基准利率的偏离度;③试验区短期、中长期美元贷款利率与境内美元贷款基准利率的偏离度;④试验区一年期美元存款利率与境内美元基准利率的偏离度;⑤FTU人民币同业拆借利率与银行间同业拆借市场人民币利率的利差;⑥FTU人民币同业拆借利率与伦敦同业拆借市场美元利率的利差;⑦试验区大额可转让存单利率与银行间同业拆借市场利率的偏离度。

5. 汇率监测指标

该类指标主要用于监测试验区汇率与境外及境内区外的偏离度情况。具体包括:①试验区人民币对美元汇率的环比变动率;②试验区人民币对美元汇率与香港市场汇率的偏离度;③试验区人民币对美元远期汇率与香港一年期无本金交割远期(NDF)的偏离度;④试验区人民币对美元汇率与外汇交易中心人民币对美元汇率的偏离度;⑤试验区人民币对美元远期汇率与外汇交易中心人民币对美元远期汇率的偏离度。

6. 主体监测指标

该类指标主要用于监测试验区不同主体发生的资金流动情况。具体包括:

①自由贸易账户流出总规模及流入总规模中居民机构、非居民机构、居民个人、非居民个人，以及FTU机构的占比及其变动；②自由贸易账户净流出/入中居民机构、非居民机构、居民个人、非居民个人，以及FTU机构的占比及其变动。

7. 币种监测指标

该类指标主要用于监测试验区不同币种资金流动情况。具体包括：①自由贸易账户流出总规模及流入总规模中本外币的占比；②自由贸易账户净流出/入中本外币的占比；③试验区外债（短期外债）的币种结构及其与全国（上海市）相同指标的比较。

（五）宏观审慎管理框架下的跨境资金流动分级预警和应急处理政策工具箱

1. 预警指标

一是日流量预警指标，具体包括：

选择"日流量"指标考虑可以快速反应，快速行动。月流量统计意义更大些。但月流量也会作为一个总量规模指标在月报中显示，以判断自贸区总流量规模。

二是专项预警指标，具体包括：

（1）金融及要素市场指标——专项监测跨境资金流动与金融及要素市场开放之间的关联性。应试验区框架下金融及要素市场开放而设的专项指标。

①境外资金参与各市场流量指标

②同一境外投资者交叉参与各市场资金流量指标

（2）跨境融资指标：

境外债务融资方面

①境外债务融资警戒指标

②内外债务融资协调指标

③内向债务融资期限警戒指标

④债务融资币种警戒指标

⑤境外债务融资汇率敏感度指标

⑥境外债务融资债权机构集中度指标

境外债权融资方面——反映境外获得短期人民币融资的情况

⑦境外同业短期人民币债权（对机构）集中度指标

⑧境外同业短期人民币债权（对地区/国别）集中度指标

（3）跨境资金流动先行指标——协助人民银行做好市场流动性管理

①短期资金流出先行指标

②短期资金流入先行指标

③短期资金净流动先行指标

（4）跨境资金流动汇率敏感度指标：按币种监测货币汇率变动对跨境资金流动币种结构的影响（基于历史回归基础）

2. 分级预警体系

自由贸易账户预警体系里，设计了针对个体的和总量的两方面预警。同时根据风险的情况，设计了相应的应急处理政策工具。

个体预警方面，主要是偏离宏观审慎规则时的分级预警。

总量预警方面，通过在宏观审慎规则中设置资金流动总闸门的方式加以管理。

3. 应急处理政策工具箱

针对不同的预警级别，上海总部将结合宏观形势，采取措施进行逆向预调，动用内嵌的各项宏观审慎调节参数或风险转换因子等对跨境资金流动以及交易进行预调，避免趋势性、苗头性事态蔓延扩大。当事态无法通过预调进行遏制时，将动用应急处理政策工具，包括延长账户资金存放期限、征收零息存款准备金、特别存款准备金、账户临时管制等，确保事态控制在不发生系统性区域性风险的底线之内。

五、自贸区跨境资金流动金融宏观审慎政策框架政策实践效果

（一）自由贸易账户金融服务快速发展，业务运行平稳风险可控

试验区分账核算业务启动以来，业务运行平稳风险可控。截至2015年11月底，已有42家金融机构提供自由贸易账户服务，还有更多类型的金融机构正在进行系统的联调测试。这42家金融机构为区内和境外主体开立了39000多个自由贸易账户，累计办理各类跨境收支3.9万亿元；境外融资1216亿元，融资利率显著低于境内基准利率。

1. 资金流向方面

截至2015年11月底，分账核算单元共发生跨境收支39183.3亿元，由自由贸易账户向境外净流出621.2亿元；境内收支共发生72358.9亿元，资金由境内一般账户净流向自由贸易账户3352.5亿元。资金流向总体表现为"一般账户→自由贸易账户→境外"的净流出，主要为货物贸易（包括贷款资金用于国际采购的结算）、服务贸易和直接投资项下的结算等。说明自由贸易账户"二线渗透"遵循真实交易下的"四通道"同名人民币划转规则以及异名账户间按跨境业务人民币结算规则划转的要求，有效地控制了无因性跨境资本的大规模流动。

2. 资金价格方面

自由贸易账户内的资金利率汇率价格均与境外参考价格靠拢，消除了境外热

钱的利率汇率双套利空间。利率方面：从企业层面来看，自由贸易账户短期贷款的平均利率为5%，中长期贷款的平均利率为5.3%，长期贷款的平均利率为5.9%。均低于半年期5.6%和一年期6%的境内参考利率，远低于同期境内实际企业贷款利率（8%左右），境外资金不会因为流入自由贸易账户而获得套利差的机会。汇率方面：自由贸易账户的兑换价格遵循"自由兑换产生的本外币头寸必须区内及境外平盘"的规则，构成了自由贸易账户兑换汇率的硬约束。由于境内外汇率之间存在价差，因此，通过自由贸易账户的兑换价格与境内通常的结售汇价格会有差异，更接近于离岸汇率。因此企业在兑换渠道上多了一个选择，但没有给套汇带来空间。

表1　　　　　自由贸易账户贷款利率与境内基准利率比较

贷款期限		自由贸易账户贷款平均利率	基准利率
短期	1年以内（含1年）	5.00%	5.60%
中长期	1年至3年（含3年）	5.20%	6.00%
	3年至5年（含5年）	5.45%	
长期	5年以上	5.98%	6.15%

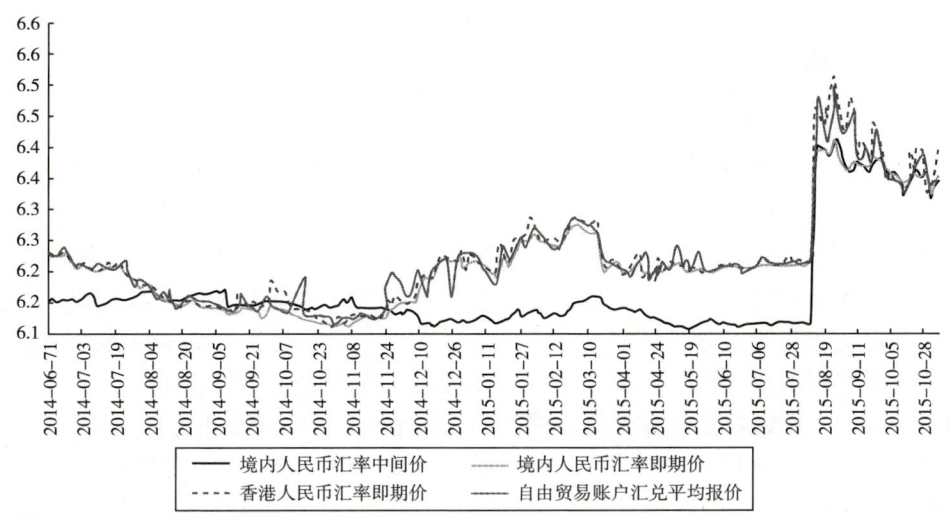

图2　境内外人民币汇率与自由贸易账户汇兑汇率比较

3. 业务方面

自由贸易账户可使区内实体经济合理但是传统政策不支持的需求通过合规的渠道和方式满足，如中资企业、金融机构从境外融资等。这些业务以前常常通过灰色的渠道开展，自由贸易账户可以使其阳光化规范化。依托分账核算的管理和实时的监测预警，自由贸易账户为区内资金和风险建立了一套"电子围网"，实体经济可以得到更多更便利的金融服务，而在金融层面则有着严格的隔离要求。

自由贸易账户改革近两年以来，这个系统的风险管理功能经受住了考验，上海自贸区没有发生一单风险事件。政策设计中的服务实体经济效应以及遏制热钱从金融渠道流动的目的基本得到体现，自由贸易账户没有成为热钱流入套利的管道，也没有成为资金向内渗透的管道。防火墙机制起到了较好的风险防范作用，自由贸易账户无论是在实体经济层面还是在金融机构层面均没有出现境外热钱流入和境内区外资金异常流动的现象。我们认为，自贸区跨境资金流动风险基本可控，且有进一步开放创新的空间。

（二）分账核算境外融资业务稳妥开展，有效满足实体经济融资需求

截至目前，分账核算境外融资业务稳步发展，得到了市场主体的认可和欢迎。同时，牢牢守住了风险底线，资金跨境流动规范有序。

从业务开展情况和市场反馈来看，分账核算境外融资呈现以下几个特点。

一是各类主体参与积极性高，在融资主体类型上实现了全覆盖。

目前，境外融资主体涵盖了中资企业与外资企业、国有企业与民营企业、大企业和中小企业，以及各类金融机构。截至2015年11月底，已有18家银行开展分账核算境外融资业务，总计342笔，总金额折合人民币1215.58亿元（按发生额计）。其中，人民币借款217笔，合计金额937.37亿元人民币；外币借款125笔，折合人民币合计278.21亿元。外币借款中，美元108笔，合计30.07亿美元，折合人民币187.76亿元；欧元6笔，合计0.67亿欧元，折合4.5亿元人民币；英镑3笔，合计1.8亿英镑，折合16亿元人民币；港元8笔，合计88亿元港元，折合69.95亿元人民币。除去已到期借款，余额合计为262.28亿元。

二是显著降低了融资成本，拓宽了融资渠道，切实服务了实体经济。

从融资成本来看，企业和非银行金融机构的境外融资利率显著低于境内市场利率。例如，区内企业中海油轮运输有限公司通过自由贸易账户从工行新加坡融入1000万美元，期限为11个月，用于向境外支付燃油款。该笔融资的综合融资成本为1.7%，与境内约为2%的美元融资成本相比，成本降低了15%，单笔贷款为企业节约利息2.75万美元。

银行的境外融资渠道也得到了拓宽。银行分账核算单元根据《实施细则》相关规则，可在一定限额内以自身名义融入境外低成本的资金，然后再将资金提供给有资金缺口的境内主体，以更加切实地服务于实体经济。例如，建行上海市分行以自身名义通过分账核算单元从境外融入资金，为区内企业天物浩通（上

海）国际贸易有限公司提供了进口贸易融资服务，改变了原先只能依赖海外分行提供海外代付等产品才能获得境外低成本资金的状况，有效地拓展了银行的融资渠道，降低了区内主体的国际贸易成本。

三是宏观审慎政策工具发挥了较好的引导作用。

《实施细则》设立的三个风险转换因子，以及对不同融资类型是否计入规模的设计，降低了期限和币种的错配风险，确保了对整体外债结构的引导和调控。在操作中，风险转换因子对经济主体境外融资的期限结构、币种结构和类别结构发挥了积极的引导作用，鼓励境外融资的本币化和长期化，在实践中实现了预期的政策效果，起到了良好宏观预调作用。截至2015年11月底，发生人民币借款217笔，合计金额937.37亿元人民币，分别占总笔数和总金额的63.45%和77.12%。在融资期限的选择上，主体（尤其是企业和非银行金融机构）会倾向选择1年以上，以适用较小的风险转换因子。截至2015年11月底，在未偿的103笔境外融资中，有58笔选择了1年以上的期限，占比56.31%。

四是牢牢守住了金融稳定的底线，未发生风险。

分账核算境外融资业务开展以来，总体运行平稳，业务量呈现稳步增长，并未发生大规模异常资金流动。从市场运行情况看，宏观审慎调节参数初始值设为"1"，能够满足当前各类境外融资主体的需求，如下一步出现跨境资金的异常流动，可以通过调节宏观审慎参数的方式，进行调控。

值得一提的是，金融机构和企业在开展境外融资过程中严格遵守相关规定，没有出现违规融资的情况。目前，国有银行和全国性股份制银行由于一级资本较高，其境外融资总规模的上限均比较高，加之余额管理的操作模式，大部分银行的境外融资空间是足够的。对于外资银行来说，由于其一级资本普遍较小，境外融资总规模上限也相应较小，但是也没有出现超融资上限的情况。

五是促进金融监管模式转变，实现了本外币一体化的事中事后监管。

目前，所有融资业务信息均已通过系统自动采集，系统自动实现对融资主体的跨境融资监测与管理。主办银行在为企业或金融机构办理境外融资时，只需按规定向管理信息系统报送相关数据，即可自动计算出融资主体的境外融资规模上限，无须任何额外审批或备案程序。由于分账核算境外融资政策取消了境外融资的前置审批，并明确了融资规模上限的计算方式，从而在金融监管模式上改变了原有的先预设总规模，再进行"切蛋糕"式的传统计划经济时期的资源分配管理思路，将逐笔审批核准式的前置管理模式转变为事中事后监管，从宏观上把控境外融资的整体风险。

同时，人民银行上海总部依托现有各项信息采集系统建立三级监测预警指标体系，逐日监测、综合分析自贸区资金流动情况、区内信贷供求、自由贸易账户的跨境收支以及境内收支的来源、去向、交易、价格、境内外利差、汇差等情况后，判断是否需要发出风险预警并采用相应的政策工具进行调整。

完善的信息实时监测系统的建立，为开展本外币外债市场化管理的压力测试创造了条件，可以在更大程度上关注境外融资引发的宏观风险，同时又有手段实现对境外融资逆周期风险调节管理。同时，根据压力测试的相关数据实施事中事后监管，还可以避免预设总规模方式下决策缺乏依据的弊病，将市场的供求交给经济主体进行自行决策，可以更好地激发市场活力。

本外币协同监管方面，人民银行和外汇局建立了多层次的业务协同工作机制。目前双方各个系统已经实现了共享共用，共同对分账核算境外融资开展业务管理，共同对跨境资金流动风险开展监测分析。

目前，在推进自贸试验区金融改革开放创新的过程中，人民银行上海总部在自由贸易账户、分账核算境外融资等领域进行了大量的政策设计和实践，初步建立了跨境资金流动宏观审慎管理政策框架，有效地便利了实体经济，受到各方好评。下一步，人民银行上海总部将继续在宏观审慎管理的框架下，依托自由贸易账户金融服务功能拓展，推进人民币资本项目可兑换，推动金融市场双向开放，并为将来全国实现可兑换后的宏观审慎管理探索积累经验。

参考文献

［1］方先明、裴平、张谊：《国际投机资本流入：动机与冲击——基于中国大陆 1999～2011 年样本数据的实证检验》，载《金融研究》，2012（1）。

［2］管涛：《积极适应中国跨境资金流动新常态》，载《中国外汇》，2014（21）。

［3］胡国正、钟升、贺涛：《我国跨境资金流动趋势识别及影响因素实证研究》，载《中国货币市场》，2014（4）。

［4］李波：《人民币跨境使用回顾与展望》，载《中国金融》，2014（23）。

［5］李亚新：《对跨境资金流动形势的基本判断》，载《中国金融》，2011（3）。

［6］孙涛、张晓晶：《跨境资金流动的实证分析——以"香港路径"为例》，载《金融研究》，2006（8）。

［7］史秀芬、孙力铮：《完善跨境资金流动监测体系的思考与建议》，载《金融时报》，2012-05-28。

［8］周豪、温小敏：《跨境资金流动风险监测预警指标体系的构建与实证分析》，载《上海金融》，2010（5）。

［9］郑鹏：《完善我国跨境本外币资金流动监管研究》，上海交通大学博士论文，2013。

"一带一路"战略下的人民币汇率政策

中国人民银行上海总部调查统计研究部课题组

课题组组长：白　龙
课题组成员：宋　诚

摘　要

2013年，中国提出建设"新丝绸之路经济带"和"21世纪海上丝绸之路"的战略构想，简称"一带一路"战略。"一带一路"战略是中国对外开放新阶段的重大升级战略，将全面提升中国对外经济联系的广度和深度，人民币汇率对战略的实施会产生十分重要的影响。对"一带一路"战略下的人民币汇率政策开展研究，不仅有利于"一带一路"战略的有效实施，也有利于更好地推动当前和未来的人民币汇率改革，进一步明晰未来人民币汇率政策的演进方向，并以此推进中国经济的战略转型和平衡发展。

本课题研究比较了美国、日本等国在推动其海外投资计划过程中的汇率政策及其影响，认为：汇率问题是影响开放条件下经济战略实施的重要因素；汇率政策的制定不应简单地为了推动海外经济战略的实施，而应当更多地根据本国的经济基本面来制定；海外投资与援助计划和货币的国际化水平存在明显的相互推动关系。

中国实施的"一带一路"战略是与新常态下中国经济的基本面相适应的，短期内"一带一路"战略是用中国的优质产能对接海外需求；长远来看，"一带一路"战略是中国经济在开放条件下建立全新的平衡增长路径的开始，因此，人民币汇率政策的演进方向也要与这个基本面相适应，即建立与全面开放条件下中国经济基本面相适应的汇率制度和调节机制。具体来讲，在政策目标方面，未来的外汇政策不应当追求单纯的双边汇率稳定，而应当追求汇率的波动总体上符合经济发展的内在要求，通过市场机制决定的汇率能够反映经济基本面的变化趋势，并发挥出调节经济的作用；在制度选择上，应当从有管理的浮动向自由浮动转变；在货币国际化方面，未来应当根据中国经济综合实力的增长，适时适度推动人民币的国际化水平。

当前，人民币汇率政策面临的改革和发展的任务仍然很重，既要提高市场化水平，又要推动全面开放，还要重建宏观经济调控和传导机制，这些问题又是相互联系、相互影响，需要系统地加以解决。随着"一带一路"战略的实施，要建立与全面开放条件下市场化相适应的人民币汇率制度和调节机制，需要结合当前和未来国内外形势，有序稳妥地推动各项改革：一要加快完善汇率形成的市场机制，退出日常干预，提高双边汇率波动的容忍度；二要有序放宽资本项目管制，进一步推动金融市场开放；三要加快宏观经济调控框架转型，完善汇率的间接调控机制；四要结合"一带一路"战略，双向动态推动人民币的国际化。

一、导论

（一）问题的提出

2013年9月和10月，由中国国家主席习近平分别提出建设"新丝绸之路经济带"和"21世纪海上丝绸之路"的战略构想，简称"一带一路"战略。"一带一路"战略是中国对外开放新阶段的重大升级战略，将对贸易与投资、能源合作、区域一体化等领域产生重大促进作用。

当前，中国经济面临经济增速换挡、消化结构性产能过剩、转变经济发展方式等诸多问题和任务，市场化机制还有待进一步完善。"一带一路"战略的实施将进一步提升中国的对外开放水平，进一步提升中国经济与世界经济的融合程度，同时也将有力地推动中国经济的结构转型和市场化机制建设。

在"一带一路"战略实施过程中，人民币汇率变动对外部经济往来活动会产生十分重要的影响。同时，鉴于"一带一路"战略将全面提升中国的对外开放水平，人民币汇率政策面临的经济基础环境将发生显著变化。因此，在实施"一带一路"过程中，人民币汇率政策应当发挥怎样的作用，在未来全面开放条件下，人民币汇率制度安排做怎样的调整和完善，人民币国际化与"一带一路"战略如何协调推进，这些问题都值得深入开展研究。

对于上述问题的研究，将帮助我们更为清晰地认识当前和未来的人民币汇率改革，不仅有利于"一带一路"战略的有效实施，同时也有利于推进中国经济的战略转型和平衡发展。

（二）研究基础

1. 中国的汇率政策

汇率政策是指一个国家（或地区）政府为达到一定的目的，通过金融法令的颁布、政策的规定或措施的推行，把本国货币与外国货币比价确定或控制在适度的水平而采取的政策手段。汇率政策主要包括汇率政策目标和汇率政策工具。汇率政策工具主要有汇率制度的选择、汇率水平的确定以及汇率水平的变动和调整机制等。

汇率政策中最主要的是汇率制度的选择，汇率制度是指一个国家政府对本国货币汇率水平的确定、汇率的变动方式等问题所作的一系列安排和规定。

中国的汇率政策伴随中国经济对外开放和经济环境变化不断调整和完善。改革开放以前，在计划经济体制和条件下，人民币对主要货币实行固定汇率制度。1972年，国际货币环境发生重大变化，布雷顿森林体系瓦解，美元不断贬值，人民币汇率维持单一盯住体制面临困境，因此，自1973年开始，人民币汇率不断重估，并开始盯住一篮子国际贸易货币。总体上来看，改革开放以前，人民币实行固定汇率制度与当时的国际货币体系环境以及国内经济体制是相适应的。

改革开放以后，由于布雷顿森林体系瓦解，越来越多的国家将本国货币转向浮动，同时中国的社会主义市场经济体系建设发展迅速，人民币汇率体制的弊端不断涌现，汇率水平市场化形成机制的不完善导致人民币汇率水平无法得到及时调整，从而影响经济发展。因此，改革开放以来，中国的汇率政策调整和汇率体制改革主要围绕两个方面来开展：合理调整汇率水平和改革完善汇率形成机制。其中，最核心的是对汇率形成机制的改革和完善。经过三十多年的改革与完善，人民币汇率形成机制已经从单一盯住的固定汇率制，逐步过渡到以市场供求为基础的有管理的浮动汇率制度。

2. "一带一路"战略的内涵

"一带一路"战略构想是合作发展的理念和倡议，是依靠中国与有关国家既有的双多边机制，借助既有的区域合作平台，旨在借用古代"丝绸之路"的历史符号，高举和平发展的旗帜，主动地发展与沿线国家的经济合作伙伴关系，共同打造政治互信、经济融合、文化包容的利益共同体、命运共同体和责任共同体。"一带一路"沿线各国资源禀赋各异，经济互补性较强，彼此合作潜力和空间很大，"一带一路"战略以政策沟通、设施联通、贸易畅通、资金融通、民心相通为主要内容，带动沿线各国共同探寻经济增长之道。

"一带一路"是在后金融危机时代，作为世界经济增长引擎的中国，将自身的产能优势、技术与资金优势、经验与模式优势转化为市场与合作优势，实行全方位开放的一大创新，同时，也标志着中国开放战略的全面升级。

3. "一带一路"战略与人民币汇率问题

汇率问题是调节国与国之间经济关系的核心问题之一。在"一带一路"战略下，中国与"一带一路"沿线各国的经济联系将进一步密切，人民币汇率政策的变动将对中国与其他国家的经济活动产生重大影响。

同时，"一带一路"战略的实施，也是对中国的汇率政策和汇率形成机制改革提出了新的要求。人民币汇率政策的实施环境发生显著变化，"一带一路"战略全面提升了中国的对外开放水平，中国经济也已经从被动适应外部环境变化向主动影响和推动外部世界发展，因此，中国的经济政策不能简单从中国自身利益出发,解决国内问题也不能不考虑对外部世界的溢出效应。

总体上,在"一带一路"战略下,人民币汇率政策要进一步与中国经济和世界经济环境变化相适应,要兼顾促进对内和对外两个平衡,还要与中国新时期的对外经济战略相协调。

(三) 研究思路

本课题拟就"一带一路"战略下的人民币汇率政策问题进行研究,通过比较研究美国、日本等国在推动其海外投资计划过程中的汇率政策及其影响,探讨中国的汇率政策和人民币汇率形成机制改革如何与"一带一路"战略的实施相配合,并结合当前和未来国内国际的经济形势对"一带一路"战略下的人民币汇率政策提出建议。

本课题大致分为四个部分:第一部分包括本课题的研究背景、研究基础和研究思路;第二部分包括美国、日本等国在推动其海外投资计划过程中的汇率政策及其影响;第三部分重点阐述"一带一路"战略下中国的汇率政策选择;第四部分就如何推进人民币汇率改革提出建议。

二、美国、日本等国海外投资援助计划实施过程中的汇率政策比较

(一) 马歇尔计划与战后的美元汇率政策

1. 欧洲复兴计划——马歇尔计划的主要内容

马歇尔计划(The Marshall Plan),官方名称为欧洲复兴计划(European Recovery Program),是第二次世界大战结束后美国对被战争破坏的西欧各国进行经济援助、协助重建的计划,对欧洲国家的发展和世界政治格局产生了深远的影响,该计划于1948年4月正式启动,并持续了4个财政年度。在这段时期内,西欧各国总共接受了美国包括金融、技术、设备等各种形式的援助合计131.5亿美元,若考虑通货膨胀因素,那么这笔援助相当于2015年的1300亿美元左右。

战后最初的几年,美国的工业生产大量从军用转向民用,在国内外消费增长的带动下,美国经济出现了一段时期的高速增长,国际收支连续几年保持顺差。而这一时期,美国以外的大部分国家由于战争破坏巨大,战后重建进展缓慢,工业和农业生产恢复速度低于预期,许多国家仍面临严重的物资短缺,需要依靠进口,但又面临外汇短缺的问题。同时,一个新的问题摆在美国面前,1948年8月至1949年10月,美国发生了战后第一次经济危机。这次危机从消费品生产部门开始,然后波及原料生产和机器设备部门。在工业危机的同时,由于农业丰收,农产品供给过剩,还出现了农业危机。危机期间,美国整个工业生产下降了

10.10%，固定资本投资下降16%，失业率达到7.9%。这次危机是美国经过了战后短暂的繁荣后的突然爆发。形成危机的根本原因是第二次世界大战时期美国形成的高速生产惯性和战后重建时国际国内市场需求暂时萎缩，两者形成了尖锐的矛盾。如果这种态势延续下去，欧洲国家的逆差将继续扩大，美元将面临升值压力，而美元升值将进一步加剧美国自身的经济困境，并对布雷顿森林体系和美元汇率稳定产生影响。正是在这样的背景下，马歇尔计划应运而生，通过输出美元资金和推行自由贸易，帮助战后欧洲国家恢复经济，平衡国际收支，并缓解美国自身的经济困境。

欧洲人将大多数来自于马歇尔计划的援助资金用于输入美国生产的商品。欧洲国家在"二战"中几乎消耗光了它们的所有外汇储备，因此马歇尔计划带来的援助几乎是它们从国外进口商品的唯一外汇来源。在计划实行的初期，欧洲国家将援助大多用于进口急需的生活必需品，例如食品和燃料，但随后大宗进口的方向又转向了它们最初也需要的用于重建的原料和产品。

马歇尔计划对恢复欧洲经济具有重要贡献。当该计划临近结束时，西欧国家中除了德国以外的绝大多数参与国的国民经济都已经恢复到了战前水平。在接下来的20余年时间里，整个西欧经历了前所未有的高速发展时期。同时，马歇尔计划的政治影响深远。帮助欧洲非共产主义国家恢复经济，从而达到遏制这些国家共产主义势力是美国提出马歇尔计划的另一个重要缘由。另外，美国在计划实施过程中倡导的自由贸易原则也是对欧洲走向一体化产生一定的推动作用。

2. 马歇尔计划与"二战"后美元的汇率政策

"二战"后初期，国际社会吸取"一战"后货币金融秩序混乱的教训，建立起以美元为核心的布雷顿森林体系，以美元与黄金挂钩、各国货币与美元挂钩的固定汇率体系，并建立国际货币基金组织来协调各国的汇率政策和协助管理国际收支。因此，战后初期，美元汇率政策的目标主要是维持美元的汇率稳定和巩固美元国际货币地位。

马歇尔计划的推出有助于巩固布雷顿森林体系和美元国际货币地位。战后初期，欧洲国家经济复苏缓慢，维持国民经济运行大量依赖进口，布雷顿森林体系下，欧洲各国普遍面临美元紧缺，这一局面如不得以扭转，布雷顿森林体系面临瓦解。而马歇尔计划正好为欧洲各国重振经济提供了急需的美元资金，并帮助这些国家走出危机。欧洲国家生产逐步恢复，获取美元能力不断提升，美国出口规模增加，顺差减小，美元升值压力逐步缓解。因此，马歇尔计划起到了巩固布雷顿森林体系和美元国际货币地位的作用。

然而，马歇尔计划也间接推动了布雷顿森林体系另一方面弊端的逐步显现。在包括马歇尔计划在内的一些援助的推动下，西欧、日本等国在20世纪50年代开启了经济高速增长的时代，经济发展水平迅速超过战前水平，再加上美国先后在朝鲜和越南使用武力，导致美国开支加大，美国国际收支在20世纪50年代迅速转为逆差，并且不断加大。随着经济不断发展，国际贸易总量不断扩大，其他国家必须储备越来越多的美元才能满足国际收支的偿付需求。这就导致美国必须对外输出美元。然而，由于美元本身与黄金挂钩，不断输出美元又会带来贬值压力。因此，自20世纪60年代初开始，美元先后经历了四次危机，并最终导致布雷顿森林体系崩溃和美元大幅贬值。

马歇尔计划的上述两方面影响正是美国经济学家罗伯特·特里芬（1960）提出的"特里芬难题"的主要内容。所谓"特里芬难题"是指与黄金挂钩的布雷顿森林体系下美元的国际供给是通过美国国际收支逆差（即储备的净流出）来实现的，这会产生两种相互矛盾的可能。如果美国纠正它的国际收支逆差，则美元稳定，金价稳定，但美元的国际供给受到制约；如果美国放任其国际收支逆差，则美元的国际供给虽不成问题，但由此积累的海外美元资产势必远远超过其黄金兑换能力，导致美元贬值。

（二）日本海外投资热潮与日元的汇率政策

1. 战后日本的海外投资发展历程

战后初期，经济重建对于资本的大量需求，使日本在国家政策上对资本流出采取限制措施，因此，日本在该阶段的对外直接投资的总量仍然处于较低水平。到了20世纪60年代末，日本经济已经恢复甚至超过了战前的水平，工业生产能力大幅提升，贸易顺差开始累积，为了更好地推动国际贸易和平衡国际收支，日本政府开始转变策略，转向采取鼓励企业海外投资的战略，先后出台了一系列举措支持企业走向海外。因此，战后日本的海外投资是从1970年才全面开始，并大致经历了三个阶段。

第一阶段是日本对外直接投资的快速增长期（从20世纪60年代末至80年代初期）。1971年的日本对外直接投资额只有8.6亿美元，到了1978年和1979年，日本对外直接投资额分别增至46亿美元和50亿美元。进入80年代后，日本对外直接投资增长有所加快，投资累计额从1979年的318亿美元跃升到了1985年的714亿美元。日本已经由一个限制对外投资的国家转变为一个对外投资的大国。同时，在这一阶段，日本实现了资本项目的自由化，并开始推动日元的国际化。

第二阶段是日本对外直接投资的急剧膨胀时期（从1985年"广场协议"签订到90年代初期日本泡沫经济破灭）。从投资规模上看，日本对外直接投资真正形成规模是在1985年的"广场协议"带来的日元升值后。从1986年开始，日本每年的对外直接投资额都是以百亿美元计，1986年日本对外直接投资为223亿美元，几乎是上年的两倍，1987年为333亿美元，1988年为480亿美元，

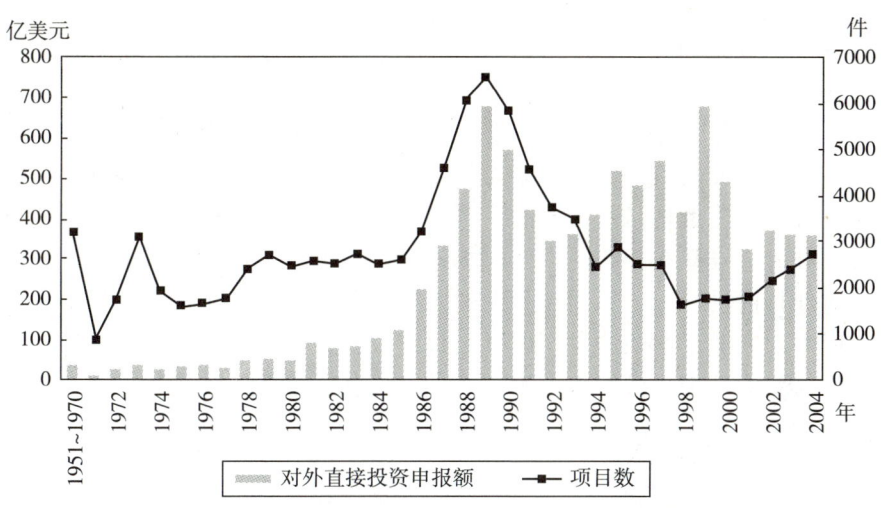

资料来源：日本贸易振兴会网站，http：//www.jetro.go.jp/en/stats/statistics/。

图1 日本对外直接投资发展情况（1951～2004年）

1989年高达675亿美元，并且1989～1990年连续两年日本都成为了世界最大的对外直接投资国。

第三阶段是日本对外直接投资调整期（20世纪90年代以后）。进入20世纪90年代后，日本泡沫经济崩溃，经济陷入长期停滞，企业经营困难，同时，世界经济不景气，经济增长放缓，政治局势动荡。另外，随着20世纪80年代日本对外直接投资的快速增长，日本国内出现了"产业空心化"问题。这些因素均使日本的对外直接投资受到影响。日本对外直接投资在1991年减少到307亿美元，低于美国的313亿美元，退居世界第二位。之后，日本的对外直接投资一直处于调整萎缩的状态。

2. 日本海外投资热潮与日元的汇率政策

战后初期，日本的汇率政策主要是在布雷顿森林体系下，维护与美元之间的固定汇率安排。伴随经济复苏和高速增长，日元开始面临升值压力。1971年，当美国停止美元和黄金挂钩以后，日本也开始放弃了固定汇率制，首次将日元汇率由1美元兑360日元的汇价上调为1美元兑308日元，使日元的升值幅度达到16.88%。随后，伴随日本开放资本项目和国际货币体系的变化，日元汇率体制逐步转向自由浮动。之后，日元的汇率水平伴随日本经济实力的不断增强和贸易顺差的增长而稳步升值，1985年已上升至1美元兑238日元，比布雷顿森林体系崩溃时升值约30%。为了缓解当时的国际收支失衡问题，1985年美、英、法、德、日五国财长和央行行长在纽约广场饭店举行会议，会议商定对日元、马克汇率进行干预，推动日元对美元升值，史称"广场协议"。"广场协议"后，日元汇率开始迅速上升，1986年变为1美元兑168日元，1987年为1美元兑145日元，1988年为1美元兑128日元。日元在短期内急剧的升值使日本的产品出口受阻，而日本的对外直接投资却在此阶段急剧膨胀。

日元升值对日本海外直接投资有明显的推动作用。一般来说，一国货币对外升值，不利于扩大出口，但有利于对外直接投资。战后的日本对外直接投资的发展迅猛与日元升值也是紧密相连的，可以说，日本的对外投资的高潮时期与相近时期日元升值阶段基本相关。"广场协议"后的几年内，日本迅速成为了世界上最大的对外直接投资国。然而，日元的大幅度升值使以日元计算的日本海外投资的生产成本大大低于本国的生产成本，日本很多企业都将大批国内的生产能力转移到国外，导致日本经济后来出现"产业空心化"问题。

（三）小结与启示

从美国和日本的经验来看，汇率问题是影响开放条件下经济战略实施的重要因素。一方面，尽管汇率政策对经济战略的实施会产生重要影响，但由于汇率的影响更为广泛，汇率政策的制定不应简单地为了推动海外经济战略的实施，而应当更多地根据本国的经济基本面来制定，因为海外经济战略是与本国的基本面相适应的，那么汇率政策利于经济基本面，也就利于其海外经济战略。从日本的经验来看，短期来看货币升值对海外投资有促进作用，但其过度升值也造成了日本经济的其他问题。马歇尔计划的推出符合当时的美国经济基本面的诉求，而美元当时面临升值压力，但升值不利于世界经济的复苏，也不利于美国经济走出产能过剩的困境，因此，采取稳定汇率的政策和马歇尔计划的推出与当时的美国和世界经济的基本面是相适应的，因此，马歇尔计划取得了积极的效果。另一方面，海外投资与援助计划和货币的国际化水平存在明显的相互推动关系，日本的海外投资战略和马歇尔计划都在这方面有所体现，尽管马歇尔计划间接地推动了布雷顿森林体系的崩溃，但这主要源于布雷顿森林体系自身的缺陷，而不是马歇尔计划造成的。

根据上述国家的经验，在制定和实施"一带一路"下的人民币汇率政策时，不应当仅仅从短期利益出发，还应当有更为长远考虑。"一带一路"战略是与新常态下中国经济的基本面相对应的，短期内"一带一路"战略是用中国的优质产能对接海外需求，长远来看，"一带一路"战略是中国经济在开放条件下建立全新的平衡增长路径的开始。人民币汇率政策也要与这个基本面相适应，才能做到既符合"一带一路"战略需要，也符合经济发展要求。另外，要充分利用"一带一路"战略的实施，进一步推动人民币的国际化，更好地为中国经济"走出去"服务。

三、"一带一路"战略下人民币汇率政策的演进方向

(一) 人民币汇率政策的演进历程

从1949年开始,人民币汇率制度根据国内外现实的经济形势,进行了多次调整和改革,迄今为止,人民币汇率制度的历史变迁大致可分为三个阶段。

1. 布雷顿森林体系下的固定汇率制(1949~1972年)

新中国成立初期(1949~1952年)国内物价波动大,外汇资金严重短缺。为了有利于组织对外贸易,鼓励侨汇,采取"奖励出口,兼顾进口,照顾侨汇"的方针,参照75%~80%的大宗出口商品加权的平均换汇成本,加5%~15%的利润,同时考虑用侨者的生活消费品指数来制定人民币汇率,即主要根据当时国内外的相对物价水平来制定,并随着国内外相对物价的变动不断调整。

自1953年起,随着社会主义改造的基本完成,中国全面进入高度集中的计划经济时代,人民币汇率决定机制是由中国人民银行根据重要进出口商品国内外对比价格,即物价对比法加以计算确定。1953~1972年在布雷顿森林体系下,西方国家货币实行固定汇率制,人民币汇率基本稳定,一直保持在1美元兑换2.64元人民币(陈彪如,1992)。所以,这一时期的汇率决定机制是一种与美元挂钩的固定汇率制,然而西方工业国家的物价迅速上升,国内外物价差距扩大,进口和出口成本悬殊,于是这一时期的对外贸易采取了进出口合算,以进贴出的办法,即对外贸易实行内部结算,官方汇率仅用于非贸易外汇的结算,因此,人民币汇率对进出口不再起调节作用。

2. 布雷顿森林体系崩溃以后的二十年(1973~1993年)

1973~1993年,是人民币汇率体制最为混乱和多变的二十年,主要原因是布雷顿森林体系崩溃后,世界主要货币由固定转为浮动;同时,中国开始改变原来的计划经济模式,逐步向市场经济体制转变。这一时期,人民币汇率和外汇管理体制都进行了多次调整,这二十年又可以分为三个阶段。

(1) 盯住一篮子货币(1973~1980年)

自1973年石油危机之后,主要是国家的经济出现衰退,通货膨胀加剧,世界物价水平上涨,西方主要国家普遍实行浮动汇率制,各国货币汇率随外汇市场的供求关系,自由涨落,变动频繁。在这种情况下,为了避免西方国家货币汇率的变动对中国对外经济、贸易往来所带来的冲击,维护人民币汇率稳定,中国人民银行对制定人民币汇率的方法也作了相应的调整。原则上采用钉住货币篮子的汇率制度,根据货币篮子平均汇率的变动情况来确定汇率。篮子中的货币先后变动过几次,到1975年11月决定把人民币汇率定在美元集团和西德马克集团货币汇率的中间线上,选用了美元、西德马克等13种货币加权平均。

(2) 官方汇率与贸易结算汇率的双重汇率体制 (1981~1984年)

由于1973年以后实行贸易与非贸易单一汇率，人民币水平存在高估，造成出口亏损，严重影响了出口的扩大。为了发展对外贸易、奖出限入，适应外贸体制改革的需要，1979年8月国务院决定改革汇率制度。从1981年起，中国开始实行双重汇率制度。一是内部结算价，按1978年全国出口平均换汇成本加上一定的利润来确定，当时定为1美元=2.8元人民币，主要用于进出口贸易以及贸易从属费用。尽管从1981~1984年出口换汇成本逐年上升，但内部结算汇率一直固定在2.80的水平。二是官方公布的外汇牌价，仍按原来的一篮子货币加权平均计算，1981年1月1日为1美元=1.5元人民币，由于美国自1981年起采取赤字政策，通货紧缩，采取高利率，低税收政策，使美元不断升值，人民币官方汇率，从1981年7月1.50下调到1984年7月的2.30。

(3) 官方汇率与外汇调剂市场汇率的新"双轨"制 (1985~1993年)

这一时期人民币汇率体制改革和调整主要体现在两个方面。首先是汇率并轨。由于20世纪80年代初期美元的升值，人民币汇率下调，至1984年已与内部结算汇率接近，同时由出口换汇成本的上升以及国际货币基金组织对会员国加快向单一汇率过渡的要求，1985年1月人民币又恢复到单一汇率，取消原来的对外贸易内部结算价。同时对原来的官方汇率作了较大幅度的调整，先后经历了四次下调，人民币对美元汇率由1985年1月的1美元=2.80元人民币，调低到1991年的1美元=5.221元人民币。这几次大幅度的贬值，使人民币高估的状况有所改变。从1991年4月7日起，中国改变了以往阶段性大幅度调整的方式，开始对人民币实行微调。

另一个显著的方面是外汇调剂市场的发展。早在1980年10月，国务院就批准中国银行开展外汇调剂业务，当时规定外汇调剂价格不得超过官方汇率之上10%，虽然1985年之前实际发生的外汇调剂额并不大，但却标志着市场汇率的萌芽。1985年以后，随着我国经济体制改革的深入，外汇调剂市场的参与者的增加以及留成外汇比例限制的放松，调剂外汇的交易量越来越大，价格也越来越高，形成了官定汇率与市场汇率并存的新的双重汇率体系。

3. 名义上有管理的浮动汇率制 (1994~2004年)

1994年初，中国掀起了新一轮社会主义市场经济改革的浪潮，在外汇体制改革方面提出了一个总体目标，就是"改革外汇管理体制，建立以市场为基础的有管理的浮动汇率制度和统一规范的外汇市场，逐步使人民币成为可兑换货币"。1993年12月28日，中国人民银行公布了《进一步改革外汇管理体制的公告》，对新一轮的外汇体制改革作了详细的部署，主要内容包括：通过官方汇率贬值，实现同调剂市场汇价的并轨，并轨后实行以市场供求为基础的单一的，有管理的浮动汇率；取消外汇收入的留成、上缴和外汇支出的计划审批，实行外汇收支的结售汇制度；取消外汇调剂业务，建立统一的银行间外汇市场，并以银行间外汇市场所形成的汇率作为中国人民银行所公布的人民币汇率的基础。另外，1996年人民币在结售汇制基础上，实现了经营项目的可兑换。这些改革措施在外汇管理体制上主要有两个突破点：一是银行结售汇制确定了外汇市场的交易基础；二是人民币汇率实现了统一，改革后人民币汇率基本保持稳定。外汇储备稳步上升，并成功抵御了1997年的亚洲金融危机，所以很大程度上讲这次改革是成功的。1998年以后，中国人民银行加大了干预市场的力度，在主动收紧了人民币汇率波动的幅度，在这之后为了便于发展对外贸易和吸引外资，人民币事实上变成了单一盯住美元制。

4. 事实上的有管理浮动汇率制（2005～2015年）

1994年实行有管理的浮动制度以来，汇率水平稳中有升，1997年亚洲金融危机过后，人民币汇率一直保持在8.27左右，形成了事实上的盯住美元制。而进入21世纪，特别是中国加入世界贸易组织以后，中国经济增长快速平稳，出口势头非常迅猛，贸易顺差不断扩大，外汇储备急剧增长，在这种背景下，人民币面临较大的升值压力。同时，开放进程的加快和宏观经济环境的变化，原有的汇率制度已呈现越来越多的弊端。一方面，汇率制度缺乏弹性，无法发挥经济调节功能，无法缓解外部失衡问题。另一方面，外汇储备上升，货币政策空间被挤占。随着升值预期的增强，大量投机资本涌入中国，使中国的国际收支情况更为严峻，也增加了人民币汇率机制改革的迫切性。

2005年7月，中国人民银行宣布放弃人民币盯住单一美元，转而参考一篮子贸易货币。开始实行以市场供求为基础参考一篮子货币进行调节，有管理的浮动汇率制，人民币不再盯住单一美元，形成更富弹性的人民币汇率机制。

在之后的十年时间里，人民银行根据市场发育状况和经济金融形势，适时调整汇率浮动区间，以市场供求为基础，参考篮子货币汇率变动，对人民币汇率进行管理和调节。同时，在银行间外汇市场、外汇管理等方面采取了一系列改革措施，包括引入外汇市场做市商、改进中间价形成方式、改革外汇管理等，这些措施和这些改革的目的均在于加强外汇市场的交易基础，活跃外汇市场交易，提高外汇市场流动性，从而进一步提高人民币汇率形成机制的市场化程度。

（二）"一带一路"战略带来的历史性转变

短期来看，国内产能过剩、外需不振、经济增速下降是"一带一路"提出的重要诱因。在"一带一路"战略提出正式之前，已有部分学者提出了类似"一带一路"战略的建议，多数是从推动外需增长和化解国内过剩产能等短期目标为出发点。林毅夫在应对2008年国际金融危机过程中提出，发达国家和一些"高储蓄"国家再加上石油出口大国，应该在向低收入国家开展投资，通过对穷国的投资，提升其经济发展水平，提升其对商品的需求，并将很快带动全球经济走出危机。这个办法的出发点与20世纪的马歇尔计划很相似，林毅夫将其总结为"新马歇尔计划"。在2011年中国经济增长减速以后，部分国内学者也提出了相似的观点。金中夏（2012）提出实施中国版"马歇尔计划"的建议，认为当前中国所处的国际环境与当年美国实施马歇尔计划的经济背景存在很大的相似性，即海外存在大规模基础建设需求，本国拥有充足资金、过剩商品和闲置生产力。金中夏建议中国应当把对外基础设施投资上升为国家战略并建立相应的组织和实施框架。

然而，从美国和日本的经验来看，"一带一路"战略长期影响更应值得重视。美国推出马歇尔计划，短期也有通过提升外需消化国内过剩产能的目的，但马歇尔计划的后续影响不仅帮助欧洲恢复了经济，还间接推动了美苏两大阵营的分立和冷战格局的形成，并巩固了美元的世界货币地位。日本的推动海外投资计划最早也是出于破除贸易壁垒、开拓国际市场、平衡国际收支等目标，长期来看，日本海外投资推动了日元的国际化，但使日本产业出现空心化，自身经济增长乏力。因此，长远来看，"一带一路"战略可能对中国和全世界都会产生极为深远的影响。

因此，长期来看，"一带一路"战略带来的转变是历史性的，将开启中国经济走向全面开放条件下市场化的新时代。总体上，"一带一路"战略是中国从当前面临的国内国际形势出发，立足长远发展目标，提出的关于中国未来对外经济合作发展的重要战略，其历史性的转折意义可以分别从国内和国际两个方面来看。首先，对于中国自身来说，"一带一路"战略标志着中国从对外开放走向全面开放，通过全面的开放和融入全球经济来实现中国经济的转型和平衡发展；其次，从国际影响来看，"一带一路"战略是中国主动参与全球治理的开始，未来中国的政策外溢效益将大幅提升，中国将成为调整全球经济失衡的重要力量。

（三）"一带一路"战略下人民币汇率政策的演进方向

纵观人民币汇率体制改革脉络和中国经济发展趋势，人民币汇率体制和中国经济改革都有一个共同的方向就是"市场化"。鉴于"一带一路"战略的推出标志着中国对外开放进入了全面开放阶段，中国经济体制发展方向转变为"全面开放条件下的市场化"。相应地，人民币汇率政策的演进方向将是与全面开放条件下相适应的汇率制度和调节机制，具体内容至少包括以下三个方面：

1. 政策目标——汇率变动与经济发展趋势相契合

改革开放以前和初期，中国汇率政策的目标主要出于促进出口贸易，如按换汇成本来确定内部结算价，实行贸易和非贸易的双重汇率体制等。1994年汇率并轨以后，中国维持了很长一段时间的事实盯住美元制度，也是为了维持汇率稳定以促进国际贸易和吸引外国投资。

着眼于当前和未来中国经济的发展趋势，中国的国际收支已趋于均衡，"一带一路"战略的实施将全面推升中国对外开放的水平，国际贸易和投资也将开启一个新的时代，贸易和投资的双向波动变得更为频繁，影响因素也趋于复杂多变。在这样的背景下，对汇率变动的过度干预可能会引发经济活动产生结构性扭曲，从而加剧经济发展的内外部失衡。

在开放的市场化条件下，汇率水平变动的中长期趋势更多地反映的是综合国力的相对变化。从美国和日本等国的经验来看，无论采取何种汇率制度，无论货币的国际地位如何，只要汇率变动趋势不符合本国经济发展趋势，这种趋势将是不可持续的。汇率波动对经济发展有重要的自动调节机制，如一国的国际收支恶化，该国货币就会出现贬值趋势，货币的贬值会带来国际收支的改善，反过来会降低该国货币的贬值压力。人民币汇率要适应"全面开放条件下的市场化"，就需要汇率政策要从侧重促进贸易和投资为出发点，向侧重发挥汇率对经济失衡的自动调节作用转变。因此，未来人民币汇率政策的目标应当是通过市场机制决定的汇率能够反映经济基本面的变化，且汇率水平的波动总体上符合经济发展的内在要求，从而发挥出调节经济的作用。具体来讲就是，汇率政策导向不应当追求单纯的双边汇率稳定，当本国经济基本面和外部环境对本国货币存在贬值要求的时候，汇率波动要顺应这种趋势，存在升值压力时也是一样；如果汇率波动出现市场失灵的情况或者是与经济基本面产生系统性的偏倚，汇率政策应当予以纠正。

2. 制度选择——从有管理的浮动向自由浮动转变

1994年汇率并轨以后，中国的汇率制度已经过渡到有管理的浮动汇率制度，但是为了促进贸易和投资，我们还是维持了很长一段时间的事实盯住美元制度，直到2005年汇率改革以后，人民币汇率浮动区间开始加大，至今我们仍然实行的是参考一篮子货币的有管理的浮动汇率制。然而，随着中国经济规模扩大，对外经济联系日益扩大，维持汇率有管理的难度不断加大、弊端不断显现。

"一带一路"战略带来的全面开放时代，对要素自由流动的诉求将进一步提高，必将推动资本账户开放。而从未来中国在全球经济地位和自身国情来看，中国有保持货币政策主权的必要。因此，根据蒙代尔—弗莱明模型的"不可能三角"理论，从长远来看，中国必须牺牲汇率稳定来换取资本的自由流动和货币政策主权；中国汇率制度选择的最终目标应当是自由浮动，也就是市场化条件下的自由浮动汇率制。

3. 货币国际化——与国际经济地位相匹配

"一带一路"战略的推出，对人民币国际化提出了更为迫切的要求。货币的国际化，是一国货币的货币功能由境内向境外延伸的过程，而货币功能的发挥，需要经济活动的承载。"一带一路"战略将全面提升中国对外经济活动的广度和深度,从而将对人民币国际化产生巨大的推动作用。因此,如何更好地推动人民币国际化和更好地发挥人民币国际化的积极作用也应当成为"一带一路"战略下人民币汇率政策重要的考虑因素。

从国际货币体系的发展历程来看,一个国家货币的国际地位更多地取决于这个国家经济的综合实力。当前,中国经济规模已经位居世界第二,未来成为第一也是大概率事件,同时中国拥有完整的工业体系和庞大的生产能力,生产力进步很快,并且拥有最大人口规模的消费群体。从中国经济的国际地位来看,人民币应当成为重要的国际货币之一。因此,未来应当根据中国经济综合实力的增长,适时适度推动人民币的国际化水平。

四、下一步调整和完善人民币汇率政策的建议

"一带一路"战略标志着中国经济开启了全面对外开放的新时代,与此紧密相连的是,2015年11月末,国际货币基金组织决定将人民币纳入特别提款权(SDR)的货币篮子,这标志着人民币也开启了成为世界主要货币的新里程。然而,从当前人民币汇率体系的发展现状来看,未来改革和发展的任务仍然很重,一方面要提高市场化水平,另一方面要推动全面开放,宏观经济调控和传导机制也面临重建,这些问题又是相互联系、相互影响的,需要系统地加以解决。

(一)加快完善汇率形成的市场机制,退出日常干预,提高双边汇率波动的容忍度

由于实行有管理的浮动汇率制,中国的货币当局习惯于以汇率稳定为目标,对汇率水平的变动进行干预,这就制约了市场化机制在人民币汇率形成中发挥作用。未来要加快完善汇率形成的市场机制,最为核心的是货币当局要基本上退出对汇率波动的日常干预。退出日常干预意味着双边汇率的日常波动将加大,短期汇率变动的不确定性将有所提升。但是只要市场机制能够有效发挥作用,退出日常干预反而更有利于汇率中长期变动趋势的揭示。因此,在全面开放条件下推进市场化,货币当局要提高对双边汇率波动的容忍度,货币当局要从稳定双边货币的困境中解脱出来,转而关注人民币对篮子货币的总体汇率变动,而企业和个人要提高对汇率波动风险的管理能力。

(二)有序放宽资本项目管制,进一步推动金融市场开放

资本项目可兑换开放也是推动全面开放条件下市场化建设的重要内容。"一带一路"战略下的推动资本项目可兑换,应当从促进贸易投资便利化,促进区域经济一体化角度,为正常的资本流动建立更为便捷高效的通道。

在全面开放条件下,金融市场的参与者范围和影响也应相应地扩大,资本项目可兑换将会推动金融资源配置可以通过境内外两个市场来实现,这就有必要进一步推动金融市场的开放,使境内外金融市场能够有效联动。然而,中国金融市场还不够成熟,市场广度和深度都有待提高,在推进全面开放过程中,金融市场的开放需要更加注重风险的防范,注重市场建设和监管完善协调推进,在有序开放的基础上提高金融市场的深度和广度。

(三) 加快宏观经济调控框架转型,完善汇率的间接调控机制

尽管货币当局应当减少对人民币汇率的直接干预,并推动人民币汇率制度走向自由浮动,但是,人民币汇率应当与中国经济政策和经济环境的变化建立起密切的联动机制,退出直接干预并不意味着对人民币汇率放任自流。因此,货币当局退出日常干预的同时,应当建立起有效的汇率间接调控机制。具体来讲,汇率的间接调控机制是指对汇率的调控不再通过直接干预来实现,而是通过对宏观经济政策的调整以及相应的传导机制间接地对汇率变动产生影响。由此可见,汇率的间接调控机制也对中国的宏观经济调控框架提出了更高的要求。同时,中国要在"一带一路"战略下推进全面开放条件下的市场化建设,将使中国经济和宏观政策的溢出效应不断加大,中国的宏观经济调控框架也需要与全面开放条件下的市场化相适应。然而,从现实条件来看,中国的宏观经济调控框架与达到上述要求还存在较大差距。

(四) 结合"一带一路"战略,双向动态推动人民币国际化

尽管在2015年11月末,国际货币基金组织已经决定接受人民币加入特别提款权的货币篮子,但这并不意味着人民币国际化的目标已经实现,而是人民币国际化的新开始。从美国、日本的经验来看,"一带一路"战略的实施将有力地推动人民币国际化,但也需要人民币汇率政策的有力配合。

在推动人民币国际化的问题上,汇率政策应当注意两个方面的问题:一是国际化不是目的,是工具,推动国际化是为了让人民币更好地服务中国经济"走出去",提升中国的综合实力,因此,不应当为了提升国际化做多的牺牲;二是人民币的国际化与人民币的升值和贬值不存在明显的因果联系,即升值并不一定完全有利于人民币国际化,贬值也并不一定不利于人民币国际化,贬值有利于境外人民币债务的积累,升值有利于境外人民币债权的积累,这两者都有利于人民币国际化水平的提升,因此,应当动态地推动人民币的国际化,这样更有利于人民币国际化的平衡发展。

参考文献

[1] 易纲：《外汇管理改革开放的方向》，载《中国金融》，2015（19）。

[2] 王晋斌：《人民币汇率制度选择的政治经济学》，载《经济理论与经济管理》，2013（9）。

[3] 吴宇、郭婧：《马克、日元国际化的实践及启示》，载《日本问题研究》，2013（2）。

[4] 顾延善、贾锡照、王宁：《基于对外输出视角的人民币国际化策略研究》，载《金融发展研究》，2013（6）。

[5] 张纯威：《中国的汇率政策：目标与工具的选择》，载《金融经济学研究》，2013（1）。

[6] 林毅夫：《用新结构经济学看未来全球和中国的经济增长》，载《新金融评论》，2012（2）。

[7] 金中夏：《中国的"马歇尔计划"——探讨中国对外基础设施投资战略》，载《国际经济评论》，2012（6）。

[8] 李婧：《人民币国际化的非均衡性及新形势下的战略》，载《东北亚论坛》，2011（12）。

[9] 李惠芬：《我国货币、财政及汇率政策的内外配合问题》，载《中央财经大学学报》，2011（11）。

[10] G. 甘道尔夫著，王小明等译：《国际货币理论与开放经济的宏观经济学》（《国际经济学》第二卷），北京，中国经济出版社，2004。

[11] 耿广鸿、王三星：《试论战后日本发展对外直接投资特点的演变》，载《财贸研究》，2002（13）。

[12] Dominick Salvatore 著，朱宝宪、吴洪译：《国际经济学》，北京，清华大学出版社，2001。

[13] 姜波克：《国际金融学》，北京，高等教育出版社，1999。

跨境电子商务外汇支付问题研究

中国人民银行上海总部外汇管理部课题组

课题组组长：王利平
课题组成员：俞 强 彭晗蓉 张晶晶

摘 要

近年来，亚马逊（Amazon）等境外网站"海淘"、天猫国际等境内网站全球购、速卖通等网站全球卖这些跨境电子商务进出口快速发展，其增速远高于传统外贸，与之相关的跨境电子支付技术和手段也不断创新，其交易模式呈现与传统国际贸易及其结算方式不同的新特点和新趋势，对现有外汇业务监管体系形成了新的挑战。

本课题对当前跨境电子商务及其相关支付方式进行了广泛调研，在此基础上，总结了其发展现状、模式和特点，探讨了跨境支付环节再分割与重新组合、跨境电商与支付日益呈闭环垄断加剧等值得关注的问题，对各类跨境电子支付方式的风险性进行了分析，指出当前跨境电子商务发展中存在境外电商零售出口监管中的空白地带以及个人经营者法律地位不明、跨境电商货物流资金流统计难度较高等监管难点，并提出支持发展和完善监管的建议。

一、跨境电子商务发展现状

（一）概况

1. 跨境电子商务的概念和分类

跨境电子商务是电子商务活动向全球范围的延伸，指分属于不同关境的交易主体，借助互联网达成交易并进行支付结算，然后采用邮政快件、包裹等方式通过跨境物流将商品送达消费者手中的交易过程，具有全球性、无形性、匿名性、即时性、无纸化和快速演进等特点。近年来，我国互联网技术发展日新月异，一大批具有世界级水准的优秀互联网企业逐步崛起，同时由于国内消费升级以及食品安全等问题，跨境电子商务成为竞争"蓝海"，实现了超常规增长。

跨境电子商务按照商业模式和资金流向主要可以分为两类：一是付款人（客户）在境内而收款人（商户）在境外，即进口业务模式，包括境内跨境电商平台进口、境外跨境电商平台进口、境外品牌官方网站进口等。长期以来，"海淘"跨境电子商务支付渠道基本由维萨（Visa）、万事达（Mastercard）、运通（American Express）等境外卡组织所垄断，大多数境外互联网商户也仅提供外卡组织的资金结算方式。2013年，外汇局推出支付机构跨境外汇支付业务试点，为"海淘"提供了规范化的跨境支付新渠道。二是收款人（商户）在境内而付款人（客户）在境外，即出口业务模式，主要满足海外中小微客户对国内商品的采购需求。包括境内跨境电商平台出口、境外跨境电商平台出口、境内自营电商网站零售或向境外小商户批发等。在此类情况中，由于之前许多境内第三方支付机构和境内商户并不提供境外卡的结算方式，存在支付渠道不畅的问题。

2. 跨境电子商务的主要特点

一是跨境电商增速远高于传统外贸。根据中国电子商务研究中心数据，2014年我国跨境电商交易规模为4.2万亿元，增长率为35.48%，占进出口贸易总额的15.89%。跨境电商平台企业超过5000家，境内通过各类平台开展跨境电子商务的企业超过20万家。上海市以进口为主的跨境电商重点企业洋码头、小红书等均保持三位数的高速增长。相比之下，2014年我国外贸进出口总额为26.43万亿元，同比增长2.3%。据商务部测算，2016年我国跨境电商交易规模将从2008年的0.8万亿元增长到6.5万亿元，占整体外贸规模的19%，年均增速高达近30%。

二是跨境电商以出口为主。从目前的跨境交易情况看，跨境电商出口占了绝大多数的跨境交易量。2014年中国跨境电商交易规模为4.2万亿元，出口和进口占比分别为85.4%和14.6%。与传统外贸出口相比，跨境电商出口呈现明显的小额化和碎片化特征，商家大多数规模很小，单次交易量不大，因此在支付环节也很难管理。

三是政府支持力度不断增强。为解决跨境电商超常增长所带来的传统进出口"碎片化"、关税流失等问题，并促进国内产业转型和引导跨境购物消费回流境内，国家出台一系列政策进行规范。2012年末，海关总署和商务部联合启动上海等五个城市的跨境电子商务试点，通过试点渠道购买的海外商品只需要缴纳行邮税，免去了一般进口贸易的"关税+增值税+消费税"。2014年7月，海关总署新增"跨境贸易电子商务（代码为9610）"和"保税跨境贸易电子商务（代码为1210）"两种监管方式，正式将跨境贸易电子商务纳入海关统计与监管，采取"清单核放、汇总申报"的方式，为跨境贸易电子商务企业或个人办理报关手续。从政策层面上承认了跨境电子商务，也同时认可了业内通行的保税模式。2015年以来，国务院进一步在关税等方面加大对跨境电子商务的支持力度。

四是阳光化的跨境电子商务渠道日益被市场认可。随着跨境电子商务及相关支付机构跨境外汇支付试点政策的逐步落实，越来越多的消费者通过纳入跨境电子商务试点的阳光渠道购买进口物品，并通过具有跨境外汇支付试点资格的支付机构进行规范支付，从而享受到便捷的物流和保障充分的售后服务。比如，过去"海淘"的商品在海关可能被扣留几十天无法清关，现在以保税备货模式方式购买的进口商品甚至当天就可迅速运达消费者手中。预计随着跨境电商物流和仓储成本进一步下降，规模化渠道的电商和跨境支付将会迎来较快发展。同时，阳光化的跨境进口电商平台和支付方式也给很多不敢轻易进入中国市场的跨国零售公司一个试水机会。比如，Cosco公司从2000年开始对中国市场进行调研，但是由于不清楚市场规模和本地消费者习惯一直不敢进驻，2014年"双十一"期间在天猫国际登录后销量喜人。

（二）跨境电子商务进口模式

1. 境外电商平台或品牌官网

境外电商平台或品牌官网进口即为大众熟悉的"海淘"。境内消费者直接在美国亚马逊、日本亚马逊、韩国乐天等境外电商平台或知名品牌官方网站下单购买，所购商品通过邮路或"灰色清关"等方式送达境内消费者手中。

2. 境内跨境电商平台

境内跨境电商平台本身没有自营业务，为海外商户入驻提供交易平台并面向境内消费者销售。由于供货商是品牌商、批发商或厂商，因此平台营销是一种典型的B2C模式。代表性的平台有天猫国际以及上海的小红书、洋码头、跨境通等。这类平台包括以下交易模式：一是境外商户在境内平台上开设店铺直接面对境内消费者；二是境内平台通过海外销售公司帮助境内消费者代购商品。

3. 自营跨境电商

自营跨境电商中有代表性的为亚马逊海外购。目前亚马逊通过在亚马逊（中国）网页设置入口标签，将美国亚马逊网站自营商品通过中文形式展现到境内消费者面前，商品价格与美国亚马逊保持实时同步，经过半年多运营，商品统一编号（SKU）已从初期的8万增加到300万，并将于2015年内增至1000万。亚马逊海外购所出售的商品以保税进口或者海外直邮的方式入境。

4. 海外代购平台

此类商户一般都是有海外采购能力或者跨境贸易能力的小商家或个人，他们会定期或根据消费者订单集中采购特定商品，在收到消费者订单后再通过转运或直邮模式将商品发往中国。代购平台通过向入驻商户收取入场费、交易费、增值服务费等获取利润。他们的运营重点在于尽可能多地吸引符合要求的第三方商户入驻，不会深度涉入采购、销售以及跨境物流环节。海外代购平台优势在于为消费者提供了较为丰富的海外产品品类选项，用户流量较大。这一类海外代购代表商户包括：淘宝全球购、波罗蜜、京东海外购、易趣全球集市等。

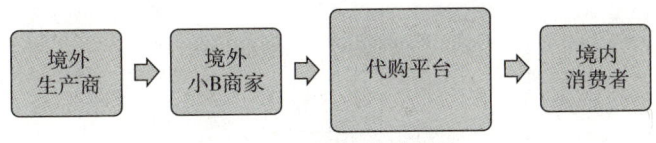

图1　跨境海外代购平台

（三）跨境电子商务出口模式

1. 境外电商平台

目前，海外零售出口主要通过境外电商平台开展，将商品直接销售给境外消费者。由于境外直接使用中国跨境电商网站的消费者比例不高，跨国零售 B2C 业务主要通过亚马逊、亿贝（eBay）和薇仕（Wish）等大型海外电商平台实现。这些平台盈利模式相近，主要通过向商户收取 15% 的佣金作为收入来源，而亚马逊则通过为商户提供配套物流、清关和信息服务来赚取服务费用。在端口模式上，亚马逊和亿贝更专注于 PC 端，薇仕的重心在移动端。

经过多年对外贸易的迅速发展，国内外贸厂商在产品工艺、质量有着显著提高，同时，国内商户通过跨境电子商务得以直接面对境外消费者，避免被境外商品批发、销售等流通环节攫取利润，因而，中国制造在国际上仍具备较强竞争力。亚马逊（中国）相关人员透露，中国制造在美国、欧洲和日本的电商平台上十分畅销，预计未来四年内，全球亚马逊平台上的中国商品销量将会达到 30 亿～50 亿美元。薇仕在中国的招商团队也表示，目前其平台交易额的七成来自于中国商户，其中大部分从传统贸易商转型而来。

2. 境内电商平台

由于传统集货出口利润大多被海外批发商、零售商赚取，中国境内电商从 2000 年开始逐步出海，通过设立海外平台直接面对境外消费者，规模较大的包括速卖通、兰亭集势。

以速卖通为例。其跨境 B2C 出口业务从 2009 年起步，此模式可以让商家迅速了解海外消费者需求，使中国制造直接到达国外消费者，主要商户群体为国内沿海地区外贸企业。近年来，在不少电子商务发展滞后于中国的国家，速卖通海外平台的建立非常迅速。例如，位于俄罗斯的分公司团队线下虽只有一名员工，但是速卖通已成为当地最大的境外电商平台。速卖通于 2013 年开始在巴西运营，

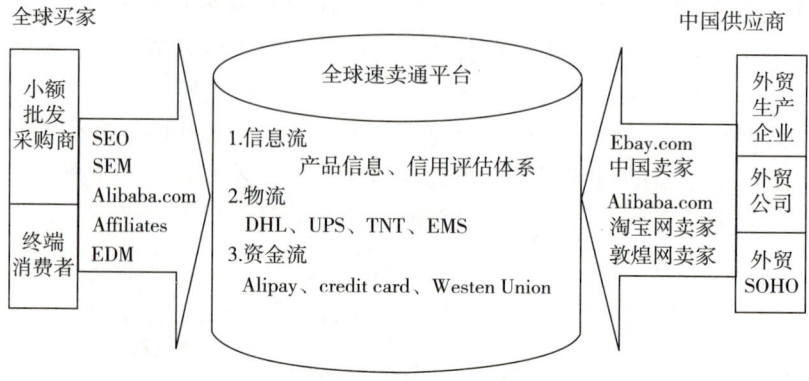

图 2　速卖通跨境出口模式

截至 2014 年末已成为该国最大的网购平台，占据了超过 20% 的市场份额。

3. 境内独立网站

在当前外贸出口形势严峻的情形下，福建等沿海地区的一些中小外贸企业开始建立自己的销售网站，直接面向境外消费者或境外小商户销售或批发商品。

二、跨境电子商务相关的支付方式发展现状

（一）概况

与跨境电子商务的迅猛发展相适应，跨境支付渠道呈多样化发展态势，规模快速增长。除了企业对企业（Business – to – Business，B2B）模式主要采取银行汇款这一传统国际结算方式，企业对消费者（Business – to – Customer，B2C）和消费者对消费者（Customer – to – Customer，C2C）这两类跨境电子商务采取的支付方式还包括银行卡收单、境内第三方支付机构、境外第三方支付机构、境内外支付机构合作及其他等。

按照国务院《关于促进信息消费扩大内需的若干意见》要求，国家外汇管理局于 2013 年 2 月推出支付机构跨境外汇支付业务试点，并于当年 9 月批复了全国 17 家首批试点机构。支付机构跨境外汇支付试点业务以 B2C 和 C2C 为主，主要解决碎片化支付需求，虽然仅占跨境电子商务交易额的一部分，但交易笔数众多，是对传统银行支付业务的有益补充。2014 年 9 月，作为金融支持上海自贸区发展的首项落地政策，自贸区内的支付机构可开展跨境人民币支付业务。2015 年 1 月，国家外汇管理局发布《国家外汇管理局关于开展支付机构跨境外汇支付业务试点的通知》，按照"试机构，不试地区"的原则在全国范围内推进试点工作，放开地区范围限制，扩大业务范围及交易限额，进一步支持跨境电子商务发展。

（二）跨境电子商务进口支付模式

1. 银行卡收单模式

亚马逊等境外平台直邮和传统海淘等电子平台在线进口交易模式下，消费者直接使用国际银行卡在线支付，资金结算由境内发卡行、境外收单行和卡组织之间完成，以外汇形式进行跨境支付。银行卡收单包括银行收单和支付机构收单。由于目前银行卡收单尚未区分线上与线下收单管理，境内银行办理在线收单相关外汇业务时，统一按照线下模式，银行作为购付汇主体，以旅游名义集中申报。

2. 境内支付机构模式

境内支付机构通过跨境电子商务平台（自营或第三方平台，包括境内外平台）直接与境外商家合作，收取境内消费者进口货款后，集中对外支付人民币或购汇后对外支付，其中外汇支付是目前支付机构跨境电子商务外汇支付业务试

点模式。

3. 境外支付机构模式

主要是境外电子商务平台进口模式下,由于境外平台大多使用自有支付工具进行在线支付,如亿贝使用贝宝(PayPal),境内消费者在亿贝上购物后,通过注册贝宝账户,来对卖家付款,目前仅限于外汇支付,不包括跨境人民币方式。另外,非平台在线进口模式下,也有使用境外支付机构支付的情况,主要是账户类支付机构如贝宝,收付款人只需同时具有贝宝账户,即可进行转账支付(境外没有支付机构跨境支付的交易背景限制)。

4. 境内支付机构合作模式

支付机构跨境外汇支付业务试点项下,支付机构应该提供从消费者支付到集中购付汇到商户的全程服务。然而,在实际业务运转过程中,出于消费者体验、商业利益等各方面因素考虑,出现了支付环节拆分、支付机构合作的模式。部分跨境电子商务平台会设立自己的支付机构,面对第三方支付领域的垄断现状,通过开放C端(客户端)以维持消费者体验,将B端(商户端)购付汇环节留给体系内的支付机构。

此外,调研中发现,个别跨境电子商务平台支付中存在着一些不规范行为。该平台上一些个体商户为中国在外留学生或移民、移居境外人士,平台收取货款并扣除佣金后,将货款支付给其境内亲属开设的境内人民币账户,再由境内亲属购汇或以其他方式汇出,这个途径的规模目前无法统计。

(三)跨境电子商务出口支付模式

不论是境内还是境外的跨境电子商务出口平台,通常会适应所在国支付体系或当地消费者支付习惯,提供多种支付渠道选择,因而较难完全符合现行支付机构跨境外汇支付业务试点项下全程服务的要求。

1. 银行卡收单模式

境内电子平台出口项下,境外买家使用银行卡在线支付,由银行和卡组织完成资金结算。与跨境电子商务进口不同,平台选择合作的收单银行存在境内或境外银行两种情况。一是境内收单行,通过卡组织收取外卡资金后,结汇成人民币后与跨境出口电商结算。二是境外收单行,境外收单后,跨境出口电商一般先通过开立境外账户或借助关联方账户存放,最终资金通过个人分拆、现钞、地下钱庄等渠道入境,或直接在境外使用。主要原因是境内银行主要从事银行卡跨境线下收单业务,开展跨境在线收单的银行较少,并且具有国际卡组织认可收单资质的更少,跨境收单成功率相对较低,境外银行相对优势明显。

2. 境内支付机构模式

主要指支付机构跨境电子商务外汇支付业务试点和支付机构跨境人民币业

务，即为境内出口电商通过境内或境外平台出口提供在线收款服务。此时，通过支付机构的银行卡收单，也存在境内、外收单银行的问题，当支付机构选择境外收单行时，一般先通过境外关联方收款，再以各种形式入境或境外循环。

3. 境外支付机构模式

主要是境内出口电商在境外平台上的在线出口交易项下，以及账户类支付机构为非平台在线出口交易双方提供的转账服务。通过境外支付机构收款后，资金先存放该机构账户，由于该类电商一般没有海关正式报关数据，无法按货物贸易办理出口收汇，因此，通过开立境外账户或境外关联方账户收取，再以个人分拆、现钞、地下钱庄等渠道入境，或直接在境外使用。

4. 境内外支付机构合作模式

由于不同国家或地区都具有当地支付习惯和支付体系，各国支付机构为更好地开展跨境支付业务，满足各地消费者的需求，采取合作的方式，为跨境电子商务双方提供资金结算服务，目前也仅限外汇支付。与跨境电子商务进口相同，近两年，越来越多的境内外支付机构从竞争走向合作，这也是全球跨境电子商务和支付机构发展的趋势。如国内几家试点支付公司与美国支付公司Payoneer合作推出了专门针对中国商户在境外亚马逊平台销售商品的跨境收款产品。具体流程如下：（1）境内商户通过亚马逊后台申请向Payoneer结算销售货款，并通过亚马逊后台发送对应的交易明细数据，亚马逊将商户销售货款以外币形式结算至Payoneer。（2）Payoneer向境内支付机构发送对境内商户的跨境结算指令，同时提供每笔结算货款对应的交易明细，并将货款跨境汇至境内支付机构在境内银行开立的外汇备付金账户。（3）境内支付机构按试点要求进行逐笔审核后，通过外汇合作银行结汇，并将人民币付至商户收款账户。

5. 境外账户收款模式

小额B2B和B2C跨境贸易电子商务与一般出口贸易存在较大差异，在出口过程中存在难以快速通关、规范结汇、享受退税等问题。根据亚马逊相关人员反映，亚马逊在收到消费者支付的货款并扣除平台收取的佣金后，必须定期与商户进行货款结算。出于规避个人结售汇年度总额的考虑，来自中国的商户一般以个人或公司的名义在海外银行或境外支付机构开立账户，而不是将其境内银行账户提供给亚马逊接收货款，然后直接在境外购置房产或存放银行，或者通过各种途径汇入境内。

三、跨境电子商务及其支付方式发展中值得关注的问题

（一）跨境支付环节存在再分割与重新组合

从电商零售出口的角度来看，跨境电商支付环节的分割和重新组合是必然趋

势,主要原因在于:

一是不同国家的支付体系和消费者支付习惯存在差异。不同国家的消费者一般使用该国流行的支付方式,而跨境支付主要使用国际信用卡和本地支付机构。目前,我国还没有向外资支付机构开放支付牌照,外资支付机构只能通过中国商户在境外开立的外币账户结算货款,这就导致跨境零售贸易的大部分货款不能通过阳光化的渠道汇回国内。

二是全球支付机构利益范围已经划定清晰。例如,大部分美国消费者在各大平台上只能使用平台指定的支付方式,亿贝平台上只支持贝宝付款,其他买家主要通过 Visa、Master card 等国际信用卡付款。根据 2014 年的数据,跨国交易中超过 90% 的卖家和超过 85% 的买家认可并使用贝宝电子支付业务。

正是在这样的背景下,许多小型第三方支付机构开始逐步为这些中国商户提供阳光化的外币结算服务。支付机构通过与海外同业对接的方式,帮助商家"一站式"完成货款结算。目前,上海地区在零售电商出口方面业务开展较为迅速的仅有一家支付公司,在对接了亚马逊的支付服务商 Payoneer 后,其跨境收入业务发展极为迅速,仅 2015 年上半年外汇收入交易就达到了 71 万笔、2.3 亿美元。

(二) 跨境电商平台与支付环节日益呈闭环,支付市场垄断加剧

一是支付行业呈现高度集中的市场结构。根据艾瑞咨询的市场调研数据,支付宝、微信支付和银联商务分别占据 49.6%、19.5% 和 11.4% 的市场份额,合计超过 80%。由于支付机构开发新用户的边际成本较低,因此该行业的市场结构呈现自然垄断的特征。支付宝和微信支付分别依托国内最大的交易和社交平台逐步形成自己的闭环支付体系。随着这些行业巨头渠道铺开,以后的平均成本不断降低,行业集中度将进一步提升,造成中小型支付公司的市场空间逐步萎缩。

二是支付机构与电子商务互相促进。目前,像富友支付和快钱这类没有电商平台作为支撑的第三方支付公司,拥有的国内 C 端消费者数量较少,导致其跨境进口业务规模一直较难拓展。同样是中小型支付机构,拥有跨境通作为接入端口的东方支付,则可以做到闭环经营,即使不与其他电商合作也可以保持一定规模。支付宝则早早利用天猫国际这样的大型跨境平台逐步完成了跨境交易与支付的闭环。国际支付机构巨头贝宝成立于 1998 年,但其 2002 年被 C2C 网上交易平台亿贝全资收购才真正步入发展"快车道"。

从趋势来看,支付宝和微信支付未来向跨境电商领域的延伸已经成为必然。一方面,消费者必然希望通过一个支付账户完成所有跨境交易;另一方面,海外商家只使用少数几个支付机构的端口也提升了平台搭建的便利性。但是,支付机构和电商平台寡头垄断和逐步闭环的趋势可能导致跨境支付费用上升,由此伤害

消费者利益,所以对于支付宝和微信支付等龙头企业的监管还需要逐步跟上。

(三) 跨境电子商务各种支付方式存在不同风险隐患

总体而言,不论跨境电子商务出口还是进口,并存着多种支付方式。跨境电子商务的快速发展和商业利益共享的现实需要,还催生了一些支付环节的分割及支付方式的相应组合。不同支付方式的交易额大小与消费者所在地、跨境电子商务平台所在地及我国对跨境资金外汇收付的管理法规等因素密切相关。以下从安全性、便利性、合规性三个方面对各种支付模式进行比较。

1. 安全性

安全性是支付方式选择的首要考虑因素,包含资金安全和交易安全两大方面。从保障资金安全和交易安全的角度而言,支付机构收单模式的安全性最高,银行卡收单模式次之,其他方式安全性最差。支付机构最初是为了解决诚信问题而生,到目前诚信担保仍然是其主要功能。银行卡收单模式面临信用卡境外盗刷日益猖獗的安全风险,并且国际卡组织对于盗刷的处理流程较长。跨境电子商务出口中,中国商户开立境外账户收款后资金滞留境外或者通过地下钱庄等途径回流国内的方式,以及跨境电子商务进口中先通过境内亲属人民币账户收款再购汇或以地下钱庄方式付往境外的方式,资金安全存在巨大隐患。

2. 效率性

从支付时限来看,通过境内试点支付机构跨境电子商务支付基本可以在 1 个工作日内完成,大大快于原来通过境外支付机构所需的平均 7 个工作日。跨境电子商务出口境外账户收款方式及进口中境内人民币账户收款方式的效率性最差。

3. 合规性

跨境电子商务出口境外账户收款方式及进口中境内人民币账户收款方式,大多通过地下钱庄实现资金的跨境流动,规避了合法监管,极大扰乱了跨境资金流动的正常秩序,需要引起我们的高度关注,并适当采取措施将其纳入合规轨道。而境内外支付机构合作模式在很大程度上提高了跨境电子商务出口货款回流国内的规范性,但由于境内支付机构全面获得一手订单信息较为困难,从而在合规性上稍有欠缺。

四、跨境电子商务及支付业务监管难点

(一) 境外电商零售出口存在监管空白点

一是境外电商出口几乎全程游离在监管体系之外。在调研中我们发现,境内商户在境外电子商务平台上零售出口及收款、结汇几乎全程游离在监管之外。由于消费主体不在境内,这种支付和销售平台两头在外的模式基本绕过了我国的商

务、货物、税收及资金流动等各类监管体系。境内商户在境外平台上开店无须获得任何国内商务部门的许可,货物以包裹方式出口,货款直接由平台结算给境内商户在海外开立的账户。从外汇管理角度来看,这些平台电子商务支付给商户的货款或滞留海外,或通过地下钱庄、虚假贸易等违规方式回到国内,干扰了外汇资金流动的正常秩序。根据薇仕中国招商团队负责人介绍,有些跨境零售出口商表示其在亚马逊等境外大电子商务平台上年销售额合计超过 1 亿美元,最高的甚至达到 6 亿美元。境外电子商务平台零售出口累计规模已经难以忽略。

二是境外大型电商平台监管合作意愿不强。除了进入中国时间较长、在其本国同时享有较高声誉的亚马逊,大部分境外电子商务平台未正式进入中国,部分已在中国设立子公司的平台认真研究了中国各项法律规章制度,作出了监管负担最轻的安排,既没有动力也没有意愿与我国监管方合作。以薇仕为例,该公司以网络科技公司名义注册,主要负责在国内招商,将中国商户引导到美国薇仕电子商务平台开设店铺。境内公司与美国母公司仅签署服务合同,收取计算机服务费。电子商务平台服务器、数据全部在境外,与交易相关的售后、支付、物流等事宜均只与母公司相关,中国商户在平台开店后,商户与美国薇仕母公司签署协议,与境内公司无任何关系。

(二)个人经营者法律地位不明

跨境电子商务涉及的交易主体主要有企业法人、个体工商户、个人消费者和个人经营者(指未办理工商登记的个人经营者),前三类都有明确的法律地位和相应的管理政策,然而目前没有任何法律法规对个人经营者的法律地位予以明确,属于管理盲区。当前,个人经营者法律地位不明,其在出口时希望保持个人的身份,以避免海关货物出口报关、外汇局货物贸易外汇收支总量核查、税收清缴等监管,但在收汇环节又不愿意受到个人年度 5 万美元结售汇总额的限制,希望享受出口企业的收汇和结汇便利。同时,个人经营者法律地位不明也潜藏着出口企业化整为零规避监管的风险。然而,外汇局在跨境电子商务中处于下游地位,仅负责监管交易的跨境外汇支付环节,上游监管部门的政策不明确,导致下游支付存在较大风险隐患。

(三)跨境电子商务数据难以统计

从货物流来看,目前跨境电子商务进出口物流数据主要存在以下几个问题:

第一,纳入阳光渠道的跨境进口商品规模有限,其他途径无法统计金额。目前只有通过阳光跨境电子商务进口的商品才可以统计规模,但是通过这种途径进口的商品占比不高。大量海淘商品是通过邮政包裹和灰色清关途径进入国内,根本无法统计商品价值。2014 年,海关总署通过对国内 5 家最大的快件公司进行调查显示，其中95%以上的跨境零售商品采用快件和邮寄的方式出境，暂时未纳入海关货物监管。由于跨境邮包不是按照进出口货物向海关进行报关，海关并不将其纳入货物统计范畴内，因此数据缺失严重。

第二，海关系统很难区分商品用途，大量跨境包裹通过代购等途径"灰色清关"。由于邮政方式清关有一定被罚款和罚没的风险，部分消费者跨境购买的高价值、小重量商品（如手机、平板电脑）通过"人工代购"的模式，甚至出现了"水客"、非法代购等问题。目前按现行货物或物品方式监管商品，这部分主要是消费者所购买的日常消费用品，供自己自用。虽然海关等部门也逐渐在规范和健全这部分商品的监管，但是货物流上统计数据的缺失仍然严重。

第三，境外跨境电子商务零售出口销售的商品大部分通过灰色清关和邮政小包裹出境，无法统计出口商品的总金额。

从资金流来看，目前跨境电子商务收付数据统计主要面临以下几个问题：

第一，国际卡组织数据获取困难，没有找到数据共享模式。对于使用国际信用卡的消费者，境外电子商务平台一般让卡组织自行与商户结算。但是，目前国际信用卡组织还无法清晰地识别跨境消费的类别，给监管带来困难。对于使用境外支付机构的消费者而言，在资金进入支付机构以后，由支付机构与商户结算，也不会上报给我国监管者。

第二，国内大型支付机构与监管机构合作意愿不强。诸如支付宝和财付通等大型支付机构，除按要求上报支付机构跨境外汇支付业务试点项下各类数据外，不愿意进一步分享其用户的支付数据。据支付宝透露，一方面，由于支付宝的用户群体较多，一旦泄露用户隐私，会触发整个电子支付系统的风险；另一方面，境内外电子商务竞争激烈，公布经营数据会使它们下一步经营战略受影响。由于目前的大部分电子支付通过大型机构实现，统计数据的缺失给电子支付监管带来很大困扰。

五、关于完善跨境电子商务及外汇支付的建议

（一）优化跨境电子商务生态环境建设

目前，跨境电子商务进出口发展迅速，实践中发展出境内跨境电商平台、境外跨境电商平台、商家独立网站等多种商业模式，相应的支付方式多种多样。然而，国内对跨境电子商务没有统一定义，各政府职能部门对跨境电子商务的管理口径也不尽相同，未全面体现和涵盖实际存在的跨境电子商务活动，亟须通过立法形式予以明确。跨境电子商务本质上仍然是国际贸易，通过互联网签约、支付的交易方式有助于在全球范围内收集和满足更多碎片化、个体化、定制式的交易需求，是传统国际贸易的有益补充。

外汇管理部门处于跨境电子商务监管的下游环节,对其中的支付结算环节进行真实性监管。上游部门对跨境电子商务的政策扶持、监管方式和数据统计,将在很大程度上影响下游部门监管的实施。建议从立法、税收、海关、商务等各个环节进行全面完善,建立一个良好的跨境电子商务生态环境。

(二) 明确跨境电子商务交易主体法律地位

个人经营者目前占跨境电商交易的很大一部分,其法律地位的不明确,带来了一系列后续监管问题。由于企业和个人在进出口税收及其他监管方面的较大差异,建议明确个人经营者的法律地位,比照小规模纳税人做法,对年度跨境电子商务交易总额超过一定金额的个人经营者视同企业进行管理,但从税收等方面给予其较企业更优惠的政策,从源头上解决问题,促进整个行业健康有序发展。

(三) 建立全面的嵌入式电子化数据采集与服务体系

当前,跨境电子商务货物流统计难度较大,除政府或海关主导的平台外,外汇局只能单方面从试点支付机构取得部分交易主体的跨境收支和结售汇信息,信息渠道单一,信息不对称、不完整,尤其无法与海关真实物流信息进行印证,严重影响跨境电商货物贸易管理有效性。建议将海关、税务、外汇等服务嵌入到跨境电子商务交易的全过程,自动实现政府部门的服务与信息共享、联合监管,保证交易的真实性,同时大大提高工作效率。

(四) 允许支付机构跨境外汇支付业务试点进行创新

从目前的发展趋势来看,跨境电子商务蓬勃发展的势头难以阻挡,业务在发展中自然而然派生出支付的各种需要,在跨境电商零售出口领域中表现得尤为明显。各国消费者现有支付习惯的强大惯性、个别国家自身支付体系的特殊性以及国际支付机构的垄断势力,在各方面都决定了境内支付机构要想在境外电子商务支付市场上抢占份额存在较大难度。建议允许支付机构跨境外汇支付试点业务在支付环节进行创新,在真实性审核的前提下(如通过随机抽查方式),允许境内支付机构与境外支付体系进行合作,实现共赢。

参考文献

[1] 刘娟:《小额跨境电子商务的兴起与发展问题探讨》,载《对外经贸实务》,2012 (12)。

[2] 孟祥铭、汤倩慧:《中国跨境贸易电子商务发展现状与对策分析》,载《沈阳工业大学学报(社会科学版)》,2014 (2)。

［3］吴晓求：《互联网金融：生存和发展的逻辑》，载《文汇报》，2014（2）。

［4］鄂立彬、黄永稳：《国际贸易新方式：跨境电子商务的最新研究》，载《东北财经大学学报》，2014（2）。